Claus Bergschneider / Michael Karasz
Ralf Schumacher

Risikomanagement im Energiehandel

Grundlagen, Techniken und Absicherungsstrategien für den Einsatz von Derivaten

1999
Schäffer-Poeschel Verlag Stuttgart

Autoren:
Dr. Claus Bergschneider ist Direktor des Bereichs Marketing
bei der RWE Energie AG in Essen.
Michael Karasz ist bei der Bayernwerk AG in München für die Beschaffung
von Erdgas zuständig.
Ralf Schumacher ist Business Development Manager für Deutschland
bei der Eastern Power & Energy Trading in Düsseldorf.
Zuvor waren die Autoren bei der WINGAS GmbH in Kassel beschäftigt,
die als Joint Venture-Unternehmen von BASF AG und OAO Gazprom den direkten
Wettbewerb in der deutschen Gaswirtschaft eröffnet hat.

Die Deutsche Bibliothek – CIP-Einheitsaufnahme

Bergschneider, Claus:
Risikomanagement im Energiehandel : Grundlagen, Techniken und Absicherungsstrategien
für den Einsatz von Derivaten / Claus Bergschneider; Michael Karasz; Ralf Schumacher.
- Stuttgart : Schäffer- Poeschel, 1999
ISBN 3-7910-1538-9

Gedruckt auf säure- und chlorfreiem, alterungsbeständigem Papier.

ISBN 3-7910-1538-9

Einbandgestaltung: Willy Löffelhardt
Druck und Bindung: Franz Spiegel Buch GmbH, Ulm
Printed in Germany

Schäffer-Poeschel Verlag Stuttgart
Ein Tochterunternehmen der Verlagsgruppe Handelsblatt

Inhaltsverzeichnis

Abkürzungsverzeichnis

a	Jahr
a_C	Preis einer Amerikanischen Option berechnet mit Hilfe der Control Variate Technique
a_i	Gewichtungsfaktoren
a_N	Preis einer Amerikanischen Option berechnet mit Hilfe numerischer Ansätze
bbl	Barrel
BTU	British Thermal Unit
BW_K	Barwert eines Kraftwerks
BW_{CO}	Barwert einer Spark Spread Call-Option
bzw.	beziehungsweise
C	Prämie eines Amerikanischen Calls
c	Prämie eines Europäischen Calls
CfD	Contract for Difference
C_{ij}	Kovarianz zwischen i und j
d	Größenordnung einer Abwärtsbewegung bei Binomialen Bäumen
d.h.	das heißt
Δ	Delta
ΔF	Änderung des Futurespreises
DM	Deutsche Mark
ΔS	Änderung des Spotpreises
Δt	Länge eines Zeitraums
ε	Standardfehler der Volatilitätenschätzung
e_B	Preis einer Europäischen Option berechnet mit Hilfe der Black & Scholes-Formel
e_N	Preis einer Europäischen Option berechnet mit Hilfe numerischer Ansätze
EFA	Electricity Forward Agreement
F_i	Futurespreise
F_T	Preis des Underlyings am Verfallsdatum
£	Britisches Pfund
Γ	Gamma
ggf.	gegebenenfalls
GMT	Greenwich Mean Time
GTZ	Gradtagszahl
GuD	Gas und Dampf
h	Hedgingverhältnis
h (t)	Anzahl der Stunden innerhalb eines Dispatchingzeitraums (t)
HEL	Heizöl Extra Leicht
hl	Hektoliter
HSL	Heizöl schwer, schwefelarm

θ	Theta
i	risikofreier (diskreter) Zinssatz
i.d.R.	in der Regel
Kap.	Kapazität
kWh	Kilowattstunde
KWK	Kraft-Wärme-Kopplung
Λ	Vega
L3D	Last three days
ln	natürlicher Logarithmus
μ_i	Erwartungswerte von Renditen
MMBTU	eine Million British Thermal Units
MWh	Megawattstunde
MW	Megawatt
N	Zahl notwendiger Futuresverträge
n	Stichprobenumfang
N(x)	kumulative standardisierte Normalverteilung an der Stelle x
η	Wirkungsgrad eines Kraftwerks
OTC	Over-the-Counter
P	Größe einer abzusichernden Position; Prämie eines Amerikanischen Puts
p	Prämie eines Europäischen Puts; Wahrscheinlichkeit einer Aufwärtsbewegung bei Binomialen Bäumen
p/th	Pence pro therm
Pf	Pfennig
p_F	fixer Preis bei einem Swap
p_V	variabler Preis bei einem Swap
PPP	Pool Purchase Price
PSP	Pool Selling Price
Q	Größe eines Futuresvertrages; Swapmenge
R	Preisniveau einer Sprosse bei Ladder Optionen
r	risikofreier (stetiger) Zinssatz
ρ	Korrelationskoeffizient zwischen ΔS und ΔF; Rho
S	Spotpreis
S_G	Spotpreis Gas
S_i	Settlement-Preise
S_S	Spotpreis Strom
sog.	sogenannte(r)(s)
SMP	System Marginal Price
σ_i	erwartete jährliche Volatilitäten
σF	Standardabweichung von ΔF
σS	Standardabweichung von ΔS
T	Restlaufzeit
t	Tonne
τ	Länge des Betrachtungszeitraums bei der Volatilitätsschätzung
TDM	1.000 Deutsche Mark
TPA	Third Party Access
U	Barwert der Speicher-, Finanzierungs-, Versicherungs- und Transportkosten

u	Speicher-, Finanzierungs-, Versicherungs- und Transportkosten; Größenordnung einer Aufwärtsbewegung bei Binomialen Bäumen
u.a.	unter anderem
U.K.	United Kingdom
Vgl.	Vergleiche
V_i	Wert des Vertrages i
X_i	Exercise Preise
y	Convenience Yield
z.B.	zum Beispiel

Abbildungsverzeichnis

abellenverzeichnis

Einleitung

Liberalisierung als Megatrend

Die Energiewirtschaft befindet sich unter Hochspannung. Die Liberalisierung der deutschen und europäischen Strom- und Erdgasmärkte wird deren Strukturen und Ausrichtungen so grundlegend verändern wie keine andere Entwicklung in der Geschichte dieser Wirtschaftszweige. Diese Industrien stehen vor einem grundlegenden Paradigmenwechsel. Die seit Jahrzehnten in Deutschland bestehenden geschlossenen Versorgungsgebiete sind aufgehoben worden. Die Energiemärkte werden von alten Monopolstrukturen befreit. In dem zukünftigen Wettbewerbssystem bestimmen nicht mehr die Kosten den Preis, sondern die Marktpreise bestimmen, welche Kosten noch verkraftbar sind.

Die Liberalisierung der leitungsgebundenen Energiemärkte ist ein Element im Gesamtbild einer globalen, zunehmend liberalisierten Weltwirtschaft. Nachdem die Monopole im Luftverkehr, Post- und Telekommunikationsbereich bereits abgeschafft wurden, sind nun die Weichen in der Energiewirtschaft in Richtung Wettbewerb gestellt. Gerade die jüngsten Erfahrungen in der Telekommunikation - Stichwort Call-by-Call - zeigen sehr gut auf, welche Konsequenzen die Einführung von Wettbewerb sowohl für die Kunden als auch für ehemalige Monopolisten haben kann.

Im weiteren Verlauf dieses Buches konzentrieren wir uns vor allem auf die Konsequenzen des neuen energiepolitischen Ordnungsrahmens für Deutschland. Dabei greifen wir auf die Erfahrungen in bereits liberalisierten Energiemärkten wie den Strom- und Gasmärkten der USA oder anderer europäischer Länder oder auch den Erfahrungen auf den Ölmärkten zurück. Die Liberalisierung von Energiemärkten ist ein weltweites Phänomen wie die Entwicklungen beispielsweise in Australien, Neuseeland, Japan oder Südamerika dokumentieren.

Die Entwicklungen in anderen Ländern, insbesondere in den USA und Großbritannien, wurden gerade in Deutschland mit Interesse, aber auch mit sehr viel Skepsis verfolgt. Die Befürchtungen haben sich jedoch als unzutreffend erwiesen. Die Einführung von Wettbewerb führte zur Aufdeckung von Rationalisierungsreserven. Die Effizienz der Energieversorgung wurde gesteigert, die Innovationskraft und Angebotsvielfalt wurden erhöht. Die Preise für Energie sanken signifikant. Das Argument, daß nur Großabnehmer auf Kosten der Haushaltskunden von der Liberalisierung profitieren, wird durch die Realität (z.B. in Großbritannien) eindeutig widerlegt. Die Wettbewerbsfähigkeit der nationalen Volkswirtschaften wurde als Ergebnis der Liberalisierung erheblich gesteigert, wodurch Arbeitsplätze gesichert und geschaffen wurden. Auch in Deutschland kommt der **Energiewirtschaft eine Schlüsselrolle in der Volkswirtschaft** zu, nicht nur aufgrund des Einflusses auf andere Branchen, sondern auch wegen des Gewichts, das dieser Bereich selbst hat.

Dies geht schon aus den folgenden Kennzahlen hervor: 1996 waren 450.000 Arbeitnehmer der Energiewirtschaft beschäftigt; der gesamte Umsatz der Energieunternehmen betrug 35 Mrd. DM. Alleine in Deutschland hat dieser Sektor ca. 30 Mrd. DM in Sachanlagen investiert. Dies entspricht einem Anteil von 23 % aller Sachinvestitionen von Unternehmen des produzierenden Gewerbes in Deutschland.[1]

Einordnung in den ordnungspolitischen Kontext

Nach langem Tauziehen wurden die **EU-Richtlinien zur Liberalisierung der Strom- und Gaswirtschaft** mittlerweile verabschiedet. Der für Energiepolitik in der EU verantwortliche Kommissar Christos Papoutsis beschreibt die mit der Öffnung der nationalen Energiemärkte verbundenen marktpolitischen Chancen wie folgt: „Unser Ziel, nämlich die Verwirklichung eines einheitlichen Binnenmarkts für Energie, ist von der Erkenntnis getragen, daß eine stärkere Integration der nationalen Energiemärkte der richtige Weg zu höherer Versorgungssicherheit, geringeren Kosten und verstärkter Wettbewerbsfähigkeit ist. Ich bin mir sicher, daß ein gemeinsamer Markt ohne Binnengrenzen eine flexiblere und diversifiziertere Energieversorgung schafft."[2] Die EU-Richtlinien müssen bis zum **Februar 1999 (Strom)** bzw. **August 2000 (Erdgas)** von den EU-Mitgliedstaaten in nationales Recht umgesetzt werden.

Die ersten Schritte in Richtung Umsetzung der EU-Richtlinien und Liberalisierung wurden in Deutschland mittlerweile unternommen. **Das Gesetz zur Neuregelung des Energiewirtschaftsrechts** ist im **April 1998** in Kraft getreten. Eine Konsequenz dieses Gesetzes besteht in der Abschaffung der geschlossenen Versorgungsgebiete für Strom und Gas. Die entscheidende Voraussetzung für die Entwicklung von Wettbewerb besteht jedoch in der Schaffung einer flexiblen, nicht-diskriminierenden und transparenten Netzzugangsregelung.

Die Bundesregierung hat sich in diesem Zusammenhang dazu entschlossen, den Selbstregulierungsmechanismen der beteiligten Wirtschaftszweige eine Chance zu geben. Hierzu wurde mit der sogenannten **Verbändevereinbarung** für den Strommarkt ein erster Versuch unternommen. Eine analoge Vereinbarung für den Gasmarkt wird vorbereitet. Ob mit diesen Vereinbarungen die Voraussetzungen für wirklichen Wettbewerb bereits hergestellt sind, wird von vielen Seiten bezweifelt. Wahrscheinlicher ist, daß es sich lediglich um Übergangslösungen auf dem Weg zu einer effizienten Netzzugangsregelung handelt. Erfahrungen aus anderen Ländern zeigen, daß die Liberalisierung eines Energiemarktes nicht in einem Schritt zu verwirklichen ist. Wenn jedoch die ersten häufig noch schwerfälligen Schritte in Richtung Liberalisierung erst einmal vollbracht sind, gewinnt der Prozeß sehr schnell an Eigendynamik. Die Weichen in Deutschland und Europa sind gestellt. Die Anzahl der Energiebörsen nimmt zu; die Einführung einer Strombörse in Deutschland gilt als sicher. Es kann zwar niemand mit Bestimmtheit sagen, wie die zukünftigen Energiemärkte im Detail aussehen werden; sicher ist nur, daß sie grundlegend von anderer Gestalt sein werden als heute. Die bereits eingeschlagene Entwicklung ist nicht mehr umkehrbar. Die Energiewirtschaft wird in den nächsten Jahren einer der interessantesten und spannendsten Wirtschaftszweige sein.

---

1 Vgl. Handelsblatt vom 12. November 1998.
2 Siehe Standpunkt 1998, Seite 13.

ie Verwirklichung der langfristigen Vision **eines** riesigen liberalisierten Energiemarktes vom 'ordkap bis Sizilien und von Irland bis zum Ural rückt näher.

Ziel und Aufbau dieses Buches

Diese Entwicklungen haben selbstredend fundamentale Konsequenzen für die Unternehmen der Energiewirtschaft. Liberalisierte Energiemärkte weisen eine Gemeinsamkeit auf: **Das Risikomanagement wird zu einem entscheidenden Erfolgsfaktor für Energiehandel und -vermarktung**. Die Erkenntnis muß sich durchsetzen, daß nicht derjenige spekuliert, der Finanzinstrumente (Derivate) zur Absicherung von Preisrisiken einsetzt. Im Gegenteil: Energiehandel ohne Risikomanagement kommt einer Spekulation gleich. Der zukünftige physische Handel bedingt geradezu den Einsatz von Finanztransaktionen, wenn die Handelsaktivitäten nicht auf reine „Back-to-Back" Geschäfte begrenzt bleiben sollen. Es ist sehr wichtig, daß sich die Unternehmen der Energiewirtschaft möglichst frühzeitig auf die neuen Verhältnisse vorbereiten. Für die Unternehmen, die bereit sind, neue Pfade zu betreten, eröffnen sich mit der Liberalisierung nicht nur Risiken, sondern auch Chancen. Dieses Buch stellt eine Brücke dar zwischen der traditionellen Energiewirtschaft und der „neuen Welt" der Forwards, Futures, Swaps, Puts, Calls, Caps, Floors und Collars. Die Autoren möchten den Einstieg in eine neue, faszinierende und sehr schnell an Bedeutung gewinnende Thematik erleichtern.

Der **Aufbau des Buches** ist wie folgt angelegt:

In **Kapitel 2 (Beschreibung der Teilmärkte)** wird zunächst der veränderte ordnungspolitische Kontext dargestellt. Anschließend werden bereits liberalisierte Strom- und Erdgasmärkte der USA und verschiedener europäischer Länder beschrieben. Jeder dieser Märkte weist nationale Besonderheiten auf, und es ist nicht davon auszugehen, daß die Entwicklung in Deutschland exakt wie in einem dieser Länder ablaufen wird. Trotzdem haben die betrachteten Märkte einige gemeinsame Eigenschaften, die auch für einen liberalisierten deutschen Energiemarkt in Zukunft zu erwarten sind. Die wichtigsten Konsequenzen der Liberalisierung stehen in direktem Zusammenhang mit dem Risikomanagement. Diese allgemeingültigen Charakteristika werden herausgearbeitet. Zur Abrundung werden zusätzlich die Ölmärkte beschrieben. Nach der Durcharbeitung dieses Kapitels dürfte an der Relevanz des Themas Risikomanagement für die Energiewirtschaft kein Zweifel mehr bestehen.

In **Kapitel 3 (Preisrisikomanagement-Instrumente)** werden die Finanzinstrumente, die zum Management der in Zukunft neu erwachsenden Risiken benötigt werden, systematisch dargestellt. Bei diesen Instrumenten handelt es sich um sogenannte Derivate. In den vergangenen Jahren ist es in der Öffentlichkeit und den Medien zu erheblichen Mißverständnissen über derivative Instrumente gekommen. Für manche wurden Derivate, die sie für spektakuläre Zusammenbrüche oder Fast-Zusammenbrüche wie die der Barings Bank oder der Metallgesellschaft verantwortlich machten, zum Synonym für alles Verwerfliche. Tatsächlich sind Derivate aber weit weniger geheimnisvoll als die Öffentlichkeit sich dies vorstellt. Es wird gezeigt, daß sich alle derivativen Instrumente letztendlich auf zwei Grundformen zurückführen lassen: Forwards und Optionen. Neben der theoretischen Darstellung der Derivate beinhaltet das Kapitel auch eine Vielzahl von energiewirtschaftlich relevanten Beispielen zur Anwendung von Derivaten zum Zweck von Preisabsicherungen (Hedging).

Kapitel 4 (Risikopolitik und Risikomanagement) vermittelt einen Überblick über sämtliche Aspekte, die im Zusammenhang mit Risikomanagement und dem Einsatz von Derivaten zu beachten sind. Die unterschiedlichen Risikoarten werden erläutert. Neben dem Marktrisiko mit der wichtigsten Komponente Preisrisiko handelt es sich dabei um Kreditrisiko, rechtliches sowie operationales Risiko. Möglichkeiten zur Messung und zur Beherrschung dieser Risiken werden dargestellt. Besonders wird auf die bedeutende Rolle hingewiesen, die der Unternehmensleitung im Zusammenhang mit dem Risikomanagement zukommt.

Da sich in der Finanzwelt im Zusammenhang mit Risikomanagement ein eigener, in der Energiewirtschaft noch weitgehend unbekannter Fachjargon entwickelt hat, wurde auf die Erarbeitung eines umfassenden Glossars großer Wert gelegt, das dem Leser den Einstieg in die neue Thematik erleichtern soll.

2 Beschreibung der Teilmärkte

2.1 Ordnungspolitische Neuorientierung für die europäische Energiewirtschaft

2.1.1 Entwicklung der EU-Richtlinien im zeitlichen Ablauf

Lange Zeit, streng genommen bis in die Gegenwart des Umbruchs, hat sich der ordnungspolitische Rahmen der Energiewirtschaften in der Europäischen Union als ein staatlich sanktioniertes Regelwerk erwiesen, das den Wettbewerb im Bereich leitungsgebundener Energieversorgung einer Reihe erheblicher Einschränkungen unterworfen, wenn nicht in den meisten Ländern sogar völlig außer Kraft gesetzt hat.

Die Kosten für Einsatzenergie haben vor dem Hintergrund des Zusammenwachsens der relevanten Absatzmärkte jedoch zunehmend an Bedeutung als Wettbewerbsfaktor gewonnen. Dies gilt nicht mehr allein für Unternehmen, die einen besonders hohen Anteil an Energiekosten aufweisen. Der generellen Erkenntnis folgend, daß durch die Schaffung größerer und stärker integrierter Märkte auch Energiegewinnung, -transport und -verteilung effizienter gestaltet sowie Versorgungssicherheit und Wahlmöglichkeiten der Kunden erweitert werden können, hat sich die Kommission der EU schon 1988 entschlossen, in die ursprünglich bis zum 31.12.1992 beabsichtigte Vollendung des Binnenmarktes auch die Energien Erdgas und Strom einzubeziehen. Als entscheidend für die Realisierung der angestrebten Vorteile wurde die Sicherstellung eines funktionsfähigen Wettbewerbs gesehen.

Zentrales Anliegen war es deshalb, die existierenden nicht-tarifären Handelshemmnisse zu beseitigen und dem traditionell mit dem Phänomen natürlicher Monopole begründeten Ausschluß alternativer Kontrahierungsmöglichkeiten ein Ende zu bereiten. Geplant war der Weg zum Binnenmarkt für leitungsgebundene Energie in mehreren Stufen. Die **Richtlinie** 90/377/EEC **zur Preistransparenz** vom 29.6.1990 sollte durch die Veröffentlichungspflicht der Preisstellung für definierte Abnahmefälle mehr Markttransparenz garantieren. Die vergleichsweise zügig erlassenen **Richtlinien über den Transit von Stromlieferungen** (90/547/EEC) vom 29.10.1990 und über den **Transit von Erdgaslieferungen** (91/296/EEC) vom 31.5.1991 sollten die Voraussetzungen für einen stärkeren grenzüberschreitenden Austausch zwischen den Netzen und den Unternehmen der Mitgliedstaaten ermöglichen. In einem weiteren Schritt, der bereits Anfang 1992 mit der Formulierung gemeinsamer Vorschriften für den Elektrizitätsbinnenmarkt eingeleitet wurde, sollten ab 1993 die vertikal integrierten Unter-

nehmen zu einer Entflechtung ihrer Erzeugungs- und Netzbetriebe (sog. Unbundling) gezwungen werden.
Die Inhaber der Netze sollten dann verpflichtet werden, diese gegen ein angemessenes Entgelt Dritten für Durchleitungszwecke zur Verfügung zu stellen (Third Party Access). Zunächst auf Großabnehmer mit einem Verbrauch von mehr als 100 GWh beschränkt, war vorgesehen, den Kreis der Begünstigten ab 1996 durch Senkung des Schwellenwertes zu erweitern.

Das Vorhaben der Kommission traf jedoch auf eine breite Front der Ablehnung bei den betroffenen Versorgungsunternehmen und deren Interessenvertretungen. Die Verfahren zur Entwicklung der Richtlinien für Entflechtung und Netzzugang wurden für die Elektrizitäts- und Erdgaswirtschaft getrennt fortgeführt und es dauerte schließlich bis zum 30. Januar 1997, die **Binnenmarktrichtlinie Strom** 96/92/EC in Kraft zu setzen. Die Verabschiedung der entsprechenden **Binnenmarktrichtlinie Erdgas** (98/30/EC) erfolgte sogar erst im Mai 1998. **Den Mitgliedsstaaten verbleiben vom Inkrafttreten an zwei Jahre für die Umsetzung der Regelungen in nationales Recht, d.h. für den Stromsektor bis zum Frühjahr 1999 (19. Februar 1999) und für den Erdgassektor bis zum Sommer 2000 (10. August 2000).** Neben den verschiedenen Zeitpunkten für die Vollendung der Binnenmärkte für Strom und Erdgas gibt es eine Reihe von Unterschieden bei der Liberalisierung der jeweiligen Märkte, die auf das zähe Ringen um Kompromisse zwischen den „Bewahrern“ und „Bewegern“ unter den Vertretern nationaler Brancheninteressen zurückzuführen sind. Nachfolgend werden die wesentlichen Inhalte skizziert. Für die Detailanalyse sei auf die Richtlinientexte verwiesen.[3]

2.1.2 Binnenmarktrichtlinie Strom

Bereits in der Präambel der Richtlinie wird darauf hingewiesen, daß den Elektrizitätsunternehmen die Tätigkeit auf dem Binnenmarkt unbeschadet etwaiger gemeinwirtschaftlicher Verpflichtungen möglich sein muß. Der Netzzugang muß unabhängig von der geltenden Marktorganisation offen sein. Eine Vielzahl unabdingbarer Voraussetzungen für die Öffnung der Märkte wird vorab aufgelistet. Gleichwohl scheinen sich die Schöpfer der Richtlinie der begrenzten Wirksamkeit des ausgehandelten Kompromisses bewußt gewesen zu sein, wiesen sie doch zum Abschluß des Vorwortes darauf hin, daß der Prozeß der Liberalisierung des Strommarktes mit dem Erlaß der Richtlinie nicht als abgeschlossen betrachtet werden könne, weil auch danach „Hemmnisse für den Elektrizitätshandel zwischen den Mitgliedsstaaten fortbestehen“.[4]

Voraussetzungen für Wettbewerb

Wer als Wettbewerber in den bestehenden Strommarkt eintreten will, benötigt zunächst einmal die Möglichkeit, Erzeugungsanlagen zu betreiben oder aus deren Produktion einkaufen zu dürfen. Da der Aufbau paralleler Stromleitungen wirtschaftlich zumindest fragwürdig ist, bedarf es des Zugangs zu den bestehenden Netzen. All dies ist jedoch nicht hinreichend ohne die Gewähr, daß interessierte Kunden von interessanten Angeboten auch Gebrauch machen dürfen.

---

[3] Vgl. Richtlinie 96/92/EC; Richtlinie 98/30/EC.
[4] Siehe Richtlinie 96/92/EC, Vorwort Abs. 39.

Die Regelungen der Richtlinie konzentrieren sich deshalb auf:

a) die Einführung von Wettbewerb im Bereich der Elektrizitätserzeugung,
b) den Betrieb und Ausbau des Übertragungsnetzes,
c) Unbundling und Transparenz der Buchführung,
d) die Organisation des Netzzugangs für die Kunden.

a) Einführung von Wettbewerb im Bereich der Elektrizitätserzeugung

Für die Errichtung neuer Stromerzeugungsanlagen können die Mitgliedstaaten zwischen Ausschreibungs- und Genehmigungsverfahren wählen. Für den Fall der **Ausschreibung** sind detaillierte Verfahrensvorschriften formuliert worden. So ist eine Vorausschau über die erforderlichen Kapazitäten, die Anschlußmöglichkeiten und erforderlichen Netzverbindungen mindestens im zweijährigen Turnus zu erstellen. Das Ausschreibungsverfahren ist im Amtsblatt der EU zu veröffentlichen. Leistungsspezifikationen, Verfahrensregeln und Bewertungskriterien sind im Lastenheft niederzulegen und das Verfahren selbst ist von einer speziellen Institution zu überwachen.
Diesem restriktiven Verfahren können sich die Mitgliedsländer entziehen, wenn sie sich für das **Genehmigungsverfahren** entscheiden. Auch in diesem Fall müssen die Gründe zur Verweigerung einer Genehmigung zwar objektiv und nicht-diskriminierend sein. Hinsichtlich der Auswahl und der Bewertung der diesbezüglichen Kriterien herrscht aber ein breiter Gestaltungsspielraum. Bei den Kriterien kann es sich um projektspezifische Merkmale wie Energieeffizienz, Art der Einsatzenergie, Flächennutzung, Umweltschutz etc. oder auch um Eigenschaften des Investors - wie z.B. dessen eingeschätzte Leistungsfähigkeit in technischer oder ökonomischer Hinsicht - handeln. Die diesbezüglichen Zugangsmöglichkeiten werden damit stark von der nationalstaatlichen energiepolitischen Position zu Umfang und Geschwindigkeit des Liberalisierungsprozesses geprägt sein.

b) Betrieb und Ausbau des Übertragungsnetzes

Für Betrieb und Ausbau des Übertragungsnetzes, den Unterhalt der Verbindungen zu anderen Netzen und die Gewährleistung der Versorgungssicherheit müssen die Mitgliedstaaten oder die Eigentümer des Übertragungsnetzes einen Operator benennen. Hinsichtlich des zeitlichen Rahmens für die Übertragung dieser Aufgabe gibt es keine Restriktionen. Hauptanliegen der Richtlinie ist es, die Betriebssicherheit des Übertragungsnetzes und die Interoperabilität des Netzes im europäischen Verbund sichergestellt zu wissen. Hierzu sind detaillierte Normen und technische Vorschriften zu formulieren und der Kommission in einem bereits 1983 festgelegten Verfahren zu übermitteln.

c) Unbundling und Transparenz der Buchführung

Es muß sichergestellt sein, daß der Netzbetreiber unabhängig von Erzeugungs- und Verteilungsaktivitäten ist oder eine Trennung der Bereiche zumindest auf Verwaltungsebene garantiert ist. Dies geschieht, um die Diskriminierung externer Netzbenutzer insbesondere gegenüber gesellschaftsrechtlich mit dem Netzbetreiber verbundenen Nutzern zu unterbinden. Der Betreiber des **Übertragungsnetzes** ist auch zuständig für das Dispatching. Auch wenn für die hierbei zur Anwendung kommenden Kriterien objektiv und nicht-diskriminierend sein müssen und zu

veröffentlichen sind, bleibt für die einzelnen Mitgliedstaaten ein breiter Ermessensspielraum, denn für erneuerbare Energie und Strom aus Kraft-Wärme-Kopplung kann ebenso ein Vorrang in der Merit Order eingeräumt werden wie für die Stromerzeugung auf Basis heimischer Energieträger, auch wenn hierfür eine Obergrenze von 15 % des Gesamtbedarfs gilt.
Für die **Ebene der Verteilungsnetze** gelten vergleichbare Vorschriften, um Diskriminierungen bei der Netzbenutzung auszuschließen. Den Verteilern kann zur Auflage gemacht werden, Lieferungen aus bestimmten Erzeugungsanlagen (erneuerbare Energie, Kraft-Wärme-Kopplung) mit Vorrang beim Lastmanagement zu berücksichtigen. Hervorzuheben ist, daß den Verteilerunternehmen die Verpflichtung zur Versorgung von Kunden in einem bestimmten Gebiet auferlegt werden kann, gegebenenfalls auch zu einem festgelegten Tarif.

d) Organisation des Netzzugangs für die Kunden

Kernstück der Einführung von Wettbewerb ist der Zugang der Kunden zum Markt. Die Richtlinie überläßt den Mitgliedstaaten hierbei die Wahl zwischen verschiedenen Systemen, dem verhandelten Netzzugang und dem sog. Alleinabnehmer. Beim **verhandelten Netzzugang** ist es Sache der Vertragsparteien (d.h. jeweiliger Netzbetreiber und Kunde), auf privatrechtlicher Ebene ein kommerziell befriedigendes Ergebnis zu erreichen. Eine Verweigerung des Netzzugangs ist nur möglich, wenn die erforderliche Kapazität nicht verfügbar ist. Die Beweislast liegt beim Netzbetreiber. Um für eine gewisse Transparenz der Zugangskonditionen zu sorgen, müssen im ersten Jahr nach der Anwendung der Richtlinie Preisspannen veröffentlicht werden. Anschließend sollten die veröffentlichten Werte auf den Durchschnittspreisen des vergangenen Jahres basieren. Dies ist jedoch keine Mußvorschrift. Trotz der weichen Formulierung dieser Vorschrift ist davon auszugehen, daß die Netzbetreiber sich um die Funktionsfähigkeit dieses Systems bemühen werden. Die Mitgliedstaaten können sich nämlich auch für ein **geregeltes Netzzugangssystem** entscheiden, in dem lediglich veröffentlichte und i.d.R. wohl auch regulierte Tarife von den zugelassenen Kunden zu entrichten sind. Die in diesem Buch beschriebenen bereits liberalisierten Strommärkte greifen auf das Konzept des geregelten Netzzugangs zurück. Die Mehrzahl der EU-Mitgliedstaaten hat sich konsequenterweise für dieses System entschieden.

Ein alternativ vom Mitgliedstaat benannter **Alleinabnehmer** muß nicht-diskriminierende Tarife für die Nutzung des Systems bekanntgeben. Die zugelassenen Kunden können dann Lieferverträge mit externen Lieferanten und heimischen Erzeugern abschließen. Im Unterschied zum System des verhandelten Zugangs haben die Kunden im Alleinabnehmersystem aber nur Anspruch auf die Nutzung des Systems zur Deckung ihres Eigenbedarfs. Unabhängige Erzeuger können das System nur nutzen, um zugelassene Kunden außerhalb des nationalen Systems zu beliefern. In der Praxis kann der Alleinabnehmer auch verpflichtet sein, die von zugelassenen Kunden eingekauften Mengen zu dem von ihm ansonsten angebotenen Preis abzüglich Systemtarif zu übernehmen. Wird er aber nicht zur Abnahme verpflichtet, so erlaubt die Richtlinie alternativ den Netzzugang der Kunden nach veröffentlichten Tarifen oder auf dem Verhandlungswege. Im Fall des verhandelten Zugangs hat der Kunde natürlich keinen Anspruch auf veröffentlichte Tarife. Man darf erwarten, daß sich die Verhandlungen mit dem Alleinabnehmer etwas schwieriger gestalten werden als jene mit Netzbetreibern, welche bei mangelnder Kompromißfähigkeit die Einführung des regulierten Zugangs fürchten müssen.

Auch der Alleinabnehmer kann natürlich den Netzzugang verweigern, wenn keine hinreichende Kapazität verfügbar ist.

Marktöffnung

Wenn stets von **zugelassenen Kunden** die Rede ist, bedeutet dies, daß nicht alle Kunden von Beginn an zu den Teilnehmern des Binnenmarktes gehören. In zähen Verhandlungen haben sich die EU-Länder auf ein kompliziertes Marktöffnungsprotokoll verständigt. Zunächst wird ermittelt, welcher Anteil des gemeinschaftsweiten Stromverbrauchs auf Endverbraucher mit einem Jahresverbrauch von mehr als 40 GWh pro Betriebsstätte entfällt. Diese sog. Gemeinschaftsquote wird jährlich ermittelt und zum November im Amtsblatt der EC bekanntgegeben.[5] Die stufenweise Marktöffnung erfolgt dann über die Absenkung des anfänglichen Schwellenwertes von 40 GWh wie in Tabelle 2.1 dargestellt:

	Schwellenwert	Marktöffnung
1999	40 GWh/a	26,48 %
2000	20 GWh/a	ca. 28 %
2003	9 GWh/a	ca. 33 %
2006	Überarbeitung der Direktive	

Tabelle 2.1: Stufenweise Marktöffnung Strom

Aus dieser volumenbezogenen Freigabe des Marktes ergeben sich dann die resultierenden **national unterschiedlichen Schwellenwerte des Jahresverbrauchs**, welche vom Endverbraucher überschritten werden müssen, um den Netzzugang zu erhalten.
Endverbrauchern mit mehr als 100 GWh/a wird von Beginn an unabhängig von den nationalen Gegebenheiten der Zugang garantiert. Verteilunternehmen sind nicht automatisch, d.h. unabhängig von den Schwellenwerten qualifiziert. In dem Umfang, in dem sie an qualifizierte Abnehmer liefern, sind sie jedoch unabhängig von ihrem Jahresverbrauch zugangsberechtigt.

Die vereinbarte Zugangsregelung führt zu unterschiedlichen Zugangsmöglichkeiten auf nationaler Ebene. So erreichen Belgien, Finnland und Luxemburg bereits zum Auftakt mit dem Marktzugang der Abnehmer über 100 GWh eine Marktöffnung von über 30 %. Dementsprechend können kleinere Abnehmer hier im Gegensatz zur Situation in anderen Ländern für die nächsten Jahre nicht mit einer Teilnahme am gemeinsamen Markt rechnen.

Deshalb wurde großen Wert auf die Formulierung einer **Reziprozitätsklausel** gelegt, nach der im Zielland einer Lieferung der Zugang verweigert werden kann, wenn der Kunde im anderen Land nicht zugangsberechtigt wäre. Gleichwohl kann die Kommission auf Antrag des Mitgliedstaates, in dem der zugelassene Kunde ansässig ist, den Zugang ermöglichen. Die „Schutzfunktion" dieser Klausel hängt so einerseits von der Umsetzung der Richtlinie in das nationale Recht des Empfängerlandes ab, andererseits muß gefragt werden, ob ein derartiger Abwehrmechanismus in der Praxis funktionieren können wird, wenn es sich nicht gerade um ein rigide geführtes Alleinabnehmersystem handelt. Man muß sich nur vorstellen, daß der

[5] Vgl. Amtsblatt der EC C334 vom 30. Oktober 1998.

Strommarkt in Zukunft nicht mehr allein von den jeweils ansässigen Unternehmen bestimmt wird, sondern eine nicht unwesentliche Erweiterung durch neue Unternehmen erfahren wird, die vielfach multinationaler Herkunft sind. Dabei wird die bisherige Überschaubarkeit der Lieferströme verloren gehen. Die Ware Strom wird zunehmend mehrfach gehandelt, bevor sie ihren Empfänger erreicht. Die gehandelten Mengen wachsen durch Spot- und Derivatengeschäfte weit über das physische Volumen hinaus. Herkunft und Zuordnung der Mengen sind dann kaum noch nachvollziehbar. Vor den Risiken der Marktöffnung vermag diese Reziprozitätsklausel also kaum zu schützen.

Die Abwehr von Wettbewerbern über geeignete Konditionenpolitik bei der Gewährung des Netzzugangs zu organisieren, wird auch schwerfallen. Zur Beilegung von Streitigkeiten haben die hierfür vorgesehenen Behörden das Recht zur umfassenden Einsicht in die Buchführungsunterlagen. Integrierte Unternehmen müssen ihre Kontierungsarbeiten für die verschiedenen Aktivitäten so durchführen, als ob die Tätigkeiten von separaten Firmen ausgeführt würden.

2.1.3 Binnenmarktrichtlinie Erdgas

Die Binnenmarktrichtlinie für Erdgas regelt – wie in Artikel 1 ausgeführt – „die Organisation und Funktionsweise des Erdgassektors, auch in Bezug auf verflüssigtes Erdgas (LNG), den Marktzugang, den Betrieb der Netze und die Kriterien und Verfahren für die Erteilung von Fernleitungs-, Verteilungs-, Liefer- und Speichergenehmigungen für Erdgas."
In Anerkenntnis der unterschiedlichen Marktstrukturen soll das langfristige Ziel der vollständigen Marktöffnung schrittweise angestrebt werden. Die wettbewerbspolitischen Leitlinien entsprechen dabei weitgehend denen der Elektrizitätsrichtlinie. Dies gilt z.B. für die Regeln zur Entflechtung und Transparenz der Buchführung.

Einzelne Formulierungen in der Präambel können jedoch auch Zweifel an der Entschlossenheit zur Liberalisierung aufkommen lassen, wenn man sie nicht als Folge der Berücksichtigung von Besonderheiten des Erdgassektors interpretiert. So heißt es dort lediglich: „Erdgasunternehmen müssen in aller Regel tätig sein können, ohne diskriminiert zu werden." Von der Buchführung der Erdgasunternehmen wird nur ein „hohes Maß an Transparenz" gefordert, während beim Strom von einem „Höchstmaß an Transparenz" die Rede ist. Bei Erdgas muß der Netzzugang zu einer „ausreichenden und gegebenenfalls vergleichbaren Marktöffnung" führen, die Zugangsregelung für Strom muß „zu gleichwertigen wirtschaftlichen Ergebnissen und damit zu einer direkt vergleichbaren Marktöffnung sowie zu einem direkt vergleichbaren Zugang zu den Elektrizitätsmärkten führen". Andererseits „muß" laut Erdgasrichtlinie vermieden werden, daß es zur mißbräuchlichen Ausnutzung marktbeherrschender Stellung und Verdrängungspraktiken kommt, wo dies beim Strom nur vermieden werden *sollte*.

Netzzugang

Der wichtigste Teil dieser Direktive ist die Regelung des Netzzugangs. Nachdem es trotz intensiver Vermittlungsbemühungen nicht gelungen ist, eine einheitliche Lösung für die Gewährleistung des Netzzugangs zwischen den Mitgliedstaaten zu vereinbaren, hat man sich darauf verständigt, daß die nationalstaatliche Umsetzung aus zwei Modellen wählen darf, dem sog. **verhandelten Netzzugang (negotiated TPA)** und/oder dem **geregelten Netzzugang (regulated TPA)**. Beide Systeme sollen auf Basis objektiver, transparenter und nichtdiskriminierender Zugangskriterien ein vergleichbares Ergebnis bringen. Bei der Verhandlungslösung ist der Netzzugang mit dem jeweiligen Netzeigentümer bilateral zu vereinbaren. Hierfür haben die Staaten Voraussetzungen zu schaffen, welche freiwillige kommerzielle Verhandlungen „nach dem Grundsatz von Treu und Glauben" ermöglichen. Die Netzinhaber müssen einmal jährlich die wesentlichen geschäftlichen Bedingungen für die Nutzung des Netzes veröffentlichen, nicht aber einen Tarif. Falls sich ein Staat für den geregelten Netzzugang entscheidet, ist vom Netzeigentümer das Zugangsrecht auf Basis veröffentlichter Tarife und Nebenbedingungen zu gewähren. Die Option, den Vorgaben der Richtlinie auch dadurch entsprechen zu können, indem den zugelassenen Kunden ermöglicht wird, mit anderen als dem Netzbetreiber oder den mit ihm verbundenen Unternehmen Versorgungsverträge abzuschließen, läßt aber auch Gestaltungsspielraum für Zwischenlösungen.

Der Netzzugangsanspruch umfaßt neben den Transport- und Verteilanlagen auch das „vorgelagerte Rohrsystem", d.h. Einrichtungen, die dazu dienen, Erdgas von einer Produktionsstätte zu einem Anlandeterminal zu bringen (Artikel 23).

Verweigerung des Netzzugangs

Unabhängig vom gewählten System können die Netzinhaber den **Zugang verweigern** unter Hinweis auf:

- nicht verfügbare Kapazitäten,
- auferlegte gemeinwirtschaftliche Verpflichtungen („service public") oder
- unbedingte Zahlungsverpflichtungen (sogenannte Take-or-Pay-Vereinbarungen).

Hinsichtlich der **Verfügbarkeit von Kapazitäten** liegt die Beweislast beim Netzinhaber. Für solche Fälle können die Mitgliedstaaten auch vorsehen, daß der Netzinhaber Kapazitätserweiterungen vornimmt, wenn dies „wirtschaftlich vertretbar" ist oder der Kunde bereit ist, hierfür zu zahlen.

Der insbesondere auf Wunsch von Frankreich aufgenommene Verweis auf **gemeinwirtschaftliche Aufgaben** ist in der Richtlinie nicht näher spezifiziert. In der Präambel wird es den Mitgliedstaaten freigestellt, durch gemeinwirtschaftliche Verpflichtungen Aspekte von Versorgungssicherheit sowie Umwelt- und Verbraucherschutz in einer Weise zu garantieren, „die der freie Wettbewerb allein ihres Erachtens nicht unbedingt garantieren kann." Die Praxis wird zeigen müssen, wieweit dieses Instrument gegen unliebsamen Wettbewerb mißbraucht werden kann.

Die Berufung auf sogenannte **unbedingte Zahlungsverpflichtungen**, aufgrund welcher die Gewährung des Netzzugangs „ernsthafte wirtschaftliche und finanzielle Schwierigkeiten" bringen würde, ist hingegen an detaillierter beschriebene Bedingungen geknüpft, die sich in der Präambel und den Schlußbestimmungen finden. So werden keine ernsthaften Schwierigkeiten angenommen, wenn die Verkäufe nicht unter die in den Erdgaslieferverträgen vereinbarte

Mindestabnahme sinken, der Vertrag angepaßt werden, oder Absatzalternativen gefunden werden können. Außerdem wird in der Einzelfallprüfung gefragt, ob das betreffende Unternehmen zum Zeitpunkt des Vertragsabschlusses „mit dem wahrscheinlichen Auftreten von ernsten Schwierigkeiten hätte rechnen können." Nach dem Inkrafttreten der Richtlinie geschlossene oder verlängerte Bezugsverträge müssen ohnehin mit entsprechender „Sorgfalt" abgeschlossen werden, „damit eine nennenswerte Marktöffnung nicht behindert wird".

Wenn sich die verhandelnden Parteien nicht einig werden können, ob und zu welchen Konditionen ein Netzzugang erfolgen soll, kann eine von dem jeweiligen Mitgliedstaat vorzusehende **Einrichtung zur Streitbeilegung** angerufen werden. Damit langwierige Verfahren nicht zur Wettbewerbsbehinderung werden, soll das Arbeitsergebnis dieser Institution unverzüglich, „falls möglich" innerhalb von 12 Wochen vorliegen. Ausnahmen[6] von der Verpflichtung zur Gewährung des Netzzugangs dürfen jedoch nur befristet gewährt werden. Sie dürfen nicht dazu führen, daß der Zweck der Richtlinie unterlaufen wird. Diesbezügliche Verfahren werden zwar formal von den Mitgliedstaaten durchgeführt, finden jedoch unter Kommissionsaufsicht statt.

Als Alternative zum Netzzugang haben die Mitgliedstaaten Vorkehrungen zu treffen, die den **Bau von Direktleitungen** zur Belieferung zugelassener Kunden ermöglichen. Hierfür ist in Artikel 4 die objektive und diskriminierungsfreie Vergabe von *Genehmigungen für den Bau und Betrieb* von Erdgasanlagen geregelt. Die Genehmigung darf jedoch von der Verweigerung des Netzzugangs durch den Netzbetreiber oder der Einleitung des erwähnten Streitbeilegungsverfahrens abhängig gemacht werden.

Darüber hinaus können sich die Mitgliedstaaten aber auch entschließen, die Regelungen des Artikel 4 für den Verteilungsbereich nicht anzuwenden, wenn andernfalls die Erdgasunternehmen nicht in der Lage wären, die ihnen vom Staat auferlegten gemeinwirtschaftlichen Pflichten zu erfüllen. Beispielsweise können die Mitgliedstaaten Verteil- und Versorgungsunternehmen die *Versorgungspflicht* für bestimmte Gebiete oder Kundengruppen auferlegen und dabei sogar Tarife zur Sicherstellung der Gleichbehandlung festlegen (Artikel 9).

Als Mittel zur Erfüllung gemeinwirtschaftlicher Verpflichtungen kann sogar eine *langfristige Planung* vorgesehen werden, bei der lediglich – so formuliert es die Richtlinie – „der Möglichkeit Rechnung zu tragen" sei, „daß Dritte Zugang zu dem Netz erhalten wollen". Die Richtlinie räumt damit „strukturkonservativen" Mitgliedstaaten die **Möglichkeit einer zurückhaltenden Umsetzung des Netzzugangs** ein. Auch der freie Leitungsbau kann hierdurch eingeschränkt werden. Wichtig ist dies insbesondere für Regionen, die mehr als 75 % ihrer Erdgasbezüge von einem Lieferanten erhalten oder den Status „emergent market" geltend machen können. Auch wenn es sich hierbei ebenfalls ausdrücklich um Ausnahmeregelungen handelt, könnte deren gesonderte Behandlung im Rahmen der Schlußbestimmungen (Artikel 26) doch zumindest vorübergehend für den faktischen Ausschluß dieser Märkte vom Wettbewerb benutzt werden.

6 Den Antrag auf Befreiung von der Zugangsgewährung kann der Netzinhaber auch unabhängig vom konkreten Verweigerungsfall stellen.

Marktöffnung

Die Möglichkeiten des Wettbewerbs können wie im Strombereich[7] die sog. **zugelassenen Kunden** nutzen. Hierzu zählen von Beginn an Abnehmer mit einem Jahresverbrauch von mehr als 25 Millionen Kubikmetern je Verbrauchsstätte. In Abständen von 5 Jahren nach der Veröffentlichung werden die Mindestabnahmemengen schrittweise gesenkt. Die Betreiber von gasbefeuerten Stromerzeugungsanlagen sind unabhängig vom Verbrauch generell zugelassen. Allerdings dürfen die Mitgliedstaaten wegen der Wechselwirkung zum Elektrizitätsmarkt selbst einen Mindestverbrauchswert für die Zulassung festlegen, der allerdings nicht über dem für die übrigen Abnehmer geltenden liegen darf. Es ist den Mitgliedstaaten andererseits jedoch auch freigestellt, den Kreis der Teilnehmer zu erweitern, wie dies z.B. in Deutschland der Fall ist, wo alle Verbraucher zugelassene Kunden sind. Die festgelegten Werte für die nationalstaatlichen Marktöffnungsquoten sind Tabelle 2.2 zu entnehmen:

Datum	Mindestöffnung	Schwellenwert	zulässige Begrenzung
10.08.2000	> 20 %	25 Mio. m^3/a	30 %
10.08.2003	> 28 %	15 Mio. m^3/a	38 %
10.08.2008	> 33 %	5 Mio. m^3/a	43 %

Tabelle 2.2: Stufenweise Marktöffnung Erdgas

Wenn die Schwellenwerte zum Auftakt im Jahr 2000 bereits zu einer Marktöffnung von mehr als 30 % führen, haben die Staaten die Möglichkeit, durch eine bezüglich der Kundengruppen ausgewogene Anpassung der Zulassungsbedingungen die Marktöffnung auf einen geringeren Wert zurückzuführen, der allerdings die genannten Begrenzungswerte nicht unterschreiten darf. Verteilerunternehmen, die nach den genannten Kriterien nicht zugelassen würden, erhalten jedoch in dem Umfang Zugang, wie sie an zugelassene Kunden liefern.

Ungleichgewichte bei der Öffnung der Erdgasmärkte sollen analog zur Stromrichtlinie dadurch vermieden werden, daß grenzüberschreitende Lieferverträge nicht untersagt werden dürfen, wenn der Kunde in beiden Ländern als zugelassener Kunde betrachtet wird. Wenn der Kunde nur in einem der Länder die Zugangskriterien erfüllt, kann die Kommission - ebenso wie beim Strom – auf Antrag des Landes, in dem der zugelassene Kunde ansässig ist, der ablehnenden Partei die Durchführung auferlegen.

2.1.4 Nationalstaatliche Umsetzung

Das Ziel der EU-Richtlinien besteht in der Verwirklichung von einheitlichen wettbewerbsorientierten Binnenmärkten für Strom und Gas. Aufgrund des zeitlichen Vorlaufs läßt sich für die **Stromrichtlinie**, die bis zum Februar 1999 umzusetzen war, ein **erstes Zwischenergebnis** festhalten. Es ist davon auszugehen, daß die Entwicklungen im Strommarkt teilweise

---

7 Im Unterschied zur Stromrichtlinie geht die Präambel der Erdgasrichtlinie jedoch nur von einer „ausreichenden und gegebenenfalls vergleichbaren Marktöffnung" aus.

präjudizierend für den Gasmarkt wirken werden und die Ergebnisse der Gasrichtlinie, die bis zum August 2000 umzusetzen ist, nicht wesentlich anders aussehen werden.
Bei der Würdigung der Ergebnisse der Stromrichtlinie ist zu berücksichtigen, daß die elektrizitätswirtschaftlichen Voraussetzungen der Mitgliedstaaten sich zum Teil erheblich voneinander unterscheiden.[8] Die Unterschiede beziehen sich u.a. auf:

- **Erzeugungsstruktur:**
  Während in Deutschland, Dänemark und auch in Großbritannien nach wie vor die Kohle dominiert, beruht die Erzeugung in Frankreich, Belgien und Schweden vor allem auf Kernenergie, in den Niederlanden auf Erdgas, in Italien auf Öl und in Österreich auf Wasserkraft.

- **Organisationsstruktur:**
  Die Elektrizitätssysteme in Frankreich und Italien sind stark zentral und landesweit ausgerichtet, während die skandinavischen Staaten, Deutschland, Österreich, Niederlande oder Großbritannien eine regionale dezentrale Struktur aufweisen.

- **Eigentumsverhältnisse:**
  Neben Staatsgesellschaften (z.B. Frankreich und Italien) finden sich private bzw. privatisierte Versorgungsunternehmen (Großbritannien oder Dänemark) und gemischtwirtschaftliche Systeme (Deutschland, Niederlande, Schweden).

- **Ordnungspolitische Rahmendaten:**
  Hier geht es beispielsweise um die unterschiedliche Rolle des Staats als Regulierer oder um die Frage, welche Rolle die Stromwirtschaft bei der Realisierung von z.B. regional-, sozial-, fiskal- oder beschäftigungspolitischen Zielen zugewiesen wird.

Der EU-Richtliniengeber hat auf diese unterschiedlichen Strukturen - ausgehend vom Prinzip der Subsidiarität - mit der Einräumung von Gestaltungsspielräumen bei der nationalstaatlichen Umsetzung reagiert. Diese Spielräume beziehen sich auf die möglichen Durchleitungskonzepte, den Grad der Marktöffnung oder die erlaubten staatlichen Eingriffe, wenn Versorgungsunternehmen mit Aufgaben des Gemeinwohls („service public") betraut sind. Die Liberalisierung der nationalen Strommärkte ist in sehr unterschiedlichem Ausmaß in Gang gekommen.

- Manche eilen voraus. So haben die skandinavischen Staaten (inklusive des Nicht-EU-Mitglieds Norwegen) und Großbritannien, unabhängig von der EU-Richtlinie, ihre Strommärkte weitestgehend liberalisiert. Ehemals integrierte Unternehmen wurden entflochten; die Märkte wurden vollständig geöffnet; effiziente Durchleitungsregelungen waren die Voraussetzung für die Entwicklung eines Wettbewerbsmarktes.

- Andere Länder wie die Niederlande, Spanien (jeweils 100 % Marktöffnung bis 2007), Österreich, Belgien, Italien oder Dänemark öffnen ihre Märkte stufenweise und haben sich dabei für das Durchleitungskonzept des geregelten Netzzugangs entschieden.

[8] Vgl. Schmitt 1998.

Auch Frankreich hat sich für geregelten Netzzugang entschieden, die Marktöffnung orientiert sich aber an den Mindestvorgaben der EU-Richtlinie.[9]

- In Deutschland wurden mit dem neuen Energiewirtschaftsgesetz und der Verbändevereinbarung zwar die formalen Voraussetzungen zur vollständigen Marktöffnung geschaffen – mehr aber auch nicht. Von vielen Seiten wird bezweifelt, daß das gewählte Konzept des verhandelten Netzzugangs, umgesetzt durch die Verbändevereinbarung, zu einem funktionierenden Wettbewerbsmarkt führen wird. Zumindest eine Weiterentwicklung bzw. teilweise Vereinfachung der Verbändevereinbarung ist zu erwarten.

- Deutschland (befristet) und Österreich gewähren ihren regionalen und kommunalen Stromversorgern den Status des Alleinabnehmers. In diesen Ländern kommt es also zu einer Kombination verschiedener Durchleitungskonzepte, was der Entwicklung von Wettbewerb sicherlich nicht förderlich sein wird.

Zusammenfassend kann festgehalten werden, daß die Mehrzahl der Mitgliedstaaten sich für den konsequenteren regulierten Netzzugang entschieden hat und bezüglich der Marktöffnung über die Vorgabe der EU-Richtlinie hinausgeht. Die Durchleitungsentgelt-Regelungen weisen zwar ein breites Spektrum verschiedener Verfahren auf, die meisten Staaten haben sich jedoch für eine Variante des Briefmarken-Tarifs entschieden. Zumindest während einer Übergangsphase wird es als Folge des Subsidiaritätsprinzips zu Störungen bei der Durchführung von Durchleitungen kommen. Die Wettbewerbspotentiale sind regional unterschiedlich ausgeprägt, die Transaktionskosten der Durchleitung sind zunächst sehr hoch. Zur Sicherstellung eines funktionierenden Wettbewerbs auf europäischer Ebene müssen noch technische, operationale und institutionelle Voraussetzungen geschaffen werden, z.B.[10]

- Info-Systeme zur physischen und wirtschaftlichen Durchleitungsabwicklung,
- Regelung grenzüberschreitender Durchleitungsentgelte,
- Systeme zur Überwachung verfügbarer Übertragungskapazitäten,
- Prioritätenregelung bei Engpaß-Situationen.

Es ist sicher noch ein weiter Weg bis zur Verwirklichung **eines** effizienten und wettbewerbsintensiven gesamteuropäischen Energiemarktes. Der erste Schritt ist gemacht, die weitere Richtung ist klar vorgezeichnet. Der Prozeß der Liberalisierung dürfte sich kaum noch aufhalten lassen.

---

9 Vgl. Tiberini 1998; Petrostrategies vom 21. Dezember 1998; VWD Vereinte Wirtschaftsdienste vom 10. Dezember 1998. Frankreich ist ein Beispiel dafür, daß auch die Einführung des geregelten Netzzugangs keine Gewähr für die Entwicklung eines Wettbewerbsmarktes darstellt.

10 Vgl. Tiberini 1998.

2.2 Energiemärkte im Umbruch

In diesem Kapitel werden die amerikanischen und britischen Strom- und Gasmärkte beschrieben, da hier die längsten Erfahrungen mit der Liberalisierung vorliegen und man insofern am meisten lernen kann. Darüber hinaus wird näher auf die europäischen Energiemärkte eingegangen, die zumindest ansatzweise liberalisiert sind und die gleichzeitig aufgrund ihrer geographischen Nähe den deutschen Energiemarkt beeinflussen und diesem neue Impulse verleihen. Da liberalisierte Energiemärkte eine starke Tendenz zur Konvergenz der Energieträgerteilmärkte aufweisen, wird ein wenigstens kurzer Überblick auch über die Ölmärkte zur Abrundung des Gesamtbildes gegeben.

2.2.1 Ölmärkte

Mineralöl ist der national und weltweit immer noch mit Abstand wichtigste Energieträger. Auch wenn dieses Kapitel sich mit dem Ölmarkt befaßt, muß man wissen, daß es **den** Ölmarkt nicht gibt, sondern nur eine Reihe von Teilmärkten, die weltweit ineinander greifen.[11] Neben dem in der Öffentlichkeit am meisten beachteten Markt, dem durch OPEC-Beschlüsse bekannt gewordenen Rohölmarkt, existieren eine Reihe von Produktenmärkten, beispielsweise für Heizöl oder Benzin.
Verknüpft sind diese Märkte letztlich durch die Möglichkeit, in **Raffinerien** aus Rohöl, genauer gesagt aus Rohölen, die sich hinsichtlich qualitativer Gesichtspunkte (z.B. Schwefelgehalt, Dichte) unterscheiden, genau diese Produkten herzustellen. Bei der Raffination von Rohölen handelt es sich um eine sogenannte Kuppelproduktion, d.h. zwangsläufig fallen bei diesem Herstellungsprozeß mehrere Produkte gleichzeitig an. Das Verhältnis der Ausbeuten der verschiedenen Produkte wird neben der technischen Auslegung der Raffinerien im wesentlichen durch die eingesetzten Rohölsorten beeinflußt. Dies ist auch der Grund dafür, daß verschiedene Rohöle unterschiedliche Preise haben bzw. die Preise bestimmter Rohölsorten als Differentiale zu sog. Referenzölpreisen ausgedrückt werden. In den letzten Jahren hat sich die Nachfrage mehr und mehr zu leichten Produkten verschoben, woraufhin in den Raffinerien mehr und mehr Konversionskapazitäten geschaffen wurden. Hinzu kommt, daß der Mineralölabsatz in Industrieländern wie der Bundesrepublik Deutschland langfristig aufgrund steigender Energieeffizienz und des Strukturwandels zu Lasten des Öls abnehmen wird. Der hohe Anteil der Produktenimporte an der Inlandsversorgung (36 % im Jahre 1996), die bestehenden Überkapazitäten sowie steuer- und umweltpolitische Vorgaben haben in Deutschland in den letzten Jahren zu einem Raffineriesterben bzw. zur Zusammenlegung von Raffinerien geführt.[12]

Entwicklungsphasen der Ölmärkte

Die Rohölmärkte (und mit ihnen die Produktenmärkte) entwickelten sich in den letzten dreißig Jahren in mehreren Phasen zu einem **reinen Commodity-Markt**.[13]

---

[11] Vgl. Hensing 1992.
[12] Vgl. Mohnfeld & Heinze 1997.
[13] Vgl. Schmidt 1998.

Die erste Phase, die bis zur ersten Ölkrise Anfang der siebziger Jahre andauerte, war durch vertikal integrierte Ölmajors, die sogenannten „Sieben Schwestern" geprägt.[14] Der Ursprung dieses Systems lag im Jahre 1928 im Abkommen von Achnacarry. „Das Herz des Dokuments war [...] die „As-Is-Vereinbarung": jede Gesellschaft bekam eine Quote auf jedem der verschiedenen Märkte zugeteilt – einen prozentualen Anteil am gesamten Ölverkauf auf der Basis der Absätze von 1928. [...] Das würde zusätzliche Gewinne bringen, denn der Verkaufspreis sollte weiterhin auf der Basis der traditionellen Formel errechnet werden: Preis der amerikanischen Golfküste plus übliche Frachtrate von dieser Küste zum Markt – auch wenn das Öl von einem näher gelegenen Ort kam."[15] In dieser Zeit gab es also weder Preiskonkurrenz zwischen den beteiligten Unternehmen noch Transparenz. Das Geschäft wurde durch langfristige Öllieferverträge dominiert. Zu Spotgeschäften kam es nur in Ausnahmefällen.
In den Jahren nach dem Zweiten Weltkrieg kam es in immer mehr Produzentenländern zu Verstaatlichungen der Ölproduktion, wodurch die Macht der Sieben Schwestern mehr und mehr eingeschränkt wurde. Dieser Machtverlust gipfelte in der Ölkrise und dem arabischen Ölembargo von 1972. Durch dieses Embargo stieg die Bedeutung unabhängiger, vergleichsweise kleiner Ölunternehmen, die außerhalb politischer Krisenherde Öl produzierten und die in den siebziger und achtziger Jahren erheblich dazu beitrugen, gänzlich neue Förderregionen wie Alaska oder die Nordsee zu entwickeln. Auch die zweite – durch die iranische Revolution im Jahre 1978 ausgelöste - Ölkrise trug dazu bei, die Zahl der Marktteilnehmer zu erhöhen, zumal Investitionen in Ölexploration und –produktion aufgrund der hohen Ölpreise sehr profitabel waren. Mit der zunehmenden Anzahl von Marktteilnehmern und dem zunehmenden öffentlichen Interesse wuchs auch der Bedarf für transparente Preise. Spotmärkte und Spotpreise wurden immer wichtiger. Hierbei handelt es sich um einen Prozeß, der in seinen wesentlichen Zügen bis heute anhält, und der in der Zwischenzeit eine Reihe von Versuchen der OPEC, Preise zu kontrollieren, überstanden hat.
Der **Rohölpreis** wird heute durch **Angebot und Nachfrage** nach Rohöl und indirekt nach Produkten bestimmt. Wesentliche **Preiseinflußgrößen** sind z.B.

- Lagerbestände,
- Witterung,
- Produktions- und Verarbeitungskapazitäten,
- politische Faktoren (z.B. Embargo gegen den Irak),
- psychologische Faktoren,
- Dollarkurs,
- Raffineriestillstände,
- Zölle und Steuern,
- kurzfristige Lieferunterbrechungen.

Zur Zeit werden weltweit drei sogenannte **Referenzöle** gehandelt: Brent, West Texas Intermediate (WTI) und Dubai. Diese drei Rohölsorten zeichnen sich durch eine homogene Qualität, langfristige Verfügbarkeit und hohe Marktakzeptanz aus.[16] Die Preise anderer Rohöle werden

[14] Die Sieben Schwestern waren Exxon, BP, Royal Dutch/Shell, Gulf, Mobil, SoCal und Texaco; vgl. Hensing 1994.
[15] Siehe Yergin 1993, S. 343.
[16] Vgl. Schmidt 1998.

durch Auf- oder Abschläge auf die Benchmarkpreise bestimmt, wobei die Differentiale in erster Linie Qualitätsunterschiede reflektieren.
Wie in anderen liberalisierten Märkten existieren auch im Rohölmarkt verschiedene **interdependente Teilmärkte**. Am Beispiel von Brent-Rohöl soll dies verdeutlicht werden: Der **physische Spotmarkt** ist der sogenannte Dated Brent Markt, eng mit diesem verknüpft ist der 15-Tage-Brentmarkt, der im Prinzip ein **Forwardmarkt** ist. Wiederum eng verbunden sind die **Futures- und Optionsverträge** an der International Petroleum Exchange (IPE) in London.[17]
Der Name „15-Tage-Brentmarkt" rührt vom Liefermechanismus her, der diesem Forwardvertrag zugrundeliegt. Wie bei jedem Forwardvertrag handelt es sich hierbei um einen Vertrag über die künftige Lieferung von Rohöl in Sullom Voe (Shetland-Inseln) zu einem vorab vereinbarten Preis. Vor der physischen Lieferung teilt der Verkäufer dem Käufer mit 15-tägiger Vorlaufzeit einen Dreitageszeitraum mit, an dem die Lieferung erfolgen soll. Gehandelt werden Größen von 500.000 bbl, was hohe Liquiditätsanforderungen und hohe Kreditwürdigkeiten bedingt.[18] Historisch sind der eng an diesen Markt gekoppelte IPE-Futuresvertrag auf Brent-Rohöl sowie der dazugehörige Optionsvertrag jünger als der Dated-Brent- und der 15-Tage-Brent-Markt.[19]
Für Produkten sind die wesentlichen Marktzentren für Westeuropa der ARA-Raum (Amsterdam, Rotterdam, Antwerpen) und der Mittelmeerraum (Genua). Ähnlich wie in den Rohölmärkten existieren auch hier interdependente Teilmärkte wie physische Spotmärkte, Forward-, Futures- und Optionsmärkte.
Insgesamt zeigen sich auf allen Ölmärkten **große Preisschwankungen (Volatilitäten)**, die in der „guten, alten Welt von Achnacarry" völlig unbekannt war. Dies erklärt auch, warum neben den „alten Ölmajors", den unabhängigen Produzenten und den großen Ölverbrauchern wie Fluggesellschaften die sogenannten Wall-Street-Refiner eine immer wichtigere Rolle in den Ölmärkten spielen. Hierbei handelt es sich in der Regel um Banken, die in den Handel mit Ölderivaten, wie sie in Kapitel 3 dargestellt werden, eingestiegen sind.

2.2.2 Strommärkte

2.2.2.1 Der Strommarkt der USA

Weg der Liberalisierung

Historisch wurde die US-Stromwirtschaft von großen vertikal integrierten Versorgungsunternehmen (Utilities) dominiert, die Stromerzeugung, -transport, -verteilung sowie -verkauf in ihren jeweiligen Versorgungsgebieten dominierten. Da die Stromnachfrage im wesentlichen durch Eigenerzeugung gedeckt wurde, spielte der Handel nur eine untergeordnete Rolle. Die Regulierungsbehörde FERC hat die Liberalisierung auf Bundesebene wesentlich und proaktiv

[17] Vgl. Kapitel 3.1.1.3.1 (Futuresbörsen) und 3.2.1.3.1 (Optionsbörsen).
[18] Vgl. Schmidt 1998.
[19] Bei den IPE-Verträgen spielen Kreditwürdigkeitsfragen eine untergeordnete Rolle.

vorangetrieben.[20] Die Befugnisse der FERC beschränken sich jedoch auf die zwischenstaatliche Stromübertragung und den Großhandel. Die Stromverteilung und die Vermarktung an Endabnehmer unterliegen der Aufsicht der einzelstaatlichen Energiekommissionen. Mit Ausnahme der Staaten Florida und South Dakota haben mittlerweile alle Staaten Wettbewerb im Endverbrauchermarkt eingeführt oder bereiten zumindest die ersten Schritte in Richtung Wettbewerb durch eine entsprechende Gesetzgebung vor, wobei die verschiedenen einzelstaatlichen Vorgehensweisen teilweise stark voneinander abweichen.[21]
Der Liberalisierungsprozeß setzte 1978 ein. Die Meilensteine der Liberalisierung sind:

- **Public Utilities Regulatory Policy Act (PURPA), 1978:**
  Vor dem Hintergrund der Ölkrisen und mit dem Ziel der Erhöhung der Stromproduktion und der Effizienz der Erzeugung wurde die Errichtung von **Independent Power Projects (IPPs)** erlaubt. Die Utilities waren verpflichtet, Strom aus erneuerbaren Quellen sowie aus Kraft-Wärme-Kopplungsanlagen unter langfristigen Verträgen abzunehmen, wobei die Preise sich an den vermiedenen Kosten der Utilities zu orientieren hatten. Mit der weiteren Marktentwicklung zeigte sich jedoch, daß diese Preise deutlich über den aktuellen Marktpreisen lagen.[22] Die neuen Marktteilnehmer führten erstmals Wettbewerbselemente in den Strommarkt ein, die zwar noch nicht zu einem wirklichen Spotmarkt führten, die aber doch Anstoß zu den weiteren Liberalisierungsschritten gaben und den Stein des Wettbewerbs ins Rollen brachten.

- **Energy Policy Act (EPACT), 1992:**
  Dieses Bundesgesetz beendete das Monopol der Utilities im Stromgroßhandelsmarkt. Es ermöglichte der FERC die Anordnung von Stromdurchleitungen im Großhandelsmarkt gegen ein reguliertes Entgelt. Eine Vielzahl von neuen Marktteilnehmern trat in den Großhandel mit Strom und dessen Vermarktung an Industriekunden ein. IPPs konnten den noch nicht langfristig kontrahierten Strom frei verkaufen. Ein Spot- und Terminmarkt begann sich zu entwickeln. Es entstand ein Bedarf für kurzfristige Portfoliobalancierung und –optimierung.

- **FERC Order 888 und 889, 1996:**
  Gemäß Order 888 wurden die Utilities zu der nicht-diskriminierenden Öffnung der zwischenstaatlichen Transportsysteme verpflichtet. Das Ziel der Verordnung bestand in der Beseitigung von Wettbewerbshemmnissen im Großhandelsmarkt für Strom und letztendlich in niedrigeren Strompreisen. Die gemeinsam mit Order 888 verabschiedete Order 889 verlangt seit dem 1. Januar 1997 von den Utilities die Einführung einheitlicher Übertragungstarife sowie die Einrichtung von elektronischen **O**pen **A**ccess **S**ametime **I**nformation **S**ystemen, kurz OASIS, die alle für die Durchleitung relevanten Informationen

---

[20] FERC (Federal Energy Regulatory Commission) ist eine unabhängige Regulierungsbehörde innerhalb des US Department of Energy. Ihre Aufgabe besteht u.a. in der Regulierung des zwischenstaatlichen Transports und Großhandels von Strom und Gas. Adresse siehe Glossar.

[21] Vgl. Bell & Lilyestrom 1997; VDEW Länderbericht USA 1998; Madden 1998.

[22] Diese Verträge sind somit eine Ursache der „stranded costs“ (Investitionsruinen). Dabei handelt es sich um solche historischen Investitionen in Erzeugungsanlagen, die in einem liberalisierten Markt nicht mehr wettbewerbsfähig und nicht mehr zu amortisieren sind, beispielsweise weil Kunden ihren bisherigen Lieferanten wechseln.

enthalten und über Internet zugänglich sind.[23] Die Orders führten zu einer organisatorischen Entflechtung (Unbundling) von Stromübertragung und Stromhandel, da der Vermarktungsarm einer Gesellschaft für den Transport im eigenen Netz genauso wie die Wettbewerber ausschließlich auf OASIS-Informationen zurückgreifen darf. Die Vermarktungsabteilungen müssen auch physisch von den Betriebsabteilungen getrennt werden, um unerlaubten Informationsfluß zu unterbinden.
Order 888 erkennt die Rechtmäßigkeit einer Kompensation von „**stranded costs**" als Folge der Liberalisierung explizit an. Diese Kompensation kann durch zwei Konzepte erreicht werden. Sie kann über eine „Austrittsgebühr" für die Kunden erfolgen, die ihren bisherigen Versorger verlassen. Dritte werden in diesem Fall nicht belastet. Das zweite Konzept sieht einen „nicht umgehbaren" Zuschlag zum Durchleitungsentgelt vor, der unabhängig vom gewählten Stromerzeuger zu entrichten ist.[24]

Die Liberalisierung auf einzelstaatlicher Ebene ist in **Kalifornien** am weitesten fortgeschritten, wo die Stromwirtschaft komplett umstrukturiert wurde, um seit 1. April 1998 Wettbewerb bis hin zum Haushaltskunden zu ermöglichen. Hierzu wurden zwei Non-Profit Organisationen etabliert: Ein unabhängiger Netzbetreiber (**I**ndependent **S**ystem **O**perator – ISO) und eine Strombörse (Power Exchange PX), die als Clearingstelle für Stromhandel auf Stundenbasis für den Folgetag fungiert und nach dem Auktionssystem arbeitet.[25] Im Rahmen der Restrukturierung mußten die drei etablierten Utilities teilweise mehr als 50 % ihrer Erzeugungskapazität abgeben, um so die Wettbewerbsintensität des Marktes zu erhöhen. In Kalifornien werden vom Wettbewerb Preissenkungen von bis zu 50 % erwartet.
Im amerikanischen Kongreß werden Gesetze diskutiert, durch die bis zum Jahr 2003 bundesweit voller Wettbewerb bei Strom eingeführt werden soll.

Konsequenzen der Liberalisierung

Der Stromhandel ist geradezu explodiert. Im ersten Quartal 1995 betrug das Großhandelsvolumen weniger als drei Mio. MWh. Dieses Volumen ist im vierten Quartal 1997 auf ca. 370 Mio. MWh angewachsen und wächst ständig weiter, wobei zwei Drittel dieser Geschäfte als Finanztransaktionen vollzogen werden. Der Strommarkt entwickelt sich zum größten Warenterminmarkt der USA. Als Folge der Liberalisierung ist Strom auf der Großhandelsstufe zu einer normalen Handelsware geworden. Die Anzahl der Stromzwischenhändler hat entsprechend stark zugenommen. 1993 gab es 11 Zwischenhändler; zur Zeit sind ca. 90 unabhängige **Stromhändler** aktiv, weitere 300 haben bei der FERC eine Handelslizenz beantragt.[26] Allge-

---

[23] OASIS und die damit gemachten Erfahrungen könnten als Basis bei dem zukünftig notwendigen Aufbau einer informationstechnischen Infrastruktur zur sicheren und effizienten Abwicklung von Durchleitungen in Europa dienen.

[24] Auf der von FERC regulierten Großhandelsstufe fallen allerdings nur ca. 10 – 15 % der „stranded costs" an. Gemeinsam mit Kalifornien hat FERC jedoch eine Basis zur Kompensation von 100 % der „stranded costs" gefunden, indem eine Gebühr (competition transition charge - CTC) eingeführt wurde, die von allen Stromkunden in Kalifornien zu tragen ist. Ähnliche Erstattungen sind auch von den meisten anderen Staaten, die Wettbewerb anstreben, vorgesehen. Vgl. Bell & Lilyestrom, 1997; VDEW Länderbericht USA 1998.

[25] Die drei großen kalifornischen Utilities (Pacific Gas & Electric, Southern California Edison und San Diego Gas & Electric) sind verpflichtet, bis 2002 ausschließlich über PX zu handeln, d.h. sie verkaufen ihren gesamten Output an PX und kaufen den Strom zur Vermarktung an ihre Kunden ausschließlich von PX.

[26] Vgl. VDEW Länderbericht USA 1998.

mein wird erwartet, daß es in diesem Bereich zu einer Konsolidierung kommen wird und nur wenige leistungsfähige Unternehmen überleben werden.
Die **Preisschwankungen** sind enorm. Während der Durchschnittspreis bei ca. 25 - 30 US$ pro MWh liegt, werden bei Vorliegen von Engpässen bis zu 1.000 US$ pro MWh erzielt. Am 24. Juni 1998 erreichte der Strompreis mit 7.500 US$ pro MWh gar das 100fache des Erzeugerpreises.[27] Damit gewinnt das **Risikomanagement** immer mehr an Bedeutung und wird zum **„Dreh- und Angelpunkt des Geschäftserfolges.“**[28] Diese Entwicklung wird durch das Wachstum der mittlerweile eingeführten Strombörsen reflektiert.[29] Risikomanagement-Instrumente, die sich beispielsweise im US-Gasmarkt längst bewährt haben und die in Kapitel 3 dieses Buches detailliert beschrieben werden, haben auch im amerikanischen Strommarkt Einzug gehalten. Zusätzlich kommen seit 1997 auch bisher noch nicht bekannte Instrumente wie z.B. Wetterderivate zur Anwendung.[30] Mit der weiteren Öffnung des Endkundenmarktes dürfte die Bedeutung und Notwendigkeit von Risikomanagement weiter zunehmen. Die gesamte Unternehmenskultur in amerikanischen Stromunternehmen hat sich mit der Ausbreitung des Wettbewerbs radikal geändert. Aus Versorgern werden Verkäufer. Neben Risikomanagement haben daher auch Marketing und Vertrieb entscheidend an Bedeutung gewonnen.
Die Liberalisierung des Strommarktes hat signifikante Konsequenzen für den Primärenergieträger-Mix in der Stromerzeugung der USA. Erdgas ist der bevorzugte Energieträger neuer Kraftwerkskapazitäten. Dieser Drang zum Gas geht vor allem zu Lasten der Kohle, die bisher der dominierende Energieträger der öffentlichen Stromversorgung darstellte.[31] Die **Integration des Strom- und Gasmarktes** und die Entwicklung eines wettbewerbsintensiven Energiemarktes sind in vollem Gang.

2.2.2.2 Der skandinavische Strommarkt

Trotz teilweise sehr unterschiedlicher elektrizitätswirtschaftlicher Grunddaten haben die vier skandinavischen Länder Norwegen, Schweden, Finnland und Dänemark im Sommer 1994 ein Grundsatzabkommen zur Schaffung eines **nordischen Strombinnenmarktes** unterzeichnet. Dieser ist mittlerweile, basierend auf der skandinavischen Strombörse Nord Pool, weitgehend realisiert. Im folgenden werden die Maßnahmen zur Liberalisierung der vier nationalen Strommärkte kurz dargestellt.

---

27 Vgl. Handelsblatt vom 6./7. November 1998; Frankfurter Allgemeine Zeitung vom 6. November 1998. Verantwortlich hierfür waren insbesondere zwei Ursachen: 1. Eine ungewöhnliche Hitzewelle in Teilen der Vereinigten Staaten, die zu einer besonders starken Stromnachfrage zum Zweck der Klimatisierung geführt hat. 2. Eine Reihe von Kraftwerksstillständen. Als Konsequenz dieser Erfahrung werden in den USA die Kraftwerkskapazitäten wieder ausgebaut, um Nachfragespitzen besser abfahren zu können.

28 Siehe VDEW Länderbericht USA 1998, Seite 3.

29 Vgl. Kapitel 3.1.1.3.1 (Börsen).

30 Vgl. Kapitel 3.3 (Wetterderivate). Obwohl der Handel mit Wetterderivaten erst 1997 aufgenommen wurde, hat dieser Markt nach Einschätzung von Analysten bereits ein Volumen von mehr als 3 Mrd. US$ erreicht. Vgl. Mordecai 1998.

31 Vgl. Energy Information Administration 1998.

Norwegen

Die norwegische Stromwirtschaft weist einige **Besonderheiten** auf: Die Stromproduktion beruht zu mehr als 98 % auf Wasserkraft. Das Stromangebot ist daher stark abhängig von den Niederschlägen, die im jährlichen Vergleich einer Schwankung von über 20 % unterliegen können. Norwegen tritt in der Regel als Nettoexporteur auf. Da sich in Norwegen viele elektrizitätsintensive Industrien (z.B. Aluminium) angesiedelt haben und da Strom in starkem Maß zur Raumheizung herangezogen wird, ist der Pro-Kopf-Stromverbrauch mit ca. 28.000 kWh/Jahr (Deutschland: ca. 5.500 kWh/Jahr) der höchste der Welt.[32]
Norwegen hat die Vorteile, die mit der Öffnung des Strommarktes verbunden sind, bereits frühzeitig erkannt und ist das erste skandinavische Land, das mit dem neuen **Energiegesetz von 1991** eine weitreichende Liberalisierung einleitete.[33] Das Ziel der Reform lag nicht in der Privatisierung, sondern in der wettbewerblichen Umgestaltung der Stromwirtschaft zwecks Erhöhung der ökonomischen Effizienz. Die weitgehend öffentlichen Eigentumsverhältnisse wurden beibehalten. Sogenannte „stranded costs" wurden nicht kompensiert. Die wichtigsten Elemente des neuen Elektrizitätsmarktes sind:

- **Unbundling:**
  Der staatliche **Stromerzeuger Statkraft SF** muß das Übertragungsnetz an die neugegründete staatliche **Netzgesellschaft Statnett SF** abtreten, die für Management und Betrieb des Netzes sowie für die technische Abwicklung des internationalen Stromhandels verantwortlich ist.
  Die regionalen Erzeuger und Verteiler müssen eine organisatorische und kostenrechnerische Aufteilung der wettbewerblichen Bereiche (Erzeugung und Handel) und der monopolistischen Bereiche (Verteilung) vornehmen.

- **Netzzugang (TPA):**
  Jeder Verbraucher (inklusive Haushaltskunden) darf seinen Lieferanten frei wählen. Die Regionalverteiler haben nur noch eine Anschlußpflicht, jedoch keine Versorgungspflicht mehr. Allen Erzeugern ist freier Netzzugang zu gewähren.
  Die Netzentgelte sind als Punkttarife konzipiert. Die Preise sind nicht entfernungsabhängig, sondern hängen von der Spannungsebene der Einspeise- bzw. Entnahmepunkte sowie den Investitions- und Betriebskosten der regionalen Netzbetreiber ab. Es handelt sich um Briefmarkentarife, die für jede Netzebene erhoben werden. Der Punkttarif für das Übertragungsnetz der Statnett setzt sich aus drei Komponenten zusammen:

  - fixe Leistungskomponente,
  - variable Energiekomponente zur Deckung von Netzverlusten bei der Übertragung,
  - fixe Anschlußgebühr.

  Die ermittelten Tarife werden durch die Regulierungsbehörde NVE (Norges Vassdrags og Energiverk) überwacht. Auf den Rechnungen findet jeder Kunde Durchleitungs- und Verbrauchskosten separat aufgelistet.

---

[32] Vgl. Wirtschaftswoche vom 4. September 1997.

[33] Vgl. Barzantny, Menges & Pilhar 1997; Menges & Barzantny 1997; Perner, Riechmann & Schulz 1997; Schulz, Krieger & Baumann 1998; Nandrup 1998.

- **Liberalisierung des Kraftwerks- und Leitungsbaus:**
  Die einzige Voraussetzung für die Errichtung von Kraftwerken und Leitungen ist der Erwerb einer Lizenz, die von der Aufsichtsbehörde NVE vergeben wird. De facto wird hierdurch jedoch der Ausbau von Kraftwerkskapazitäten, besonders auf Basis von Erdgas, fast vollständig blockiert.[34]

- **Neuorganisation des Pools:**
  Der seit 1971 bestehende Erzeugerpool, eine geschlossene Veranstaltung der großen norwegischen Stromerzeuger, ist zu einem für alle Händler und Verbraucher offenen Wettbewerbsmarkt weiterzuentwickeln. 1993 wurde die **nationale norwegische Strombörse** Statnett Market eröffnet, die drei unterschiedliche Teilmärkte organisierte:

  - Spotmarkt, an dem Strom für jede Stunde des nächsten Tages gehandelt wird;
  - Regelungsmarkt, zum Ausgleich von Abweichungen von vereinbarten zu tatsächlichen Stromlieferungen;
  - Terminmarkt, zum Zweck der Absicherung der stark schwankenden Spotpreise durch Finanztransaktionen.

  Aus dieser norwegischen Strombörse ist 1996 die **skandinavische Strombörse Nord Pool** hervorgegangen.

Schweden

Die schwedische Stromversorgung beruht auf Kernenergie (50 %), Wasserkraft (40 %) sowie auf Wärmekraftwerken (10 %). Die Produktion wird zu 75 % von den beiden Unternehmen Vattenfall und Sydkraft dominiert. Auch die schwedische Stromwirtschaft ist stark wetterabhängig, wenn auch in geringerem Maß als Norwegen. Das schwedische Parlament hat die Abschaltung aller 12 Kernkraftwerke bis zum Jahr 2010 beschlossen.
Den wichtigsten Anstoß zur Umstrukturierung des schwedischen Systems hat die Sorge um den Anschluß an die in Norwegen realisierten Wettbewerbsvorteile geliefert. Die Liberalisierung orientiert sich stark am norwegischen Vorbild. Auch die schwedischen Reformen zielen auf eine Erhöhung der ökonomischen Effizienz ab. Die Maßnahmen werden durch die unabhängige Regulierungsbehörde NUTEK überwacht. Der Weg der Liberalisierung war wie folgt:[35]

- 1992 wurde das Staatsunternehmen Vattenfallswerk vertikal in den **Stromproduzenten-Vattenfall AB** und die staatliche **Netzgesellschaft Svenska Kraftnät**, die für Planung und Betrieb des Übertragungsnetzes sowie für die Organisation des internationalen Stromhandels zuständig ist, desintegriert.

---

[34] Obwohl Norwegen einer der wichtigsten Gaslieferanten für Europa ist, gibt es in Norwegen keinen nationalen Gasmarkt. Die Ablehnung von Gas zur Stromerzeugung ist vor allem auf ökologische Bedenken zurückzuführen. Während in anderen Ländern die ökologischen Vorteile von Gas im Vergleich zu anderen fossilen Energieträgern gesehen werden, hat man in Norwegen, das bisher fast ausschließlich auf Wasserkraft zurückgreift, Bedenken wegen der mit der Gasverstromung verbundenen Erhöhung der norwegischen CO_2-Emissionen.

[35] Vgl. Barzantny, Menges & Pilhar 1997; Menges & Barzantny 1997; VDEW Länderbericht Schweden 1998; Schulz, Krieger & Baumann 1998.

Am 1. Januar 1996 trat das **neue Elektrizitätswirtschaftsgesetz** in Kraft. Die wichtigsten Elemente sind:

- Die regionalen und kommunalen Versorgungsunternehmen sind zum organisatorischen und kostenrechnerischen **Unbundling** ihrer Aktivitäten verpflichtet.
- Allen Verbrauchern und Erzeugern ist freier **Netzzugang** zu nicht-diskriminierenden und entfernungsunabhängigen Tarifen zu gewähren. Die Gestaltung dieser Tarife erfolgt nach den gleichen Grundsätzen wie in Norwegen. Die geschlossenen Versorgungsgebiete werden aufgehoben. Alle Verbraucher, einschließlich der privaten Haushalte, können ihren Lieferanten frei wählen.
- Der Handelsbereich der norwegischen Strombörse wird auf Schweden ausgeweitet. Zu diesem Zweck wurde die **norwegisch-schwedische Strombörse Nord Pool** zum 1. Januar 1996 gegründet, die gemeinsam von Statnett und Svenska Kraftnät organisiert wird.

Finnland

Ähnlich wie die Nachbarstaaten Norwegen und Schweden weist Finnland einen der weltweit höchsten Energieverbräuche auf, bedingt durch das kalte Klima und die Ansammlung von energieintensiver Industrie. Im Vergleich zu Norwegen und Schweden verfügt Finnland aber über geringere Reserven an Wasserkraft. Finnland deckt daher seinen Strombedarf vor allem aus thermischen Kraftwerken und Kernenergie. Auch in Finnland wird die Kernenergie mittlerweile sehr kritisch gesehen; der Bau neuer Kernkraftwerke ist unwahrscheinlich. Es ist hingegen mit einem verstärkten Erdgaseinsatz in der Stromerzeugung zu rechnen. Durch die Fusion mit der finnischen Öl- und Gasgesellschaft Neste hat der größte Stromproduzent IVO (Imatran Voima Oy) besseren Zugang zu den Gasmärkten erhalten.
Die Liberalisierung des Strommarktes mit dem Ziel der Stärkung der Wettbewerbsmechanismen wurde mit dem **Electricity Market Act vom Juni 1995** eingeläutet.[36] Der wesentliche Antrieb der Reformen kam aus den Entwicklungen in Norwegen und Großbritannien. Die Reformen brachten folgende Ergebnisse:

- Mittlerweile können alle Kunden (inklusive Privatkunden) ihren Stromlieferanten frei wählen

- Versorgungsunternehmen müssen ein zumindest buchhalterisches **Unbundling** in den Bereichen Stromerzeugung, -transport und -verkauf durchführen.

- Die zuvor getrennten Hochspannungsnetze, von denen eins im Besitz des staatlichen Energieunternehmens IVO und das andere im Besitz der Industrie war, sind unter dem Dach einer einzigen (mehrheitlich nicht-staatlichen) Netzgesellschaft **Fingrid** vereint, die ihre Tätigkeit im September 1997 aufgenommen hat. Wie in Norwegen und Schweden gilt auch für Transporte im finnischen Hochspannungsnetz ein einheitlicher entfernungsunabhängiger Tarif für alle am Strommarkt Beteiligten.[37] Die Durchleitungsentgelte wer-

---

[36] Vgl. Menges 1998.
[37] Vgl. Nikkanen & Baentsch 1997.

den von der Aufsichtsbehörde SMK (Sähkömarkinakeskus) überwacht. SMK ist dabei der Förderung des Wettbewerbs im Strommarkt verpflichtet.

- Im August 1996 nahm die **finnische Strombörse EL-EX** ihre Tätigkeit auf.[38] Im Januar 1998 wurde diese Börse von Fingrid übernommen und ist mittlerweile zwecks Errichtung eines integrierten skandinavischen Handelsraums für Strom **in die skandinavische Strombörse Nord Pool integriert** worden. Diese Integration ist vor dem Hintergrund der stark wasserkraftbasierten norwegischen und schwedischen Systeme und dem eher thermisch basierten finnischen System für alle Beteiligten vorteilhaft.

Die **Struktur des Elektrizitätsgroßhandelsmarktes der Nord Pool Handelsregion** ist in Abbildung 2.1 dargestellt.[39]

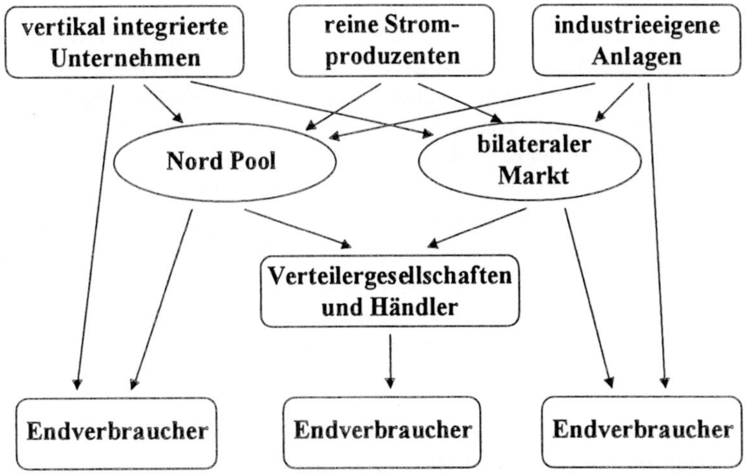

Abbildung 2.1: Struktur des skandinavischen Elektrizitätsgroßhandelsmarktes

Dänemark

Die dänische Elektrizitätswirtschaft ist durch eine vertikale Integration von unten nach oben charakterisiert.[40] Die elf regionalen dänischen Kraftwerksgesellschaften befinden sich im Besitz der insgesamt ca. 100 Verteilergesellschaften. Diese Kraftwerksgesellschaften haben wiederum zwei Verbundgesellschaften gegründet: **Elkraft** (zuständig für Ostdänemark, d.h. östlich des großen Belts) sowie **Elsam** (verantwortlich für Westdänemark, d.h. das Festland Jütland und die Insel Fünen). Zur Vorbereitung auf den zukünftigen liberalisierten europäischen Energiewettbewerb hat sich Elsam mit Wirkung zum 1. Januar 1998 freiwillig gespalten: In die

[38] Vgl. Kapitel 3.1.1.3.1 (Börsen).
[39] Vgl. Menges & Barzantny 1997.
[40] Vgl. Barzantny, Menges & Pilhar 1997.

Netzgesellschaft Eltra und den **Stromerzeuger und -händler Elsam**. Elsam strebt an, ein bedeutender Akteur auf dem nordeuropäischen Energiemarkt zu werden, und denkt dabei insbesondere an Aktivitäten in Skandinavien und Deutschland.
Die dänische **Energiepolitik** vor 1990 zielte vor allem auf die Reduzierung der Importabhängigkeit von Öl ab. Als Ergebnis basieren heute ca. 80 % der installierten Kraftwerksleistung auf Kohle. Seit 1990 steht die Verringerung der CO_2-Emissionen im Mittelpunkt der Energiepolitik, u.a. durch Einführung einer CO_2-Steuer. Durch eine Reihe von Maßnahmen wurde die Errichtung von KWK-Anlagen staatlich gefördert. Für Strom aus KWK-Anlagen oder basierend auf regenerativen Energien besteht eine Abnahmepflicht auf Basis der langfristig vermiedenen Kosten. Dies führte dazu, daß die vorhandenen Kraftwerkskapazitäten auf Kohlebasis zum Teil nicht mehr ausgelastet sind.
Die Öffnung des nordischen Elektrizitätsmarktes hat zu der Forderung dänischer Industriekunden nach Netzzugang und der Möglichkeit zum Import aus Norwegen und Schweden geführt. Die dänische Regierung hat dieser Forderung mit dem neuen **Elektrizitätsgesetz vom 1. Januar 1998** Rechnung getragen. Dabei wurde jedoch Wert auf eine kontrollierte Marktöffnung gelegt, welche die energie- und umweltpolitischen Ziele nicht gefährdet. Im ersten Schritt haben Abnehmer mit einem Jahresverbrauch (bzw. –absatz) von mehr als 100 GWh die Möglichkeit, den Lieferanten zu wechseln. Es wird von der dänischen Stromwirtschaft lediglich kostenrechnerisches Unbundling sowie getrenntes Management für die Funktionen Produktion, Übertragung und Verteilung verlangt. Dänemark hat sich für das **Durchleitungskonzept des geregelten Netzzugangs** (allerdings ohne Regulierungsbehörde) entschieden, wobei ein einheitlicher entfernungsunabhängiger Transportpreis vorgesehen ist, der veröffentlicht wird und nicht verhandelbar ist. Der Netzzugang kann verweigert werden, wenn hierdurch die Einhaltung gemeinwirtschaftlicher Verpflichtungen (Versorgungssicherheit, umweltfreundliche Stromproduktion) gefährdet wird. Dieses neue Elektrizitätsgesetz wird in Dänemark lediglich als der erste Schritt in Richtung eines liberalisierten Strommarktes gesehen. Ein neuer Gesetzentwurf zur weiteren Reformierung des Strommarktes (und Gasmarktes) wird gegenwärtig vom Umwelt- und Energieministerium erarbeitet.
Die vollständige **Integration in den Nord Pool Handelsraum** wird schon im Jahre 1999 angestrebt. Der genaue Zeitplan hierfür steht allerdings noch nicht fest.

Konsequenzen der Liberalisierung

Skandinavien und insbesondere Norwegen gelten als **Musterbeispiel für die Deregulierung des Strommarktes**. Die anfängliche Skepsis und Ablehnung der Reformen wurde durch eine allgemeine Aufbruchstimmung abgelöst. Die Reformen zeigen überzeugende Ergebnisse. In Norwegen sind die Strompreise für industrielle Kunden seit der Liberalisierung um rund 30 % gesunken. In Tageszeitungen erscheint täglich ein „Strombarometer", eine Hitliste der Strompreise verschiedener Anbieter, welche die Kunden zum Wechsel ihres Lieferanten ermuntern wollen. Stromtarife werden mittlerweile auch über Werbespots im Rundfunk verbreitet. Ca. 50 % der Großkunden haben ihren Lieferanten inzwischen gewechselt. Großverbraucher sichern sich Verbrauchsspitzen zum Teil direkt an der Börse. Kleinere Kunden verstärken ihre Marktmacht durch Zusammenschlüsse.
Die meisten Privatkunden haben sich zunächst eher abwartend verhalten, da der Lieferantenwechsel die Anschaffung eines Zählers voraussetzte, der die stundenweise Verbrauchsmessung

erlaubt. Hiervon sind die Haushaltskunden in Norwegen und Finnland, wo ein System standardisierter Lastprofile eingeführt wurde, mittlerweile befreit.
Industrie- und Privatkunden werden eine ganze Palette unterschiedlicher Angebote, von mehrjährigen Festpreisen bis zu wöchentlichen Marktpreisen mit oder ohne Risikobegrenzung, unterbreitet.
Die skandinavischen Versorgungsunternehmen reagierten auf die neuen Rahmenbedingungen mit einer verstärkten Kundenorientierung und dem Ausbau der Marketingbereiche, zu Lasten vor allem der technischen Bereiche. Es kam zu teilweise drastischen Personalreduzierungen; die Unternehmensstrukturen haben sich deutlich verflacht.[41] Um Kosten einzusparen, werden Wartungsarbeiten und sonstige Dienstleistungen ausgelagert. Lokale und regionale Versorger haben ihre Kräfte durch Fusionen gebündelt. Der Einfluß kommunaler Eigner ist drastisch zurückgegangen. Große Unternehmen wie IVO oder Vattenfall weiten ihre Aktivitäten auf die Nachbarländer aus und stehen sich heute auf dem gesamten skandinavischen Markt als wesentliche Konkurrenten gegenüber.[42]
Eine Vielzahl von **neuen Marktteilnehmern** hat sich inzwischen im Markt etabliert. Hierzu zählen vor allem Stromhändler, Broker und Aggregatoren, welche die Nachfragemacht kleinerer Kunden stärken.

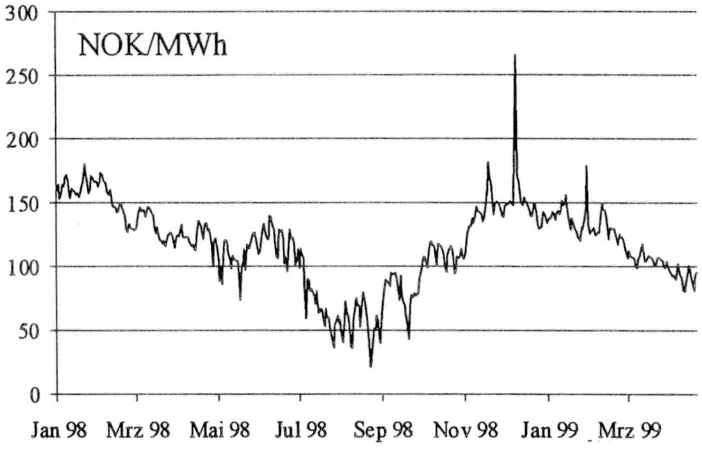

Abbildung 2.2: Tagesdurchschnittspreise Nord Pool

Die **Strombörse Nord Pool** ist das Herz des skandinavischen Strommarktes.[43] Über diese Börse wird zwar nur ein Drittel des gesamten norwegisch-schwedischen Verbrauchs abgewickelt, die ermittelten Preise sind jedoch als Referenzpreise auch für den bilateralen Stromhandel

[41] Die neuen Verhältnisse haben beispielsweise in Schweden bisher schon zu einer Personalreduzierung von mindestens 30 % geführt. Vgl. Lundberg 1998.
[42] Vgl. Schulz & Krieger 1998.
[43] Die Funktionsweise des Nord Pool wird in Kapitel 3.1.1.3.1 (Börsen) genauer behandelt.

bestimmend. Wie aus Abbildung 2.2 ersichtlich wird, sind die **Nord Pool Preise sehr hohen Schwankungen (Volatilitäten) unterworfen**.

Die skandinavische Stromversorgung ist sehr viel stärker vom Wetter abhängig als diejenige in anderen Teilen Europas. Auf der Angebotsseite bestimmen die Niederschläge die Füllhöhe der Speicheranlagen zur Stromerzeugung aus Wasserkraft. Wenn es in Norwegen oder Schweden regnet oder schneit, fallen die Strompreise. Auf der Nachfrageseite bestimmt die Temperatur in hohem Maße den Verbrauch zu Heizzwecken. Die Risiken der Stromerzeugung und im Stromhandel werden also wesentlich durch das Wetter beeinflußt. Daher ist es nicht verwunderlich, daß der Handel mit Wetterderivaten ernsthaft diskutiert wird. Es setzt sich zunehmend die Erkenntnis durch, daß die Unternehmen dann eine offene Position eingehen, wenn sie das Wetterrisiko nicht absichern.[44]

Der **entscheidende Erfolgsfaktor** im skandinavischen Stromhandel liegt weniger in der Preisprognose, sondern vielmehr in einem **guten Risikomanagement-System**, das die vernünftige Preisabsicherung ermöglicht. Ein norwegischer Broker kommt zu folgendem Ergebnis: „Whether or not a company has such a system is the difference between broke companies and those still existing."[45]
Der skandinavische Strommarkt gilt heute als Studienobjekt für die Größen der europäischen Strombranche und ist zu einem Wallfahrtsort für Versorgungsunternehmen geworden. Die Entwicklungen in Skandinavien dürften aber bald **für den deutschen Markt unmittelbar relevant** werden. Die Nord Pool-Preise werden, zumindest für die Unternehmen mit Zugang zum skandinavischen Markt, als Referenzpreise dienen. Nach der Integration Dänemarks wird der Handelsraum von Nord Pool bis an die deutsche Grenze reichen. Der Ausbau der deutsch-norwegischen bzw. –schwedischen Seekabelverbindungen schreitet voran. Folgende Verbindungen sind geplant oder bereits in Betrieb:[46]

- Baltic Cable (PreussenElektra, Vattenfall, Sydkraft): 600 MW,
- Viking Cable (PreussenElektra, Statnett): 600 MW,
- Euro Cable (RWE, HEW, Statnett): 600 MW.

Skandinavische Unternehmen bereiten Handels- und Vermarktungsaktivitäten in Deutschland vor oder sind, wie z.B. Vasa Energy (75 % Vattenfall) oder IVO (in Kooperation mit der dänischen Elsam), bereits aktiv. Im Gegenzug sind deutsche Stromunternehmen über Beteiligungen an Nord Pool-Börsenteilnehmern bereits in Skandinavien vertreten.
Von großer Bedeutung für die weitere Entwicklung ist nicht nur der Verbund mit Nordeuropa, sondern auch die Verbindung mit den Regionen Osteuropas. In diesem Zusammenhang spielt die Vision des **Baltischen Rings** eine wichtige Rolle. Dabei geht es um die Zusammenschaltung der Netze der Länder rund um die Ostsee zu einem leistungsstarken Verbund.

---

44 Vgl. Saunderson 1998.

45 Siehe Turner 1997, Seite 21.

46 Darüber hinaus ist beispielsweise auch eine Verbindung (600 MW) zwischen Norwegen und den Niederlanden geplant, die auch für kurzfristigen Handel genutzt werden soll.

2.2.2.3 Der Strommarkt von England und Wales

Weg der Liberalisierung

Seit Ende der 80er Jahre haben sich Struktur und Aussichten der Elektrizitätswirtschaft in England und Wales erheblich verändert. Auf der Grundlage des **Electricity Act von 1989** hat die britische Regierung diese Branche mit Wirkung zum 1. April 1990 umstrukturiert und privatisiert.[47] Der Grundgedanke besteht darin, die wettbewerblichen Marktstufen Erzeugung und Handel zu liberalisieren. Eine effiziente Versorgung soll durch Konkurrenz mehrerer Unternehmen erreicht werden. Prinzipiell ist jeder berechtigt, in die Stromproduktion und den Stromhandel einzutreten.[48] Übertragung und Verteilung von Strom werden hingegen als natürliches Monopol betrachtet und unterliegen einer strengen staatlichen Regulierung.
Die Regulierungsbehörde OFFER (Office for Electricity Regulation) wird durch den Electricity Act mit großen Vollmachten hinsichtlich Ausgestaltung und Regulierung des Elektrizitätssystems ausgestattet. Sie gewährleistet Nicht-Diskriminierung und hält die Netzgesellschaft zu ständigen Effizienzverbesserungen an.

Das staatliche Central Electricity Generating Board (CEGB), welches früher das Monopol für **Stromerzeugung und -übertragung** innehatte, ist folgende Gesellschaften aufgespalten worden:

- Die privatisierten Stromerzeuger **National Power** und **PowerGen** übernahmen alle fossilen (Kohle-) Kraftwerke, wobei sichergestellt wurde, daß beide Gesellschaften über Grund-, Mittel- und Spitzenlastkraftwerke verfügen,

- **Nuclear Electric** übernahm alle Kernkraftwerke. Insbesondere die nur schwer einzuschätzenden Kosten im Zusammenhang mit der Stillegung der Kraftwerke schreckten die Kapitalanleger ab, so daß diese Gesellschaft zunächst im Staatsbesitz verblieb. 1996 wurden wettbewerbsfähige Kernkraftwerke ausgegliedert und in Form der neuen Gesellschaft **British Energy** ebenfalls privatisiert.

- Die **National Grid Company (NGC)** besitzt das Monopol für das Übertragungssystem (Hoch- und Höchstspannung) und ist verpflichtet, allen Netznutzern zu veröffentlichten Tarifen Zugang zum Transportsystem zu gewähren. NGC darf nicht als Stromproduzent oder –händler auftreten.

Die **Stromverteilung** (Mittel- und Niederspannung) wurde von 12 privatisierten Regionalversorgern **(Regional Electricity Companies - RECs)** übernommen, denen zunächst jeweils ein geschlossenes Versorgungsgebiet zugeordnet wurde. Mit zunehmender Marktöffnung (siehe unten) gewähren sie ebenfalls allen Nutzern nicht-diskriminierenden Netzzugang zu veröffentlichten Tarifen. RECs haben das Recht zur Eigenproduktion von Strom.

---

[47] Vgl. z.B. Klopfer 1993; Perner, Riechmann & Schultz 1997; VDEW Länderbericht Großbritannien 1997. In Schottland existieren weiterhin zwei vertikal vollständig integrierte, privatisierte Unternehmen Scottish Power und Scottish Hydro Electric sowie ein nuklearer Erzeuger, der heute Teil von British Energy ist.

[48] Seit Beginn der Liberalisierung sind insgesamt 24 neue Stromproduzenten aufgetreten. Vgl. Madden 1998.

Die Unternehmensbereiche Erzeugung und Handel müssen jedoch organisatorisch (separates Management) und kostenrechnerisch von der Verteilung getrennt verwaltet werden.

Pool

Die Stromerzeuger und Händler unterliegen entsprechend ihrer Lizenzen dem Teilnahmezwang am Pool. Der erzeugte Strom wird zwangsweise ausschließlich in den Pool verkauft.[49] RECs und sonstige Stromhändler müssen den Strom ausschließlich über den Pool beziehen. Es handelt sich also um einen von NGC verwalteten Großhandelsmarkt zur Deckung der „gepoolten" Nachfrage. Der Pool selbst tritt weder als Käufer noch als Verkäufer auf, sondern handelt auf Rechnung der Vertragsparteien.
Der Kraftwerkseinsatz wird täglich gemäß einer Merit Order auf Grundlage von Preisangeboten festgelegt, die von jedem Erzeuger um 10 Uhr gemeldet werden. Für den jeweiligen Folgetag werden halbstündig differenzierte Poolpreise für die Abrechnung ermittelt, insgesamt also für 17.520 Zeitperioden pro Jahr. Das Verfahren ist vereinfacht wie folgt:[50]
Die Stromproduzenten erhalten den **Pool Purchase Price (PPP)**, der sich aus zwei Komponenten zusammensetzt:

- **System Marginal Price (SMP)**: Jeder Stromproduzent unterbreitet dem Netzbetreiber NGC Angebote für jeden einzelnen Kraftwerksblock. Diese Angebote beinhalten u.a. den Preis, zu dem der Kraftwerksbetreiber bereit ist zu produzieren, die verfügbare Leistung, Startkosten sowie eine von der Auslastung abhängige Preisfunktion. Dieser Vorgang wird auch als „bidding-in" bezeichnet. NGC ermittelt anschließend mit Hilfe eines Algorithmus und basierend auf der prognostizierten Stromnachfrage einen Kraftwerkseinsatzplan, der die Nachfrage des Folgetages zu den insgesamt niedrigsten Kosten deckt (Merit Order: Kraftwerkseinsatz nach steigenden Grenzkosten). Der Angebotspreis des letzten jeweils zur Lastdeckung benötigten Kraftwerks bestimmt den SMP. Der SMP ist für alle innerhalb der jeweiligen halben Stunde zum Einsatz kommenden Kraftwerke identisch, auch wenn die jeweiligen Bids niedriger waren.

- In den Teilperioden, in denen die verfügbar gemeldete Kraftwerkskapazität die zu deckende Nachfrage (inklusive Reserve) weit überschreitet, wird der PPP ausschließlich durch den SMP bestimmt. Nähert sich die Nachfrage (inkl. Reserve) der angebotenen Kapazität an, so kommt zusätzlich das **Capacity Element** zum Tragen. Der PPP wird hierdurch auf einen Wert erhöht, der als Schätzung des Marktpreises unter Knappheitsbedingungen angesehen werden kann. Die Reservekapazität wird dabei von NGC so ausgelegt, daß die Wahrscheinlichkeit der Unterdeckung der Nachfrage einen festgelegten sehr niedrigen Wert nicht überschreitet.
  Langfristig ist ein relativ stabiler Wert des Capacity Elements zu erwarten, der die Kosten der Errichtung von zusätzlicher Kapazität widerspiegelt. Kurzfristig ist dieser Wert jedoch starken Schwankungen unterworfen.

---

[49] Kraftwerke mit einer Erzeugungskapazität < 100 MW, in der Regel Eigenproduktion von Industrieunternehmen, müssen nicht am Poolbetrieb teilnehmen. Freiwillig können alle Kraftwerke über 1 MW am Pool teilnehmen.

[50] Vgl. Klopfer 1993.

Das Capacity Element wird wie folgt berechnet:

$$\text{Capacity Element} = \text{LOLP} * (\text{VOLL} - \text{SMP}) \tag{2.1}$$

LOLP (Loss of Load Probability): Wahrscheinlichkeit, daß nicht die gesamte Nachfrage durch das Angebot gedeckt werden kann. Bei Vorliegen von großer Überkapazität ist der Wert 0, je mehr die nachgefragte Menge sich der maximal verfügbaren Kapazität nähert, desto mehr geht der Wert gegen 1.

VOLL (Value of Lost Load): entgangener Nutzen eines Verbrauchers durch die Nichtbelieferung mit Strom. Der Wert ist derzeit auf 2.500 £/MWh festgelegt.

Die 48 voraussichtlichen Preise für den Folgetag werden um 17 Uhr von der NGC veröffentlicht.[51] Verbraucher mit poolpreisorientierten Bezugsverträgen haben so die Möglichkeit der Lastverlagerung in preisgünstigere Perioden.
Die Stromkäufer (RECs, sonstige Händler sowie große Industrieunternehmen, die direkt am Pool partizipieren) zahlen den **Pool Selling Price (PSP)**. Die Differenz zwischen PPP und PSP wird als **Uplift** bezeichnet und beinhaltet Zahlungen für planmäßige Vorhaltung von Reservekapazität, Kosten der Bereitstellung von Hilfsdiensten (Spannungs- und Frequenzhaltung) sowie Mehrzahlungen aufgrund von Abweichungen zwischen geplantem und tatsächlichem Kraftwerkseinsatz. Wenn die Stromnachfrage höher ist als erwartet oder eingeplante Kraftwerke doch nicht verfügbar sind, erhält der Betreiber des zusätzlich abgerufenen Kraftwerks seinen Bid-Preis, der über dem SMP liegen muß, da andernfalls das Kraftwerk von vornherein eingeplant worden wäre.
Im PSP sind keine Gebühren der Netznutzung und Durchleitung enthalten. Diese rechnen NGC bzw. die RECs separat ab.

Marktöffnung

Bis 31. März 1994 hatten zunächst nur Verbraucher mit mehr als 1 MW Spitzenlast das uneingeschränkte, durch die Regulierungsbehörde OFFER gewährleistete Netzzugangsrecht sowohl für das Übertragungs- als auch für das Verteilungsnetz. Sie dürfen mit allen Stromlieferanten (RECs, Produzenten und sonstigen Händlern)[52] Strombezugsverträge abschließen. Es handelt sich dabei um ca. 4.300 Unternehmen, die ca. 30 % der Gesamtnachfrage entsprechen.[53] Die abgeschlossenen Lieferverträge weisen zwischen den beiden Extremen Poolpreisbindung und Festpreis ein Kontinuum von möglichen vertraglichen Vereinbarungen auf.
Am 1. April 1994 wurde die Zugangsgrenze auf 100 kW reduziert. Ca. 47.000 berechtigte Stromnachfrager repräsentieren ca. 46 % des Marktes.[54] In dem bisher für Wettbewerb geöff-

[51] Beispielsweise im Internet, Adresse siehe Glossar.
[52] Voraussetzung für die Belieferung von zugangsberechtigten Verbrauchern ist eine sogenannte „Second Tier Supply License“, die von OFFER verliehen wird.
[53] Vgl. Klopfer 1993.
[54] Vgl. Klopfer 1993.

neten Marktsegment dominieren PowerGen und National Power sowie Eastern als erfolgreichstes REC.[55]

Seit September 1998 wird die Zugangsgrenze stufenweise völlig aufgehoben; bei planmäßigem Verlauf der Marktöffnung können ab Juni 1999 alle 24 Mio. Kunden, also auch alle Haushaltskunden, ihren Stromlieferanten frei wählen.

Konsequenzen der Liberalisierung

Die **Poolpreise** weisen eine **sehr hohe Schwankungsbreite (Volatilität)** auf, wie Abbildung 2.3 verdeutlicht. In dieser Abbildung sind die Tagesdurchschnittspreise für den SMP zugrundegelegt. Die tatsächliche Volatilität des Strompreises ist sogar noch wesentlich höher, wenn zusätzlich die Preisschwankungen innerhalb des Tages berücksichtigt werden. Abbildung 2.4 zeigt, daß diese während eines normalen Wintertages[56] durchaus erheblich sind und, wie Abbildung 2.5 zeigt, sogar extreme Ausmaße annehmen kann.[57]

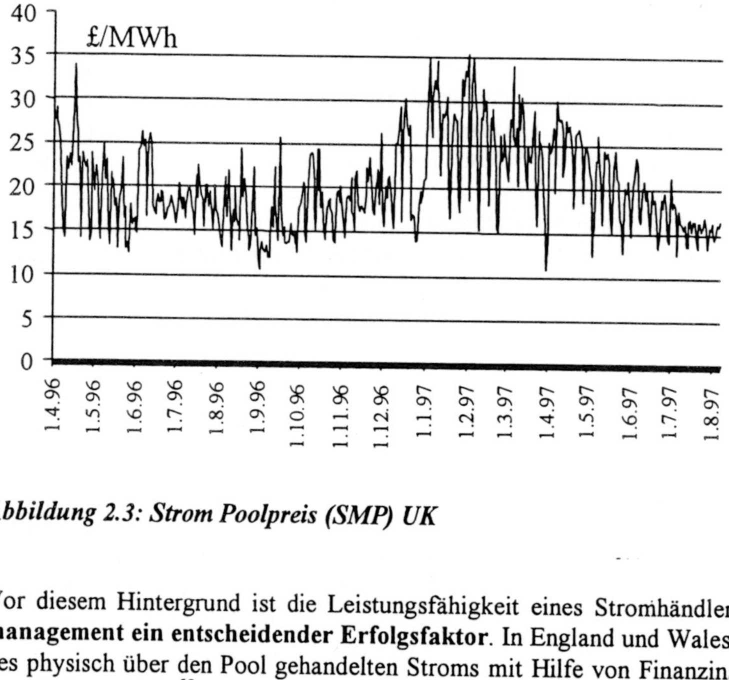

Abbildung 2.3: Strom Poolpreis (SMP) UK

Vor diesem Hintergrund ist die Leistungsfähigkeit eines Stromhändlers hinsichtlich **Risikomanagement ein entscheidender Erfolgsfaktor**. In England und Wales werden ca. 90 – 95 % des physisch über den Pool gehandelten Stroms mit Hilfe von Finanzinstrumenten (sog. Derivaten) abgesichert.[58] Eine neue Entwicklung im Risikomanagement zeichnet sich durch die im November 1998 erstmals in Europa gehandelten Wetterderivate ab.[59]

---

[55] Vgl. Madden 1998. Seit 1994/95 haben mehr als 50 % der berechtigten Kunden den Stromversorger gewechselt.

[56] Die dargestellten Preise beziehen sich auf den 14. Januar 1997.

[57] Der 2. Januar 1997 dient als Beispiel für einen kalten Wintertag.

[58] Derivate stehen im Mittelpunkt von Kapitel 3 (Preisrisikomanagement-Instrumente). Ca. 80 % des Volumens wird über Contracts for Difference (CfDs) und ca. 10 – 15 % über Electricity Forward Agreements (EFAs) ab-

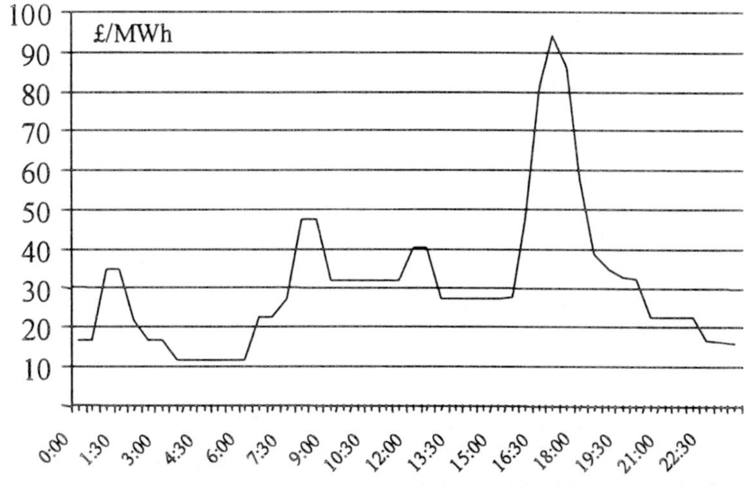

Abbildung 2.4: Strom Poolpreis SMP (Normaler Wintertag)

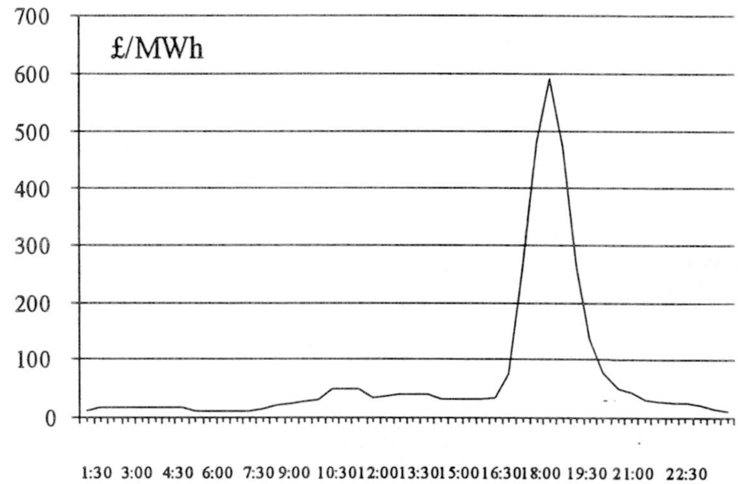

Abbildung 2.5: Strom Poolpreis SMP (Kalter Wintertag)

Seit Beginn der Liberalisierung 1990 besteht ein beachtliches Interesse am Bau neuer Kraftwerke. Insgesamt wurde mehr als 11.000 MW an neuer Kapazität in Betrieb genommen. Dabei handelt es sich fast ausschließlich um gasbetriebene GuD-Kraftwerke (also die Kombination

---

gesichert. Auf diese beiden Instrumente wird in Kapitel 3.1.2.3 (Beispiele aus der Energiewirtschaft) detailliert eingegangen.

59 Vgl. Financial Times vom 3. Dezember 1998; vgl. auch Kapitel 3.3 (Wetterderivate).

von Gasturbine und nachgeschalteter Dampfturbine), die verstärkt zu Lasten der Kohle eingesetzt werden („**dash for gas**"). Die **Gründe für diesen Trend von Kohle zu Gas** sind:

- technische Fortschritte der GuD-Technologie, die Wirkungsgrade von bis zu 58 % ermöglichen;[60]
- vergleichsweise kurze Planungs- und Bauzeit der GuD-Kraftwerke;[61]
- geringere spezifische Investitionsbeträge;
- kürzere Kapitalrücklaufzeiten;
- flexiblere Kraftwerkseinheiten;
- niedrige Schadstoffemissionen;
- geringere Anforderungen an den Standort;
- geringerer Personalbedarf.

Kürzere Amortisationszeiten sind in einem Wettbewerbsumfeld besonders wichtig. Diese Investitionen wurden etwa jeweils zur Hälfte von National Power und PowerGen einerseits sowie von den RECs und neuen Marktteilnehmern (IPPs) andererseits getätigt. Bestehende und genehmigte Gaskraftwerke erreichen mittlerweile einen Anteil von 40 % an der Gesamtkapazität; im Jahr 1990 wurde praktisch noch gar kein Gas zur Stromerzeugung herangezogen. Der Markt verfügt mittlerweile über 28 Erzeugergesellschaften.
Ein im Dezember 1997 von der neuen Labour Regierung verkündetes und im White Paper der britischen Regierung vom 8. Oktober 1998 bestätigtes **Moratorium für neue Gaskraftwerke** beendet vorläufig den „dash for gas". Das Moratorium ist zunächst bis zum Abschluß der Pool-Reform befristet (siehe unten), ein Prozeß, der drei bis vier Jahre in Anspruch nehmen kann. Offiziell wird dieses Moratorium mit einer Gefährdung der Versorgungssicherheit bei weiterer Zunahme von Gaskraftwerken begründet. Ein weiterer Grund dürfte wohl auch im Schutz des verbleibenden britischen Kohlenbergbaus zu suchen sein.
Das „Britische Experiment" hat nicht zu einer Reduzierung der Zuverlässigkeit der Versorgung geführt. Es wurden viele Neuerungen im Kundendienst eingeführt. Die Strompreise sind seit 1990 für alle Kundengruppen (inklusive Haushaltskunden) real beträchtlich gefallen.[62] Die Vorteile des Wettbewerbs werden mittlerweile über das gesamte politische Spektrum in Großbritannien akzeptiert.

Ausblick: Pool-Reform

Wenn auch die prinzipiellen Vorteile des Wettbewerbs unbestritten sind, so gilt dies nicht für das Pool-System selbst, das sich von Beginn an heftiger Kritik ausgesetzt sah. Insbesondere den beiden Stromproduzenten National Power und PowerGen wurde strategisches Bieterverhalten und somit Manipulation der Poolpreise unterstellt. Die beiden Unternehmen wurden daher 1996 verpflichtet, Kapazitäten von 6 GW im Mittellastbereich an andere Stromproduzenten zu verkaufen, um den Erzeugerwettbewerb im Pool zu fördern. Der Pool wird als

---

[60] Vgl. Thomas 1997. Die außer Betrieb genommenen Kohlekraftwerke hatten demgegenüber einen Wirkungsgrad von weniger als 36 %. Vgl. Wilhelm 1998.

[61] GuD-Kraftwerke lassen sich in 22 Monaten ab Vertragsunterzeichnung ans Netz bringen. Für reine Gasturbinenkraftwerke beträgt diese Zeit lediglich 12 Monate. Diese Zeiten sollen in Zukunft weiter verkürzt werden auf 18 bzw. 10 Monate. Vgl. Wilhelm 1998.

[62] Vgl. Dolben 1998.

„suppliers' club" bezeichnet, in dem die Stromnachfrager (mit Ausnahme der großen Industriekunden) nicht partizipieren können.[63]
Diese Kritik veranlaßte den Regulator OFFER im Juli 1998 zu einem Reformvorschlag, der den Ersatz des Pools durch einen wirklichen Wettbewerbsmarkt nach Vorbild des britischen Gasmarktes bzw. des skandinavischen Strommarktes vorsieht, der u.a. die Bestandteile Forwardmarkt und Futuresbörse beinhaltet. OFFER schlägt vor, die neuen Strukturen ab April 2000 zu implementieren. Die beiden Energiebörsen IPE sowie die OM-Gruppe, die das elektronische Handelssystem der skandinavischen Strombörse Nord Pool zur Verfügung stellt, stehen bereits in den Startlöchern.

2.2.2.4 Entwicklungen in Kontinentaleuropa

2.2.2.4.1 Schweiz: Swiss Electricity Price Index (SWEP)

Seit dem 10. März 1998 veröffentlichen die beiden schweizerischen Stromhandelsunternehmen Aare-Tessin AG für Elektrizität **(Atel)** und Elektrizitäts-Gesellschaft Laufenburg AG **(EGL)** in Zusammenarbeit mit dem Informationsprovider Dow Jones den Swiss Electricity Price Index oder kurz SWEP. Durch diesen Index wird **der Spotmarktpreis für kurzfristig gehandelte elektrische Energie am Handelsort Laufenburg** auf der 220kV- bzw. 380 kV-Ebene beschrieben. Es handelt sich hierbei also um den ersten transparenten Stromspotpreisindex in Kontinentaleuropa.

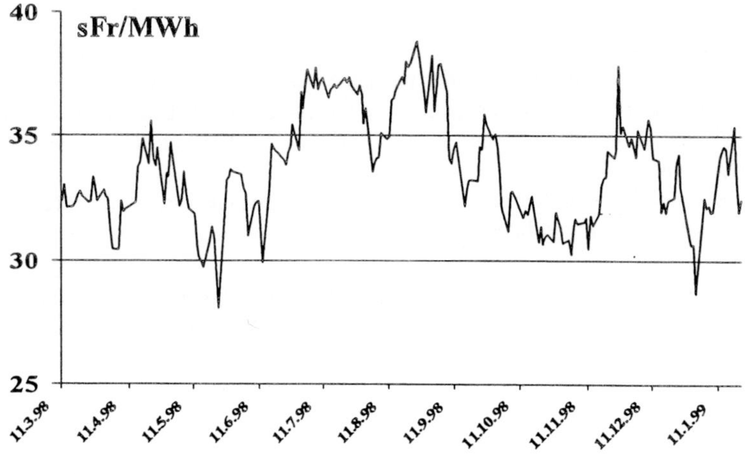

Abbildung 2.6: Entwicklung des SWEP

[63] Der Pool wird von OFFER auch als „half a market" beschrieben; eine andere Bezeichnung ist „a supply-side-only mechanism designed by engineers". Siehe Keefe 1997, Seite 11.

Im ersten Schritt wird der SWEP für jeden Werktag mit Hilfe geeigneter Algorithmen für die Stunde zwischen 11:00 Uhr und 12:00 Uhr bestimmt. Berücksichtigung finden alle kurzfristigen Handelsgeschäfte von Atel und EGL am betreffenden Tag. Die Preise gelten für die Handelsware Strom ohne Transport-, Transformations- oder Systemdienstleistungen. Mit zunehmender Marktliquidität sollen weitere Zeitintervalle hinzukommen. Die Liquidität dieses Marktes wird dadurch unterstützt, daß die Schweiz, und hier insbesondere der Handelsort Laufenburg, bereits seit Jahrzehnten eine Drehscheibe im europäischen Stromhandel auf UCPTE-Ebene ist. Die Gründe für diese Position sind vor allem die günstige geographische Lage zwischen Deutschland, Frankreich, Italien und Österreich sowie die relativ starke Abhängigkeit der Schweiz von Wasserkraft und damit den Witterungsverhältnissen bei der Erzeugung von Strom. Der Index schafft in einem wichtigen Teil des europäischen Verbundmarktes Preistransparenz, die bisher lediglich einem relativ kleinen Teilnehmerkreis zugänglich war. Obwohl durch die Umrechnung der „wahren (24) Strompreise“ mit Hilfe des oben erwähnten Algorithmus in einen Strompreis pro Tag (für die 12. Stunde) ein Großteil der Volatilität der Strompreise nicht aufgezeigt wird, zeigt Abbildung 2.6 deutlich, daß die Großhandelsstrompreise auch unter dieser vereinfachenden Annahme großen Schwankungen unterliegen.

Der SWEP erhöht nicht nur die Preistransparenz, sondern dient in zunehmendem Maße als Referenzbasis für Preisabsicherungsinstrumente, wie beispielsweise Swaps, die in Kapitel 3.1.2 dieses Buches beschrieben werden.

2.2.2.4.2 Der niederländische Strommarkt

Die niederländische Stromwirtschaft wird seit den 80er Jahren durch den massiven, politisch gewollten Erdgaseinsatz als Primärenergieträger in der Stromerzeugung charakterisiert. Der Anteil des Gases an allen für die zentrale und dezentrale Stromerzeugung eingesetzten Brennstoffen umfaßt ca. 55 %. Diese **Dominanz des Erdgases** hat seine Ursache in den reichlich vorhandenen nationalen Gasreserven, insbesondere im Groningen-Feld. Ein weiteres wesentliches Merkmal der aktuellen niederländischen Energiepolitik ist die **zunehmende Einführung von Wettbewerbselementen**.[64]
Die ersten Voraussetzungen hierzu wurden durch das **Elektrizitätsgesetz von 1989** geschaffen, das die folgenden Bestimmungen beinhaltet:

- Es erfolgte eine strikte Trennung der Stromerzeugung und -übertragung von der Stromverteilung **(Unbundling)**. Die vier Stromerzeuger (EPON, EPZ, EZH und UNA) kooperieren in der **SEP** (Samenswerkende Electriciteits Produktiebedrijven), die u.a. die Brennstoffbezugsverträge sowie die Stromimport- und -exportverträge verhandelt. SEP betreibt auch das Übertragungsnetz. Die niederländischen Strom- und Gasverteiler sind im Verband der **EnergieNed** organisiert.[65] Die großen Industrieverbraucher (> 5 MW) haben das Recht, das beliefernde Verteilerunternehmen frei auszuwählen oder Strom zu importieren. Seit 1992 haben auch die Verteiler das Recht, den Strom bei jedem der vier

---

[64] Vgl. Menges 1998; VDEW Länderbericht Niederlande 1998.

[65] Insgesamt gibt es 35 Verteilerunternehmen; die wichtigsten sind ENW, Eneco, NUON, EDON und PNEM.

inländischen Erzeuger einzukaufen, nicht jedoch zu importieren. Diese Bestimmungen hatten jedoch kaum praktische Auswirkungen.

- Zusätzlich erhielten die Verteiler das Recht zur **Stromproduktion durch Kraft-Wärme-Kopplungsanlagen (KWK)** oder auf Basis von regenerativen Quellen. Insbesondere von der Alternative KWK wurde, meist in Kooperation mit Industrieunternehmen, die über einen entsprechenden Wärmebedarf verfügten, in großem Ausmaß Gebrauch gemacht. Dies führte zu einer empfindlichen Konkurrenzsituation zu den in SEP vereinten Erzeugerunternehmen. Weiterhin bestand eine Abnahmepflicht der Verteiler für Strom aus Eigenerzeugungsanlagen der Industrie auf Basis der vermiedenen Kosten. Das KWK-Programm erwies sich als außerordentlich erfolgreich. Mittlerweile wird bereits ca. ein Drittel des niederländischen Stroms durch KWK erzeugt.[66]

Die Grundlagen der **neuen niederländischen Energiepolitik** wurden im **dritten White Paper zum Energiemarkt** erarbeitet, das im Dezember 1995 veröffentlicht wurde. Der inhaltliche Schwerpunkt dieses Papiers liegt in der Formulierung einer Klimaschutzpolitik.[67] Trotzdem könnte sich das White Paper als Meilenstein in der Liberalisierung der kontinentaleuropäischen Energiemärkte erweisen. Zum ersten Mal wurde von einer kontinentaleuropäischen Regierung eine Politik der durchgreifenden Liberalisierung der Stromwirtschaft festgelegt, inklusive nicht-diskriminierendem Netzzugang, zunächst für Großkunden, später für alle Nachfrager.
Zur Konkretisierung der Vorgaben des White Papers sowie zur gleichzeitigen Umsetzung der europäischen Binnenmarktrichtlinie Strom wurde im **Juni 1998** ein **neues Elektrizitätsgesetz** verabschiedet. Dieses Gesetz sieht die **Einführung des geregelten Netzzugangs** (Regulated Third Party Access; RTPA) vor. Es sind entfernungsunabhängige Durchleitungstarife zu veröffentlichen, wobei für jede Spannungsstufe eine sogenannte Briefmarke vorgesehen ist. Dieser Durchleitungstarif wird voraussichtlich in Form einer regional differenzierten Exit-Gebühr erhoben, d.h. der Tarif ist unabhängig vom Einspeisepunkt. Die endgültige Tarifstruktur sowie die Höhe der Tarife und Bedingungen zum Netzzugang werden nach Beratungen mit der Industrie von der neu geschaffenen Stromaufsichtsbehörde DTE (Dienst Toezicht Electriciteit) festgelegt. Die tatsächlichen Tarife werden voraussichtlich 1999 feststehen. Der Betrieb des Hochspannungsnetzes und die technische Lastverteilung werden von einer von SEP organisatorisch getrennten Gesellschaft wahrgenommen, die entsprechend einer Gesetzesvorlage zur Vervollständigung des Elektrizitätsgesetzes voraussichtlich mehrheitlich in Staatsbesitz stehen wird. Diese Gesetzesvorlage sieht auch vor, daß die sogenannten „stranded costs" durch eine Abgabe auf die Netzzugangstarife kompensiert werden sollen. Die **Marktöffnung** wird phasenweise gemäß Tabelle 2.3 erfolgen:

---

[66] Neben dem Elektrizitätsgesetz von 1989 haben weitere Faktoren zum Erfolg von KWK beigetragen:
a) Investitionsbeihilfen der Regierung in den Jahren 1988 bis 1995.
b) KWK wurde zu einem wichtigen Element der niederländischen Klimaschutzpolitik, die sich z.B. in einem Aktionsprogramm der Energieverteiler zur CO_2 -Vermeidung widerspiegelt.
c) Erdgas ist eine der wichtigsten niederländischen Ressourcen (Vgl. Kapitel 2.2.3.3.2 (der niederländische Gasmarkt)). Die Gasinfrastruktur ist sehr gut ausgebaut.

[67] Es ist beabsichtigt, die Energieeffizienz bis 2020 um ein Drittel sowie den Anteil der regenerativen Energien von 1 % auf 10 % des Gesamtenergieverbrauchs in 2020 zu erhöhen.

Kategorie	Marktöffnung ab	Zahl der Nachfrager	Anteil an der Gesamtnachfrage
> 2 MW	Februar 1999	650	33 %
> 3 * 80 A	Januar 2002	54.400	29 %
alle (inkl. Haushalte)	Januar 2007	Ca. 7 Mio.	38 %

Tabelle 2.3: Marktöffnung des niederländischen Strommarktes

Die mit dem Ziel der Realisierung von Skalenerträgen und der Steigerung der Wettbewerbsfähigkeit in einem liberalisierten europäischen Markt geplante **Fusion der vier niederländischen Stromerzeuger** zu einer Stromgesellschaft ist inzwischen **gescheitert**. Unternehmen der Stromwirtschaft streben aber weiterhin Allianzen an, um die eigene Wettbewerbsfähigkeit zu erhöhen. Zunächst haben die Verteilerunternehmen PNEM und Mega fusioniert und das Strom- und Gashandelstochterunternehmen EnTrade gegründet, das seine Aktivitäten nicht nur auf den niederländischen Markt begrenzt, sondern auch in Deutschland aktiv ist. Das Energieversorgungsunternehmen EDON hat mit PreussenElektra einen stromwirtschaftlichen Kooperationsvertrag abgeschlossen. Die Zusammenarbeit erstreckt sich auf die Gebiete Stromerzeugung, -vertrieb sowie -handel. Schließlich wurde im Januar 1999 die Fusion zwischen PNEM-Mega und EDON bekanntgegeben.

Die Liberalisierung hat bereits verschiedene neue Marktteilnehmer angelockt, beispielsweise Enron, das norwegische Unternehmen Statkraft oder den Broker Prebon, die in Amsterdam Büros eröffnet haben bzw. die Eröffnung von Büros angekündigt haben.

Der Stromhandel wird durch die Einführung der Strombörse **(Amsterdam Power Exchange APX)** in 1999 gefördert werden, die ausdrücklich auch auf den deutschen und den belgischen Markt ausgerichtet ist.[68] Im ersten Schritt soll ein Spotmarkt für Stromlieferungen am Folgetag etabliert werden. Es wird erwartet, daß dieser Spotpreis den Marktpreis für Strom in den Niederlanden entscheidend bestimmen wird. Nach Erreichung einer Mindestliquidität soll ein Forward- und Futuresmarkt zum Zweck der Preisabsicherung eingerichtet werden.

2.2.2.4.3 Der deutsche Strommarkt

Das bis zur Novellierung im Jahr 1998 gültige Energiewirtschaftsgesetz (EnWG) von 1935 unterstellte die Elektrizitätsversorgung der Staatsaufsicht.[69] Auch wenn inzwischen die Elektrizitätswirtschaft[70] vollständig für den Wettbewerb geöffnet wurde, sind die gegenwärtig noch vorhandenen Strukturen in Gestalt von Versorgungsgebieten und Lieferketten Ergebnis der ordnungspolitischen Vorgaben des alten EnWG. Ganz Deutschland ist danach in regionale Monopole aufgeteilt gewesen, die in drei Schichten organisiert wurden. Die in der DVG[71] zu-

[68] Die APX wird in Kapitel 3.1.1.3.1 (Börsen) näher beschrieben.

[69] Erklärtes Ziel war die Gewährleistung einer ausreichenden, jederzeit bereiten, technisch sicheren und möglichst billigen Energieversorgung.

[70] Zur Elektrizitätswirtschaft gehören neben der öffentlichen Elektrizitätsversorgung die industrielle Kraftwirtschaft, die Elektrizitätsversorgung der Deutschen Bahn und private Stromerzeuger. Etwa 90 % der Netto-Stromerzeugung entfallen jedoch auf die öffentliche Elektrizitätsversorgung.

[71] Deutsche Verbundgesellschaft.

sammengeschlossenen großen Elektrizitätsversorgungsunternehmen beliefern zwar auch einzelne Großabnehmer und versorgen in einzelnen Gebieten auch kleinere Abnehmer „bis zur letzten Lampe". Ihre Hauptaufgabe besteht jedoch in der Stromerzeugung in Großkraftwerken unter Ausnutzung von Größendegressionseffekten und der Belieferung von regionalen Versorgungsunternehmen[72] und Verteilerunternehmen.[73] Die regionalen Unternehmen wiederum versorgen vorrangig Verteilerunternehmen und auch Einzelabnehmer. Grundlage für die Belieferung eines Endabnehmers war die von der jeweiligen Gebietskörperschaft gegen Abgaben gewährte Konzession zur Belieferung. Die Exklusivität dieser Konzessionsvereinbarung sicherte dem jeweiligen Versorger ein regionales Monopol. Ergänzt wurde das System durch sog. Demarkationsvereinbarungen vertikaler und horizontaler Art. Vertikal vereinbarten Unternehmen der vorgelagerten Stufe mit ihren weiterverteilenden Abnehmern den Verzicht auf Wettbewerb um Kunden auf der nachgelagerten Stufe, horizontal vereinbarten Unternehmen der gleichen Versorgungsstufe, ihre Gebietsgrenzen gegenseitig zu achten.[74] In diesem Umfeld hat sich die „Pluralität" der deutschen Elektrizitätswirtschaft entwickelt, die zwischenzeitlich mehr als 3000 Unternehmen ausmachte, deren Zahl sich inzwischen auf etwa 700 von der VDEW-Statistik erfaßte Firmen verringert hat. Zwischen den Unternehmen gibt es nicht nur Lieferbeziehungen, sondern auch vielfache gesellschaftsrechtliche Verflechtungen.

Die Öffnung des Strommarktes in Deutschland hat schneller als von vielen erwartet für Bewegung in dieser Branche gesorgt. Als erste haben industrielle Großabnehmer ihre neu gewonnene Nachfragemacht zu nutzen verstanden. Der Strompreisverfall in diesem Bereich ist ein eindrücklicher Beweis. Nachdem Kettenkunden ihre Nachfrage bundesweit zu bündeln beginnen, treten auch schon Zusammenschlüsse von Betrieben der gleichen oder auch unterschiedlicher Branchen am Markt auf und versuchen durch Aggregierung ihrer Nachfrage bessere Konditionen auszuhandeln.

Auf der Angebotsseite beginnen Regionalversorger zu fusionieren, der Gang an die Börse soll genutzt werden, um Kapital für Übernahmen zu sammeln, und eine Vielzahl von Stadtwerken plant Einkaufsgemeinschaften, um sich für den Wettbewerb zu rüsten. Es wird nämlich nur als eine Frage der Zeit angesehen, wann auch kleinere Betriebe, Gewerbetreibende und schließlich auch die als „Tarifabnehmer" bezeichneten Kunden von den Stromlieferanten umworben werden. Als wesentliche Voraussetzung hierfür wird auch eine Vereinfachung der Durchleitungsregelung genannt, die sich von den individuellen Abnahmeverhältnissen löst und für dieses Marktsegment vereinfachte Annahmen in Gestalt einheitlicher Lastprofile trifft.

Durchleitung

Zur Konkretisierung des im EnWG festgeschriebenen Netzzugangs[75] auf Vertragsbasis (NTPA) haben BDI, VIK und VDEW die sog. Verbändevereinbarung[76] Durchleitung geschlos-

---

72 Die regionalen Versorgungsunternehmen sind in der ARE, Arbeitsgemeinschaft Regionaler Versorgungsunternehmen e.V. organisiert.

73 Die Interessenvertretung der Verteilerunternehmen ist der VKU, Verband kommunaler Unternehmen e.V.

74 Nach der Wiedervereinigung wurde diese Systematik im wesentlichen auch auf die Neuen Bundesländer übertragen.

75 § 6 Abs.1 EnWG, „(1) Betreiber von Elektrizitätsversorgungsnetzen haben anderen Unternehmen das Versorgungsnetz für Durchleitungen zu Bedingungen zur Verfügung zu stellen, die nicht ungünstiger sind, als sie von ihnen in vergleichbaren Fällen für Leistungen innerhalb ihres Unternehmens oder gegenüber verbundenen oder assoziierten Unternehmen tatsächlich oder kalkulatorisch in Rechnung gestellt werden." Nach § 7 können in

sen. Grundverständnis ist, daß durch die Entgelte insgesamt die individuellen Kosten der Netzbetreiber gedeckt werden sollen. Diese Netzkosten sind nach Spannungsebenen und Umspannungen zu differenzieren und in einem weiteren Schritt auf einzelne Kunden bzw. Kundengruppen aufzuteilen. Maßstab für die Kostenzurechnungen sind die jeweiligen Anteile an der relevanten Höchstleistung der jeweiligen Spannungsebene oder Umspannung. Für eine verursachungsgerechte Zuordnung der leistungsbezogenen Kosten ist zusätzlich die Subadditivität der Einzelhöchstleistungen innerhalb einer Kundengruppe über den Gleichzeitigkeitsgrad des Einzelkunden zu erfassen. Ab 2000 sind die Netzbetreiber verpflichtet, jährlich Richtwerte zur Spanne der Durchleitungsentgelte zu veröffentlichen. Einzelne Unternehmen veröffentlichen ihre Durchleitungsentgelte aber bereits heute schon im Internet oder der Tagespresse.
Die Verbändevereinbarung gilt zunächst bis zum 30. September 1999. Rechtzeitig vor Ablauf wollen sich die Parteien auf Anpassungen verständigen, deren Erfordernis sich aus den zwischenzeitlich gemachten Erfahrungen ergibt.

Grid Code

Die Verantwortung für den Betrieb der Höchstspannungsnetze (Übertragungsnetze) liegt auch nach Inkrafttreten des neuen Energiewirtschaftsgesetzes vom 28.4.1998 bei den deutschen Verbundunternehmen. Deren Aufgabe ist es auch unter den veränderten ordnungspolitischen Rahmenbedingungen, die jedem Interessierten einen diskriminierungsfreien Zugang zu den Übertragungsnetzen garantieren sollen, die „technische Sicherheit und Zuverlässigkeit des Verbundsystems sowie die technische Qualität der Stromversorgung sicherzustellen". Im sog. „Grid Code"[77] haben die in der DVG zusammengeschlossenen Übertragungsnetzbetreiber deshalb die technischen Regeln dokumentiert, deren Einhaltung Voraussetzung für die Inanspruchnahme von Dienstleistungen des Übertragungsnetzes ist. Mindestanforderungen sind hierbei bereits durch die Normen der UCPTE gesetzt, die im Einzelfall – dem Grundsatz der Subsidiarität folgend – präzisiert oder auch übertroffen werden können.
Für die bei Durchleitungen anfallenden „Übertragungsdienstleistungen" (ÜDL) sind Abläufe für Anmeldung, technische Prüfung und betriebliche Abwicklung beschrieben worden, nach denen jede Durchleitung in Form eines Fahrplanes beim Netzbetreiber anzumelden ist. Dabei ist anzugeben, an welchen Einspeise- und Entnahmeknoten jeweils wieviel Leistung physisch innerhalb des festgelegten 15-Minuten-Zeitrasters eingespeist bzw. entnommen werden soll.[78] Die Anmeldungen müssen je nach beabsichtigter Dauer mit unterschiedlichen Vorlaufzeiten eingereicht werden. Dementsprechend verbleibt den Netzbetreibern unterschiedlich viel Zeit, um den Fahrplan zu akzeptieren oder abzulehnen.

---

der Letztverteilung engagierte Unternehmen für ihr gesamtes Gebiet befristet eine Netzzugangsalternative (sog. Alleinabnehmer) bewilligen lassen, wenn sie den Nachweis führen, daß dieser Netzzugang zu gleichwertigen wirtschaftlichen Ergebnissen führt.

[76] Bundesverband der Deutschen Industrie e.V., Vereinigung Deutscher Elektrizitätswerke – VDEW – e.V., VIK Verband der industriellen Energie- und Kraftwirtschaft e.V., „Verbändevereinbarung über Kriterien zur Bestimmung von Durchleitungsentgelten vom 22. Mai 1998".

[77] Vgl. DVG – Deutsche Verbundgesellschaft e.V. 1998.

[78] Der Fahrplan muß zu einer ausgeglichene Leistungsbilanz von Ein- und Ausspeisungen innerhalb des Zeitrasters führen.

Dauer der ÜDL	Anmeldung bis	Genehmigung bis
> 1 Jahr	8 Wochen vorher	6 Wochen nach Anmeldung
> 3 Monate	2 Wochen vorher	1 Woche nach Anmeldung
> 1 Woche	4 Arbeitstage vorher	2. Arbeitstag 16.00 nach Anmeldung
übrige	Vortag 12.00	Vortag 16.00

Tabelle 2.4: Anmeldungs- und Genehmigungsfristen für Durchleitungsfahrpläne

Ein Fahrplan gilt nur dann als genehmigt, wenn ihm alle betroffenen Netzbetreiber zustimmen. Kriterium für die Genehmigung sind ausschließlich die „Anforderungen eines sicheren und zuverlässigen Systembetriebes". Gefährden die beantragten Durchleitungen den sicheren Betrieb des Systems, „so werden diejenigen ÜDL nicht genehmigt, die zur Gefährdung des Systembetriebs beitragen – in umgekehrter Reihenfolge der Anmeldung." Ablehnungen sind im Detail zu begründen. Umfaßt die Ablehnung nur Teile der beantragten ÜDL, so kann der Netzbenutzer für die nicht genehmigten Tage innerhalb vorgegebener Fristen modifizierte Fahrpläne einreichen, die spätestens am Nachmittag vor dem Beginn der Transaktion geprüft sein müssen. Für Fahrpläne mit einer Dauer von bis zu einer Woche bleiben den Netzbetreibern lediglich 4 Stunden Zeit zur Prüfung. Um Diskriminierungen auszuschließen, werden für die beantragten Fahrpläne Transaktionsnummern vergeben. ÜDL, über die noch nicht entschieden wurde, können zwar zurückgezogen, nicht aber modifiziert werden.
Das für die ÜDL in Rechnung gestellte Entgelt errechnet sich aus den Daten des Fahrplanes und den von den Betreibern angewendeten „Entgeltverfahren", auf Basis der „Verbändevereinbarung". Für Abweichungen vom genehmigten Fahrplan gelten zunächst definierte Toleranzbereiche innerhalb derer die Abweichungen durch das Entgelt für Systemdienstleistungen[79] bereits abgegolten sind. Darüber hinausgehende Fahrplanabweichungen werden als unzulässig markiert und die „dafür notwendigen Aufwendungen den Verursachern in Rechnung gestellt."

Central European Power Index (CEPI)

Als erstes deutsches Unternehmen beteiligt sich PreussenElektra an dem seit Anfang 1999 von Dow Jones ermittelten Strompreisindex CEPI. Diesem Index liegen alle Geschäfte zugrunde, die PreussenElektra über verschiedene Verbindungspunkte mit anderen Unternehmen tätigt. Bei diesen Verbindungspunkten handelt es sich um:[80]

- vier Netzkuppelstellen mit dem Gebiet der RWE,
- eine Kuppelstelle mit dem Gebiet der VEW,
- drei Verbindungen mit dem Netz der HEW,
- eine Kupplung mit dem Netz des Bayernwerk,
- zwei Verbindungen zum Netz der VEAG,
- eine Kuppelstelle zum niederländischen Netz sowie
- eine Kuppelstelle zum dänischen Netz.

79 Systemdienstleistungen sind die für den Systembetrieb unverzichtbaren Leistungen wie Frequenzhaltung, Spannungshaltung, Versorgungswiederaufnahme und Betriebsführung.

80 Vgl. VWD Vereinigte Wirtschaftsdienste vom 21. Dezember 1998.

2.2.3 Erdgasmärkte

2.2.3.1 Der US-Gasmarkt

In der Vergangenheit sind eine Reihe von Diskussionen geführt worden, inwieweit der nordamerikanische Gasmarkt ein Vorbild für Europa und insbesondere Deutschland sein kann.[81] Im Vorfeld der Neugestaltung der ordnungspolitischen Rahmenbedingungen durch die Europäische Union und die Bundesregierung wurden Argumente für und wider eine mögliche Übertragbarkeit der amerikanischen Situation ausgetauscht. Diese Argumente sollen hier nicht wiederholt werden, da sie teilweise bereits von der Realität der ordnungspolitischen Neuerungen überholt wurden. Vielmehr wird der Versuch unternommen, die wesentlichen Merkmale des sehr komplexen und dynamischen amerikanischen Gasmarktes herauszuarbeiten und zu fragen, welche Lehren hieraus für europäische Unternehmen in der Gasbranche gezogen werden können.

Weg der Liberalisierung

„Die Entwicklung der US-Gaswirtschaft in den letzten 50 Jahren ist eine Geschichte von staatlichen Markteingriffen und -verzerrungen sowie von Monopolpraktiken der Gasleitungsgesellschaften."[82] Seit den achtziger Jahren ist jedoch ein Trend hin zu einem wettbewerbsnahen Markt festzustellen, der durch diverse sogenannte Orders der Federal Energy Regulatory Commission (FERC) verursacht wurde.
Meilensteine in diesem Prozeß waren die **FERC Order 436** vom Oktober 1985 (bzw. die FERC Order 500 vom August 1987), die zum ersten Mal eine **allgemeine Durchleitungspflicht** herbeiführte sowie die FERC Order 636. Nach der **FERC Order 636** vom 8. April 1992 (Inkrafttreten am 1. November 1993) wurden die Interstate-Pipelinegesellschaften zum **Unbundling** verpflichtet, d.h. sie mußten ihre Gashandelsfunktion von ihrer Transportfunktion trennen. Dies hat selbstverständlich für die betroffenen Gesellschaften zu einer radikalen Änderung ihrer Unternehmensorganisation sowohl in ablauf- wie auch aufbauorganisatorischer Hinsicht geführt. Nach der FERC Order 636 mußten von den Pipelinegesellschaften auch sog. Capacity Release Programs eingeführt werden, die einen **Sekundärmarkt für Transportleistungen** ermöglichen, d.h. Programme, die es den Kunden der Transportgesellschaften erlauben, freie (kurzfristig) ungenutzte, aber angemietete Transportkapazitäten weiterzuvermieten. Auf diese Art und Weise wird der klassische Preisbildungsmechanismus des Vergleiches von Angebot und Nachfrage auch auf Transportkapazitäten ausgeweitet. Zur Vereinfachung dieser Geschäfte wurden von den Pipelinegesellschaften sogenannte Electronic Bulletin Boards eingerichtet.

---

[81] Beispielhaft seien hier die Publikationen von Maichel & Thompson 1995 sowie Weyand & Langefeld 1994 genannt.

[82] Siehe Maichel, Thompson 1995, Seite 60.

Konsequenzen der Liberalisierung

Mit den diversen FERC Orders erfolgte auch eine Umwandlung von langfristigen Lieferverträgen in getrennte Liefer- und Transportverträge. Vorher gab es - wie derzeit noch in Kontinentaleuropa üblich – „bundled services“ in den Gaslieferverträgen. Diese Situation war für die Nachfrageseite vergleichsweise einfach, da mit dem Kauf des Gases gleichzeitig der Antransport, die eventuell notwendige Strukturierung sowie eine gewisse Versorgungssicherheit durch die Pipelinegesellschaften gewährleistet wurde. Da dieser Service heute nicht mehr automatisch zur Verfügung gestellt wird, ist das Geschäft für die Nachfrager also eindeutig komplizierter geworden. Diesem Nachteil steht jedoch der Vorteil gegenüber, daß die einzelnen Dienstleistungen jetzt separat verpreist werden, und der Nachfrager somit die Möglichkeit hat, anhand eines Marktpreises zu entscheiden, inwieweit er bestimmte Services nachfragt.

Das Gasgeschäft ist jedoch nicht nur durch die Vielzahl abzuschließender verschiedenartiger Verträge, sondern auch durch die radikale Verkürzung der Vertragslaufzeiten komplizierter geworden. Althergebrachte langfristige Take-or-Pay Verträge existieren kaum noch; langfristig sind jetzt solche Verträge, deren Laufzeit größer ist als 18 Monate. Eine entscheidende Veränderung stellen die stark angestiegenen **Preisschwankungen** dar. „Angebotsverträge, die im heutigen System abgeschlossen werden, enthalten keine inflexiblen Preis- und Mengenklauseln mehr, die die Marktverzerrungen der letzten 20 Jahre herbeigeführt hatten.“[83] Preise werden heute kurzfristig auf Märkten durch den Vergleich von Angebot und Nachfrage ermittelt. Kurzfristige Marktungleichgewichte - beeinflußt beispielsweise durch Produktionsengpässe, Speicherbestände, Nachfrageausfälle bzw. Extremwetterlagen - führen zu starken Preisschwankungen und damit, neben der saisonalen, zu einer Erhöhung der kurzfristigen Volatilität.

Die Vertragspreise werden in den meisten Fällen an anerkannte Spotmarktnotierungen gebunden.[84] Daneben kommen aber auch **Preisanbindungen** an Konkurrenzenergieträger, Endererzeugnisse oder (insbesondere börsennotierte) Rohstoffpreise zur Anwendung.[85]

Als Marktorte dienen in erster Linie sogenannte **Hubs**. Dies sind Orte, an denen eine Vielzahl von Pipelines aufeinandertreffen und die sich zudem häufig durch eine hohe Speicherverfügbarkeit auszeichnen. In diesem Falle spricht man von sogenannten „Point Specific Hubs“ - der bekannteste ist sicherlich der Henry Hub in Louisiana. Daneben existieren sogenannte „Floating Hubs“. Hierunter versteht man Pipelinesysteme, in denen Hubservices an jedem Ort durchgeführt werden (z.B. CNG-Sabine-Hub). Alle Hubs zeichnen sich dadurch aus, daß Transaktionen (Eigentumsübertragungen, Transfer von einer Pipeline in eine andere Pipeline) an diesen Orten einfach und kostengünstig durchführbar sind und daß in der Regel kurzfristige Mengenungleichgewichte ausgeglichen werden können.

Die erhöhte Preisvolatilität hat dazu geführt, daß die Marktteilnehmer verstärkt nach Absicherungsmaßnahmen gesucht haben. Mittlerweile haben sich **OTC-Forwardmärkte**[86] etabliert, auf denen neben physischen Transaktionen auch rein finanzielle Transaktionen durchgeführt werden. Extrem erfolgreich war die **NYMEX-Gasbörse**, an der seit 3. April 1990 **Futures-**

[83] Siehe Herbert & Heinkel 1995, Seite 113.

[84] Für Tagesgas wird meist auf die Publikation „Gas Daily“ und für Monatsgas auf „Inside FERC“ zurückgegriffen.

[85] Vgl. Dudenhausen & Ellwanger 1997.

[86] Vgl. Kapitel 3.1.1 (Forwards und Futures).

verträge und seit 1. Oktober 1992 **Optionen** gehandelt werden.[87] Das Volumen der Finanztransaktionen übersteigt das physische Handelsvolumen um ein mehrfaches.
All diese Marktveränderungen haben u.a. das Wachstum neuer Marketinggesellschaften gefördert, die als Dienstleister für Gasnachfrager Handel, Transport und Strukturierung des Gases koordinieren sowie Risikominderungspakete anbieten. Die hohen Preisvolatilitäten und die Vielzahl der angebotenen Preisanbindungen führen dazu, daß ein effizientes **Risikomanagement** zu einer notwendigen und zentralen Unternehmensaufgabe wurde.

2.2.3.2 Der britische Gasmarkt

Der britische Gasmarkt ist mittlerweile nicht nur der größte, sondern auch der dynamischste und der am weitesten liberalisierte Gasmarkt in Europa. Der heutige Gasmarkt ist nicht mehr wiederzuerkennen im Vergleich zu dem von vor 10 Jahren.

Weg der Liberalisierung

Der komplexe Prozeß der Liberalisierung bis zur Etablierung von wirklich tragfähigem Wettbewerb ab 1994 läßt sich in zwei Phasen einteilen:[88]

1982 - 1988: British Gas Monopol und Monopson
Obwohl seit 1982 verhandelter Netzzugang und somit Gas-zu-Gas Wettbewerb im Großkundenmarkt (mit Mindestabnahmen von 25.000 therms/Jahr, ca. 730.000 kWh/Jahr) theoretisch möglich gewesen wäre und obwohl 1986 im Zusammenhang mit der Privatisierung des Staatsunternehmens British Gas die Regulierungsbehörde OFGAS (Office of Gas Supply) gegründet wurde, blieb das De-facto-Monopol von British Gas für sämtliche Onshore-Gasaktivitäten vom Anlandeterminal an der Küste bis hin zum Endverbraucher erhalten. British Gas war somit nach wie vor der einzige Käufer und Vertragspartner der britischen Produzenten.

1988 - 1994: „Gemanagter" Wettbewerb
Auf Druck der britischen Regierung und mit Hilfe verschiedener regulatorischer Maßnahmen ist es gelungen, Gas-zu-Gas Wettbewerb in Gang zu setzen. British Gas wurde zu folgenden Maßnahmen veranlaßt:

- 1988: Veröffentlichung von verbindlichen Preistabellen für industrielle und gewerbliche Kunden sowie von nicht-diskriminierenden Durchleitungskonditionen.
- 1991: Ausweitung des Wettbewerbsmarktes auf alle Verbraucher mit Mindestabnahmen von 2.500 therms/Jahr (ca. 73.000 kWh/Jahr). Die Anzahl der „freien" Nachfrager erhöhte sich von 30.000 auf 300.000. Somit wurde das British Gas-Monopol auf Privathaushalte und gewerbliche Kleinverbraucher reduziert. Der langfristige Marktanteil von British Gas im Wettbewerbsmarkt wurde auf 55 % begrenzt.

[87] Vgl. Kapitel 3.1.1.3.1 (Futuresbörsen) und 3.2.1.3.1 (Optionsbörsen).
[88] Vgl. Stern 1998.

- 1992: Unter dem „Release Gas“ Programm war British Gas gezwungen, einen Teil des unter langfristigen Verträgen eingekauften Gases an die neuen Wettbewerber abzutreten, um so den Wettbewerb zu fördern. Diese Verfügung war die Konsequenz aus der Erkenntnis, daß die mangelnde Verfügbarkeit von Gas für die neuen Vermarktungsgesellschaften ein entscheidendes Hindernis für die Entwicklung von Gas-zu-Gas Wettbewerb darstellte.

- 1993: Die MMC[89] empfahl die Abspaltung der British Gas Handels- und Vermarktungsaktivitäten vom Transport. Der Anteil von British Gas am für den Wettbewerb geöffneten Markt war mittlerweile auf 70 % gefallen.

- 1994: Die Regierung folgte diesen MMC-Empfehlungen nicht und verpflichtete British Gas statt dessen auf eine strikte funktionale und organisatorische Trennung in fünf getrennte Geschäftsfelder:

  - Public Gas Supply: Versorgung der Tarifkunden (vorläufiges British Gas Monopol)
  - Business Gas: Vermarktung im Wettbewerbsmarkt
  - TransCo: Transport und Speicherung
  - Service: Installationen und Dienstleistungen
  - Retailing: Verkauf von Gasgeräten

  Der Bereich Exploration & Produktion war von der Umstrukturierung nicht betroffen. Weiterhin wurde die phasenweise Öffnung des Haushaltsmarktes zwischen April 1996 und Juni 1998 beschlossen, durch die die Liberalisierung des britischen Gasmarktes abgeschlossen wurde.

Konsequenzen der Liberalisierung

Seit 1994 kann von tragfähigem Wettbewerb im britischen Gasmarkt gesprochen werden. Die neuen Marktstrukturen werden wesentlich durch das **Auftreten von neuen Marktteilnehmern** bestimmt. Während der Phase des „gemanagten“ Wettbewerbs war es sehr einfach und risikolos, Marktanteile zu gewinnen und Gas mit Gewinn zu vermarkten. Dies änderte sich ab 1995. Der Preiswettbewerb wurde extrem, positive Margen sind kaum noch zu erzielen. Die Gesellschaften, die Anfang der 90er Jahre langfristige „Take-or-Pay“ Verträge abgeschlossen haben, haben zum Teil erhebliche Verluste erlitten.
Die wichtigsten Vermarktungsgesellschaften sind Tochterunternehmen der großen Gasproduzenten sowie der regionalen Stromversorger (RECs).[90] Während des Jahres 1997 sind mehrere Vermarktungs-Joint Ventures aufgebrochen,[91] mehrere Unternehmen haben sich bereits wieder aus dem Industriekundenmarkt zurückgezogen. Die meisten der (von einem Produzenten oder REC) unabhängigen Vermarkter wurden von größeren Gesellschaften übernommen. Es wird erwartet, daß dieser Konsolidierungsprozeß noch weiter anhält. Darüber hinaus haben sich einige reine Gashändler und Broker im Markt etabliert.

89 MMC: Monopolies and Mergers Commission, vergleichbar dem deutschen Bundeskartellamt.
90 Die zur Zeit führenden Wettbewerber von Centrica (ehemals British Gas) sind Eastern, Mobil und BP.
91 z.B. Quadrant (Shell und Esso), Kinetica (Conoco und PowerGen), Alliance (BP, Statoil und Norsk Hydro).

Ab 1994/95 wurde deutlich, daß der Markt durch einen starken **Angebotsüberhang** charakterisiert wurde. Dieser „gas bubble" wurde u.a. durch den „dash for gas" der Stromproduzenten[92] sowie durch die zusätzliche Nachfrage und die hohe Zahlungsbereitschaft der neuen Gasvermarktungsgesellschaften in den vorhergehenden Jahren verursacht, die eine erhebliche Ausweitung der Exploration und Produktion zur Folge hatte. Dieser Angebotsüberhang hatte einen starken Preisverfall des „Beachpreises" zur Folge (Vgl. Abbildung 2.7).[93]

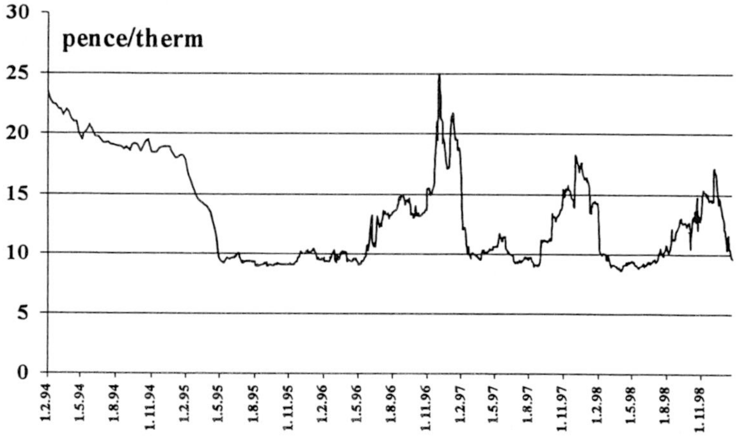

Abbildung 2.7: Beachpreise Bacton (Preis für Lieferungen im nächsten Monat)

Diese Verschiebung der fundamentalen Angebots- und Nachfragesituation trug wesentlich zu der veränderten Sicht von Spot- und Terminmärkten sowie Erdgashandel in der britischen Gasindustrie bei. Der britische **Spotmarkt** begann sich ab 1994 zu entwickeln, nachdem einige Vermarktungsgesellschaften feststellen mußten, daß ihre Projektionen des zukünftigen Marktanteils zu optimistisch waren und sie daher zu viel Gas unter Langfristverträgen kontrahiert hatten. Ab 1995 wurde der Spotmarkt zusätzlich gespeist durch die Produktionsaufnahme von neuen Feldern, die nur teilweise langfristige Käufer fanden. Mit dem Verfall der Spotpreise auf 9 – 10 pence/therm[94] deckten einige Vermarktungsgesellschaften sich ausschließlich auf dem Spotmarkt ein und waren so in der Lage, ihre Wettbewerber deutlich zu unterbieten, die an langfristige „Take-or-Pay"-Verträge gebunden waren.[95] Der Spotmarkt hat kontinuierlich an Bedeutung gewonnen. In Abbildung 2.8 wird die Preisentwicklung auf dem britischen Spotmarkt dargestellt.

---

92 Vgl. Kapitel 2.2.2.3 (der Strommarkt von England und Wales).

93 Der Beachpreis ist der Preis, der für Erdgas an den britischen Anlandeterminals an der Küste gezahlt wird.

94 Ein therm entspricht 29,3071 kWh. 9 - 10 pence/therm entsprechen bei einem angenommenem Wechselkurs DM/£ von 2,90 demnach ca. 0,89 - 0,99 Pf/kWh.

95 Vgl. Madden 1998.

Basierend auf einem liquiden Spotmarkt entwickelte sich schnell ein **OTC-Forwardmarkt (Terminmarkt)** und schließlich ab 31. Januar 1997 mit der **IPE die erste Gasbörse in Europa**. Die zunehmende Akzeptanz der IPE ist das auffallendste Indiz für die Entwicklung von einem rein physischen Markt hin zu einem Gasmarkt, der immer stärker von Finanztransaktionen charakterisiert wird. Zur Zeit wird ca. 20 % des physisch in Großbritannien vermarkteten Gases auf kurzfristiger Basis gehandelt. Da dieses Gas vor der physischen Lieferung durchschnittlich ca. sieben bis acht mal den Besitzer wechselt, ist das tatsächliche Handelsvolumen entsprechend höher.[96] Mittlerweile orientiert sich auch die Verpreisung unter langfristigen Verträgen verstärkt an Spotpreis-Indices[97] bzw. an den IPE-Preisen. Dies gilt insbesondere auch für die Transferpreise zwischen den Produzenten und ihren Vermarktungstochtergesellschaften. Die Gaspreise ergeben sich als Funktion von Angebot und Nachfrage; dies spiegelt sich in dem typischen saisonalen Preisverlauf in den Abbildungen 2.7 und 2.8 wider. Seit Anfang 1998 gewinnen auch andere Derivate wie Optionen oder Swaps zunehmend an Bedeutung.[98]

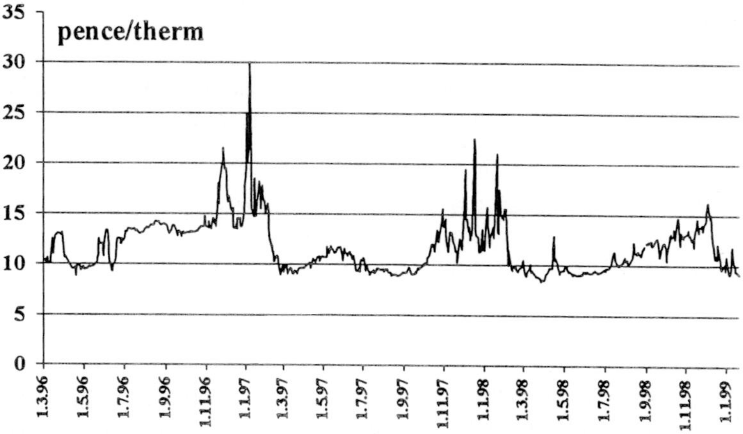

Abbildung 2.8: Britischer Spotmarkt (Preis für Lieferungen am nächsten Tag am NBP)

Gleichzeitig mit dem Verfall der „Beachpreise" ist auch der Marktanteil von British Gas weiter gefallen und betrug 1995 in dem für Wettbewerb geöffneten Teilmarkt nur noch 35 %.[99] Da das Unternehmen in den vorhergehenden Jahren (unter anderen Rahmenbedingungen) langfristige und wesentlich höher verpreiste Take-or-Pay-Verträge zur Versorgung des gesamten Marktes abgeschlossen hatte, sah es sich nun mit erheblichen finanziellen Problemen konfrontiert. Diese **British Gas Take-or-Pay-Problematik** wurde entscheidend dadurch verschärft,

96 Vgl. Gas Matters Mai 1998; British Spot Gas Markets vom 6. Januar 1999.

97 Der bekannteste Spotpreis-Index ist der Heren Index.

98 Vgl. z.B. European Gas Markets vom 27. Februar 1998. Die Preise von Optionen werden regelmäßig in Publikationen wie British Spot Gas Markets veröffentlicht oder können bei Brokern eingeholt werden.

99 British Gas wurde nun von der Verpflichtung entbunden, sich bei der Gasvermarktung an die veröffentlichten Preistabellen zu halten.

daß die britischen Langfristverträge, im Gegensatz zu den kontinentaleuropäischen, keine Preisrevisionsklauseln enthalten. Diese Probleme konnten in den Jahren 1996 und 1997 durch freiwillige Wiederverhandlung der Einkaufsverträge mit den wichtigsten Produzenten entschärft werden.
Die deutlichsten Auswirkungen hatte die Liberalisierung des britischen Marktes auf British Gas selbst, das als Einheit aufhörte zu existieren. Mit Beginn des Gas-zu-Gas Wettbewerbs war British Gas zu der organisatorischen Trennung durch „chinese walls" zwischen den Transport- und Vermarktungsaktivitäten gezwungen. Nicht zuletzt ständige Querelen mit der Regulierungsbehörde OFGAS haben das Management schließlich zur freiwilligen vollständigen Trennung der Unternehmensbereiche bewogen. Anfang 1996 wurde das **British Gas-Demerger** bekanntgegeben. Mit Wirkung zum Februar 1997 wurde British Gas in zwei neue unabhängige Unternehmen aufgespalten:

- Centrica, zuständig für die gesamte Gasvermarktung in Großbritannien (durch die Tochtergesellschaft British Gas Trading).[100] Weitere Geschäftsfelder sind Installationen und Services sowie der Vertrieb von Gasgeräten. Centrica übernahm auch alle langfristigen Gasbezugsverträge mit den Produzenten.[101]

- BG, zuständig für Transport und Speicherung (durch die Tochtergesellschaft TransCo)[102], Exploration und Produktion sowie die internationalen Downstream-Aktivitäten.

Ein wichtiger Meilenstein bei der Liberalisierung des britischen Gasmarktes war die Einführung des **Network Code** zum 1. März 1996. Hierbei handelt es sich um den Standardvertrag zwischen dem Netzbetreiber TransCo und den Transport- und Speicherkunden. Der Network Code beschreibt alle kommerziellen und technisch/operativen Regeln des Gastransports von der Küste bis hin zum Endverbraucher. Der Network Code stellt den völlig diskriminierungsfreien Netzzugang zum britischen Transportsystem sicher. Die jeweiligen regulierten und entfernungsunabhängigen Transporttarife werden von TransCo veröffentlicht.[103] Der Network Code verpflichtet die Transporteure zum täglichen Balancieren der Inputmengen (Einspeisungen an den Terminals an der Küste) und Outputmengen (Nachfrage der Kunden). Zu diesem Zweck wurde der **National Balancing Point (NBP)** eingeführt, ein virtueller nicht physischer Punkt im britischen System, an dem die Verrechnung und das Balancieren von Input und Output vorgenommen wird. Die Verpflichtung zum täglichen Balancieren hat den Spothandel weiter angeregt. Der NBP hat sich mittlerweile zum Handelszentrum entwickelt, wobei an diesem Punkt keine physische Übergabe des Gases stattfindet, sondern nur die Eigentumsübertragung von Gas, das sich im TransCo-System befindet.

---

[100] Innerhalb von Großbritannien benutzt Centrica weiterhin den Markennamen „British Gas", außerhalb von Großbritannien wird dieser Name ausschließlich von BG plc. verwendet.

[101] Als wesentliches Asset wurde Centrica zusätzlich das Morecambe Bay Feld, eines der größten Gasfelder der britischen Nordsee zugeteilt.

[102] Ab 1. Oktober 1997 wurden die Speicheraktivitäten von TransCo getrennt und der neuen Gesellschaft BG Storage plc. übertragen.

[103] Adresse siehe Glossar.

Lehren aus dem britischen Experiment

Die großen **Gewinner der Liberalisierung** des britischen Gasmarktes sind zweifellos die **Verbraucher**, deren Gasrechnungen teilweise um mehr als 50 % reduziert wurden. Gas-zu-Gas Wettbewerb führte zu stärkeren Preissenkungen als in anderen europäischen Ländern und als bei anderen Energieträgern.[104] Dies gilt sowohl für Großverbraucher als auch für Haushaltskunden. In der Übergangsphase hat es sicherlich Probleme gegeben, die aber alle gelöst werden konnten. Erwähnenswert ist, daß das Etablieren von Wettbewerb im britischen Markt nur der starken Einflußnahme der Regierung bzw. der Regulierungsbehörden zu verdanken ist. Das zunächst vorgesehene Durchleitungskonzept des verhandelten Netzzugangs hat sich als völlig unzureichend für die Entwicklung eines Wettbewerbsmarktes erwiesen.
Im britischen Gasmarkt, wie in jedem anderen liberalisierten Energiemarkt auch, ist **Risikomanagement Know-how**, insbesondere Verständnis und Management von Preisvolatilität, zu einer notwendigen **Kernkompetenz für jedes erfolgreiche Handels- und Vermarktungsunternehmen** geworden.

2.2.3.3 Entwicklungen in Kontinentaleuropa

2.2.3.3.1 Interconnector und Zeebrugge Hub

Bis zum 1. Oktober 1998 war der voll liberalisierte dynamische britische Gasmarkt vom traditionellen kontinentaleuropäischen Markt isoliert. Dies änderte sich mit der Inbetriebnahme des Interconnectors, einer Leitungsverbindung zwischen Bacton (Großbritannien) und Zeebrugge (Belgien). Wichtige Kennzahlen und die Eigentumsstruktur sind in Tabelle 2.5 enthalten.[105]
Der Interconnector ist zwar über Ship-or-Pay-Verträge mit den Eigentümern langfristig ausgebucht. Damit wird jedoch keine 100 %ige physische Auslastung erreicht.

Bemerkenswert ist, daß das Projekt privat finanziert wurde, ohne daß die Investition zu diesem Zeitpunkt durch Gaslieferverträge gedeckt gewesen wäre. Die Idee zum Bau des Interconnectors wurde von den meisten kontinentaleuropäischen Unternehmen zurückhaltend bis negativ aufgenommen – eine Einstellung, die sich jedoch schnell geändert hat. Das starke Interesse am kommerziellen Potential des Interconnectors zeigt sich daran, daß sich mittlerweile ein lebhafter **Sekundärmarkt für Interconnector-Kapazität** entwickelt hat. Mehrere Gesellschaften haben Transportkapazität, nicht aber Eigentum an der Leitung, von den Anteilseignern erworben. Es handelt sich um Centrica, Mobil, Alliance (Statoil), Norsk Hydro, Gaz de France und SNAM (zusätzlich zum erworbenen Eigentum an der Leitung).

Weitere Unternehmen haben bereits ihr Interesse an Interconnector-Kapazität zum Ausdruck gebracht. Zunächst wurde diese Kapazität lediglich auf langfristiger Basis gehandelt. Anfang 1999 hat die Entwicklung eines Sekundärmarktes für kurzfristige Kapazität eingesetzt. Die

---

104 Vgl. Stern 1998.
105 Vgl. Jessen 1998.

bisher abgeschlossenen **langfristigen Gasliefervertträge** sind Tabelle 2.6 zu entnehmen.[106]

Kennzahlen:

Länge:	238 km
Durchmesser:	40"
Kosten:	450 Mio. £
Kapazität:	20 Mrd. m^3/a (Forward Flow: von Bacton nach Zeebrugge)
	8,5 Mrd. m^3/a (Reverse Flow: von Zeebrugge nach Bacton)
Betriebsaufnahme:	1. Oktober 1998
Vertragslaufzeit:	20 Jahre
Nominaler Transporttarif:	1 pence/therm[107]

Eigentümer	Anteil in %	Transportkapazität in Mrd. m^3/a (Forward Flow)
Amerada Hess	5	1
BP	10	2
British Gas	35	7
Conoco	10	2
Distrigaz	5	1
Elf	10	2
Gazprom	10	2
National Power	5	1
Ruhrgas	5	1
SNAM[108]	5	1
Gesamt	100	20

Tabelle 2.5: Interconnector (Kennzahlen und Eigentümer)

Der Interconnector wurde von der britischen Regierung sehr stark gefördert. Die mit der Leitung verbundene Idee bestand zunächst einmal im **Export von Gas** zwecks Reduzierung des Mitte der 90er Jahre vorhandenen Angebotsüberhangs auf dem britischen Gasmarkt.[109] Diese Intention spiegelt sich auch in der technischen Ausstattung des Interconnectors mit wesentlich geringerer Reverse Flow Kapazität wider. Nach ca. 10 Jahren, sobald sich Großbritannien nach Meinung einiger Experten zum Nettoimporteur wandelt, sollte der Interconnector dem Gasimport dienen. Wie aus der oben aufgeführten Tabelle hervorgeht, ist der Interconnector durch

[106] Vgl. z.B. Gas Matters November 1997 und November 1998; FT International Gas Report 14. November 1997 und 7. Oktober 1998; Petrostrategies 18. Mai 1998.

[107] 1 therm entspricht 29,3071 kWh. Bei einem unterstellten Wechselkurs DM/£ von 2,90 entspricht 1 pence/therm somit ca. 0,099 Pf/kWh.

[108] BG plc hat im November 1998 5 % ihres Anteils an SNAM verkauft (und zusätzlich 0,5 Mrd. m^3/a Forward Flow Kapazität). Vgl. British Spot Gas Markets vom 4. November 1998; Gas Matters vom November 1998.

[109] Wie in Kapitel 2.2.3.2 (der britische Gasmarkt) beschrieben war besonders Centrica von diesem „gas bubble" betroffen. Es ist daher nicht überraschend, daß Centrica zu den Hauptnutzern des Interconnectors als Exportpipeline gehört.

langfristige Gaslieferverträge in West-Ost Richtung etwa zur Hälfte ausgelastet. Der „gas bubble" hat sich schneller als erwartet reduziert. Hierzu hat neben dem Interconnector-Export auch die anhaltend starke Nachfrage nach Kraftwerksgas sowie die Verschiebung mehrerer Offshore Projekte beigetragen. Die zweite Intention, die die Regierung mit dem Interconnector verknüpfte, bestand im **Export der Liberalisierungsphilosophie** zum Kontinent.

Verkäufer	Käufer	gesamte Vertrags-menge	jährliche Vertrags-menge	Lieferpunkt	Vertragsdauer
		Mrd. m^3	Mrd. m^3/a		Jahre
Conoco	WINGAS	10	1	Aachen	10
British Gas	WINGAS	20	2	Aachen und Zeebrugge	10
BP	Ruhrgas	15	1	Bacton und Zeebrugge	15
Centrica	Thyssengas	3	ca. 0,5	NBP und Zee-brugge	7
Mobil Europe Gas	Norsk Hydro Agri (NL)	12	0,8	Zeebrugge	15
Centrica	Elsta (NL)[110]	8	1	Zeebrugge	8
Centrica	EnTrade und Delta (NL)	5,6	0,7	Zeebrugge und Zelzate	8
Conoco	Gasunie (NL)	8	ca. 1	Zelzate	8,5
Ruhrgas	Gaz de France	?	0,3	?	?
Elf	Gaz de France	?[111]	2	Bacton ?	?

Tabelle 2.6: Langfristige Gaslieferverträge über den Interconnector

Auswirkungen des Interconnectors

Mit dem Interconnector wurde allgemein die Erwartung verbunden, daß die Leitung tendenziell zu einer **Anpassung der Preise** zwischen Großbritannien und dem Kontinent beitragen würde. Da sich die Verpreisung von Gas in Großbritannien als Funktion von Angebot und Nachfrage ergibt und somit großen saisonalen Schwankungen unterworfen ist, gleichzeitig aber die Preise in Kontinentaleuropa sich als Funktion der Ölproduktennotierungen ergeben, eröffnen sich

[110] Inkoopcombinatie Elsta VOF (50 % Dow, 25 % PNEM, 25 % Delta).
[111] Vertragsvolumen und -dauer hängen von den Reserven der Elgin/Franklin Felder ab.

durch den Interconnector **Arbitragepotentiale**.[112] Manche Beobachter erwarten, daß in Zukunft der britische Spotpreis an einzelnen Tagen im Winter das europäische Grenzübergangspreisniveau um das zehnfache übersteigen könnte.[113] Der Interconnector erlaubt zwar physischen Reverse Flow, jedoch läßt sich die Flußrichtung aufgrund von technischen Restriktionen nicht beliebig ändern.[114] Die Entscheidung über physischen Reverse Flow wird letztlich immer kommerziell zu treffen sein. Tatsächlich wurde bereits am 10. Dezember 1998, also gerade mal zehn Wochen nach der Betriebsaufnahme, die Flußrichtung erstmals geändert. Die Unternehmen Statoil, Norsk Hydro, Distrigaz und Gaz de France verkauften teilweise erhebliche zusätzliche Mengen Erdgas in Großbritannien.[115] Die Konsequenz dieses Zusatzangebots auf die Gaspreise in Großbritannien ist am Beispiel des IPE Futuresvertrages (NBP) für den Monat Januar 1999 in Abbildung 2.9 dargestellt. Gas, das im Herbst 1998 noch für ca. 19 pence/therm gehandelt wurde, kostete im Januar 1999 weniger als 10 pence/therm[116] und hatte sich somit in etwa dem damaligen kontinentaleuropäischen Grenzübergangspreisniveau angepaßt.

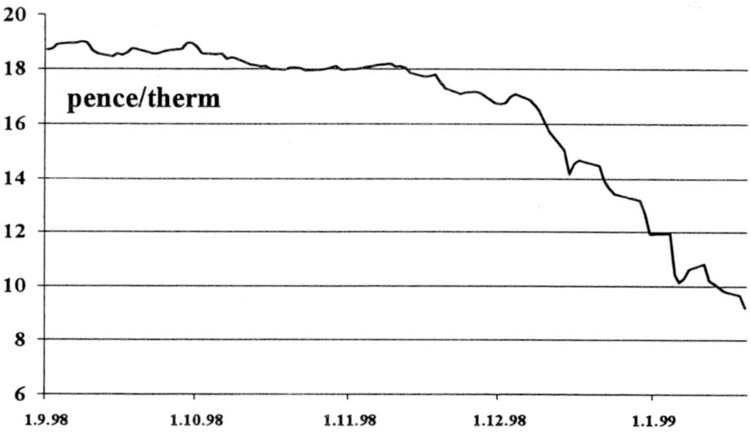

Abbildung 2.9: IPE Erdgas Futuresvertrag NBP (Lieferung: Januar 1999)

Unabhängig vom physischen Reverse Flow besteht die Möglichkeit zum „Commercial Reverse Flow“ durch die Saldierung von Nominierungen. Dies kann in der Form von physischen

[112] Die Volatilität der europäischen Preise wird dadurch verringert (und das Arbitragepotential vergrößert), daß üblicherweise die Durchschnitte der Ölproduktennotierungen der jeweils vorhergehenden 6 oder 9 Monate bei der Verpreisung herangezogen werden.

[113] Vgl. FT International Gas Report 14. November 1997; UK Gas Report 14. März 1997.

[114] James Alcock, der Chairman von Interconnector (UK) Ltd. beschreibt die physischen Limitationen des Systems wie folgt: „It cannot act as a fully flexible two-way valve between the UK and the Continent. The flow can be quickly reversed but not quickly restored to the original direction because the inventory in the pipe must be rebuilt.“ Siehe European Gas Markets 14. Juli 1998, Seite 7.

[115] Vgl. European Gas Markets 21. Dezember 1998.

[116] Bei einem unterstellten Wechselkurs DM/£ von 2,90 entspricht 19 pence/therm ca. 1,88 Pf/kWh. 10 pence/therm entspricht ca. 0,99 Pf/kWh.

Swaps[117] geschehen oder dadurch, daß für den Kontinent kontrahiertes Gas bei Vorliegen entsprechender Preiskonstellationen mit Einverständnis von Käufer und Verkäufer in Großbritannien bleibt.
Es spricht viel dafür, daß sich in **Zeebrugge**, das auch der Anlandepunkt der norwegischen Exportleitung Zeepipe sowie Standort eines LNG Terminals ist, der **erste kontinentaleuropäische Spot- und Forwardmarkt** entwickeln wird.[118] Die Anzahl der Teilnehmer an diesem Markt ist zunächst auf die Unternehmen begrenzt, die in Zeebrugge über Gas bzw. über Transportkapazitäten von und nach Zeebrugge verfügen. Die Geschwindigkeit der weiteren Entwicklung wird entscheidend von der Geschäftspolitik von Distrigaz, dem Besitzer und Betreiber des belgischen Leitungssystems, abhängen. Distrigaz hat sich zwar in der Vergangenheit öffentlich dafür ausgesprochen, Zeebrugge zu einem zentralen europäischen **Hub** zu entwikkeln, gleichzeitig hat Distrigaz jedoch bisher wenig zur Stimulierung von Gashandel in Zeebrugge beigetragen. Die Aufmerksamkeit des Unternehmens galt zunächst vielmehr der Verhinderung von Wettbewerb in Belgien sowie dem Transit von Gas von Zeebrugge zu der deutschen, niederländischen und französischen Grenze unter möglichst langfristigen Verträgen.[119]
Die Existenz des Interconnectors wird zwar den europäischen Gasmarkt nicht revolutionieren. Der Interconnector wird jedoch sicherlich der Liberalisierung der europäischen Märkte wesentliche Impulse verleihen.

2.2.3.3.2 Der niederländische Gasmarkt

Erdgas ist eine der wichtigsten niederländischen Ressourcen und spielt eine überragende Rolle in der Energiepolitik. Gas hat einen weltweit einmaligen Anteil am Primärenergieverbrauch von über 50 % erreicht. Darüber hinaus ist Holland, neben Norwegen und nach Rußland, der wichtigste Gasexporteur in Europa. Das Rückrat der niederländischen und zum Teil westeuropäischen Gasindustrie bildet das gigantische Groningen-Feld, das NAM (50 % Shell, 50 % Esso) gehört.
Die niederländische Gasindustrie wird von **Gasunie** dominiert, die eine Monopolstellung als Aggregator, Vermarkter an Großkunden und Verteilerunternehmen sowie Exporteur einnimmt. Die Anteilseigner von Gasunie sind zu 50 % der niederländische Staat sowie jeweils zu 25 % Shell und Esso.

Liberalisierung

Das **White Paper zum Energiemarkt** wird vielfach als Meilenstein nicht nur der Liberalisierung des Strommarktes, sondern auch des Gasmarktes angesehen.[120] Tatsächlich unterscheidet

[117] Diese physischen Swaps sind nicht zu verwechseln mit den finanziellen Swaps, die in Kapitel 3.1.2 (Swaps) beschrieben werden.
[118] Zeepipe ist eine norwegische Exportleitung mit einer Kapazität von 13 Mrd. m³/a. Anteilseigner sind Statoil (70 %) sowie Norsk Hydro, Shell, Esso, Elf, Saga, Conoco und Total. Vgl. European Gas Markets 2. Oktober 1998.
[119] Vgl. European Gas Markets vom 2. Oktober 1998.
[120] Vgl. z.B. Stern 1998.

sich die Liberalisierungspolitik für beide Teilmärkte erheblich. Im Gasmarkt ist im Gegensatz zum Strommarkt

- keine organisatorische Trennung von Transport und Handel,
- verhandelter Netzzugang (d.h. kein geregelter Netzzugang),
- keine Regulierungsbehörde

vorgesehen. Indikative Transporttarife werden von Gasunie zwar z.B. über Internet veröffentlicht.[121] Diese Tarife und insbesondere die **Verpflichtung des Transportkunden zum stündlichen Balancieren von Input und Output** sowie die erheblichen Vertragsstrafen bei Nichteinhaltung dieser Verpflichtung, werden jedoch allgemein als prohibitiv und völlig inakzeptabel angesehen.[122] Für die Vermarktung von Transportkapazität ist die gleiche organisatorische Einheit zuständig wie für den Inlandsverkauf. Potentielle Nutzer des Transportsystems verhandeln also mit den Personen, die den betreffenden Kunden verlieren - eine Situation, die stark an die Anfangszeit der britischen Liberalisierung erinnert. Der voraussichtliche Zeitplan für die **Marktöffnung** ist aus Tabelle 2.7 zu entnehmen:[123]

Kundengruppe:	
Nachfrage > 10 Mio. m^3/a	1. Januar 1999
Nachfrage > 1 Mio. m^3/a	1. Januar 2000
Nachfrage > 170.000 m^3/a	1. Januar 2002
alle Nachfrager (inklusive Haushaltskunden)	1. Januar 2007

Tabelle 2.7: Marktöffnung des niederländischen Erdgasmarktes

Immerhin hat der **Interconnector** für die ersten Wettbewerbsimpulse im niederländischen Gasmarkt gesorgt; erstmals haben einige Gasverteiler und Großabnehmer ihren bisherigen Vorlieferanten Gasunie gewechselt.[124] Neue Marktteilnehmer sind aufgetreten. So hat das britische Energieunternehmen Eastern mit dem niederländischen Verteiler ENW (Energie Noord West) ein Gemeinschaftsunternehmen namens Compass Energy zur Vermarktung und zum Handel von Gas gegründet.

Im Zusammenhang mit der Liberalisierung des niederländischen Gasmarktes wird das von Gasunie vorgeschlagene Konzept **„Hub Holland“** vielfach mißverstanden. Hinter diesem Konzept steht in erster Linie die Absicht, Gas mit hohem Load Factor (8000 Benutzerstunden/a) insbesondere aus Rußland zu importieren, mit Hilfe der gut ausgebauten Gasinfrastruk-

[121] Vgl. http://www.gasunie.nl unter der Rubrik CSS (Commodity/Services System).

[122] Vgl. z.B. European Gas Markets vom 13. März 1998 und 14. September 1998.

[123] Vgl. European Gas Markets vom 14. September 1998.

[124] Vgl. Kapitel 2.2.3.3.1 (Interconnector und Zeebrugge Hub). Es ist bezeichnend für die angebotenen Gasunie-Transporttarife, daß EnTrade (PNEM und Mega) und Delta sich entschlossen haben, eine eigene Leitung zum Transport des Gases in den Niederlanden parallel zu einer Gasunie-Leitung ab der belgisch/niederländischen Grenze zu bauen. Die Kapazität dieser Leitung geht mit ca. 5 Mrd. m^3/a weit über den aktuellen Bedarf hinaus, so daß hiervon weitere Wettbewerbsimpulse ausgehen können. Vgl. European Gas Markets vom 2. Oktober 1998.

tur zu strukturieren und anschließend mit niedrigem Load Factor (3000 bis 4000 Benutzerstunden/a) zu exportieren.[125] Hauptzielrichtung ist der britische Markt, für den in wenigen Jahren ein Bedarf nach strukturiertem Gas gesehen wird; die Möglichkeit des Baus eines zweiten Interconnectors von Den Helder nach Bacton wird in diesem Zusammenhang von Gasunie untersucht. Das Konzept Hub Holland unterscheidet sich nur darin von der seit vielen Jahren verfolgten Exportstrategie, daß primär auf importiertes Gas zurückgegriffen werden soll. Wettbewerbsimpulse für den europäischen Gasmarkt sind hierdurch nicht zu erwarten.

Zusammenfassend ist festzustellen, daß in den Niederlanden **lediglich der erste Schritt in Richtung Liberalisierung** des Gasmarktes getan wurde. Zur Zeit fehlt offensichtlich noch die Bereitschaft der Regierung, die Kontrolle über den Gasmarkt aufzugeben. Die Entwicklung eines wirklich wettbewerbsintensiven Marktes ist unter den genannten Bedingungen noch nicht zu erwarten.

2.2.3.3.3 Der deutsche Gasmarkt

Deutschland hat nach Großbritannien den größten Erdgasmarkt Europas. Weiteres großes Wachstumspotential ist vor allem dann in Sicht, wenn Gas bei der Stromproduktion größere Marktanteile gewinnen sollte. Die deutsche Gaswirtschaft mit mehr als 700 Unternehmen läßt sich in drei Marktstufen untergliedern:[126]

- **Produktion:** Die heimische Produktion deckt ca. 20 % der Nachfrage. Mit Abstand wichtigster Produzent ist BEB (50 % Shell, 50 % Esso).

- **Weiterverteiler:** Ferngasgesellschaften, insbesondere der Marktführer Ruhrgas, daneben u.a. WINGAS, BEB, VNG, Thyssengas oder VEW beziehen Gas von deutschen oder ausländischen Produzenten oder anderen Ferngasgesellschaften und geben es, teilweise in strukturierter Form, an andere überregionale und regionale Verteilergesellschaften und große Endverbraucher ab. Die wichtigsten ausländischen Lieferquellen sind Rußland, die Niederlande und Norwegen; kleine Mengen werden aus Dänemark importiert. Mit der Betriebsaufnahme des Interconnectors im Oktober 1998 ist Großbritannien als weitere Lieferquelle hinzugekommen.

- **Endverteiler:** Stadtwerke und Regionalgasgesellschaften übernehmen die Verteilung des von inländischen Vorlieferanten bezogenen Gases an Endkunden.

Bis zum Markteintritt der WINGAS (siehe unten) bestand auf den verschiedenen Handelsstufen in Deutschland kein Wettbewerb zwischen den verschiedenen Anbietern. Die jeweiligen Versorgungsgebiete waren über horizontale und vertikale **Demarkationsverträge** gegeneinander abgegrenzt, Wettbewerb darüber hinaus durch Ausschließlichkeitsbindungen in Konzessi-

[125] Einen ersten langfristigen Bezugsvertrag über 4 Mrd. m^3/a ab 2001 hat Gasunie bereits mit Gazprom abgeschlossen.
[126] Vgl. Schiffer 1997; Funk, Millgramm & Schulz 1995.

onsverträgen ausgeschlossen. Die einzige Form von Wettbewerb bildete der Substitutionswettbewerb mit Konkurrenzenergieträgern.

Die Preisbildung erfolgt nach dem **Prinzip der Anlegbarkeit**. Danach wird der Gaspreis mit Hilfe einer Vergleichsrechnung ermittelt, in der neben dem Wärmeäquivalenzpreis die quantifizierbaren Vor- und Nachteile der Verwendung von Gas im Vergleich zu der günstigsten Versorgungsalternative berücksichtigt werden. Die Verwendungsvor- und –nachteile beziehen sich vor allem auf Investitions- oder Betriebskosten. Das Prinzip der Anlegbarkeit führt zu ökonomischer Preisdiskriminierung und kann nur aufrechterhalten werden, solange die Abnehmer, bspw. aufgrund der Monopolstellung des Lieferanten, keine Arbitrage betreiben können.
Im wichtigsten Gasabsatzmarkt, dem Wärmemarkt, stellt Heizöl meist die relevante Substitutionsenergie dar: HEL im Haushalts- und Kleinverbrauchsbereich sowie HSL für die Industrie. Der anlegbare Preis wurde seit jeher insbesondere gegen Heizöl ermittelt. Die traditionelle deutsche Gaswirtschaft beruht auf heizölgebundenen Gaspreisen. Solange kein Gas-zu-Gas Wettbewerb herrscht, erwachsen den Unternehmen der Gaswirtschaft keine signifikanten Preisrisiken, wenn die durchschnittliche heizölgebundene Einkaufspreisformel der durchschnittlichen heizölgebundenen Verkaufspreisformel in etwa entspricht.

Entwicklung von Gas-zu-Gas Wettbewerb

Der geschlossene Club der traditionellen deutschen Gaswirtschaft wurde seit Anfang der 90er Jahre durch den **Markteintritt der WINGAS** herausgefordert. WINGAS ist ein Gemeinschaftsunternehmen, das zu 65 % der Wintershall AG (100 % BASF) und zu 35 % der russischen OAO Gazprom, dem größten Gasproduzenten der Welt, gehört.[127] Voraussetzung für die Gasvermarktung im Wettbewerb zu anderen Unternehmen war die Investition von mehr als 5 Mrd. DM in den Bau eigener Leitungen und eines Gasspeichers. Die 1993 gegründete WINGAS konnte mittlerweile 12 % des deutschen Gasmarktes langfristig unter Vertrag nehmen und ist ihrem erklärten Ziel der 15 %-Marke bereits recht nahe. Die Auswirkungen des Auftritts der WINGAS faßt Herbert Detharding, Vorstandsvorsitzender der Wintershall AG, wie folgt zusammen: „Mit dem Auftreten der WINGAS ist erstmalig Wettbewerb in die deutsche Gaswirtschaft gebracht worden. Ruhrgas und ihre Töchter haben nach konservativen Schätzungen seit unserem Markteintritt rund 2,5 Mrd. DM an Preisnachlässen an ihre Kunden gegeben, um sie bei der Stange zu halten."[128] Der Gas-zu-Gas Wettbewerb wurde ermöglicht durch die Errichtung eines Leitungssystems parallel zu bestehenden Systemen. Der durch WINGAS verursachte Wettbewerb ist daher auf die Korridore entlang der eigenen Leitungen begrenzt, in denen sich Stichleitungen wirtschaftlich rechnen. Landesweiter Gas-zu-Gas-Wettbewerb jedoch läßt sich so nicht erreichen. Das Beispiel WINGAS ist somit nicht als Modell für die Liberalisierung von Gasmärkten geeignet.

Die am **29. April 1998** in Kraft getretenen **Änderungen des Energiewirtschaftsgesetzes (EnWG)** beenden die Zulässigkeit von Demarkationsabsprachen sowie von exklusiven Wegerechten nach den Konzessionsverträgen. Hiermit werden wesentliche Wettbewerbsbarrieren

---

[127] Der Beschluß der BASF zum Einstieg in den Gasmarkt ist u.a. auf die Unzufriedenheit mit den Konditionen des bisherigen Vorlieferanten Ruhrgas sowie auf den Wunsch nach Aufbau eines konjunkturunabhängigen Standbeins zurückzuführen.

[128] Siehe Wärmetechnik - Versorgungstechnik 1998, Seite 34.

eliminiert; eine formale Voraussetzung für die Entwicklung eines Wettbewerbsmarktes ist erfüllt. Das Gesetz beinhaltet jedoch keine besondere Netzzugangsregelung für Gas.
Um staatlichen Detailregelungen im Zuge der **Umsetzung der EU-Gasrichtlinie** vorzugreifen, hat die deutsche Gaswirtschaft analog zum Strom den Weg hin zu einer Verbändevereinbarung Gas begonnen. Folgende Verbände sind daran beteiligt: Verband der Industriellen Energie- und Kraftwirtschaft (VIK), Bundesverband der Deutschen Industrie (BDI), Bundesverband der deutschen Gas- und Wasserwirtschaft (BGW) sowie Verband Kommunaler Unternehmen (VKU).

Damit die Verbändevereinbarung aber tatsächlich zu einer vernünftigen Grundlage für effektiven Wettbewerb werden kann, ist ein Durchleitungstatbestand für Erdgas im Energiewirtschaftsgesetz genauso erforderlich wie eine entsprechende Verordnungsermächtigung zum Erlaß eines regulierten Netzzugangssystems. Nur so wird der notwendige Druck erzeugt, der für eine vernünftige und am Ende erfolgreiche Verbändevereinbarung unerläßlich ist. Wenn die Verbändevereinbarung nämlich nicht funktioniert, kann die Bundesregierung eine Regulierung erlassen, wenn sie es mit dem Wettbewerb ernst meint.

In Erwartung des zukünftigen Wettbewerbes und der damit einhergehenden verbesserten Bezugsmöglichkeiten sind viele Sondervertragskunden bereits heute nicht mehr zum Abschluß längerfristiger Verträge bereit. Der deutsche Gasmarkt mit seinem noch weitgehend monopolistisch geprägten drei- bis vierstufigen Verteilungssystem ist für viele Newcomer sehr attraktiv. Die wirklich fundamentalen Veränderungen stehen dem deutschen Gasmarkt erst noch bevor.

2.3 Konsequenzen der Liberalisierung der Energiemärkte

In den vorhergehenden Kapiteln wurden sehr unterschiedliche Energiemärkte beschrieben, die den Prozeß der Liberalisierung eingeläutet oder schon weitgehend abgeschlossen haben. So verschieden die landesspezifischen Bedingungen dieser Märkte auch sein mögen, so lassen sich doch einige Charakteristika aufzeigen, die in allen betrachteten bereits liberalisierten Märkten anzutreffen sind und die früher oder später auch in Deutschland zu erwarten sind.

2.3.1 Nicht preisrisikomanagementrelevante Konsequenzen

Die Liberalisierung hat fundamentale Konsequenzen für die betroffenen Unternehmen der Energiewirtschaft. Die wichtigsten dieser Veränderungen stehen in unmittelbarem Zusammenhang mit Energiehandel und Risikomanagement und werden im zweiten Teil dieses Kapitels erläutert. Einige Folgen der Liberalisierung, die nicht direkt im Zusammenhang mit Risikomanagement stehen, sollen nur kurz angerissen werden.
Typisch für liberalisierte Märkte ist die tendenziell **abnehmende Bedeutung des technischen Know-hows**, das nicht mehr im Zentrum der unternehmerischen Bemühungen steht. Die ehemaligen Monopolisten müssen sich dem Wettbewerb stellen, und damit werden **Marketing**

und Vertrieb zu entscheidenden Erfolgsfaktoren. Zwar kommt insbesondere bei Großkunden dem Preis die mit Abstand wichtigste Rolle zu. Daher ist es verständlich, daß viele Versorgungsunternehmen ihre Wettbewerbsfähigkeit durch striktes Kostenmanagement zu verbessern suchen. Nichtsdestoweniger kann die Kundenbindung durch **verbesserten Service und das Angebot von Zusatzdienstleistungen** verstärkt werden.[129] Ein Beispiel hierfür ist das Engagement von Energieunternehmen im Facility Management. Dieser Ansatz zielt darauf ab, daß es dem Kunden nicht darum geht, Öl oder Gas, sondern Wärme mit allen dazugehörigen Planungs-, Wartungs-, Installations- und Beratungsleistungen zu kaufen. Ein anderes Beispiel betrifft das Angebot von Stromkaskoversicherungen für Sondervertragskunden, durch die Sachschäden oder entgangene Geschäftsgewinne bedarfsgerecht versichert werden können.[130]
Die Erfahrungen beispielsweise im britischen Gasmarkt zeigen aber auch, daß gerade im Tarifkundensegment ein attraktiver Preis alleine keine Erfolgsgarantie darstellt, sondern daß zusätzlich dem **Markenimage** des Lieferanten große Bedeutung zukommt.
Auch die deutschen Strom-Verbundunternehmen bereiten sich schon durch einen „Krieg der Werbemillionen" auf einen von vielen erwarteten zukünftigen Verdrängungswettbewerb vor. Die aufwendigen bundesweiten Werbekampagnen stellen Investitionen in die zukünftige Marktposition dar, durch die die Unternehmen Image und Profil gewinnen sollen. Das No-Name-Produkt Strom soll zu einer Marke mit emotionaler Bindung entwickelt werden. Das zukünftige Werbebudget der acht deutschen Stromverbundunternehmen hierfür wird auf fast eine Milliarde DM geschätzt![131] Es gibt Überlegungen bei Veba, die Marke Aral als „Superbrand" für das gesamte Endverbrauchergeschäft mit Strom, Gas, Öl und Benzin zu nutzen.[132]
Auch die deutschen Ferngasgesellschaften setzen verstärkt auf eigene Marken- und Unternehmenskonzepte. Die bisher unternehmensübergreifend verwendete „erdgas"-Raute wird zunehmend abgelehnt, „da die Raute immer mehr mit Ruhrgas identifiziert wird."[133]

Mit der Abkehr von einheitlichen Produkten und Verkaufspreisen stellt sich von neuem die Frage nach einer möglichst gewinnbringenden Produkt- und Preisdifferenzierung.
Das Ziel der Margenerhöhung bei gegebener Auslastung erfordert die Schaffung neuer Produktmerkmale. Während dies (in anderen Bereichen) meist durch zusätzliche Produktfeatures geschieht, bietet sich in der Energiewirtschaft auch die umgekehrte Strategie an: **Neudefinition von Dienstleistungen durch das Weglassen von Dienstleistungen**. Ziel ist es, das Leistungsbündel so zu schnüren, daß der Kunde nur die Teile erhält, für die er auch eine ausgeprägte Zahlungsbereitschaft hat. Das ist zudem gesamtwirtschaftlich von Vorteil, weil es in Richtung einer optimalen Faktorallokation wirkt.

Um hier die Kundenbedürfnisse besser erforschen zu können, werden die leitungsgebundenen Energiedienstleister **neue Wege in der Marktforschung und Kundenanalyse** beschreiten

[129] Das Angebot von zusätzlichen Serviceleistungen ist für die Energiewirtschaft nicht neu. Es zeigt sich jedoch, daß kerngeschäftsnahe Dienstleistungen von Kunden oftmals als kostenlose Zusatzgaben erwartet werden und sich in diesem Fall nicht mehr zur Positionierung eines Unternehmens in einem wettbewerbsintensiven Markt eignen. Vgl. Deppe 1998.

[130] Ein solches Versicherungsprodukt wird beispielsweise von der Bewag AG in Zusammenarbeit mit Versicherungsunternehmen entwickelt. Vgl. tam vom 15. Januar 1999.

[131] Vgl. Erdöl-/Energie-Informationsdienst 20. Oktober 1998.

[132] Vgl. managermagazin 21. Januar 1999.

[133] Siehe ZfK Zeitung für kommunale Wirtschaft vom 7. Dezember 1998.

müssen. Es werden Verfahren benötigt, um wie im Konsumgütermarketing die Zahlungsbereitschaft für einzelne Produktmerkmale zu ermitteln. Die sog. Conjoint-Analyse erreicht dies z.B. durch Rangfolgebewertung unterschiedlich bestückter Produktbündel. Die jeweils ähnlichen Kunden werden dann zu Clustern zusammengefaßt, für die man ein passendes Produkt definieren kann, das mit einer entsprechend höhere Marge ausgestattet ist.

Die Vorgehensweise bringt aber noch weitere Vorteile. Durch die Spezialisierung wird der Kommoditisierung (siehe unten) im Einzelfall entgegengewirkt. Das Produkt entfernt sich in seiner Ausgestaltung wieder vom standardisierten (ggf. börsennotierten) Einheitsangebot. Das bedeutet aber auch, daß der Kunde diese Leistung auch weniger leicht wieder von sich aus in den Handel bringen kann. Die Werkzeuge zur Rekonstruktion eines handelbaren Gutes werden ihm in der Regel fehlen. Außerdem müßte er ansonsten wahrscheinlich feststellen, daß die hierfür erforderlichen Kosten durch die erzielbaren Erlöse nicht zu rechtfertigen sind. Das liegt natürlich auch daran, daß die Preisfindung für das tailor-made-product weniger kostenbestimmt (d.h. orientiert an den Grenzkosten des marginalen Anbieters) als wertorientiert abläuft. Das funktioniert natürlich nur solange, wie eine **individuelle Anlegbarkeit** ausgenutzt werden kann. Sobald Wettbewerber diese Nische entdecken, wird über me too-Strategien der Kostenwettbewerb beginnen. Deshalb setzt die Erzielung überdurchschnittlicher Margen nicht nur Erfindungsreichtum, sondern auch Geschwindigkeit voraus. Es müssen immer wieder neue zielgruppenorientierte Produktangebote formuliert werden, für welche die Konkurrenz noch kein Parallelangebot aufzuweisen hat. Es bestätigt sich wieder, daß in liberalisierten Märkten nicht notwendigerweise die großen Unternehmen die kleinen verdrängen, sondern die schnellen Unternehmen die langsamen.
Die Erlöspotentiale aus der individuellen Anlegbarkeit lassen sich um so besser nutzen, je homogener (und das bedeutet i.d.R. auch kleiner) die jeweilige Zielgruppe ist. Die Anzahl der Produktvarianten ist jedoch aus Kostengründen begrenzt. Die Definition der Cluster sowie die Abwägung von Zusatzkosten und Erlöspotentialen hat deshalb große Bedeutung für den Erfolg der Strategie. Hier kann die Energiewirtschaft von den Erfahrungen in Branchen profitieren, in denen neben den Marken auch Tarife eine große Rolle spielen (z.B. Fluggesellschaften, Autovermietungen etc.).

Im Hinblick auf eine möglichst gewinnbringende Auslastung haben die Fluggesellschaften sog. **Revenue Management Programme** aufgelegt. Dabei wird z.B. eine im Hinblick auf Kundengruppen flexible Zuordnung von Kapazitäten vorgenommen. Bekanntes Beispiel ist die Reservierung der letzten verfügbaren Plätze im Flugzeug für Businesskunden anstelle der Freigabe auch dieser Plätze für Last Minute Sonderangebote. Eher will man auf die Besetzung mehrerer Niedrigpreisplätze verzichten, als einen Geschäftskunden abzuweisen, der ein Vielfaches des Billigtarifes zahlt. Auch amerikanische Erdgasgesellschaften entwickeln bereits Softwarelösungen zur Preisdifferenzierung bei Transport- und Speicherdienstleistungen z.B. nach regionaler Auslastung, saisonaler Nachfrage und Verfügbarkeit von Alternativangeboten. Voraussetzung hierfür ist eine detaillierte Kundenergebnisrechnung und die Analyse des Kundenverhaltens. Die weiteren Entwicklungen bei Marketing und Vertrieb von Strom und Gas sind noch nicht absehbar. Innovative Konzepte, wie beispielsweise die Vermarktung von Strom im Supermarkt[134], sind in liberalisierten Märkten schon längst keine Zukunftsmusik mehr.

---

[134] Voraussetzung hierfür ist, daß die Kunden über neue Vorkasse-Stromzählergeräte verfügen.

Ein Ansatzpunkt für Energieversorgungsunternehmen könnte auch in der **Neudefinition der Kernkompetenz** liegen, die traditionell eher im technischen Bereich, z.B. bei der Stromerzeugung oder Gasverteilung, gesehen wird. Wenn nun die sehr gute Kenntnis der Kunden, basierend auf einer langjährigen Kundenbeziehung, als neue Kernkompetenz gesehen wird, ergeben sich ganz neue Perspektiven für die Ausrichtung des gesamten Unternehmens. Die im britischen Markt anzutreffenden Vertriebskooperationen zwischen Strom- und Gaslieferanten sowie Kreditkartenunternehmen bzw. die Herausgabe von Kreditkarten und diversen Zusatzdiensten durch Energielieferanten weisen bereits in diese Richtung.[135]
Wie auch immer ein Unternehmen sich positioniert, an der Notwendigkeit von wettbewerbsfähigen Preisangeboten und damit auch von effizientem Risikomanagement führt kein Weg vorbei.

2.3.2 Für das Management von Preisrisiken relevante Konsequenzen

Die Liberalisierung von Energiemärkten hat verschiedene **interdependente und sich gegenseitig verstärkende Entwicklungen** zur Folge, auf die in diesem Kapitel eingegangen wird. Auf diesen in jedem liberalisierten Energiemarkt auftretenden Konsequenzen begründet sich die enorm wichtige Rolle, die dem Risikomanagement in solchen Märkten zukommt.

Kommoditisierung

Unter Kommoditisierung versteht man die Entwicklung weg vom Handel mit langfristigen Verträgen und hin zu einem kurzfristigen Markt. Während die Preise bei langfristigen Verträgen meist nicht in direktem Zusammenhang mit der jeweils aktuellen Angebots- und Nachfragesituation stehen, ergeben sich die Preise der kurzfristigen Verträge als Funktion von Angebot und Nachfrage.

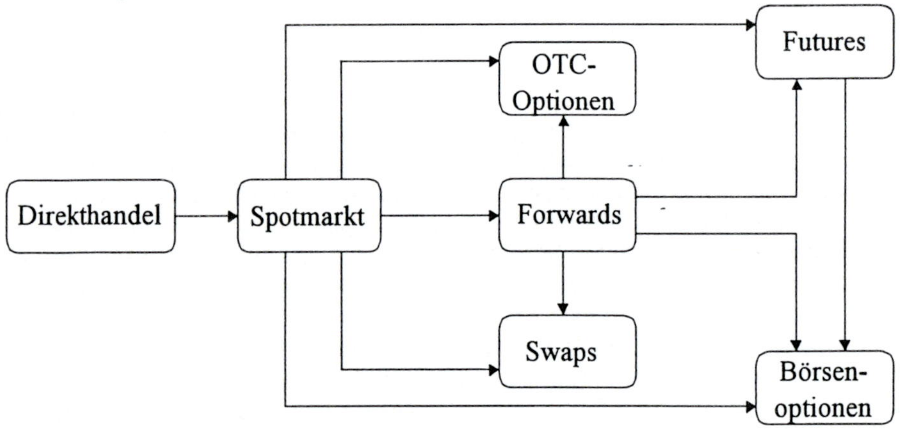

Abbildung 2.10: Evolution des Energiehandels

135 Beispiele sind die Kooperation zwischen Eastern und Barclays Bank, zwischen Amerada Hess und National Westminster Bank oder die Herausgabe der „Goldfish Card" durch Centrica.

Strom und Gas werden so zu ganz normalen Handelsgütern. In ausgereiften Energiemärkten, wie z.B. dem amerikanischen Gasmarkt, gilt dies sogar für Transportkapazitäten.
Dieser Prozeß beinhaltet die Entwicklung von neuen **wesentlich kurzfristigeren Handelsformen** (z.B. Verträge, die an Börsen gehandelt werden und nicht primär mit der Absicht der physischen Lieferung des betreffenden Gutes abgeschlossen werden) und **neuen Handelsorten** (z.B. Hubs in USA oder NBP im britischen Gasmarkt). Die ermittelten Marktpreise sind in hohem Maße transparent.
Der Prozeß der Kommoditisierung geht Hand in Hand mit einem typischen **Entwicklungsschema der Evolution der Energiehandelsaktivitäten und –formen**, das in Abbildung 2.10 dargestellt ist.[136]

	Direkthandel	Spotmarkt	Forwardmarkt	Futuresmarkt	Swaps	OTC Optionen	börsengehandelte Optionen
Ölmarkt	X	X	X	X	X	X	X
Strom:							
USA	X	X	X	X	X	X	X
Skandinavien	X	X	X	X	X	X	(X)[137]
Großbritannien	X	(X)[138]			X	(X)[139]	
Schweiz	X	X			X		
Niederlande	X	(X)[140]					
Deutschland	X						
Gas:							
USA	X	X	X	X	X	X	X
Großbritannien	X	X	X	X	X	X	
Belgien[141]	X	X	X		X		
Niederlande	X						
Deutschland	X						

Tabelle 2.8: Entwicklungsstand unterschiedlicher Märkte

Die erste Stufe in diesem Evolutionsprozeß stellt der traditionelle **Direkthandel** dar. Die Strom- und Gaslieferanten haben das Monopol für ihr jeweiliges Versorgungsgebiet. Die Dekkung der gesamten Nachfrage erfolgt in der Regel auf Basis langfristiger Bezugsverträge oder

[136] Die verwendeten Begriffe Forwards, Futures, Swaps und Optionen werden in Kapitel 3 (Preisrisikomanagement-Instrumente) ausführlich behandelt.
[137] Nord Pool plant die Einführung von Optionen.
[138] „Spothandel" ist in Großbritannien nur über den Pool möglich. Vgl. Kapitel 2.2.2.3 (der Strommarkt von England und Wales).
[139] Die in Großbritannien gebräuchlichen „Contracts for Difference" haben teilweise starken Optionscharakter.
[140] Die Einführung eines Spotmarktes stand bei Redaktionsschluß dieses Buches unmittelbar bevor. Es ist zu erwarten, daß sich in den Niederlanden sehr schnell die anderen Entwicklungsstufen einstellen werden. Vgl. Kapitel 2.2.2.4.2 (der niederländische Strommarkt).
[141] Die Einstufungen für Belgien beziehen sich ausschließlich auf den Handelsort Zeebrugge.

durch Eigenerzeugung. Der Energiehandel in nicht liberalisierten Märkten beschränkt sich im wesentlichen auf diese Handelsform. Spezifisches Risikomanagement Know-how ist unter diesen Bedingungen nicht erforderlich, weil es sich im Regelfall um back-to-back Geschäfte handelt.

Mit der Einführung einer wirksamen Durchleitungsregelung und Wettbewerb kommt es unausweichlich zur Entwicklung eines Spot- und Forwardmarktes, zunächst als Ergänzung zum traditionellen Direkthandel. Das Vorliegen von Angebotsüberhängen bzw. Überkapazitäten begünstigt und beschleunigt diese Entwicklung zusätzlich. Genau genommen bezeichnet der Begriff **Spotmarkt** (Kassamarkt) Vertragsabschlüsse für sofortige Lieferungen („trading on the spot").

Vereinbarungen für Lieferungen in der Zukunft, zu heute vereinbarten Preisen, werden als **Forwardverträge** bezeichnet. Bei dem Forwardmarkt handelt es sich also um die Ausweitung des Spotmarktes bis zu ca. zwei bis drei Jahre in die Zukunft. Die Einführung von Wettbewerb führt zwangsläufig dazu, daß der Marktanteil der ehemaligen Monopolisten sinkt. Da diese meist die gesamte zukünftige Nachfrage unter langfristigen Bezugsverträgen abgedeckt haben, kommt es durch das Auftreten der Wettbewerber zu einem partiellen Überangebot (stranded costs wie Kraftwerksüberkapazitäten oder Take-or-Pay-Verträge) auf dem Markt, das über Spot- und Forwardmärkte ausgeglichen werden kann. Ein weiterer Grund für die Existenz von Spot- und Forwardmärkten ist, daß die Unternehmen ihr zukünftiges Absatzvolumen in einem wettbewerbsintensiven Markt nicht exakt planen können. Es besteht die Notwendigkeit zur Balancierung der Bezugsportfolios. Die Notwendigkeit zum Ausgleich von Nachfrageschwankungen wird noch verstärkt, wenn der besonders wettersensible Haushaltsmarkt für Wettbewerb geöffnet wird.

Spot- und Forwardmärkte werden, sobald eine gewisse Mindestliquidität erreicht ist, durch Preistransparenz charakterisiert. Die von „Informations-Anbietern" wie z.B. Reuters oder Dow Jones veröffentlichten Marktpreise dienen zunehmend als Referenzwerte für längerfristige Verträge und ersetzen traditionelle Preisformeln. Eine besonders wichtige Konsequenz von Spot- und Forwardmärkten stellt die **starke Zunahme von Preisschwankungen (Volatilität)** dar (siehe unten).
Die weiteren in Abbildung 2.10 dargestellten Stufen, die Entwicklung von **Futures, Swaps** sowie verschiedenen Arten von **Optionen**, repräsentieren die Instrumente, die zum Management der mit diesen Preisschwankungen verbundenen Risiken entwickelt wurden und die im Mittelpunkt von Kapitel 3 dieses Buches stehen.
Der unterschiedliche Entwicklungsstand der hier beschriebenen Teilmärkte ist Tabelle 2.8 zu entnehmen.

Starke Zunahme der Volatilität

Als Konsequenz aus der in einem Wettbewerbsmarkt typischen Preisermittlung basierend auf Angebot und Nachfrage sind die Preise sehr hohen Schwankungen unterworfen.
Die **Volatilität** ist definiert als die annualisierte Standardabweichung der relativen Preisände-

rungen eines Gutes.[142] Volatilität dient als Maß für die Schwankungsbreite der Preise des betreffenden Gutes. Die Volatilitäten werden meist ausgedrückt als Prozentwerte bezogen auf ein Jahr. Volatilität ist einer der zentralen Begriffe des Risikomanagements, auf den im weiteren Verlauf dieses Buches häufig zurückzukommen sein wird. Gas und Strom gelten als die volatilsten Handelsgüter überhaupt.
Starke Volatilitäten können ihre **Ursache auf der Angebotsseite** haben, wenn Engpässe in der Energieproduktion auftreten, die sich beispielsweise im skandinavischen Strommarkt, mit seinem sehr hohen Anteil an Wasserkraft, auf geringe Niederschläge zurückführen lassen. Das Auftreten von Transportengpässen ist ebenfalls eine häufige Ursache für kurzfristig starke Preisschwankungen.
Da der Einsatz von Strom und Gas zu einem signifikanten Anteil im Wärmemarkt bzw. zum Zweck der Klimatisierung erfolgt, kommt dem Faktor Wetter eine Schlüsselrolle bei der kurzfristigen Nachfrageentwicklung zu. **Wetter** ist somit auch der wichtigste Bestimmungsfaktor für **nachfrageseitig verursachte Volatilitäten.**[143]
Die Volatilitäten von Öl und Gas werden stark beeinflußt durch die jeweiligen **Lager- oder Speicherstände**, bzw. die Marktinformationen hierzu. Aufgrund der schlechten Speicherbarkeit von Strom und der sich daraus ergebenden Notwendigkeit zum Abfangen von Nachfrageschwankungen durch zeitgleiche Produktion treten große Preisschwankungen nicht nur im saisonalen Verlauf, sondern auch innerhalb des Tages auf.

Prognose der Volatilität

Die Volatilität selbst ist volatil, d.h. sie ist im Zeitablauf nicht konstant.[144] Zeiten geringerer Volatilität wechseln sich mit Zeiten höherer Volatilität ab.

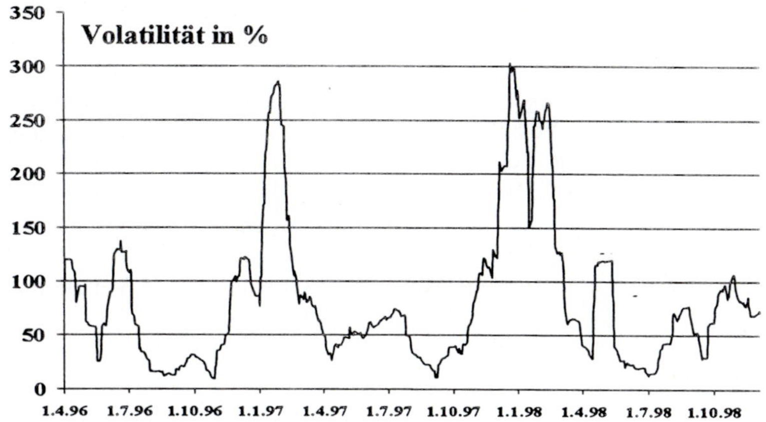

Abbildung 2.11: Volatilität der Volatilität (Britischer Erdgas Spotmarkt)

[142] Ein detailliertes Beispiel für die Berechnung von Volatilitäten findet sich in Kapitel 3.2.1.4.4.1 (Mathematisch geschlossene Lösungsansätze).

[143] Insofern kann es auch nicht überraschen, daß im amerikanischen Markt Instrumente zur Absicherung des Wetterrisikos immer mehr an Bedeutung gewinnen und auch in Großbritannien bzw. Skandinavien bereits verwendet bzw. diskutiert werden. Vgl. Kapitel 3.3 (Wetterderivate).

[144] In diesem Zusammenhang spricht man auch von "volatility term structure".

Dies ist in Abbildung 2.11 am Beispiel des britischen Spotmarktpreises dargestellt.[145] Fundiertes Know-how zur Volatilitätsprognose kann sich als wichtiger Wettbewerbsvorteil herausstellen. Es gibt im Wesentlichen drei unterschiedliche Kategorien von Methoden zur Prognose der Volatilität:[146]

a) Verwendung der historischen Volatilität: „Gleitender Durchschnitt"-Modelle

Die einfachste Methode der Volatilitätsprognose ist die Verwendung der gemessenen historischen Volatilität und die Unterstellung, daß diese der zukünftigen Volatiliät entspricht. Diese Konstanz der Volatilität ist jedoch in der Regel unrealistisch. Bei der einfachen historischen Volatilität werden alle beobachteten Werte bei der Ermittlung der Standardabweichung gleich gewichtet.

Daneben existieren verschiedene Varianten dieses Grundmodells, in denen die einzelnen Beobachtungen unterschiedlich gewichtet werden, beispielsweise durch exponentiell abnehmende Gewichtung der weiter zurückliegenden Werte. Die **gewichtete Standardabweichung** dient dann als Maß für die erwartete zukünftige Volatilität.

b) Statistische Modelle

Zu den statistischen Methoden der Volatilitätsprognose zählt die **lineare Einfachregression**, bei der unterstellt wird, daß die Varianz der aktuellen Zeitperiode eine lineare Beziehung zu den Varianzen der vergangenen Perioden aufweist. Die Prognose der Volatilität erfolgt, indem die letzte verfügbare Varianz als unabhängige Variable in das Regressionsmodell eingeht.

Besonderes Interesse haben in den letzten Jahren die **A**uto**r**egressive **C**onditional **H**eteroscedasticity **(ARCH)** bzw. **G**eneralized **A**uto**r**egressive **C**onditional **H**eteroscedasticity **(GARCH)** Modelle gefunden. Beide Modelle bilden die Volatilität der Volatilität sehr gut ab, da sogenannte Cluster gebildet werden können, um die Zeiten unterschiedlich hoher Volatilität zu erfassen. Die zeitliche Länge der Volatilitäts-Cluster kann sehr unterschiedlich sein. Die Aufgabe der Modelle besteht darin, den historischen Verlauf der Volatilität zu erfassen und, basierend auf dieser Information, die zukünftige Volatilität zu prognostizieren. Diese Modelle nehmen bei der Prognose der zukünftigen Volatilität insofern auf die aktuelle Volatilität Bezug, als hohe Volatilität heute auch auf hohe Volatilität morgen schließen läßt. Ein einmaliger „Marktschock" wirkt sich in den ARCH/GARCH-Grundmodellen für die Zukunft aus, wobei diese Auswirkungen jedoch sehr schnell, nämlich exponentiell, abnehmen. Alle Modelle gehen auf Engle[147] bzw. Bollerslev[148] zurück, die jeweils die "Urformen" von ARCH bzw. GARCH entwickelt haben; inzwischen wurde eine Vielzahl von Erweiterungen und Variationen vorgeschlagen.[149]

c) Implizite Volatilität

Die Volatilität ist der wichtigste und am schwierigsten zu ermittelnde Bestimmungsfaktor des Preises von Optionen. Die implizite Volatilität ergibt sich, indem der aktuelle Marktpreis einer

---

[145] Die historische Volatilität wurde mit Hilfe des unten beschriebenen Verfahrens der einfachen Standardabweichung ermittelt.

[146] Die dargestellten Methoden werden genauer beschrieben bei Varikooty, Liu & Huang 1997.

[147] Vgl. Engle 1982.

[148] Vgl. Bollerslev 1986.

[149] Vgl. Bera & Higgins 1998; Bollerslev, Chou & Kroner 1998; Engle, Mezrich & Bielinski 1997; Duffie & Gray 1995; Teyssiere, Gilbert & Brunetti 1997.

Option in ein geeignetes Optionsbewertungsmodell eingesetzt wird. Das Modell berechnet dann die Volatilität, die diesem Marktpreis „entspricht". Die Idee ist, daß die in Optionsmarktpreisen eingebetteten impliziten Volatilitäten die zukünftigen Volatilitäten am besten prognostizieren, vorausgesetzt die Märkte verhalten sich rational.[150] Die implizite Volatilität spiegelt die von den Händlern erwarteten zukünftigen Volatilitäten wider und beinhaltet somit eine Vielzahl von aktuellen Marktinformationen, die durch historische Daten nicht reflektiert werden. Dieses Verfahren setzt voraus, daß Optionen für das betreffende Gut in einem möglichst liquiden Markt gehandelt werden, was jedoch nur für wenige Energieträger zutrifft.[151]

Neue Produkte

Das Angebot von neuen Produkten, d.h. Preis- und Vertragskonstellationen mit weitgehenden Wahlmöglichkeiten, ist in einem wettbewerbsintensiven Markt keine Frage des Wollens sondern eine absolute Notwendigkeit. Bei den „neuen" Produkten handelt es sich teilweise um Weiterentwicklungen von bereits bekannten Produkten, teilweise aber auch um ganz neue Produkte, zum Beispiel:

- differenzierte Preissysteme (z.B. nach Grund-, Mittel- und Spitzenlast oder für Reservevorhaltung),

- Leistungselemente mit gestufter Verfügbarkeitsgarantie,[152]

- **alternative Preisanbindungen**, beispielsweise an die Endprodukte des Energieabnehmers. Die in der deutschen Gaswirtschaft noch übliche fast ausschließliche Anbindung der Preise an Heizölnotierungen wird in einem liberalisierten Markt nicht zu halten sein. Enron bietet ihren amerikanischen Gaskunden mehr als 60 alternative Preisanbindungen an. Auch in Deutschland geht die Tendenz bereits in diese Richtung. Beispielsweise richtet sich die Energie Baden-Württemberg (EnBW) mit ganzseitigen Zeitungsanzeigen an jeweils unterschiedliche Industriebranchen und bietet hierauf zugeschnittene Liefer- und Preiskonzepte an.[153] Letztlich sind fast alle Konstellationen denkbar.

- Eine gängige Möglichkeit stellt die **Anbindung des Vertragspreises an Energiemarktpreise** (z.B. einen anerkannten Index) dar. In diesem Fall ist es dem Kunden freigestellt, selbst für das gewünschte Maß an Risikobegrenzung zu sorgen oder diese Dienstleistung vom Energielieferanten oder anderen Parteien am Markt zu kaufen.

In liberalisierten Märkten kommt es typischerweise zum **Unbundling von vormals integrierten Produkten und Dienstleistungen** mit der Konsequenz, daß die einzelnen Bestandteile

---

[150] In empirischen Untersuchungen hat sich die Prognosekraft der impliziten Volatilität im Vergleich zu den anderen Verfahren als überlegen erwiesen. Vgl. z.B. Untersuchungen zum Energiemarkt von Day & Lewis 1998; Duffie & Gray 1995.

[151] Implizite Volatilität (inklusive eines Rechenbeispiels) wird ausführlich in Kapitel 3.2.1.4.4.1 (Mathematisch geschlossene Lösungsansätze) behandelt.

[152] Vgl. Preußer 1998.

[153] In der Anzeige für die Brauindustrie heißt es z.B.: „Was würden Sie sagen, wenn der Strompreis an den Hektoliter gekoppelt wäre?"

separat verpreist werden und die Kunden selbst entscheiden können, inwieweit sie auf einzelne Komponenten verzichten. Viele Abnehmer schließen feste Lieferverträge nur für den als sicher angesehenen Bedarf ab und darüber hinaus Rahmenverträge für den „unsicheren" Bedarf, die den kurzfristigen Energiebezug mit niedrigen Transaktionskosten zu Marktpreisen vereinfachen.

Sehr wichtig wird die **Fähigkeit zur Bewertung von Optionen**, wie sie beispielsweise in traditionellen Energielieferverträgen in den verschiedensten Formen enthalten sind, auch wenn sie dort meist nicht als Optionen bezeichnet werden. Der Bewertungsansatz von Optionselementen ausschließlich anhand von Speicherkosten greift in einem liberalisierten Markt jedenfalls zu kurz.[154] Beispiele aus anderen Ländern zeigen, daß gerade in der Übergangsphase zum Wettbewerb Optionen von traditionellen Marktteilnehmern viel zu niedrig bewertet werden. Eine einfache aber effektive Anwendung des Know-hows zur Optionsbewertung besteht z.B. im Angebot von festen Lieferverträgen mit attraktiven Preisen und Laufzeiten von beispielsweise einem Jahr und gleichzeitiger Verlängerungsoption des Lieferanten zu heute vereinbarten Preisen für ein weiteres Jahr. Der Wert einer solchen Option kann den gewährten Preisnachlaß für das erste Jahr mehr als kompensieren.

Strom/Gas-Konvergenz:

Liberalisierte Energiemärkte weisen einen Trend hin zu einer **Konvergenz der Energieteilmärkte** auf. Diese Konvergenz bezieht sich nicht nur auf Gas und Strom, sondern auch auf andere Energieträger, die zur Stromerzeugung herangezogen werden, also Kohle und Heizöl („Cross-Commodity-Handel"). Diese Ausführungen konzentrieren sich auf Strom und Gas, da die Konvergenz hier besonders ausgeprägt ist. Die erste Voraussetzung für Strom/Gas-Konvergenz ist, daß überhaupt entwickelte Strom- **und** Gasmärkte vorliegen. Dies ist z.B. in Skandinavien nicht der Fall, wo die Strommärkte zwar weit entwickelt und liberalisiert sind, Gasmärkte aber gar nicht vorhanden (wie in Norwegen) oder wenig entwickelt sind.

Die Strom/Gas-Konvergenz spiegelt sich in der **Eigentümerstruktur** der Energieunternehmen wider. In Ländern wie Deutschland, den Niederlanden oder den USA liegt eine natürliche historische Konvergenz vor, da viele Energieversorgungsunternehmen seit jeher Strom und Gas in ihrem jeweiligen Versorgungsgebiet vertreiben. Daneben gibt es aber in den USA, neben Großbritannien dem einzigen der in diesem Buch betrachteten Länder mit liberalisierten Strom- **und** Gasmärkten, eine regelrechte **Fusions- und Kooperationswelle** zwischen Strom- und Gasunternehmen.[155] In Großbritannien sind die Stromproduzenten PowerGen (durch die Tochtergesellschaft Kinetica) und National Power sowie die RECs[156] nicht nur in der Stromerzeugung auf Gasbasis, sondern mehr oder weniger stark auch in Gashandel und –vermarktung aktiv. Im Gegenzug ist der ehemalige Gasmonopolist Centrica in die Stromvermarktung einge-

---

[154] Wie in den Kapiteln 3.2.1.4.3 (Bestimmungsfaktoren des Optionspreises) und 3.2.1.4.4.1 (Mathematisch geschlossene Lösungsansätze) gezeigt wird, spielen insbesondere die Annahmen zur zukünftigen Volatilität bei der Optionsbewertung eine entscheidende Rolle.

[155] Beispiele sind u.a.: der Erwerb der Erdgasgesellschaft Enserch Corporation durch Texas Utilities, die Übernahme der Elektrizitätsgesellschaft Portland General durch Enron, die Übernahme von NorAm Energy Corporation durch Houston Industries, die Fusion von Duke Power und Pan Energy Corporation. Vgl. Neue Zürcher Zeitung vom 13. August 1996; Madden 1998.

[156] Vgl. Kapitel 2.2.2.3 (der Strommarkt von England und Wales).

stiegen. Zunehmend werden gemeinsame Strom- und Gashandelsaktivitäten in Unternehmen wie Eastern Power & Energy Trading oder Accord Energy zusammengefaßt, die ebenso wie z.B. Enron oder Dynegy gleichzeitig in beiden Märkten aktiv sind. Vor dem Hintergrund der Liberalisierung macht diese Entwicklung auch vor Kontinentaleuropa nicht halt, wie z.B. die Kooperation der spanischen Unternehmen Gas Natural und Endesa oder die Fusion der finnischen Neste mit IVO belegen. Besonders bemerkenswert ist die angekündigte Kooperation der französischen Electricité de France (EdF) und Gaz de France (GdF) zwecks gemeinsamer Strom- und Gasvermarktung, wobei Europa als zukünftiger Heimatmarkt gesehen wird![157]

Der wichtigste **Grund** für die Entwicklungen hin zu Strom/Gas-Konvergenz liegt in der **Ausnutzung von Synergiepotentialen und der Realisierung von Skalenerträgen**. Die Kunden sind zum Teil am gemeinsamen Strom- und Gaseinkauf interessiert. Durch das Auftreten als Gesamtenergieanbieter (One-Stop-Shop) lassen sich Marketing und Vertrieb besser koordinieren. Die Kundenbeziehung wird intensiviert und die Kundenbindung erhöht. Durch die erheblich verbreiterte Marktpräsenz wird die Effizienz z.B. beim Aufbau eines Markenimages gesteigert, eine vorhandene Kundendatenbasis kann besser genutzt werden.[158] In einem Markt mit sich verringernden Margen spielen auch die möglichen Einsparungen von Betriebskosten, z.B. bei der Zählerablesung, dem Schreiben von Rechnungen oder durch den Unterhalt von nur einem Call-Center zur Beantwortung von Kundenanfragen und -reklamationen, eine wichtige Rolle.

Weitere Gründe für Unternehmensfusionen und Kooperationen können der Zugang zu geographisch neuen Märkten, der Erwerb von strategisch wichtigen Assets oder von Know-how sein. Bei zunehmendem Gaseinsatz in der Stromerzeugung wird „Gas Know-how“ wichtiger für die Kraftwerksbetreiber.

Die Strom/Gas-Konvergenz kommt insbesondere in der **Arbitrage** zwischen beiden Teilmärkten zum Ausdruck. Arbitragemöglichkeiten ergeben sich aufgrund der teilweisen Substituierbarkeit zwischen den beiden Energieträgern. Die Strom- und Gaspreise weisen zwar meist eine hohe Korrelation auf; aufgrund der unterschiedlichen Charakteristika der beiden Güter und der teilweise verschiedenen Handelsmechanismen kommt es jedoch immer wieder zu stärkeren kurzfristigen Preisabweichungen und damit zu Arbitragemöglichkeiten. Die folgenden **Voraussetzungen** müssen für effiziente Arbitrage erfüllt sein:[159]

- Die Stromproduzenten haben die Freiheit und verfügen über die entsprechenden technischen Voraussetzungen, entweder Strom auf Gasbasis zu erzeugen oder Gas zu verkaufen und den nicht erzeugten Strom entweder zu kaufen oder mit anderen Brennstoffen zu erzeugen. Nur im zuletzt genannten Fall hat die Arbitrage keine weiteren Auswirkungen auf den Strommarkt.

- Es besteht freier Zugang zu Spotmärkten (und Terminmärkten) für Gas und Strom.

- Die Preise auf diesen Spot- und Terminmärkten sind transparent.

---

[157] Vgl. Petrostrategies vom 26. Oktober 1998.

[158] Gerade die Nutzung der vorhandenen Stromkundendatenbasis bei der Gasvermarktung an Haushaltskunden durch die RECs führte in Großbritannien zu lautstarken Protesten durch Centrica, da zu diesem Zeitpunkt der Haushaltsmarkt für Strom noch nicht geöffnet war.

[159] Vgl. Madden 1998.

Die Interdependenz zwischen der Kommoditisierung (und der damit zusammenhängenden Entwicklung liquider Spot-, Forward- und Futuresmärkte) und der Strom/Gas-Konvergenz wird vor diesem Hintergrund sofort offensichtlich.
Die Voraussetzung für die gewinnbringende Stromproduktion ist das Vorliegen eines positiven **Spark Spreads**. Der Spark Spread kann definiert werden als:[160]

Stromspotpreis - (Gasspotpreis / Wirkungsgrad)

Der zunehmende Gaseinsatz in der Stromerzeugung in den liberalisierten Märkten begründet sich nicht nur auf den Effizienzfortschritten in der GuD-Technologie, der vergleichsweise kurzen Abschreibungsdauer von Gaskraftwerken und den ökologischen Vorteilen des Gaseinsatzes, sondern eben auch auf den sich eröffnenden Arbitragepotentialen. In den USA gibt es mittlerweile 25 reine sogenannte Merchant Power Plants (MPPs).[161] Dabei handelt es sich um Kraftwerke ohne langfristige Stromverkaufsverträge, die aber die beschriebenen Optimierungsmöglichkeiten voll ausnutzen können. Es wird erwartet, daß der Trend in der britischen Stromwirtschaft ebenfalls in Richtung Merchant Power Plants geht.[162]

Eine Erscheinungsform von Strom/Gas-Arbitrage stellen sogenannte Tolling- bzw. Reverse Tolling-Vereinbarungen dar. Eine **Tolling-Vereinbarung** ist vergleichbar einer Regelung zur Lohnverstromung. Der Käufer erhält gegen eine Gebühr das Recht zur Benutzung eines Kraftwerks; den benötigten Brennstoff, z.B. Gas, bringt er selbst mit und ist auch für die Stromvermarktung verantwortlich. Im Grunde handelt es sich um einen Tausch von Gas gegen Strom. Eine solche Vereinbarung kann beispielsweise für einen Stromproduzenten mit Überkapazitäten interessant sein. Im Gegensatz zur traditionellen Lohnverstromung kann es sich bei Tolling-Vereinbarungen durchaus um reine Finanztransaktionen handeln. In diesem Fall wird ein **„virtuelles Kraftwerk“** als Basis unterstellt. Voraussetzung für eine solche Finanztransaktion ist, daß sowohl für Strom als auch für Gas liquide Märkte mit transparenten Preisen vorliegen. **Reverse Tolling** kommt zustande durch den Tausch von Strom gegen Gas. Eine solche Regelung macht dann Sinn, wenn Gas relativ teurer wird als Strom. Der Kraftwerksbetreiber erhält den von einem Gasvermarkter gekauften Strom und gibt diesem dafür das zur Verstromung vorgesehene Gas, das nun in dem gerade attraktiveren Wärmemarkt eingesetzt werden kann. Von diesen Möglichkeiten wurden in den USA insbesondere während des Extremwinters 1996 verstärkt Gebrauch gemacht.[163]

Die Konvergenz von Strom- und Gasmärkten führt auch zu einer **Konvergenz der Regulierungsbehörden**, sofern diese nicht, wie z.B. die FERC in den USA oder die AEG (Autorita per l´Energia Elettrica e il Gas) in Italien, von vornherein für beide Teilmärkte zuständig sind. In Großbritannien sind die ursprünglich getrennten Regulierungsbehörden OFFER (Strom) und OFGAS (Gas) als Konsequenz aus der Strom/Gas-Konvergenz zusammengeführt worden.
Das Problem mit den „Multi-Utilities“ besteht aus Sicht der Regulierung in der möglichen

---

160 In dieser vereinfachten Form sind die Anlaufkosten des Kraftwerks oder der erhöhte Revisionsaufwand durch das Betreiben des Kraftwerks nicht berücksichtigt.
161 Vgl. Madden 1998.
162 Vgl. z.B. House 1998.
163 Vgl. Johnson & Sogomonian 1997.

Ausnutzung von Marktmacht. Dies könnte geschehen durch Quersubventionierung eines wettbewerbsintensiven Geschäftsbereichs durch andere Aktivitäten in (noch) Monopolbereichen, durch bevorzugten Netzzugang für eigene Tochtergesellschaften oder durch diskriminatorische Informationsflüsse zu Lasten von Wettbewerbern. Diese Probleme sind zwar nicht grundsätzlich neu für Regulierungsbehörden, werden aber durch die zunehmende Komplexität der Strom- und Gasmärkte verschärft.[164]

Neue Marktteilnehmer:

Die oben beschriebenen Entwicklungen werden durch neue Marktteilnehmer wesentlich vorangetrieben. Als solche sind als erstes verschiedene Typen von **neuen Energieanbietern** zu nennen. Hierzu zählen **Vermarktungsgesellschaften**, die sich eventuell auf einzelne Marktsegmente spezialisieren. Hierzu zählen ebenfalls **neue Kraftwerksbetreiber (IPPs)**, die in liberalisierten Märkten bevorzugt in Gaskraftwerke investieren. Zwecks Balancierung und Optimierung ihrer Portfolios sind diese Marktteilnehmer mehr oder weniger stark im kurzfristigen Energiehandel engagiert.

Zusätzlich treten reine **Energiehändler** auf, die sich auf den Großhandel konzentrieren. Da viele Großverbraucher allenfalls den „sicheren" Bedarf langfristig kontrahieren, ergibt sich zusätzliches Absatzpotential für Händler. Zu beachten ist, daß insbesondere neue Energiehandelsgesellschaften häufig kein Top-Rating vorweisen können und der Handel mit diesen Unternehmen somit einem größeren Kreditrisiko unterliegt.[165] Die Bonitätsermittlungsfunktion von Banken könnte sich in diesem Zusammenhang als hilfreich erweisen.

Anbieter von Risikomanagement-Dienstleistungen zielen mit ihren Angeboten vor allem auf die Unternehmen ab, die nicht über ausreichendes Know-how oder Ressourcen verfügen, um die in liberalisierten Energiemärkten erforderlichen Instrumente und Maßnahmen selbst bereitzustellen. Dabei handelt es sich teilweise um Banken, die ihr in anderen Märkten gewonnenes Know-how bei dem Umgang mit Finanzinstrumenten auf den Energiemarkt übertragen.

Alle bisher beschriebenen Aktivitäten der neuen Marktteilnehmer können durchaus in einem Unternehmen integriert sein. **Integrierte, international tätige Energieunternehmen**, die sowohl physische Assets (z.B. Kraftwerke) kontrollieren als auch über fundiertes Risikomanagement Know-how verfügen, sind besonders gut in der Lage, von Arbitragemöglichkeiten sowohl zwischen verschiedenen Energieträgern als auch zwischen verschiedenen geographischen Märkten zu profitieren. Ein effizientes Risikomanagement wird durch ein großes Portfolio von Positionen wesentlich erleichtert.[166]

Großkunden sind sich ihrer Marktmacht voll bewußt und greifen auf alle Möglichkeiten der Beschaffungskostensenkung zurück. **Aggregatoren** bündeln vor allem die Nachfrage von mittleren oder kleinen Kunden, um so bessere Konditionen durchzusetzen. Idealerweise verhalten sich die Bedarfsstrukturen dieser Kunden zum Teil komplementär zueinander; in diesem

[164] Konkrete Beispiele aus den britischen und amerikanischen Energiemärkten, in denen genau diese Probleme aufgetreten sind, werden erläutert bei Madden 1998.

[165] Vgl. Kapitel 4.3.2 (Kreditrisiko).

[166] Dieser Aspekt wird in Kapitel 4.1 (Einleitung zu Risikopolitik und Risikomanagement) verdeutlicht.

Fall kann eine gekaufte Leistungsscheibe optimal ausgenutzt werden. Zum Teil treten die Aggregatoren als Gesamtenergieanbieter auf oder bieten ihren Kunden zusätzlich Risikomanagement-Dienstleistungen an.

Eine wichtige Rolle spielen **Broker**, die Geschäfte zwischen potentiellen Käufern und Verkäufern vermitteln. Der fundamentale Unterschied zwischen Händlern und Brokern ist, daß erstere selbst, auf eigene Rechnung und eigenes Risiko, Positionen handeln, während letztere dem Markt eine Dienstleistung zur Verfügung stellen. Gerade in weniger liquiden Teilmärkten tragen Broker wesentlich zur Markttransparenz bei. Aufgrund von möglichen Interessenkonflikten sollte die Rolle als Broker den Energiehandel auf eigene Rechnung ausschließen.
Sobald die Märkte eine gewisse Mindestliquidität erreicht haben, treten **„Informationsanbieter“** auf, wie z.B. Reuters, Dow Jones, Platt´s oder Petroleum Argus, die nicht nur Nachrichten anbieten, sondern auch Preisinformationen, die im Fall von Börsenpreisen auf Realzeitbasis erfolgen. Die schnelle Verfügbarkeit solcher Informationen ist eine Voraussetzung für erfolgreiches Handeln.

Resümee

Die Analyse von liberalisierten Energiemärkten erlaubt nur einen Schluß: Effizientes Risikomanagement wird zu einer wichtigen Grundvoraussetzung für den Markterfolg. Kein Unternehmen kommt daran vorbei, sich intensiv mit Risikomanagement zu beschäftigen. Fähige und erfahrene Mitarbeiter werden zu den wichtigsten Assets der Unternehmen, eine Erkenntnis, die sich in manchen traditionellen Energieunternehmen ausgesprochen langsam durchsetzt.
Insbesondere in der Phase des Übergangs ergeben sich aber nicht nur Risiken, sondern vor allem auch Chancen. Diese resultieren u.a. daraus, daß einzelne etablierte Unternehmen es versäumen, sich rechtzeitig auf die neuen Anforderungen vorzubereiten.
In den weiteren Kapiteln dieses Buches werden die konkreten Möglichkeiten und Probleme von Risikomanagement in der Energiewirtschaft dargestellt.

3 Preisrisikomanagement-Instrumente

Preisrisikomanagement erfolgt mit Hilfe sogenannter Derivate. Bei **Derivaten** handelt es sich um Instrumente, deren Wert von dem Wert zugrundeliegender Güter abhängt.[167] Diese Güter werden auch als **Underlying** bezeichnet. Derivatengeschäfte haben das Image besonderer Komplexität - teilweise zu Recht. Die Vielzahl der vorhandenen Derivate erscheint auf den ersten Blick äußerst unübersichtlich. Tatsächlich läßt sich jedoch jedes noch so komplexe derivative Instrument mit zwei Grundbausteinen erklären: Forwards und Optionen. Zu den auf Forwards basierenden Transaktionen sind auch Swaps sowie börsengehandelte Futures zu zählen. Auf Optionen basierende Instrumente beinhalten neben den privat verhandelten Optionen (inklusive: Caps, Floors, Collars sowie Optionen auf Forwards oder Swaps) auch börsengehandelte Optionen. Die unterschiedlichen Typen von Derivaten lassen sich durch die Kombination der verschiedenen Grundbausteine sowie deren Anwendung auf unterschiedliche Produkte oder Indizes erzeugen. Es lassen sich Derivate erzeugen, die genau auf die speziellen Bedürfnisse ihrer Anwender zugeschnitten sind.

3.1 Forwardbasierte Derivate

3.1.1 Forwards und Futures

3.1.1.1 Definition von Forwards und Futures

Forwards (nicht-börslicher Terminmarkt)

Ein **Forwardvertrag** ist eine nicht oder wenig standardisierte Vereinbarung über den Kauf bzw. Verkauf eines bestimmten Gutes zu einem bestimmten Zeitpunkt in der Zukunft zu einem heute vereinbarten, aber später zu entrichtenden Preis. Bei Eingehen des Forwardvertrages wird also keine Zahlung an den Vertragspartner fällig. (Der vereinbarte Preis kann größer sein als der aktuelle Spotpreis; diese Situation wird mit **Contango** bezeichnet. Wenn der vereinbarte Preis kleiner ist als der aktuelle Spotpreis wird die Konstellation mit **Backwardation** bezeichnet).[168] Bei Forwardverträgen handelt es sich um private Vereinbarungen zwischen zwei Parteien; man spricht in diesem Zusammenhang auch von **OTC- (Over-the-counter)** Geschäften. Sie führen in der Regel zur physischen Lieferung des Underlyings oder alternativ zu einem finanziellen Ausgleich am Ende der Vertragslaufzeit. In Abhängigkeit der Entwicklung des Marktpreises des betreffenden Gutes stellt ein Forwardvertrag für die beiden Vertragspartner einen positiven bzw. negativen Wert dar.

---

[167] Vgl. Chance 1995.

[168] Auf die Begriffe Contango und Backwardation wird in Kapitel 3.1.1.4 ausführlicher eingegangen.

Diese Sichtweise soll anhand eines **Beispiels** erläutert werden: Ein Ölproduzent schließt am 1. Juli mit einer Raffinerie einen Vertrag ab über die Lieferung von 10.000 bbl Rohöl am 15. Oktober zum Preis von 18 US$/bbl. Wenn nun der Marktpreis für prompte Lieferungen (Spotmarktpreis) bis zum 15. Oktober auf 20 US$/bbl steigt, hat der Forwardvertrag für die Raffinerie einen Wert von 2 US$/bbl. Die Raffinerie kauft ein Produkt, das 20 US$ wert ist zum Preis von 18 US$. Der Wert des Vertrages (über 10.000 bbl) beträgt also 20.000 US$. Für den Produzenten ist der Wert des Vertrages negativ, da er ein Gut für 18 US$ verkauft, das 20 US$ wert ist. Wäre der Marktpreis für Lieferungen zum 15. Oktober auf 16 US$/bbl gefallen, würde sich der Wert des Vertrages für die beiden Parteien genau umgekehrt darstellen.

Der Wert eines Forwardvertrages wird erst am Ende der Vertragslaufzeit mit der Lieferung des Gutes realisiert. Er beinhaltet somit (für die Partei, für die der Wert des Vertrages positiv ist) das Risiko der Nichterfüllung der vertraglichen Pflichten durch die Gegenpartei bis zu diesem Zeitpunkt. Forwards beinhalten also immer ein Kreditrisiko für die Parteien.[169]

Short- und Long-Position

Die Position des Verkäufers, der zur Lieferung des Underlyings verpflichtet ist, wird als **Short-Position** bezeichnet. Diese vertragliche Position ist zu unterscheiden von der physischen Position. Ein Unternehmen, das das betreffende Handelsgut jetzt oder in Zukunft benötigt, beispielsweise um den Produktionsprozeß aufrecht zu erhalten, befindet sich in einer **physischen Short-Position**. Energieverbraucher sind somit typischerweise in einer physischen Short-Position. Der Vertragspartner, der zur Abnahme des Underlyings verpflichtet ist, befindet sich in der **Long-Position**. Wiederum ist die vertragliche von der physischen Position zu unterscheiden. Ein Unternehmen, das über das Handelsgut verfügt und in der Lage ist, dieses in Zukunft zu verkaufen, befindet sich in der **physischen Long-Position**. Ein Energieproduzent befindet sich somit in einer natürlichen Long-Position.

Futures (börslicher Terminmarkt)

Futuresverträge entsprechen Forwards insofern als es sich ebenfalls um Vereinbarungen über den Kauf bzw. Verkauf eines Gutes in der Zukunft zu einem heute vereinbarten Preis handelt. Bei Eingehen des Futuresvertrages wird also ebenfalls keine Zahlung (mit Ausnahme der weiter unten beschriebenen Margins) fällig. Im Gegensatz zu Forwards sind Futures immer hochstandardisiert und werden an der **Börse** gehandelt. Es findet täglich eine Realisierung von Buchgewinnen und -verlusten statt - Futures werden täglich bewertet **(Marking-to-Market)**. Futures gehen in der Regel aus besonders liquiden Forwardmärkten hervor.

Die Börse (Exchange)

Futures werden an organisierten und regulierten Börsen gehandelt. Bei diesen Börsen handelt es sich in der Regel um Non-Profit-Organisationen ihrer Mitglieder (Member).[170] Das unmit-

[169] Auf die Bedeutung des Kreditrisikos im Zusammenhang mit Derivaten wird ausführlich in Kapitel 4.3.2 (Kreditrisiko) eingegangen.

[170] Wichtige Entscheidungen der Börsen bedürfen der Zustimmung ihrer Mitglieder, die häufig unterschiedliche Interessen haben. Es gibt mittlerweile einen Trend zu wesentlich flexibleren „for profit exchanges", die in einem dynamischen Umfeld schneller reagieren können.

telbare Handeln an der Börse setzt den Kauf eines Sitzes (Mitgliedschaft) oder das Mieten eines Sitzes von einem Mitglied der Börse voraus. Börsenmitglieder handeln entweder in eigenem Namen oder sie fungieren als Broker im Auftrag von Kunden, die nicht Mitglieder der Börse sind. Verschiedene Mitglieder nehmen auch beide Funktionen gleichzeitig wahr. Sitze an der Börse werden wie andere Güter an einem Markt aktiv gehandelt.

Eine wesentliche Aufgabe der Börse besteht in der Standardisierung der Bestimmungen eines Futuresvertrages. Es ist notwendig, daß die Definition der Quantität und Qualität des zugrundeliegenden Gutes (Underlying), des Lieferzeitpunktes und -orts, des Procederes der eventuellen physischen Lieferung, der täglichen Handelszeiten, der minimal zugelassenen Preisänderungen (Tickgröße), eventuell der während eines Handelstages erlaubten maximalen Preisänderung etc. sehr sorgfältig erfolgt. Nur durch den hohen Standardisierungsgrad eines Futuresvertrages wird seine Fungibilität ermöglicht, die wiederum Voraussetzung für ein anonymes Trading in einem aktiven und liquiden Markt ist.
Verbunden mit jeder Futuresbörse ist ein **Clearinghouse**. Mitglieder der Börse, die auch Mitglieder des Clearinghouses sind, werden als **Clearing Member** bezeichnet. Marktteilnehmer, die zwar Börsenmitglieder, nicht jedoch Clearinghouse-Mitglieder sind (Non Clearing Member), müssen ihr Geschäft über einen Clearing Member abwickeln.

Eine wesentliche Aufgabe des Clearinghouses besteht in der Erfassung aller durchgeführten Transaktionen und der täglichen Ermittlung der Nettoposition jedes ihrer Mitglieder. Das Clearinghouse garantiert, daß alle Teilnehmer am Futuresmarkt ihren Verpflichtungen nachkommen. Um dies zu ermöglichen, übernimmt das Clearinghouse die Rolle des Zwischenhändlers bei jeder Transaktion. Jeder Händler hat demzufolge Verpflichtungen und Rechte nur gegenüber dem Clearinghouse. Die Anzahl der gekauften Verträge muß der Anzahl der verkauften Verträge entsprechen. Jeder Partei, die den Bezug eines Gutes erwartet, muß eine Gegenpartei gegenüberstehen, die zur Lieferung bereit bzw. verpflichtet ist. Die Verpflichtungen des Clearinghouses gleichen sich also genau aus. Die Summe aller ausstehenden Long-Positionen entspricht immer der Summe aller ausstehenden Short-Positionen. Diese Summe wird auch als **Open Interest** bezeichnet. Da Käufer und Verkäufer nicht direkt in Kontakt treten, wird die Anonymität des Handels gewährleistet. Da Verpflichtungen nur zwischen Marktteilnehmern und Clearinghouse bestehen, dieses jedoch eine Finanzinstitution sehr hoher Bonität darstellt, besteht für die Marktteilnehmer praktisch kein Kreditrisiko.

Die Börse und das angeschlossene Clearinghouse organisieren also den Handel in einer Weise, die das Risiko der Nichterfüllung von vertraglichen Verpflichtungen minimiert. Hierbei spielt das sogenannte Marking-to-Market eine Schlüsselrolle.

Marking-to-Market

Ein Broker, der für einen Kunden eine Futurestransaktion durchführt, wird für diesen ein Konto führen, das als **Margin Account** bezeichnet wird. Der Betrag, der bei Abschluß eines Futuresvertrages zu hinterlegen ist, wird als **Initial Margin** bezeichnet. Die Höhe der Initial Margin entspricht dabei einem von der Börse festgelegten Teilbetrag der offenen Position. Am Ende eines jeden Handelstages wird das Margin Account, entsprechend der Preisveränderungen des Futuresvertrages an diesem Tag und der daraus resultierenden Gewinne oder Verluste angepaßt. Grundlage für diese Wertanpassung ist der **Settlement Preis**, der in der Regel dem Preis des letzten an diesem Tag gehandelten Vertrages entspricht.[171] Wenn der Futurespreis steigt, wird der Kontostand einer Partei mit einer Short-Position entsprechend reduziert, das Konto einer Partei mit einer Long-Position wird erhöht. Bei fallenden Futurespreisen wird der Kontostand einer Short-Partei erhöht und der einer Long-Partei reduziert. Dieses Verfahren der börsentäglichen Anpassung des Margin Account wird **Marking-to-Market** genannt.

Um sicherzustellen, daß das Margin Account zu jeder Zeit positiv bleibt, wird zusätzlich üblicherweise ca. 25 % unterhalb der Initial Margin die sogenannte **Maintenance Margin** festgelegt. Wenn das Guthaben auf dem Margin Account unter die Maintenance Margin fällt, erhält der Investor einen sogenannten **Margin Call**. Er ist dann verpflichtet, das Margin Account am nächsten Tag bis zur Initial Margin aufzustocken. Die aufgrund von Margin Calls zusätzlich zu hinterlegende Summe wird als **Variation Margin** bezeichnet. Kommt dieser Investor der Nachschußpflicht nicht nach, wird seine Position sofort glattgestellt. Übersteigt das Guthaben auf dem Margin Account den Betrag der Initial Margin, kann der Investor über die Differenz verfügen. Initial Margins dienen lediglich dem Ausgleich von täglich zu erwartenden Preisschwankungen. Die verschiedenen Margins werden von der Börse festgelegt. Ihre Höhe hängt insbesondere von der Preisvolatilität des zugrundeliegenden Gutes ab.[172]

Als Ergebnis des Marking-to-Market wird der Wert eines Futuresvertrages somit täglich realisiert und nicht, wie bei Forwards, am Ende der Vertragslaufzeit. Dadurch, daß die Gewinne und Verluste eines Futures täglich realisiert werden, wird der Wert des Vertrages am Ende des Handelstages auf Null reduziert. Der Zweck des Marking-to-Market von Futuresverträgen besteht in der Reduzierung des Kreditrisikos des Clearinghouses. Das Verständnis dieses Prinzips ist grundlegend für viele Aspekte des Risikomanagements, auf die im weiteren Verlauf eingegangen wird.

Die Funktionsweise des Marking-to-Market wird anhand eines fiktiven **Beispiels** für den Halter einer Long-Futuresposition für Erdgas an der International Petroleum Exchange (IPE) erläutert. Es wird angenommen, daß 5 Lots à 1000 therms/Tag gekauft wurden.[173] Die Initial Margin betrage 600 £/Lot, bei 5 Lots also 3.000 £. Die Maintenance Margin betrage für 5 Lots 2.250 £. Tabelle 3.1 beschreibt die angenommene Entwicklung des Settlement-Preises während 15 Handelstagen sowie die Auswirkungen auf das Margin Account. Sobald das Margin Account die Maintenance Margin von 2.250 £ unterschreitet, ist ein Margin Call in Höhe der Dif-

---

171 Wenn an einem Tag kein Handel stattgefunden hat, wird der Settlement Preis vom Settlement Komitee der Börse festgelegt. An einem Handelstag mit sehr geringer Liquidität ist das Settlement Komitee berechtigt, einen vom letzten gehandelten Vertrag abweichenden Settlement Preis festzulegen, wenn es Grund zur Annahme hat, daß dieser nicht den Marktwert widerspiegelt.

172 Viele Börsen (u.a. IPE, NYMEX) haben das SPAN (Standard Portfolio Analysis of Risk) System eingeführt, das bei der Festsetzung der verschiedenen Margins das gesamte Portfolio von Futures und Optionen eines Händlers und dessen risikomindernde Diversifikationseffekte berücksichtigt. Z.B. wird das Verlustrisiko einer Long-Futuresposition März für Gasoil teilweise ausgeglichen durch eine Short-Futuresposition April für Brent. Zweck dieses Systems ist die Reduzierung der Margins für die Händler ohne Risikoerhöhung für das Clearinghouse. Durch niedrigere Margins wird das Handelsvolumen und damit die Liquidität der Börse erhöht.

173 1 therm entspricht 29,3071 kWh. Da 1 Lot die Lieferung von 1.000 therms/Tag für jeweils einen Monat vorsieht, entsprechen 5 Lots also insgesamt 150.000 therms (5 x 1.000 x 30) bzw. 4.396.065 kWh.

ferenz zur Initial Margin fällig. Die entsprechende Summe ist am folgenden Tag zu überweisen. In unserem Beispiel tritt dieser Fall am Ende des 2. und des 9. Handelstages ein, so daß am 3. bzw. 10. Handelstag die Zahlung der Variation Margin erfolgt. Am Ende des 15. Handelstages befindet sich auf dem Margin Account des Investors die Summe aus Initial Margin (3.000 £), aus den beiden Variation Margins (2.325 £) sowie der kumulierte Gewinn (375 £). Der Investor hat in diesem Beispiel nicht von seinem Recht Gebrauch gemacht, Beträge, die während des Betrachtungszeitraumes über die Initial Margin hinausgehen, vom Margin Account abzuziehen.

Handelstage	Settlement Preis Pence/therm	Wert des Underlyings[174] £	Gewinn/Verlust täglich £	Gewinn/ Verlust kumuliert £	Margin Account £	Variation Margin £
	15,00	22.500			3.000	
1	14,64	21.960	-540	-540	2.460	
2	14,05	21.075	-885	-1.425	1.575	
3	14,10	21.150	75	-1.350	3.075	1.425
4	14,85	22.275	1.125	-225	4.200	
5	15,15	22.725	450	225	4.650	
6	15,80	23.700	975	1.200	5.625	
7	15,03	22.545	-1.155	45	4.470	
8	14,14	21.210	-1.335	-1.290	3.135	
9	13,45	20.175	-1.035	-2.325	2.100	
10	13,00	19.500	-675	-3.000	2.325	900
11	12,96	19.440	-60	-3.060	2.265	
12	13,75	20.625	1.185	-1.875	3.450	
13	14,38	21.570	945	-930	4.395	
14	14,90	22.350	780	-150	5.175	
15	15,25	22.875	525	375	5.700	

Tabelle 3.1: Beispiel Marking-to-Market

Marking-to-Market wird nicht lediglich zwischen dem Broker und seinem Kunden durchgeführt. Ebenso muß ein Broker, der nicht selbst Mitglied eines Clearinghouses ist, ein entsprechendes Konto bei einem Mitglied führen.

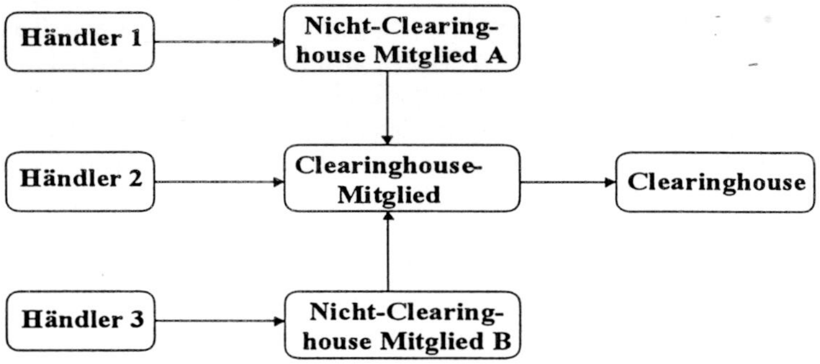

Abbildung 3.1: Zahlungsströme Margins

[174] 5 Lots à 30 * 1000 therms.

Ein Mitglied des Clearinghouses ist seinerseits verpflichtet, ein Margin Account mit dem Clearinghouse zu führen, auf dem die **Clearing Margin** gesammelt wird. Die Zahlungsströme sind in Abbildung 3.1 zusammengefaßt.

Marktakteure

Grundsätzlich handeln verschiedene Akteure mit verschiedenen Intentionen auf Forward- und Futuresmärkten (wie auch auf den später zu beschreibenden Optionsmärkten). Die erste und wohl wichtigste Gruppe sind die **Hedger**, die mit Hilfe dieser Derivate real existierende Risiken absichern möchten. Eine weitere Gruppe sind **Arbitrageure**, die „sichere" Gewinne durch schnelles Agieren bei zeitweise auftretenden Marktungleichgewichten erzielen möchten. Ein Beispiel hierfür ist der gleichzeitige Kauf und Verkauf eines identischen Gutes an unterschiedlichen Orten, wenn der Preisunterschied von den Transportkosten für dieses Gut zwischen den Orten abweicht. Die letzte Gruppe sind **Spekulanten**, die bewußt offene Positionen im Markt einnehmen, um von erhofften günstigen Preisentwicklungen profitieren zu können. Spekulanten greifen dabei auf die gleichen Instrumente wie die übrigen Marktakteure zurück. An einigen Börsen sind für diese Gruppe sogenannte **Position Limits** eingeführt worden, d.h. Spekulanten dürfen maximal eine bestimmte Anzahl von offenen Positionen eingehen. Diese Regelung limitiert den Einfluß eines einzelnen Händlers und verhindert, daß ein Händler den Futurespreis manipuliert. Die Spekulanten erfüllen dennoch eine wichtige Funktion für den Markt, da sie Liquidität schaffen.

Exkurs: Die Hunt Silber Manipulation

Den spektakulärsten Versuch der Manipulation einer Futuresbörse stellt der Fall der drei texanischen Hunt Brüder und ihrer wahrscheinlich saudi-arabischen Komplizen dar.[175] Ende der 70er Jahre hatten die Hunts enorme Long-Futurespositionen für Silber abgeschlossen und verlangten bei Fälligkeit der Verträge unter Androhung juristischer Schritte die physische Lieferung der Mengen. Gleichzeitig kauften sie riesige Mengen physischen Silbers. Dieses Zusammenwirken von künstlich gesteigerter Nachfrage und eingeschränktem Angebot führte zu einer Explosion des Silberpreises von 6 US$/Unze im Januar 1979 auf 50 US$/Unze im Januar 1980. Die Fotoindustrie, die Silber als Rohstoff für Filme benötigt, sowie die Schmuckhersteller wurden nun nervös. Der Juwelier Tiffany bekundete seine Besorgnis sogar in einer Anzeige in der New York Times. Die öffentliche Meinung wendete sich gegen die Hunts. Der amerikanische Notenbankchef Paul Volcker untersagte es den Banken, den Brüdern weitere Kredite zu geben. Die Börsen (New York und Chicago) und die amerikanische Aufsichtsbehörde CFTC (Commodity Futures Trading Commission) verfügten daraufhin Liquidation-only-Trading. Danach ist Handel nur noch zum Schließen von Positionen, nicht jedoch zum Öffnen neuer Positionen, erlaubt. Zusätzlich verzehnfachte die Börse die Margins für Silberfutures. Die Konsequenz dieser Maßnahme war ein Preisverfall um 12 US$/Unze am folgenden Tag. Die Hunts, die zu diesem Zeitpunkt Silber im Wert von ca. 10 Mrd. US$ besaßen, mußten auf einen Schlag 3 Mrd. US$ nachschießen. Am 26.3.1980 kündigten die Hunts die Herausgabe einer Anleihe (Silberbond) an, die durch ihr physisches Silber gedeckt war. Diese Maßnahme wurde vom Markt als Verzweiflungstat interpretiert. Am 27.3.1980 (Silver Thursday) kam es erneut

---

[175] Vgl. Gaulke 1994.

zum Crash am Silbermarkt. Die Hunts konnten den Margin Calls nicht mehr nachkommen und mußten ihre offenen Futurespositionen glattstellen. Der Versuch der Manipulation des Silbermarktes war gescheitert und bedeutete für die Hunts ein finanzielles Desaster.

Schließen von Positionen

Die überwiegende Mehrheit der Futuresverträge führt nicht zur physischen Lieferung des zugrundeliegenden Gutes. Futures werden hauptsächlich zur finanziellen Absicherung von künftigen physischen Transaktionen verwendet. Die Parteien schließen ihre Positionen vor dem Lieferzeitpunkt durch das Eingehen einer entsprechenden Gegenposition. Hierdurch verändert sich die Position des Clearinghouses nicht, da jede geschlossene Position durch einen neuen Vertragspartner ersetzt wird. Auch das bereits erwähnte Open Interest bleibt identisch. Dieses verringert sich erst, wenn sowohl eine Long- als auch eine Short-Position geschlossen wird.
Die IPE berichtet beispielsweise, daß ca. 97 % aller offenen Öl-Futurespositionen vor der Fälligkeit geschlossen werden.[176] In anderen Börsen ist dieser Anteil sogar noch höher.[177] Die Durchführung oder Annahme einer physischen Lieferung unter den Bedingungen des Futuresvertrages ist häufig unbequem, manchmal sogar sehr teuer. Es ist jedoch gerade die Möglichkeit der physischen Lieferung, welche die Anbindung des Futurespreises an den Spotpreis gewährleistet.

Händler 1	**Händler 2**
1. Situation vor EFP:	
- Short-Futuresposition	- Long-Futuresposition
- besitzt physisches Gut	
2. EFP:	
- erhält vereinbarten Preis	- zahlt vereinbarten Preis
- liefert physisches Gut	- erhält physisches Gut
- Short-Futuresposition wird durch Clearing house glattgestellt	- Long-Futuresposition wird durch Clearing house glattgestellt
3. Situation nach EFP:	
	- besitzt physisches Gut

Tabelle 3.2: Exchange of Futures for Physicals (EFP I)

Ein alternatives Verfahren zum Schließen einer offenen Position stellt der **Exchange of Futures for Physicals (EFP)** dar. Ein EFP bedeutet den Tausch einer Futuresposition gegen eine physische Position (und umgekehrt). Ein EFP kommt zustande, wenn eine Partei über eine Long-Futuresposition verfügt und in den Besitz des physischen Gutes kommen will und gleichzeitig eine andere Partei, die über eine Short-Futuresposition verfügt, das physische Gut besitzt und dieses verkaufen will. Beide Parteien vereinbaren einen Preis für das physische Gut und informieren die Börse über die Transaktion. Diese schließt die komplementären Futurespositionen. Die physischen Lieferungen müssen nicht an den in den Futures definierten Übergabepunkten stattfinden. Die Transaktionen für den Austausch von physischer und Futuresposition sind in Tabelle 3.2 zusammengefaßt.

[176] Vgl. International Petroleum Exchange (ohne Jahresangabe).
[177] Vgl. Kolb 1994.

Ein EFP bedingt nicht, daß beide Parteien über Futurespositionen verfügen. Es ist z.B. auch möglich, daß eine Partei ihre Long-Futuresposition gegen das physische Gut einer zweiten Partei, die dafür die Long-Futuresposition übernimmt, eintauscht. EFPs können also auch zum Öffnen von Futurespositionen herangezogen werden.
Die Transaktionen für den Transfer einer Long-Futuresposition in eine physische Long-Position sind in Tabelle 3.3 zusammengefaßt:

Händler 1	**Händler 2**
1. Situation vor EFP:	
- Long-Futuresposition	- besitzt physisches Gut
2. EFP:	
- Tausch der Position mit Händler 2	- Tausch der Position mit Händler 1
3. Situation nach EFP:	
- besitzt physisches Gut	- Long-Futuresposition

Tabelle 3.3: Exchange of Futures for Physicals (EFP II)

Zusätzlich zu EFPs haben verschiedene Börsen (z.B. die IPE) **Exchange of Futures for Swaps (EFS)** eingeführt.[178] Während ein EFP durch den Tausch einer Futuresposition gegen eine physische Position zustande kommt, erfordert ein EFS den Tausch einer Futuresposition gegen eine Swapposition. EFPs und EFSs unterstützen bestehende Tradinginstrumente und eröffnen den Marktteilnehmern einen effizienten und flexiblen physischen Handels- und Preisabsicherungsmechanismus.

Zusammenfassung

Die wesentlichen Unterschiede zwischen Forwards und Futures zeigt Tabelle 3.4:

Kriterium	**Forwardvertrag**	**Futuresvertrag**
Standardisierung	(meist) relativ niedrig	sehr hoch
Vertragspartner	keine Restriktion	Clearinghouse
Marking-to-Market	nein	ja
Flexibilität	hoch	niedrig
Fungibilität	niedrig	hoch
Zugang	direkt oder mit Vermittlung	über Börsenmitglieder
Markttransparenz	begrenzt	sehr hoch
Produktpalette	beliebige Vielfalt	klein
Kreditrisiko	relativ hoch	vernachlässigbar
Position Limits	keine	möglich

Tabelle 3.4: Unterschiede Forwards - Futures

[178] Swaps werden in Kap. 3.1.2 behandelt.

3.1.1.2 Hedging-Strategien

Grundsätzlich kann jede **Preisabsicherung (Hedging)** durch Futures auch mit Hilfe von Forwards durchgeführt werden. Aufgrund der hohen Standardisierung der Verträge ist es jedoch normalerweise einfacher, eine Futuresposition vor Fälligkeit wieder zu schließen. In der Praxis wird deshalb wenn möglich auf Futures zurückgegriffen. Der Einfachheit halber wird im weiteren Verlauf dieses Kapitels nur von Futures die Rede sein. Der Begriff Futures ließe sich jedoch auch durch Forwards ersetzen.

Grundprinzip

Ein Unternehmen, das den Futuresmarkt für Zwecke der Preisabsicherung nutzt, strebt eine Position an, die das Risiko ungünstiger Preisentwicklungen für bestehende physische Positionen so weit wie möglich neutralisiert.

Short-Hedge (Short-Futures)

Ein Short-Hedge kommt durch die Eröffnung einer Short-Futuresposition zustande. Ein Short-Hedge ist dann angebracht, wenn der Hedger das betreffende physische Gut bereits besitzt und davon ausgeht, dieses zukünftig zu verkaufen (physische Long-Position). Ein Energieproduzent hat üblicherweise eine physische Long-Position. Das physische Verlustrisiko besteht darin, daß der Preis des Gutes fällt. Diesem Risiko steht jedoch eine Gewinnchance gegenüber, wenn der Preis des Gutes steigt.
Gegen dieses Risiko sichert sich der Hedger ab, indem er eine Short-Futuresposition eingeht. Er hat nun das Recht (und ist verpflichtet), das Gut in der Zukunft zu einem bestimmten heute garantierten Preis zu verkaufen. Er verzichtet also gleichzeitig auf die Chance, von einem Anstieg des Marktpreises zu profitieren! Fällt der Spotpreis im Zeitablauf unter den vereinbarten Preis, erzielt der Hedger also Gewinne aus dem Futuresgeschäft, die im Idealfall genauso hoch sind, wie die Verluste aus dem physischen Geschäft (und umgekehrt).

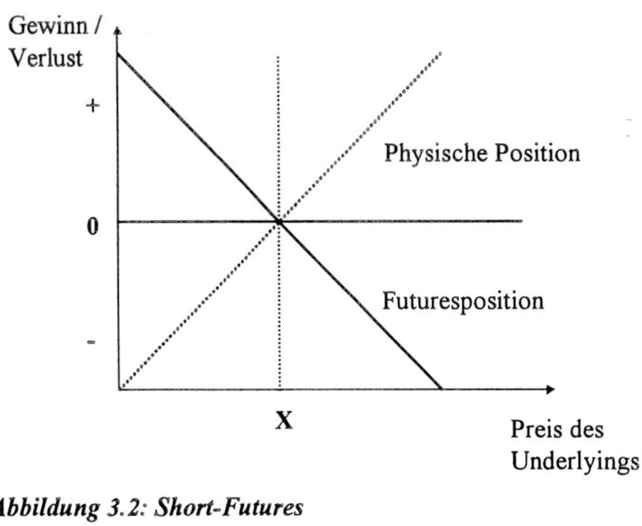

Abbildung 3.2: Short-Futures

Das Grundprinzip ist in Abbildung 3.2 dargestellt. Ein Investor verfügt über das Underlying, er befindet sich also in einer physischen Long-Position, die um so wertvoller ist, je höher der Preis des Underlyings in der Zukunft ist. Zum Zweck der Preisabsicherung verkauft der Investor einen Futuresvertrag (Short-Futuresposition) zum Preis von X. Durch diese Transaktion hat der Investor den Wert seiner physischen Position, unabhängig von der weiteren Preisentwicklung, zum Preis X festgelegt. Aus der Abbildung 3.2 wird ersichtlich, daß die Gewinne (Verluste) aus dem Futuresgerschäft durch Verluste (Gewinne) aus dem physischen Geschäft genau ausgeglichen werden. Ein Short-Hedge soll anhand eines konkreten **Beispiels** einmal durchgespielt werden.

Ausgangssituation im Juli:

Der Marktpreis für Erdgas-Spotlieferungen liegt bei 14,5 pence/therm,[179] Oktober-Futures werden zur Zeit für 15 pence/therm gehandelt. Ein Erdgasproduzent erwartet für die nächsten Monate ein Überangebot auf dem Gasmarkt und damit fallende Preise. Er verkauft daher Oktober-Futures für 15 pence/therm (Short-Futuresposition). Wie sieht das Ergebnis für den Produzenten aus, wenn der Spotmarktpreis im Oktober bei a) 12 pence/therm oder b) 18 pence/therm liegt?

Ergebnis im Oktober:

a) Die Erwartung des Produzenten hat sich bestätigt, der Marktpreis liegt bei 12 pence/therm. Er wird nach wie vor seine Oktoberproduktion zum Marktpreis von 12 pence/therm verkaufen. Die Short-Futuresposition hat jedoch zu einem Gewinn von 3 pence/therm geführt, da der Produzent die Futures, die er im Juli für 15 pence/therm verkauft hat, nun für 12 pence/therm zurückkaufen kann. Die Short-Futuresposition wird dadurch glattgestellt. Als Ergebnis des Short-Hedge erhält der Produzent insgesamt 15 pence/therm für sein Gas.
b) Dieser Fall zeigt, daß die Preisabsicherung durch Futures nicht kostenlos zu haben ist. Die Erwartung des Produzenten haben sich nicht bestätigt, der Marktpreis hat sich im Oktober auf 18 pence/therm erhöht. Die bestehende Short-Futuresposition führt zu einem Verlust von 3 pence/therm, da sie nur durch eine Long-Futuresposition zum Preis von 18 pence/therm glattgestellt werden kann. Gleichzeitig kann der Produzent sein Gas für 18 pence/therm verkaufen. Das Gesamtergebnis beträgt also wiederum 15 pence/therm. Der Mindererlös von 3 pence/therm stellt die Opportunitätskosten der Preisabsicherung dar.

In beiden Fällen führte der Hedge also zu einer Festschreibung des Verkaufserlöses von 15 pence/therm, unabhängig von der tatsächlichen Entwicklung des Marktpreises.

[179] Ein therm entspricht 29,3071 kWh; bei einem Wechselkurs von 2,90 DM/£ entsprechen 14,5 pence/therm also ca. 1,43 Pf/kWh.

Long-Hedge (Long-Futures)

Preisabsicherungen durch die Eröffnung einer Long-Futuresposition werden als Long-Hedge bezeichnet. Dieses Vorgehen ist dann angebracht, wenn das Unternehmen weiß, daß es in Zukunft ein bestimmtes Gut kaufen wird (zur Zeit physische Short-Position) und den Preis bereits heute festlegen will. Ein Long-Hedge ist angemessen, wenn das Unternehmen bei einem Preisverfall des betreffenden Gutes gewinnt und bei einer Preissteigerung verliert und sich deshalb gegen Preissteigerungen absichern möchte.

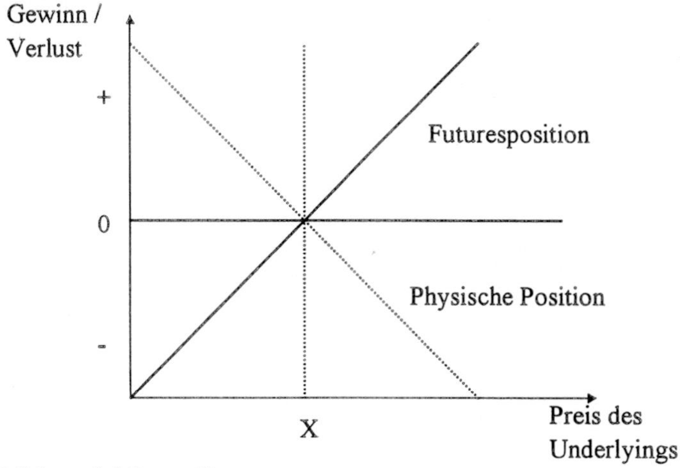

Abbildung 3.3 Long-Futures

Dieses Grundprinzip wird in Abbildung 3.3 verdeutlicht. Je höher der Preis des in der Zukunft zu beschaffenden Gutes, desto ungünstiger ist die Position des Unternehmens. Als Schutz vor zu hohen zukünftigen Preisen kann heute ein Futuresvertrag zum Preis X gekauft werden. Durch diese Transaktion wird der zukünftige Einkaufspreis des Gutes bei X festgelegt.

Die Absicherung des Risikos durch Futures wird erkauft durch die Aufgabe des Gewinnpotentials. Tritt der Fall ein, daß das Futuresgeschäft zu Verlusten führt (die zwar durch das physische Geschäft aufgefangen werden), kann dies für die im Unternehmen für Hedging verantwortlichen Personen zu Ansehensverlusten führen. Die einzige Lösung für dieses Problem besteht darin, sicherzustellen, daß die Geschäftsführung vollständig über die möglichen Folgen der Preisabsicherung mit Hilfe von Futures informiert ist. Eine Zusammenfassung der auf Futures basierenden grundlegenden Hedging-Strategien zeigt Tabelle 3.5:

physische Position	**Preisrisiko**	**Futuresposition**	**Ergebnis**
Long	fallender Preis	Short	Short-Hedge
Short	steigender Preis	Long	Long-Hedge

Tabelle 3.5: Futures Hedging-Strategien

Basisrisiko

Mit den beschriebenen Hedging-Strategien kann das dem abzusichernden Geschäft innewohnende Risiko jedoch meist nicht vollständig ausgeräumt werden. Ungesichert bleibt das sogenannte **Basisrisiko**. Der Begriff Basisrisiko (auch hin und wieder Korrelationsrisiko genannt) dient zur Beschreibung des Risikos, daß der Preis des Futures und der Preis des abzusichernden Gutes sich nicht parallel bewegen, d.h. die Unsicherheit darüber, daß der zum Absichern herangezogene Futuresmarkt und der abzusichernde Spotmarkt bzw. die sich an diesen Märkten bildenden Preise nicht vollkommen korrelieren. Die sogenannte Basis einer Preisabsicherungsmaßnahme kann wie folgt dargestellt werden:

$$\text{Basis} = S - F \tag{3.1}$$

wobei S = Spotpreis des abzusichernden Gutes
F = Futurespreis des verwendeten Vertrages

Wenn der Spotpreis stärker steigt oder fällt als der Futurespreis, vergrößert sich die Basis. Das Problem liegt in der Ungewißheit des Hedgers über das Ausmaß der Basis zum Zeitpunkt der Fälligkeit der Absicherungsmaßnahme.

Bestimmungsfaktoren des Basisrisikos

Basisrisiken treten im Zusammenhang mit Produkteigenschaften sowie mit dem Ort und dem Zeitpunkt der Lieferung auf:

- **Produktbasis**: Das Produkt, das es abzusichern gilt, ist nicht notwendigerweise das Gut, das dem Futuresvertrag zugrunde liegt. Im Energiemarkt steht einer großen Anzahl von Produkten eine vergleichsweise geringe Anzahl von liquiden Hedging-Instrumenten gegenüber. Beispielsweise verwenden Fluggesellschaften Heizöl-Futures zur Preisabsicherung von Flugbenzin. Auch (geringste) Qualitätsunterschiede zwischen abzusicherndem Produkt und Underlying sind der Produktbasis zuzurechnen (z.B. Heizölsorten mit unterschiedlichem Schwefelgehalt).[180]

- **Zeitbasis**: Die Laufzeit des abzusichernden physischen Geschäftes der Preisabsicherung geht häufig über den Handelszeitraum von Futures hinaus. Die Preisabsicherung erfordert in diesem Fall das Eingehen einer Futuresposition mit kürzerer Fälligkeit (Rolling the Hedge forward, siehe unten). Möglicherweise besteht zum Zeitpunkt der Preisabsicherung Unklarheit bezüglich des Zeitpunktes des Kaufs oder Verkaufs des physischen Produktes. Im Energiemarkt kann die Zeitbasis sehr gefährlich werden, insbesondere wenn die Nachfrage plötzlich stark steigt oder wenn Transportengpässe auftreten. In diesem Fall kommt es zu starken Schwankungen des sogenannten Convenience Yields.[181] Futurespreise verhalten sich häufig während des Liefermonats unberechenbar. Eine Faustregel besagt deshalb, solche Futuresverträge heranzuziehen, deren Laufzeiten möglichst kurze Zeit über die angestrebten Preisabsicherungsmaßnahmen hinausgehen.

[180] Hin und wieder wird in diesem Fall auch von einer Qualitätsbasis gesprochen.
[181] Vgl. Kapitel 3.1.1.4 (Preise von Forwards und Futures).

Eine Sonderform des Zeitbasisrisikos ist beim Strom dann gegeben, wenn sich das abgesicherte Lieferprofil nicht exakt mit dem tatsächlich realisierten tageszeitlichen physischen Lieferprofil deckt. Der Preis für Strom, dessen Lieferung nur wenige Stunden von dem abgesicherten Profil abweicht, kann signifikant vom Futurespreis abweichen. Diese Form des Basisrisikos ist letztlich auf die Nichtspeicherbarkeit von Strom zurückzuführen.[182]

- **Ortsbasis**: Preise für ein identisches Gut können sich an verschiedenen Orten signifikant unterscheiden. Dies gilt für Energie, deren Transport im Vergleich zu ihrem Wert relativ kostspielig ist, in besonderem Maße.

Das Problem des Basisrisikos soll anhand des **Beispiels von Heizölpreisnotierungen für die Marktorte „Rheinschiene"** (gebildet als Mittelwert der Notierungen für Düsseldorf, Mannheim/Ludwigshafen sowie Frankfurt) **und Rotterdam** näher erläutert werden. Dieser Fall ist insbesondere für die Gaswirtschaft relevant, da die Gaspreise in Deutschland traditionell an Heizölpreisnotierungen des Statistischen Bundesamtes, insbesondere für den Marktort Rheinschiene, angebunden werden.

Diese Notierungen werden vom Statistischen Bundesamt zur Monatsmitte durch Abfrage der aktuellen HEL- und HSL-Preise ermittelt. Es handelt sich also um eine Stichtagsabfrage; die Notierungen repräsentieren als solche kein direkt handelbares und somit absicherbares Produkt. Zur Absicherung der Rheinschiene-Notierungen, und somit auch der daran gebundenen Gaspreise, bieten sich jedoch HEL- (Gasoil) und HSL- (Low Sulphur Heavy Fuel Oil) Notierungen in Rotterdam (bzw. alternativ ARA oder NWE) an. Insbesondere die von Platt's täglich veröffentlichten Notierungen haben eine sehr hohe Akzeptanz am Markt erreicht.

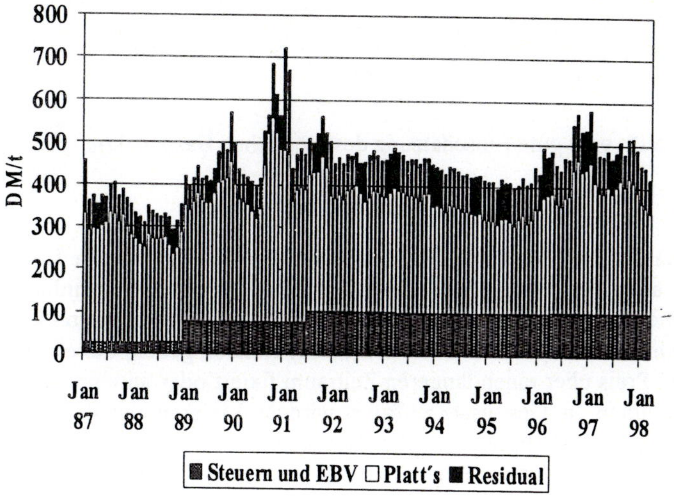

Abbildung 3.4: Notierungen HEL Rheinschiene vs. Platt's Gasoil in DM/t

[182] Vgl. Johnson & Sogomonian 1997.

Für diese Produkte existiert ein recht liquider OTC-Forwardmarkt; sie sind somit vergleichsweise einfach absicherbar. Für HEL bietet sich als Alternative der IPE Gasoil-Futuresvertrag an, der sich auf die (mögliche) physische Lieferung im ARA-Raum bezieht.[183]
Tatsächlich hat der Ölpreis in Rotterdam einen wesentlichen Einfluß auf die deutschen Notierungen. Das Basisrisiko erwächst daraus, daß die Korrelation zwischen Rheinschiene und Rotterdam in der Regel zwar relativ hoch, im Zeitablauf jedoch alles andere als konstant ist. Eine Ursache hierfür sind die Frachtraten auf dem Rhein (von Rotterdam zu den deutschen Marktorten), die in Abhängigkeit vom Wasserstand des Rheins schwanken. Die Entwicklung dieser Notierungen ist in Abbildung 3.4 dargestellt. Es zeigt sich, daß die Rheinschienenotierungen nicht ausschließlich durch die Platt's-Notierungen für Rotterdam sowie die in Deutschland zusätzlich anfallenden Mineralölsteuern und „EBV"[184] erklärt werden können. Die im Zeitablauf variierende Residualgröße stellt in diesem Beispiel das Basisrisiko dar. Insbesondere Ende des Jahres 1990 (Golfkrieg) war diese Residualgröße außergewöhnlich hoch.
Neben der statistischen Analyse der Notierungen ist besonders für längerfristige Preisabsicherungen eine fundamentale Marktanalyse sehr empfehlenswert, bei der es u.a. um die Beantwortung folgender Fragen geht:

- Wie entwickelt sich die Nachfrage für die unterschiedliche Ölprodukte in Deutschland?
- Wie entwickelt sich die Kapazität und Auslastung von Öllagern?
- Wie verhalten sich die Raffinerien (insbesondere entlang des Rheins)?
- Liegen Überkapazitäten vor?
- Sind Kooperationen im Raffineriebereich zu erwarten (z.B. MIRO, eine gemeinsame Raffinerie der Gesellschafter Conoco, DEA, Esso und Ruhr Öl)?
- Welche Determinanten bestimmen die Frachtraten und die zukünftigen Frachtkapazitäten der Rhein-Binnenschiffahrt?
- Welche staatlichen Einflüsse sind zu erwarten, beispielsweise bezüglich Steuern oder Umweltauflagen für Raffinerien oder Schwefelgehalt für HSL?

Nur eine fundierte Analyse erlaubt eine gute Einschätzung des möglichen Basisrisikos.

Rolling the Hedge forward

Der kontinentaleuropäische Handel mit Strom und Erdgas war bisher durch langfristige Liefervereinbarungen geprägt, die auch Anpassungsregelungen für den Vertragspreis beinhalten. Auch wenn mit dem aufkommenden Wettbewerb die Bedeutung von Spotgeschäften und kurzfristigen Lieferverträgen zunehmen wird, wird es auch in Zukunft Kunden geben, die ein starkes Interesse daran haben, den Preis über einen längeren Zeitraum fixiert oder an einen geeigneten Index gebunden zu bekommen. Im Gegensatz zu früher wird der Lieferant das Preisrisiko jedoch nicht mehr komplett auf seinen Vorlieferanten abwälzen können.
Da die Laufzeit derartiger Lieferverträge in der Regel über die Laufzeit der verfügbaren Futures hinausgeht, ist es mit einer einmaligen Absicherungsmaßnahme nicht getan. Eine Möglichkeit besteht jedoch darin, zunächst einen Hedge für den verfügbaren kürzeren Zeitraum zu

[183] Vgl. Kapitel 3.1.1.3.1 (Börsen).
[184] Es handelt sich um die Abgaben an den Erdölbevorratungsverband, der kraft Gesetzes Ölreserven für den Fall von Störungen der Mineralölversorgung Deutschlands hält.

organisieren und diesen anschließend revolvierend „vorwärts zu rollen".[185] Vorwärts rollen bedeutet hierbei, daß immer dann, wenn eine Futuresposition wegen Fälligkeit geschlossen wird, eine neue Position mit einer späteren Fälligkeit eröffnet wird. Dabei ist zu beachten, daß der Hedge stets das über die gesamte Laufzeit der Liefervereinbarung kumulierte Volumen umfaßt. Das Hedging-Volumen reduziert sich dann kontinuierlich um die bereits abgewickelten Mengen. Das Verfahren ist in Abbildung 3.5 dargestellt.

Exkurs: Der Fall Metallgesellschaft

Wie der Fall Metallgesellschaft zeigt, kann diese Strategie aufgrund der unterschiedlichen Zahlungscharakteristika der verwendeten Instrumente jedoch gefährlich werden, wenn der Markt von Backwardation zu Contango wechselt (oder umgekehrt).
MG Corp., die US-Tochtergesellschaft der deutschen Metallgesellschaft AG, verkaufte ab 1992 große Mengen Heizöl, Benzin und Diesel an Großverbraucher wie Tankstellenketten, Speditionen oder Regierungsdienststellen zu langfristig vereinbarten Preisen auf Terminbasis (Laufzeit: 5 - 10 Jahre). Diese Kunden mußten ihren Energiebedarf häufig aus festgelegten Budgets bezahlen. Die Metallgesellschaft nahm den Kunden das Risiko von Preissteigerungen ab und erhielt dafür beachtliche Prämien. Das größte Risiko für die MG bestand darin, daß die Marktpreise der Ölprodukte während der Vertragslaufzeit über die vereinbarten Festpreise steigen könnten. Da die MG nicht über Ölquellen verfügte, die vor Verlusten geschützt hätten, mußte das Risiko auf andere Weise abgesichert werden. Man entschloß sich dazu, das Risiko dieser Short-Positionen durch Long-Futurespositionen an der NYMEX[186], die regelmäßig vorwärts gerollt wurden, sowie durch Swapverträge[187] mit Banken abzusichern.

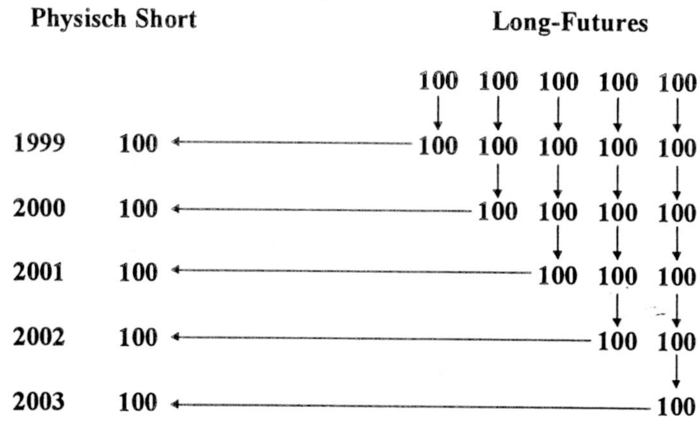

Abbildung 3.5: Rolling the Hedge forward

[185] Diese Strategie wird auch als "Stacked Hedge" oder "Stack and Roll Hedge" Strategie bezeichnet.
[186] Die MG-Position umfaßte schließlich mehr als 20 % der offenen Long-Futures für Rohöl mit bis zu dreimonatiger Laufzeit. Vgl. Beier 1996.
[187] Vgl. Kapitel 3.1.2 (Swaps).

Für mehr als 10 Jahre war der Rohölmarkt durch Backwardation charakterisiert. In dieser Situation verdiente MG mit jedem Schließen und gleichzeitigen Öffnen einer neuen Futuresposition (Roll-over Yield).[188] Die Situation änderte sich jedoch schlagartig, als der Markt 1993 aufgrund eines Überangebots plötzlich von Backwardation in Contango umschlug.[189] Zusätzlich mußte die MG mit fallenden Ölpreisen zurechtkommen, die auf den ersten Blick für die MG vorteilhaft waren, da sich der Wert der langfristigen Verkaufsverträge hierdurch erhöhte. Die neue Konstellation hatte für die MG jedoch auch zwei negative Konsequenzen, die die Schwachpunkte der Strategie aufzeigen:

a) Erstens führte bei einer Contango-Situation nun jedes Roll-over zu Verlusten, den Opportunitätskosten der Preisabsicherung. „MG made an enormous bet that front months would stay at a premium for the life of the oil delivery contracts. The only problem is that oil back-months can trade at a premium to the front months and sometimes do. This is exactly what happened."[190]
b) Das Hauptproblem war jedoch ein anderer Effekt. Aufgrund des täglichen Marking-to-Market führte der Wertverlust der Futures zu Margin Calls und der Notwendigkeit zur Hinterlegung von beträchtlichen finanziellen Mitteln.[191] Diesen sofortigen Auszahlungen für das Hedging aufgrund des Ölpreisverfalls standen erst wesentlich später fällige Einzahlungen aus den langfristigen physischen Verkaufsverträgen gegenüber. Klar war, daß die Marginzahlungen mit Sicherheit wieder in die Kassen der MG zurückgeflossen wären, entweder aufgrund eines Ölpreisanstiegs oder spätestens, wenn das Öl unter den Verkaufsverträgen ausgeliefert worden wäre. Der Marginnachschuß könnte somit als eine Art Sparguthaben angesehen werden. Das Problem bestand in der Überbrückung des Liquiditätsabflusses.

Die **Chronologie der Ereignisse**, die die Metallgesellschaft an den Rand des Konkurses führten, erinnert an einen Wirtschaftsthriller:[192]

29.11.1993: Als Reaktion auf eine OPEC-Tagung, bei der unerwarteterweise keine Produktionskürzungen beschlossen wurden, kommt es zu einem weiteren Einbruch der Ölpreise. Bis zu diesem Zeitpunkt hat die MG bereits Marginzahlungen in Höhe von 650 Mio US$ geleistet. Nach MG-Einschätzung wären bei weiterem Preisverfall (von 14 US$/bbl auf 11 US$/bbl) bis zu 500 Mio US$ für zusätzliche Marginzahlungen fällig.

---

188 Futures mit längerer Laufzeit werden bei relativ niedrigem Preis gekauft. Diese offenen Long-Positionen werden später durch den Verkauf der Futures zu höheren Preisen glattgestellt. Die Strategie führt zu systematischen Roll-Over-Vorteilen.

189 Vgl. McFall Lamm 1996.

190 Siehe Beier 1996, Seite 35.

191 Die monatlichen Auszahlungen stiegen von 116,8 Mio. US$ im Oktober 1993 auf 468,7 Mio. US$ im Dezember. Vgl. Schwetzler 1998.

192 Diese Ereignisse werden sehr detailliert beschrieben bei Knipp 1998, auf den hier Bezug genommen wird. Knipp kritisiert insbesondere das Vorgehen des Aufsichtsratsvorsitzenden Ronaldo Schmitz, dem er nicht nur vorwirft, das US-Handelsgeschäft nicht verstanden zu haben, sondern auch das deutsche Aktiengesetze durch nicht legitimiertes Eingreifen in die Geschäftsführung der Metallgesellschaft verletzt zu haben.

3.12.1993: Der MG-Vorstand spricht bei den beiden Großaktionären Deutsche Bank und Dresdner Bank vor und bittet um einen Kredit von jeweils 250 Mio US$ zur Finanzierung des US-Ölgeschäfts. Die Banken stimmen den Krediten prinzipiell zu.

6.12.1993: Die Frankfurter Allgemeine Zeitung veröffentlicht einen Artikel über die Metallgesellschaft, in dem von „voll ausgeschöpften Kreditlinien" und „Liquiditätsengpässen", „akuter Liquiditätsklemme" und „Bankenbeistand" die Rede ist. Unter anderem wird von den vertraulichen Kreditgesprächen mit den beiden Banken berichtet. Das Schicksal der Metallgesellschaft nimmt seinen Lauf.

7.12.1993: Das Thema Metallgesellschaft wird von vielen nationalen und internationalen Zeitungen aufgegriffen. Die MG ist nun in aller Munde, mit sehr unangenehmen Konsequenzen: Banken fahren, wo immer möglich, die Kreditlinien herunter. Lieferanten des Konzerns bestehen auf Vorkasse. Die Liquiditätslage wird immer angespannter. Unterdessen verhandelt die MG den Kreditvertrag mit der Deutschen Bank und der Dresdner Bank.

9.12.1993: Der MG-Vorstand stimmt dem Kreditvertrag über 500 Mio. US$ zu. Die verzweifelte Lage spiegelt sich in den Konditionen dieses Kredits wieder. „Die MG würde Zinsen zahlen, die jenen eines Entwicklungslandes nahekamen. Sie mußte für einen Kredit über umgerechnet 850 Mio. DM Sicherheiten über 2,2 Milliarden DM stellen - und begab sich damit auf ein rechtlich rutschiges Terrain. Die Banken bestimmen, wofür das Geld ausgegeben werden durfte, und legten die MG, ihre Tochterunternehmen und Beteiligungen faktisch an die Kette. ... Im Prinzip war der Vertrag nicht annehmbar. Aber es war der einzige Weg, der nun noch offenstand, um die MG über Wasser zu halten."[193]

10.12.1993: Die MG hat bis zu diesem Zeitpunkt 910 Mio US$ für Margins überwiesen.

12.12.1993: Der Vorstand der MG beschließt eine Strategie, die das Unternehmen vor weiterem Liquiditätsabfluß schützen würde. Danach soll die gesamte Position durch den Kauf von Verkaufsoptionen (Put-Optionen)[194] abgesichert werden. Der Wert dieser Optionen steigt, wenn der Ölpreis weiter fällt und gleicht damit die Marginzahlungen aus. Hierfür wären Optionsprämien in Höhe von 160 Mio. US$ zu entrichten. Dieser Plan wird jedoch nicht mehr umgesetzt.

15.12.1993: Der Aufsichtsrat entläßt 6 von 8 MG-Vorstandsmitgliedern (u.a. den Vorsitzenden Heinz Schimmelbusch). Die Auflösungsverträge werden auf den 17.12.1993 vordatiert.

17.12.1993: Während einer Aufsichtsratsitzung wird die Entlassung der bisherigen Vorstandsmitglieder sowie die Bestellung des neuen Vorstandes abgesegnet und anschließend bekanntgegeben.

---

[193] Siehe Knipp 1998, Seite 270.

[194] Optionen werden in Kapitel 3.2 detailliert behandelt.

20.12.1993: Die MG beginnt mit der Liquidation der Absicherungspositionen, teilweise zu Tiefstpreisen. Hierdurch werden nicht nur die geleisteten Marginzahlungen vernichtet. Das neue Management bringt auch das balancierte Buch mit Lieferverträgen auf der einen und Terminkontrakten zu deren Absicherung auf der anderen Seite aus dem Gleichgewicht. Die MG ist nun der Gefahr von Ölpreissteigerungen schutzlos ausgeliefert; sie beginnt zu spekulieren, daß die Ölpreise auf einem niedrigen Niveau verharren werden.

Januar 1994: Aufgrund eines unerwartet starken Wintereinbruchs in den USA steigen die Rohöl- und insbesondere die Heizölnotierungen stark an. Zu diesem Zeitpunkt sind die Absicherungspositionen zu mehr als 50 % liquidiert, die Verkaufsverträge bestehen in nahezu unveränderter Höhe weiter.

Die MG Corp. verlor 1993/94 ca. 1,34 Mrd. US$ durch dieses Desaster.[195] Unabhängige amerikanische Wissenschaftler wie der Nobelpreisträger Merton Miller oder der Derivatenspezialist Robert Whaley kommen in ihren Studien des Falles zum Ergebnis, daß die MG-Strategie durchaus sinnvoll war. Whaley hält fest, daß die später ertragslos aufgelösten Verkaufsverträge einen Wert von 360 Mio. US$ gehabt haben.[196] Das hessische Landeskriminalamt kommt in einem Gutachten zu dem Fall zu folgendem Ergebnis: „Zusammenfassend läßt sich feststellen, daß ein Weiterrollen der Terminkontrakte erhebliche liquide Mittel der MGRM [MG Refining and Marketing, Tochtergesellschaft der MG Corp.] und auch ihren Obergesellschaften [MG Corp. und Metallgesellschaft AG] zugeführt hätte. Je nach Anteil der verschiedenen Ölsorten an dem gesamten Volumen von 169 Millionen Barrel hätten die Mittelzuflüsse maximal zwischen 700 Millionen und 1500 Millionen Dollar betragen und somit die Liquiditätsverluste aus 1993 teilweise ausgeglichen bzw. sie noch übertroffen."[197]

Nachweislich wäre die Situation also glimpflich ausgegangen, wenn die Metallgesellschaft (bzw. ihre Hauptanteilseigner Deutsche Bank und Dresdner Bank) kühlen Kopf behalten hätte und in der Lage gewesen wäre, die Zahlungslücke zu überbrücken. Mit ausreichend Liquidität hätte die Metallgesellschaft die Strategie „durchhalten" können. Das Problem der Metallgesellschaft lag nicht in einer grundsätzlich falsch angelegten Hedging-Strategie, sondern in der ungenügenden Abschätzung der möglichen Konsequenzen dieser Strategie für die Liquidität des Unternehmens.

Im November 1998 hat ein New Yorker Gericht die Klage von 18 ehemaligen amerikanischen MG-Kunden sowohl gegen MG als auch gegen die Deutsche Bank angenommen. Das neue MG-Management hatte die Verträge mit diesen Kunden einseitig gekündigt. Die Kunden verklagen die MG und die Deutschen Bank auf Schadensersatz in Höhe von 200 Mio. US$ sowie eine Geldbuße von 600 Mio. US$. Die Kläger erheben unter anderem den Vorwurf, die Deutsche Bank habe während der Krisenzeit die faktische Geschäftsführung bei MG übernommen und die Kündigung der Verträge und deren Preisabsicherung angeordnet.[198] Der Deutschen Bank droht nun zumindest ein teurer Vergleich und erheblicher Imageschaden in den USA.

---

[195] Vgl. Beier 1996.
[196] Vgl. Knipp 1998.
[197] Siehe Knipp 1998, Seite 397.
[198] Vgl. Handelsblatt vom 5. November 1998.

Dieses Beispiel zeigt einmal mehr, wie wichtig es ist, daß alle direkt und indirekt betroffenen Einheiten im Unternehmen, insbesondere aber die Geschäftsleitung, die angewendeten Hedging-Strategien und ihre möglichen Implikationen verstehen. Der Fall Metallgesellschaft hat dazu geführt, daß der Umgang mit Derivaten in vielen Unternehmen als unseriös oder grundsätzlich spekulativ angesehen wird. Hedging-Maßnahmen zur Absicherung sinnvoller und profitabler Geschäfte werden mit dem Hinweis auf die Metallgesellschaft abgelehnt. Bei genauerem Hinsehen wird jedoch klar, daß diese Sicht so pauschal nicht haltbar ist.

Optimales Hedging-Verhältnis (Minimum Variance Hedge Ratio)

Das sogenannte Hedging-Verhältnis (Hedge Ratio) beschreibt die quantitative Relation der zu Absicherungszwecken eingegangenen Position in Futuresmarkt zum Umfang des abzusichernden physischen Risikos (z.B. x t HEL ARA zur Absicherung von y t HEL „Rheinschiene"). Nun reagieren das abzusichernde Produkt und das Gegengeschäft nicht notwendigerweise gleichermaßen sensibel (oder eventuell auch gar nicht) auf bestimmte Veränderungen im Markt, weil sie zum Teil unterschiedlichen Einflußgrößen unterliegen. Wenn aber nicht garantiert ist, daß eine Wertveränderung beim abzusichernden Produkt mit einer äquivalenten entgegengesetzten Änderung beim Gegengeschäft einhergeht, kann auch die mengenmäßige Kongruenz, d.h. ein Hedging-Verhältnis von 1:1, nicht zu einer Minimierung des Risikos führen. Zur Ermittlung des optimalen Hedging-Verhältnisses sind deshalb die für den abzusichernden Zeitraum erwarteten Volatilitäten des abzusichernden Produktes (z.B. Spotpreis eines Gutes) und des Gegengeschäftes (z.B. Futurespreis für dieses Gut) und deren Korrelationen zu analysieren. Das optimale Hedging-Verhältnis h läßt sich dann wie folgt berechnen:

$$h = \rho * \frac{\sigma_S}{\sigma_F} \tag{3.2}$$

wobei:

σ_S = Standardabweichung von ΔS (Änderung des Spotpreises S während des Zeitraums der Preisabsicherung)

σ_F = Standardabweichung von ΔF (Änderung des Futurespreises F während des Zeitraums der Preisabsicherung)

ρ = Korrelationskoeffizient zwischen ΔS und ΔF[199]

---

[199] Die Standardabweichung ist die Quadratwurzel der Varianz. Diese ist die durchschnittliche quadratische Abweichung einzelner Meßwerte von ihrem Mittelwert. Standardabweichung und Varianz sind die in der Statistik am häufigsten verwendeten Streuungsmaße. Die Korrelation beschreibt die Stärke des Zusammenhangs von zwei Variablen. Das gebräuchlichste Maß für den linearen Zusammenhang zweier Größen ist der Korrelationskoeffizient von Bravais-Pearson. Der Zusammenhang ist dabei um so stärker, je größer der Absolutbetrag des Koeffizienten ist. Ist der Koeffizient positiv (negativ), so steigt (fällt) die eine Variable, wenn die andere Variable steigt. Der Koeffizient gibt selbstverständlich keinerlei Auskunft darüber, ob ein sachlicher Zusammenhang zwischen den Variablen besteht.

Wenn zum Beispiel, $\rho = 1$ und $\sigma_F = 4\,\sigma_S$, ergibt sich ein Hedging-Verhältnis h von 0,25. Da sich der Futurespreis viermal so stark verändert wie der Spotpreis reicht ein Futuresvertrag zum Absichern einer physischen Position von 4 Einheiten aus.
Die optimale Zahl der notwendigen Futuresverträge N wird wie folgt ermittelt:

$$N = h * \frac{P}{Q} \tag{3.3}$$

wobei:

P	=	Größe der abzusichernden physischen Position (Einheiten)
Q	=	Größe eines Futuresvertrages (Einheiten)
h	=	optimales Hedging-Verhältnis

Möchte man beispielsweise eine offene Gasoil-Position von 5.000 t mit dem Gasoil-Futuresvertrag an der IPE (Handelseinheit 100 t) absichern und das optimale Hedging-Verhältnis beträgt 0,5, so benötigt man

$$N = 0{,}5 * \frac{5000}{100} = 25$$

Futuresverträge zur Absicherung.

3.1.1.3 Forwards und Futures auf Energiemärkten

3.1.1.3.1 Börsen

a) International Petroleum Exchange (IPE) London

Die International Petroleum Exchange (IPE) wurde 1980 gegründet und ist seither die führende Börse Europas für Energieprodukte. Eigentümer der Börse sind die Member, wobei Floor Member, Local Member und Trade Associate Member unterschieden werden können.

Floor Member sind berechtigt, sowohl auf eigene Rechnung als auch für dritte Parteien zu handeln. Der Status als Floor Member setzt die gleichzeitige Mitgliedschaft am London Clearinghouse oder alternativ eine Clearingvereinbarung mit einem Clearing Member voraus.

	IPE-Brent-Rohöl (Crude)	IPE-Brent-Heizöl (Gasoil)	IPE-Erdgas (Natural Gas)
Tradingzeiten (GMT)	10:02 bis 20:13 inklusive	9:15 bis 17:27 inklusive	10:00 bis 17:00 inklusive (Monatsverträge) 10:00 bis 16:00 inklusive (Tagesverträge)
Lotgröße	1000 bbl Brent-Blend	100 t	Tagesverträge: 1.000 therms Monatsverträge: 1.000 therms/Tag[200]
Qualität und Übergabe	Brent-Blend (Pipeline) bei Sullom Voe (Shetlands)	EU-gängige Qualität im ARA-Raum (Amsterdam, Rotterdam, Antwerpen)	Entsprechend der Spezifikationen des Network Codes am National Balancing Point (NBP)
Minimale erlaubte Preisänderung	1 US-cent pro bbl	25 US-cent pro t	0,005 pence pro therm
Maximal erlaubte tägl. Preisänderung	keine Restriktion	keine Restriktion	keine Restriktion
Fristigkeit verfügbarer Verträge	Monate 1 bis 12, sowie die Monate 15, 18, 21, 24, 30 und 36	Monate 1 bis 12, danach die Monate 15 und 18.	Tage 1 bis 7; Monate 1 bis 15 sowie Rest des laufenden Monats (Balance of the Month, BOM)
Position Limits	keine Restriktion	keine Restriktion	keine Restriktion
Handelsende eines Vertrages	Spätestens am Ende der Tradingzeit des Werktages 16 Tage vor Beginn des Liefermonats[201]	2 Werktage vor dem 14. Kalendertag des Liefermonats, 12:00 Uhr (Tender Day)	Tagesverträge: bis zum Vortag; Monatsverträge: 2 Werktage vor dem 1. Kalendertag des Liefermonats.BOM-Vertrag: 2 Werktage vor dem vorletzten Kalendertag des lfd. Monats
Lieferung/ Settlement	auf der Basis von EFPs bzw. Cash Settlement zum Brent-Indexpreis am 15. Tag vor Beginn des Liefermonats (sog. 15-Tage-Markt); keine physische Lieferung	Physische Lieferung: Nachdem Käufer und Verkäufer am Tender Day die von ihnen bevorzugten Lieferorte im ARA-Raum genau gegenüber dem Clearinghouse spezifiziert haben, ordnet das Clearinghouse Käufer und Verkäufer einander zu. Dann müssen sich die Parteien nach einem von der IPE vorgegebenen Verfahren auf einen exakten Liefertermin einigen. Vorzeitige physische Lieferung über EFPs möglich	Eigentumsübertragung am NBP; keine physische Lieferung im eigentlichen Sinn; Alternative: EFP
Besonderheiten	Brent-Rohöl wird in sehr ähnlicher Form auch an der Singapore International Monetary Exchange SIMEX gehandelt.[202]	Auch alternative Liefervereinbarungen können zwischen Parteien getroffen werden (Alternative Delivery Procedure ADP)	Der Vertrag wird nicht an der Präsenzbörse gehandelt, sondern an einer elektronischen Computer-Börse

Tabelle 3.6: Einzelheiten der IPE Futuresverträge

[200] (29,3071 kWh) pro Tag im Liefermonat (bei 30 Tagen pro Monat also 30.000 therms bzw. 879.213 kWh). Es kann jedoch nur in Einheiten von jeweils 5 Lots gehandelt werden.

[201] Ist der 15. Tag vor Beginn des Liefermonats kein Werktag, so ist das Handelsende bereits einen Tag früher.

[202] So können beispielsweise „Londoner Positionen“ in Singapur glattgestellt werden und umgekehrt.

Local Member dürfen in eigenem Namen, nicht jedoch für Kunden außerhalb der Börse Positionen eingehen. Sie verfügen über Clearingvereinbarungen mit einem Clearinghouse Member.

Trade Associate Member haben keine Tradingrechte und müssen für Börsengeschäfte Trading- und Clearingdienstleistungen anderer Mitglieder in Anspruch nehmen.

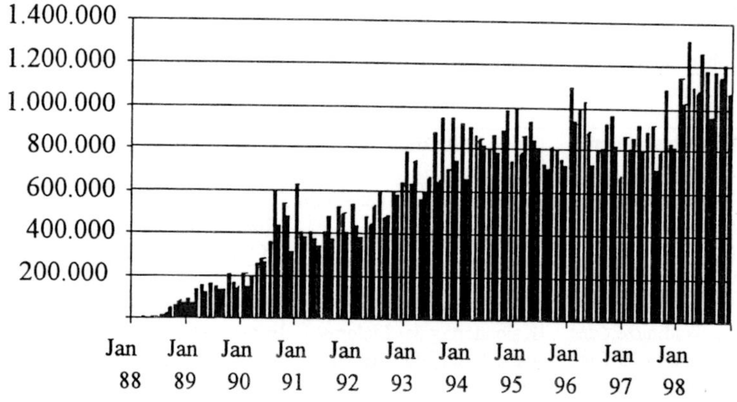

Abbildung 3.6: Entwicklung des Handelsvolumens – IPE Brent-Futures (Lots)

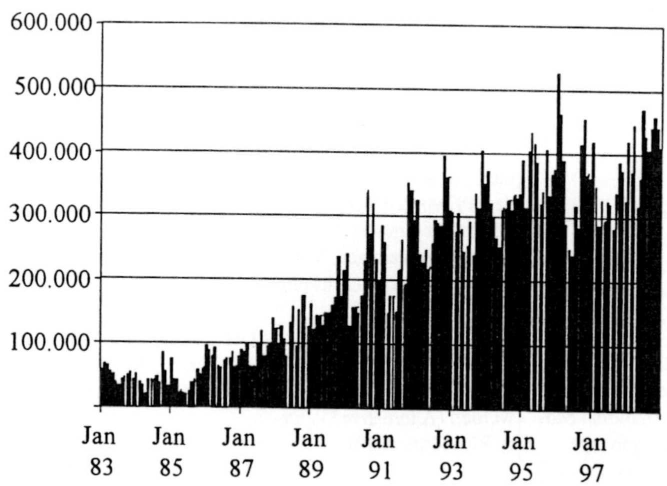

Abbildung 3.7: Entwicklung des Handelsvolumens – IPE Heizöl-Futures (Lots)

Vertragspartner bei Börsengeschäften an der IPE wird jeweils das London Clearinghouse, welches neben der IPE auch die Clearingfunktion u.a. für die London Metal Exchange (LME) und die London International Financial Futures and Options Exchange (LIFFE) übernimmt. Die

Regulierung der IPE erfolgt gemäß dem Financial Services Act (FSA) von 1986. Neben den unten im Detail aufgeführten Futuresverträgen gibt es Überlegungen, auch Futures für schweres Heizöl, Strom sowie für Gas mit einem physischen Übergabepunkt auf dem Kontinent aufzulegen. Die wichtigsten Spezifikationen der an der IPE gehandelten Futuresverträge sind in Tabelle 3.6 zusammengefaßt.[203] Die Handelsmengen dieser Futures haben sich wie folgt entwickelt (Abbildungen 3.6, 3.7, 3.8):

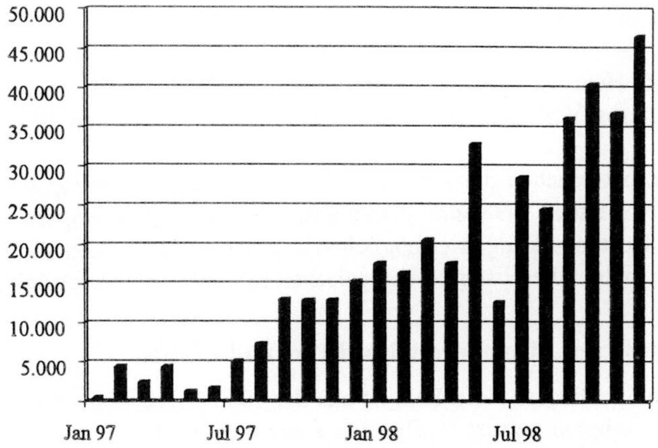

Abbildung 3.8: Entwicklung des Handelsvolumens – IPE Erdgas-Futures (Lots)

b) New York Mercantile Exchange (NYMEX) New York

Die New York Mercantile Exchange (NYMEX) begann den Handel von Energie-Futures mit einem Vertrag auf Heating Oil im Jahre 1978. Im Jahre 1994 fusionierte die NYMEX mit der Commodity Exchange (COMEX). Seither gibt es zwei sog. Divisions an der NYMEX: die NYMEX- und die COMEX-Division. Wie bei der IPE gehört auch die NYMEX ihren Mitgliedern. Die Regulierung der Börse erfolgt durch die Commodity Futures Trading Commission (CFTC), welche ihrerseits direkt durch den US-Kongreß überwacht wird. An der NYMEX werden derzeit folgende Futuresverträge auf Energie gehandelt:[204]

- Light Crude Oil (WTI)
- Sour Crude Oil
- Heating Oil
- Gulf Coast Unleaded Gasoline
- New York Harbour Unleaded Gasoline
- Gasoline / Crude Crack Spreads

[203] Nähere Informationen zu den an der IPE gehandelten Futures können direkt bei der IPE angefragt werden. Adresse siehe Glossar.

[204] Die Einführung eines Futuresvertrages auf Kohle an der NYMEX wird derzeit diskutiert.

- Heating Oil / Crude Crack Spreads
- Propan
- Henry Hub Natural Gas
- Alberta Natural Gas
- Permian Basin Natural Gas
- Palo Verde Electricity
- Cinergy Transmission System Electricity
- Entergy Transmission System Electricity
- California Oregon Border Electricity[205]

Der 1990 aufgelegte Henry Hub Futuresvertrag war extrem erfolgreich. In 1997 entsprach das Handelsvolumen dieses Vertrages etwa dem fünffachen der gesamten Erdgasnachfrage der USA.
NYMEX und IPE untersuchen die Möglichkeit einer **Fusion** der beiden Börsen. Zu diesem Zweck wurde im November 1998 eine gemeinsame Arbeitsgruppe eingerichtet. Ein Zusammenschluß würde Kostensenkungen ermöglichen und mehr Ressourcen für die Entwicklung neuer Verträge u.a. in den liberalisierten europäischen Energiemärkten verfügbar machen.

c) Die skandinavischen Strombörsen Nord Pool und EL-EX

Die skandinavische Strombörse Nord Pool ist aus der 1993 gegründeten norwegischen Strombörse Statnett Market hervorgegangen. Die Börse nahm ihren Betrieb am 1. Januar 1996 auf und gehört zu jeweils 50 % der norwegischen Netzgesellschaft Statnett SF sowie der schwedischen Netzgesellschaft Svenska Kraftnät.[206] Nord Pool ist die erste internationale Strombörse der Welt.
Zunächst umfaßte das (physische) Handelsgebiet die Länder **Norwegen** und **Schweden**. Im Juni 1998 wurde **Finnland** durch eine Kooperation mit der finnischen Netzgesellschaft Fingrid und der finnischen Strombörse EL-EX integriert. Als nächster Schritt, eventuell schon für 1999, ist die vollständige Integration **Dänemarks** in das Handelsgebiet der Strombörse Nord Pool geplant. Zur Vorbereitung dieses Schrittes hat Nord Pool bereits im März 1998 ein Informationsbüro in Dänemark eröffnet. Strom von außerhalb des Handelsgebietes kann über Nord Pool gehandelt werden. Hierzu müssen die Händler einen zusätzlichen Grenzübertrittstarif an die skandinavischen Netzbetreiber entrichten.

Die Börse besteht aus zwei physischen Märkten (Spotmarkt und Regelungsmarkt) und einem Forward- und Futuresmarkt für Finanztransaktionen. Am **Spotmarkt (Elspot)** werden einmal täglich Preise für physische Stromlieferungen für jede einzelne Stunde des Folgetages ermittelt. Hierzu werden Kauf- bzw. Verkaufsangebote bis 12:00 des Vortages gegenüber Nord Pool abgegeben. Hieraus errechnet Nord Pool bis 14:00 für jede Stunde eine Angebots- und Nachfragkurve, aus denen sich am Gleichgewichtspunkt der Systempreis ergibt. Zeichnet sich ab, daß die vorhandenen Leitungskapazitäten überschritten werden, kommen Preismechanismen zum Tragen, die das System wieder ins Gleichgewicht bringen. Die Preise werden regional

---

[205] Nähere Informationen zu den an der NYMEX gehandelten Futures können direkt bei der NYMEX angefragt werden. Adresse siehe Glossar.
[206] Die Entwicklung der skandinavischen Strommärkte ist in Kapitel 2.2.2.2 beschrieben.

soweit differenziert, bis ein Lastenausgleich erreicht ist. Die Unternehmen, die zum Abbau der Kapazitätsengpässe beitragen, werden mit einer Kapazitätsabgabe entlastet und diejenigen, die Kapazitätsengpässe verschulden, werden mit einer Kapazitätsabgabe belastet.[207] Wenn keine Transportengpässe auftreten, gilt ein einheitlicher Systempreis für die gesamte Handelsregion.

Die nationalen Netzgesellschaften sorgen für die Netzstabilität. Hierzu können Kraftwerksleistungen auf dem **Regelungsmarkt** der Nord Pool gekauft werden.

Der dritte Nord Pool Teilmarkt ist der **Forward- und Futuresmarkt (Eltermin)**. Am Futuresmarkt werden derzeit folgende Vertäge gehandelt:

- Für die nächsten jeweils 4 bis 7 Wochen werden **Verträge mit Laufzeiten von einer Woche** gehandelt (Montag 00:00 bis Sonntag 24:00)

- **Blöcke von jeweils vier Wochen** werden ab dem letzten notierten Wochenvertrag bis zum ersten notierten Saisonvertrag gehandelt. Diese Verträge reichen 27 bis 54 Wochen in die Zukunft.

- **Saisonverträge** werden ab dem letzten notierten Vierwochenvertrag bis drei Jahre in die Zukunft gehandelt. Die Anzahl der gleichzeitig aufgelegten Verträge schwankt zwischen vier und sechs. Die Saisonverträge haben Laufzeiten vom 1. Januar bis 30. April, 1. Mai bis 30. September sowie 1. Oktober bis 31. Dezember eines jeden Jahres.

Forwardverträge werden ebenfalls mit maximal drei Jahren Laufzeit gehandelt, wobei die Besonderheit von Nord Pool darin besteht, daß das Clearing der bilateralen Verträge durch die Börse möglich ist. Nord Pool ASA hat gemeinsam mit der OM Gruppe (schwedische Aktienbörse und Clearinghouse) und NOS (Clearinghouse der norwegischen Aktienbörse) das Nordic Electricity Clearinghouse (NECH) gegründet, das die Clearingfunktion im gesamten skandinavischen Markt übernimmt. Der Handel findet an Werktagen jeweils zwischen 10 und 15 Uhr statt. Für Futuresverträge findet ein tägliches Marking-to-Market statt. Die Margen betragen für Wochenverträge und die ersten beiden Blockverträge 10 % des Vertragswertes, für folgende Blockverträge 5 % des Vertragswertes und für Saisonverträge 3 % des Vertragswertes.[208]

Futures- und Forwardverträge haben gemeinsam, daß ein einheitlicher Preis für die gesamte Laufzeit vereinbart wird. Bei Fälligkeit ist keine physische Lieferung vorgesehen, sondern der vereinbarte Preis wird mit dem täglichen durchschnittlichen Systempreis am Spotmarkt für den gesamten Handelsraum verglichen und entsprechend verrechnet. Hieraus erwächst jedoch ein

---

207 Die angewendeten Mechanismen sind in den einzelnen Ländern unterschiedlich. In Schweden erfolgt die Lastregulierung mit Hilfe von Gegenkäufen durch die Netzgesellschaft Svenska Kraftnät. Die dabei entstehenden Kosten werden über die Transporttarife wieder ausgeglichen. In Norwegen wird das Kapazitätselement des Transporttarifs für die verschiedenen Angebots- und Nachfrageregionen solange angepaßt, bis der Transportengpaß beseitigt ist. Schweden wird dabei als eine einheitliche Region behandelt. Alle Marktteilnehmer werden hierüber informiert und sind dazu angehalten, ihre Angebote separat für jede Region vorzulegen. Zur Zeit wird diskutiert, ob Systemengpässe im zukünftigen gesamtskandinavischen Markt nach einheitlichen Prinzipien behandelt werden sollen.

208 Vgl. Nord Pool 1997.

Basisrisiko für die Unternehmen, die diese Verträge zur Preisabsicherung von physischen Lieferungen in einem Land heranziehen, wenn sich herausstellt, daß der kombinierte Systempreis für den gesamten Handelsraum aufgrund von Engpässen im Transportsystem vom Spotpreis für einzelne Regionen abweicht.

Am Nord Pool kann jeder handeln, der eine Beitrittsgebühr, die laufenden Jahresbeiträge sowie Abschlußgebühren bezahlt. Zur Zeit nehmen ca. 230 norwegische, schwedische, finnische, dänische und britische Unternehmen am Handel am Nord Pool teil. Die Entwicklung der Handelsvolumina geht aus Abbildung 3.9 hervor. Wenn sich, wie erwartet, große Kreditinstitute wie die schwedische SE-Bank am (finanziellen) Börsenhandel beteiligen, ist langfristig mit einer massiven Zunahme des Handelsvolumens zu rechnen.

Nord Pool entwickelt sich zu einem regelrechten Exportschlager und hat Beratungsaufträge für Estland, Lettland, Litauen, Polen, Spanien, die Schweiz und den US-Bundesstaat Kalifornien übernommen.[209] Auch die zukünftige niederländische Strombörse APX orientiert sich am skandinavischen Modell und arbeitet mit Nord Pool zusammen.

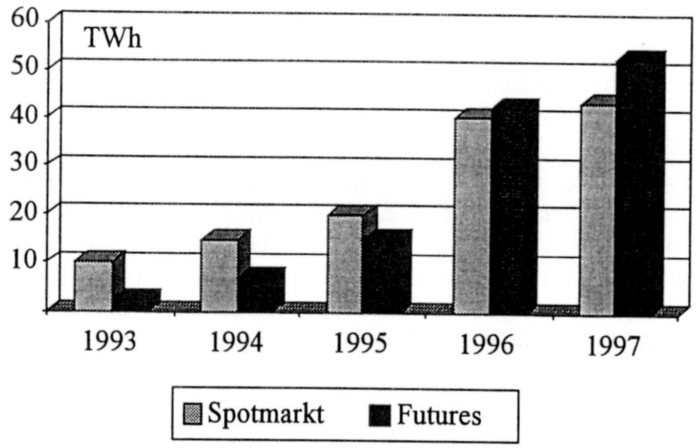

Abbildung 3.9: Entwicklung des Nord Pool Handelsvolumens

An der finnischen **Strombörse EL-EX** (Electricity Exchange) wurden seit August 1996 Verträge auf Strom für Lieferung in das finnische Stromnetz gehandelt. Gelistet wurden Verträge auf Stundenbasis, die darüber hinaus in Wochen-, Wochengruppen- sowie Winter und Sommerverträge kombiniert wurden.
Wegen der Kooperation mit Nord Pool wurde beschlossen, den Handel ab 1998, mit Ausnahme von Verträgen für Stromlieferungen am Folgetag, einzustellen. Im Gegenzug wurde den EL-EX Mitgliedern die Mitgliedschaft an Nord Pool angeboten. EL-EX wurde somit in den Nord Pool integriert und fungiert als finnische Nord Pool-Filiale.

---

209 Vgl. Handelsblatt vom 18. November 1997.

d) Amsterdam Power Exchange (APX)

Der niederländische Strommarkt wird zur Zeit liberalisiert.[210] Um den Stromhandel weiter zu fördern, wird die Einführung einer elektronischen Strombörse (Amsterdam Power Exchange - APX) konkret vorbereitet, die im Laufe des Jahres 1999 den Betrieb aufnehmen soll. Zu diesem Zweck wurde das Power Exchange Steering Committee eingerichtet, dem Vertreter der Energieverteilerunternehmen (EnergieNed), Stromproduzenten, Großabnehmer (VEMW), Amsterdamer Börse sowie des niederländischen Wirtschaftsministeriums angehören. Darüber hinaus sind mit VEW Energie AG sowie der belgischen Electrabel auch zwei große nicht-niederländische Unternehmen am Aufbau der Börse beteiligt.[211] Ein Problem bei der Beteiligung von ausländischen Unternehmen könnte die Handhabung der **Reziprozitätsklausel** darstellen, wonach Importe aus dem Ausland dann verhindert werden können, wenn inländische Unternehmen auf dem Markt des Bezugslandes nicht die gleichen Möglichkeiten zur Marktteilnahme haben. Wenn die Reziprozität nicht gewährleistet ist, entscheidet die niederländische Regulierungsbehörde im Einzelfall über den Marktzugang der ausländischen Anbieter.

Die APX orientiert sich an dem Modell der skandinavischen Strombörse Nord Pool, zu der enge Kontakte unterhalten werden. Die Teilnahme am Börsenhandel erfolgt auf freiwilliger Basis und unterscheidet sich somit vom britischen Strompool.[212]
Im ersten Schritt wird **ein Spotmarkt für Stromlieferungen auf stündlicher Basis für den Folgetag** etabliert, wobei die Börse als Clearingstelle fungiert und als „Zwischenhändler" Vertragspartner jedes Käufers bzw. Verkäufers wird. Die APX arbeitet nach einem zweiseitigen Versteigerungsmodell. Für jede Stunde des Folgetages werden Strompreise auf Basis der Angebote der Käufer und Verkäufer in Form von Gleichgewichtspreisen (Schnittpunkt der Angebots- und Nachfragekurven) ermittelt. Die ermittelten Preise werden in Form des APX-Preisindex, der als Benchmark für den gesamten niederländischen Strommarkt dienen soll, veröffentlicht. Das Mindestbietervolumen beträgt 1 MWh. Parallel hierzu wird APX die Entwicklung eines Forwardmarktes unterstützen.
Im zweiten Schritt, sobald der Spotmarkt eine Mindestliquidität erreicht hat, soll ein **Futuresvertrag** eingeführt werden, der vornehmlich dem Risikomanagement dient. Längerfristig wird die Ausweitung des Börsenhandels auf andere Energieträger für möglich gehalten.

e) Deutsche Energiebörsen

Am 27. Februar 1998 nahm die **Warenterminbörse Hannover (WTB)** den Betrieb auf.[213] Die Clearinghouse-Funktion übernimmt die neu gegründete Clearing Bank Hannover AG.[214] Zunächst werden Futuresverträge über Schlachtschweine und Kartoffeln gehandelt, später sollen Weizen, Raps und Altpapier hinzukommen. Darüber hinaus gibt es Überlegungen, Futures auf Energie (insbesondere Heizöl und Strom) einzuführen. Der **Heizölvertrag** könnte u.a. auch zum Hedging von heizölgebundenen Gaspreisen herangezogen werden. Es liegen bereits ver-

---

210 Vgl. Kapitel 2.2.2.4.2 (der niederländische Strommarkt).
211 Vgl. Handelsblatt vom 25. August 1998.
212 Vgl. Kapitel 2.2.2.3 (der Strommarkt von England und Wales).
213 Vgl. Frankfurter Allgemeine Zeitung vom 28. Februar 1998.
214 Aktionäre der Clearingbank sind die Commerzbank, die Norddeutsche Landesbank und die Vereins- und Westbank.

schiedene Modelle der Kontraktspezifikationen vor. Zum **Stromkontrakt** existiert eine Arbeitsgruppe unter Leitung des niedersächsischen Wirtschaftsministeriums.
Die Chancen für Hannover als Standort der deutschen Strombörse haben sich durch die geplante **Kooperation zwischen dem niedersächsischen Wirtschaftsministerium und der NYMEX** verbessert, wobei insbesondere das Know-how der NYMEX bei der Produktentwicklung sowie bei der Etablierung eines elektronischen Handelssystems genutzt werden soll. Nach diesem neuen Konzept soll die Strombörse jedoch zunächst unabhängig von der WTB errichtet werden. Erst in einem zweiten Schritt soll die Möglichkeit eines Verbundes mit der WTB geprüft werden.
Auf Basis eines im November 1998 vorgelegten Konzepts soll im Januar 1999 die Trägergesellschaft der Börse gegründet und in der ersten Hälfte 2000 der Stromhandel aufgenommen werden. Dieses Konzept sieht vor, daß die Strombörse auf andere Energieträger ausgeweitet wird und „sich in Kürze zur führenden europäischen Energiebörse entwickeln" kann.[215] Auch Unternehmen der Gaswirtschaft sollen der Trägergesellschaft von Beginn an angehören.

Neben Hannover verfolgt auch die **Rheinisch-Westfälische Börse zu Düsseldorf** Pläne zur Einführung einer deutschen Strombörse. Die Düsseldorfer Börse sieht für sich einen Standortvorteil, da ein Drittel der deutschen Stromproduktion aus Nordrhein-Westfalen stammt und mehr als 40 % des Stroms dort verbraucht werden. An den Beratungen innerhalb einer Arbeitsgruppe sind neben RWE auch VEW, Bayernwerk und EnBW beteiligt.

Die **Deutsche Börsen AG, Frankfurt** ist ein weiterer häufig genannter Kandidat, der als Sitz einer deutschen Strombörse in Frage kommt. Der Erfolg einer deutschen Strombörse dürfte maßgeblich davon abhängen, ob es gelingt, eine transparente und wirtschaftliche Durchleitungsregelung zu formulieren sowie einen Punkt für die physischen Lieferungen zu definieren. Zum Zeitpunkt der Veröffentlichung dieses Buches galt die Einführung einer deutschen Strombörse als sicher. Es war jedoch noch nicht abzusehen, welche Börse das Rennen macht und wann der Betrieb aufgenommen wird.

f) Sonstige Energiebörsen

An der **Singapore International Monetary Exchange (SIMEX)** werden Futuresverträge für Brent-Rohöl sowie auf Schweres Heizöl (3,5 % Schwefelgehalt) gehandelt.
Die **California Power Exchange (PX)** nahm im März 1998 den Handel mit Futuresverträgen für Strom auf. Im September 1998 legten der **Chicago Board of Trade (CBOT)** neue Futuresverträge für Strom auf. Seit September 1998 werden auch an der **Minneapolis Grain Exchange (MGE)** neue Futuresverträge für Strom gehandelt. An der **Kansas City Board of Trade (KCBT)** wird seit 1995 ein Futuresvertrag auf Erdgas mit Lieferung am sogenannten Waha-Hub in Texas gehandelt. Zur Zeit liegen Verträge für die nächsten 18 Monate vor.
An der **Sydney Futures Exchange (SFE)** werden seit September 1997 Futuresverträge auf Strom gehandelt. Im November 1996 wurde der Handel mit Futuresverträgen auf Strom an der **New Zealand Futures & Options Exchange (NZFOE)** aufgenommen.

---

[215] Siehe Stuttgarter Nachrichten vom 23. November 1998.

3.1.1.3.2 OTC-Markt

In Kapitel 3.1.1.1 wurden Forwardverträge als bilateral ausgehandelte Vereinbarungen zwischen zwei Parteien beschrieben. Prinzipiell sind Forwardverträge offen für individuelle Vereinbarungen. Im praktischen Handelsgeschäft ist Zeit meist ein kritischer Faktor; das Aushandeln von individuellen Verträgen für jede Transaktion ist daher nicht praktikabel. In der Praxis schließen daher zwei Parteien, die beabsichtigen, in der Zukunft miteinander zu handeln, einen **Rahmenvertrag**[216] ab, auf den bei jeder Transaktion Bezug genommen wird. Die Transaktionskosten des Handels werden hierdurch entscheidend gesenkt. Da ein Handelsunternehmen in einem liberalisierten Energiemarkt unter Umständen Hunderte oder Tausende von Forwardverträgen abschließt, wird der administrative Aufwand des Unternehmens verringert, wenn die abgeschlossenen Rahmenverträge möglichst ähnlich oder im Idealfall sogar identisch sind. Es ist daher nicht verwunderlich, daß sich in manchen Märkten Rahmenverträge entwickelt haben, die hinsichtlich Standardisierung Futuresverträgen kaum nachstehen und von der Mehrzahl der Marktteilnehmer akzeptiert werden. Bei Vorliegen eines Rahmenvertrages müssen sich beide Parteien (in der Regel telefonisch oder unter Einschaltung eines Brokers) lediglich über Preis und Menge für das betreffende Produkt einigen und anschließend die getroffene Vereinbarung in geeigneter Weise (z.B. per Telefax) bestätigen. Die gesamte Vertragsanbahnung bis hin zum Abschluß nimmt dann nur wenige Minuten in Anspruch. Der Regelungsbedarf des Rahmenvertrages ist vergleichbar mit einem traditionellen Energieliefervertrag. Es werden also unter anderem Regelungen getroffen hinsichtlich:

- Übergabepunkt des Gutes,
- Produktqualität,
- Force Majeure,
- Konsequenzen bei Nichterfüllung der vertraglichen Pflichten einer Partei,
- Zahlungsmodalitäten[217] etc.

Neben dem Ölmarkt haben sich OTC-Instrumente in Europa vor allem im britischen Gasmarkt in den letzten Jahren durchgesetzt.

3.1.1.4 Preise von Forwards und Futures

Sind Forwardpreise und Futurespreise gleich?

Es läßt sich nachweisen, daß der Forwardpreis für einen Vertrag mit einem bestimmten Lieferzeitpunkt dem Futurespreis eines Vertrages mit dem gleichen Lieferzeitpunkt entspricht, vorausgesetzt der risikolose Zinssatz ist über die Laufzeit konstant.[218] Wenn sich die Zinssätze unvorhergesehen ändern, was sie in der Realität auch tun, sind Forward- und Futurespreis jedoch nicht länger identisch.

---

[216] Rahmenverträge werden häufig auch als Master Agreements bezeichnet.

[217] Im Zusammenhang mit den Zahlungsmodalitäten spielen Nettingvereinbarungen in vielen Rahmenverträgen eine große Rolle. Auf die Bedeutung dieser Regelungen wird in Kapitel 4.3.2.2 (Messung des Kreditrisikos) detailliert eingegangen.

[218] Vgl. Hull 1995.

In der Praxis gibt es viele Faktoren, die für die Ungleichheit von Forward- und Futurespreisen verantwortlich sind, die jedoch in theoretischen Modellen nicht berücksichtigt werden, z.B. Transaktionskosten, Steuern, Kreditrisiko von Forwards oder Liquidität der Märkte.
Trotzdem ist es für die meisten praktischen Anwendungen gerechtfertigt, davon auszugehen, daß Forward- und Futurespreise gleich sind. Da Futures für Verbrauchsgüter (z.B. Öl, Gas, Strom) für Preisabsicherungen im Energiemarkt besonders wichtig sind, wollen wir uns bei den folgenden Ausführungen auf diese Futures konzentrieren.

Verpreisung von Commodity Futures

Zwecks Konzentration auf die Grundprinzipien der Verpreisung von Futures für Commodities wird in diesem Kapitel von folgenden **Annahmen** ausgegangen:

- Es existieren keine Transaktionskosten.[219]
- Es liegt ein perfekter Kapitalmarkt vor, d.h. alle Marktteilnehmer können Geld zum gleichen risikofreien Zinssatz aufnehmen bzw. anlegen.
- Arbitragemöglichkeiten werden von den Marktteilnehmern unmittelbar wahrgenommen.[220]
- Alle Gewinne und Verluste unterliegen der gleichen Besteuerung.
- Die Verzinsung erfolgt stetig.[221]

Die in diesem Kapitel erläuterten Verpreisungsmodelle lassen sich relativ einfach erweitern, so daß auf die hier gemachten Annahmen verzichtet werden kann.[222]

---

[219] In der Realität existieren selbstverständlich Transaktionskosten, wie z.B. Kosten einer möglichen physischen Lieferung, der Bid-Ask-Spread sowie Broker- oder Börsengebühren. Vgl. Chance 1995.

[220] Es reicht aus, wenn wenige Marktteilnehmer (z.B. große Handelshäuser oder Banken) vorhanden sind, die Arbitragemöglichkeiten in kürzester Zeit ausnutzen. Diese Annahme ist für reife Märkte durchaus realistisch.

[221] Üblicherweise geht man in der Zinsrechnung von diskreten Zinszahlungsterminen aus. Eine Anlage von DM 100,- bei einem Zinssatz i von 10 % ergibt nach einem Jahr einen Betrag von DM 110,-. In der Literatur zu Derivaten hat sich jedoch die Berechnung der Verzinsung mit Hilfe der Funktion e^{rT} durchgesetzt. Die Funktion e^{rT} setzt eine stetige Verzinsung voraus, d.h. Anlagebeträge werden für jeden infinitesimal kleinen Zeitraum verzinst und verdienen Zinseszinsen. Folglich muß der stetige Zinssatz r kleiner sein als der diskrete Zinssatz i, um zum gleichen Ergebnis zu kommen. Die Zinssätze lassen sich nach folgenden Formeln ineinander überführen: $r = \ln(1 + i)$ bzw. $i = e^r - 1$. Für i = 10 % ergibt sich beispielsweise r = 9,53 %.

[222] Vgl. Kolb 1994.

Futures auf Edelmetalle

Mit Hilfe von Arbitrageargumenten läßt sich der exakte Preis eines Futures auf ein Edelmetall (z.B. Gold, Silber) ermitteln. Wenn man von Speicher- und sonstigen Kosten absieht, ergibt sich:

$$F = S\,e^{rT} \tag{3.4}$$

wobei:

F: heutiger Futurespreis
S: heutiger Preis des Gutes, das dem Futures zugrunde liegt (Preis des Underlyings)
T: Zeitraum bis zur Lieferung gemäß Futuresvertrag (in Jahren)
r: risikofreier Zinssatz[223]

Inklusive Speicher- und sonstigen Kosten erhält man:

$$F = (S + U)\,e^{rT} \tag{3.5}$$

oder alternativ:

$$F = S\,e^{(r+u)T} \tag{3.6}$$

wobei:

U: Barwert aller Speicher-, Finanzierungs-, Versicherungs- und Transportkosten für das Gut, die während der Laufzeit des Futures anfallen
u: jährliche Speicher-, Finanzierungs-, Versicherungs- und Transportkosten im Verhält nis zum Spotpreis

Die in den Gleichungen 3.5 und 3.6 dargestellte Beziehung wird als **Cost of Carry Modell** bezeichnet. Die Costs of Carry beinhalten die Speicher-, Finanzierungs-, Versicherungs- sowie eventuell Transportkosten des zugrundeliegenden Gutes.[224] Im Fall von Edelmetallen übersteigt der Futurespreis den Spotpreis im Umfang der Costs of Carry.

Diese Beziehung gilt analog für zwei Futuresverträge mit unterschiedlichen Laufzeiten für dasselbe Gut. Der Preis eines Futures mit der Laufzeit 2 entspricht dem Preis eines Futures mit der Laufzeit 1 plus der Costs of Carry von Zeitpunkt 1 zu Zeitpunkt 2. Wenn der Futurespreis den Spotpreis (oder einen anderen Futurespreis) um mehr als die Costs of Carry übersteigt, werden Arbitrageure Short-Futurespositionen eingehen und das physische Gut in der Erwartung kaufen, daß der Futurespreis relativ zum physischen Preis fällt. Dieses Vorgehen wird als **Cash and Carry Arbitrage** bezeichnet.

---

223 Der risikofreie Zinssatz ist der Zinssatz, den man für eine risikofreie Anlage erhält. Beispiele hierfür sind Staatsanleihen erstklassigen Ratings.

224 Das Modell setzt also voraus, daß keine Transport- und eventuell Speicherengpässe bestehen.

Futures auf Verbrauchsgüter

Für Verbrauchsgüter (d.h. z.B. alle Energieträger) läßt sich mit Hilfe von Arbitrageargumenten lediglich die Preisobergrenze des Futurespreises ermitteln. Unternehmen sind zurückhaltend, wenn es darum geht, das physische Gut zu verkaufen und sich statt dessen mit Futures einzudecken, da Futures nicht im Produktionsprozeß eingesetzt werden können. Es ergibt sich:

$$F \leq (S + U)\, e^{rT} \tag{3.7}$$

oder

$$F \leq S\, e^{(r+u)T} \tag{3.8}$$

Der schon angesprochene Vorteil, der sich aus dem Besitz des physischen Gutes im Vergleich zum Besitz des entsprechenden Futures ergibt, wird als **Convenience Yield** bezeichnet. Der Vorteil kann in der Gewißheit bestehen, den Produktionsprozeß mit Sicherheit aufrecht zu erhalten, auch wenn es kurzfristig zu Verknappungen des Gutes kommt. Der Convenience Yield ist die Prämie für die Verfügbarkeit und reflektiert die Markterwartungen hinsichtlich der zukünftigen Verfügbarkeit des Gutes. Die Höhe von Convenience Yields wird wesentlich von der Saisonalität von Angebot und Nachfrage des betreffenden Gutes beeinflußt. Es handelt sich beim Convenience Yield um ein theoretisches Konstrukt zur Erklärung bestimmter Verhältnisse von Futurespreisen zu Spotpreisen. Der Convenience Yield läßt sich berechnen, in dem die als Annuität ermittelte Rendite des Haltens einer Position für einen naheliegenden Monat im Vergleich zum Folgemonat ermittelt wird. Die Werte verfügen insofern über eine zeitliche Struktur, als die Risikoprämie für weiter in der Zukunft liegende Lieferungen abnimmt. Zur Zeit existiert kein Standardmodell zur längerfristigen Ermittlung des Convenience Yield und seiner zeitlichen Struktur.[225]

Öl und Gas sind typische Beispiele für Güter, die zwar kontinuierlich produziert werden, jedoch starken saisonalen Nachfrageschwankungen unterworfen sind. Niedrige Einspeicherungen führen tendenziell zu hohen Convenience Yields. Es ergibt sich:

$$F = S\, e^{(r+u-y)T} \tag{3.9}$$

mit y = Convenience Yield

Bei Verbrauchsgütern übersteigt der Futurespreis den Spotpreis um einen Betrag in Höhe der Costs of Carry abzüglich Convenience Yield. Das Cost of Carry Modell ist in diesem Fall nur eingeschränkt tauglich.

Saisonalität

Bei den meisten Energiegütern ist eine starke Saisonalität (sowohl auf Tages- als auch auf Jahresbasis) der Spotpreise und der Forward- bzw. Futurespreise beobachtbar. Die vom Markt erwartete Saisonalität spiegelt sich in den Forwardkurven, den impliziten Volatilitäten und den Optionsprämien wider. Erfaßbar ist eine solche Saisonalität durch Addition einer Saisonalitäts-

[225] Vgl. Tokyo-Mitsubishi 1997.

komponente in Formel 3.9. Eine mathematisch exakte Lösung ist jedoch sehr anspruchsvoll und hängt stark vom betrachteten Energieträger ab.[226]

Die Hauptursache für das saisonale Preisverhalten der Energieträger ist die **Wetterabhängigkeit der Nachfrage** im Wärmemarkt bzw. für Klimatisierung. In diesen Segmenten stellt das Wetter (bzw. die Außentemperatur) die wichtigste unabhängige Variable dar. Hiervon sind vor allem Erdgas, Strom, Heizöl und Flüssiggas betroffen. Daneben hat das Wetter (bzw. die Niederschläge) auch entscheidenden Einfluß auf das **Stromangebot**, wo die Erzeugung durch Wasserkraft dominiert wird. Dies ist beispielsweise im skandinavischen Strommarkt der Fall.[227] Schutz vor Abweichungen von erwarteten Temperaturverläufen oder Niederschlagslevels bieten sogenannte **Wetterderivate.**[228]

Verhältnis zwischen Spot- und Futurespreis und Preisänderungen

Dem Cost of Carry Modell entsprechend liegen die Futurespreise immer über dem Spotpreis. Je weiter der Lieferzeitpunkt in der Zukunft liegt, desto höher sind die Futurespreise. Diese Struktur wird als „normale" Marktsituation oder **Contango** bezeichnet. Die Marktteilnehmer erwarten, daß der Spotpreis steigen wird. Die Obergrenze für die Differenz zwischen Spotpreis und Futurespreis wird durch die Costs of Carry determiniert.

Eine Konstellation, die dadurch charakterisiert ist, daß die Futurespreise unter dem Spotpreis liegen oder daß weiter in der Zukunft liegende Futurespreise niedriger sind als näherliegende Futurespreise, wird als inverse Marktsituation oder **Backwardation** bezeichnet. Diese Situation läßt sich theoretisch durch sehr hohe Convenience Yields erklären, welche die Costs of Carry übersteigen. Ein Markt ist in Backwardation, wenn die Marktteilnehmer Liefereinschränkungen und kurzfristig hohe Spotpreise erwarten. Im Gegensatz zum Contango-Markt kann für den Backwardation-Markt keine theoretische Grenze ermittelt werden.

Unabhängig davon, ob der Markt durch Contango oder Backwardation charakterisiert wird, werden sich Spotpreis und Futurespreis annähern, je näher der Zeitpunkt der (möglichen) physischen Lieferung bei Auslaufen des Futuresvertrages heranrückt. Zum Lieferzeitpunkt werden sich die beiden Preise schließlich entsprechen, oder zumindest sehr eng beieinander liegen. Wenn dies nicht der Fall ist, ergeben sich Arbitragemöglichkeiten, die in einem liquiden Markt sofort wahrgenommen werden.[229]

Es sei z.B. angenommen, daß der Futurespreis unmittelbar vor Auslaufen des Vertrages über dem Spotpreis während der Lieferperiode liegt. Arbitrage kann in diesem Fall realisiert werden durch den Verkauf eines Futures (Short-Position), den Kauf des Gutes auf dem Spotmarkt und schließlich der Lieferung dieses Gutes unter dem Futuresvertrag. Der realisierte Gewinn entspricht der Differenz zwischen Futures- und Spotpreis. Diese Transaktionen werden so lange durchgeführt bis der Futurespreis als Konsequenz dieser Nachfrage nach Short-Futures auf das Niveau des Spotpreises gefallen ist. Die Argumentation erfolgt analog, wenn der Futurespreis

[226] Vgl. Pilipovic 1997.
[227] Vgl. Kapitel 2.2.2.2 (der skandinavische Strommarkt).
[228] Vgl. Kapitel 3.3 (Wetterderivate).
[229] Vgl. Hull 1995.

unter dem Spotpreis liegt. Die möglichen Annäherungen von Spot- und Futurespreis ist in Abbildung 3.10 dargestellt.

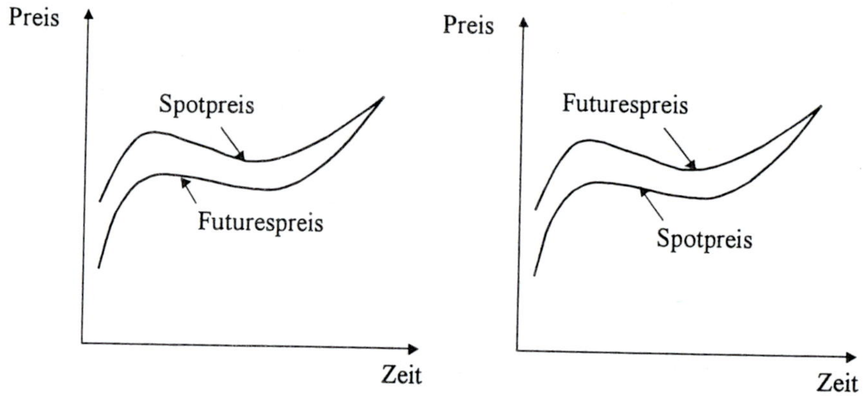

Abbildung 3.10: Annäherung von Spot- und Futurespreis

Ist der Futurespreis eine Prognose des Spotpreises?

Es ist wichtig zu verstehen, daß die **Forwardkurve** (d.h. die Kurve, die anzeigt, zu welchen Preisen heute Verträge für Lieferungen in der Zukunft abgeschlossen werden)[230] keine zuverlässige Prognose des zukünftigen Spotpreises des betreffenden Gutes darstellt. Die Forwardkurve repräsentiert den bereits heute festgelegten Preis eines Gutes für einen Liefervorgang in der Zukunft. Futurespreise stellen heute erwartete zukünftige Spotpreise dar. Statistische Untersuchungen von Vergangenheitsdaten (insbesondere für Rohöl) haben jedoch ergeben, daß in der Regel Futurespreise keine bessere Prognose sind als das simple Fortschreiben von Spotpreisen. „When analysing the forward curve, the futures price of oil must be understood of what it is: an equilibrium price derived from the expectations of market participants, which may be locked in by means of a hedging stategy. It should not be regarded as an accurate forecast of the spot price. While bearing this in mind, it is useful to examine the determinants of the term structure of energy commodities."[231]

Futurespreise sind also an einem Markt gebildete Preise, die für Lieferungen von Gütern in der Zukunft bereits heute abgesichert werden können, aber keine Garantie dafür, daß die Spotpreise in der Zukunft wirklich so sein werden. Fortschrittliche Unternehmen gehen über die Verwendung von Forwardkurven in der oben beschriebenen Form hinaus, die die aktuellen Marktpreise widerspiegeln und somit auch nur für die Zeiträume verfügbar sind, für die es einen

230 Der Begriff Forwardkurve umfaßt üblicherweise sowohl die im OTC-Markt (Forwardverträge) als auch die an der Börse (Futuresverträge) zum heutigen Zeitpunkt gebildete Preiskurve für zukünftige Lieferungen.

231 Siehe Gabillon 1995, Seite 30.

transparenten Markt gibt. Basierend auf einem tiefen Verständnis des Marktes und auf Fundamentalanalysen werden in Abhängigkeit von den eigenen Erwartungen **unternehmensinterne Forwardkurven** erarbeitet. Im kurzfristigen Bereich, für den ein liquider Markt sowie transparente Preise vorliegen, wird diese interne Forwardkurve in der Regel nur wenig bzw. gar nicht von der Forwardkurve des Marktes abweichen. Je weiter die Kurve jedoch in die Zukunft reicht und je illiquider die Märkte werden, desto wichtiger wird die Fundamentalanalyse. Weiter in der Zukunft liegende Preise unterliegen aufgrund der größeren Unsicherheit auch einem größeren Bid-Offer-Spread. Mit der internen Forwardkurve (inklusive Bid-Offer-Spread) erhält man ein Hilfsmittel zur Beurteilung der Attraktivität von Handelsmöglichkeiten.

3.1.2 Swaps

3.1.2.1 Definitionen

Swaps sind private Vereinbarungen zwischen zwei Unternehmen über den Austausch von zukünftigen Zahlungsströmen entsprechend einer vorher vereinbarten Formel.[232] Die Finanzflüsse einer Swapvereinbarung können aufgespalten werden in eine äquivalente zeitlich aufeinanderfolgende Reihe von Finanzflüssen einfacher Forward- bzw. Futuresverträge.[233] Das Studium von Swaps stellt daher eine natürliche Erweiterung des Studiums von Forwards und Futures dar.

Im Gegensatz zu Futures beinhalten Swaps ein Kreditrisiko.[234] Sie sind, wie Forwards, zugeschnitten auf spezifische Bedürfnisse der beteiligten Parteien. Swaps erlauben es, eine Struktur der Verpreisung in eine andere zu überführen. Die unterschiedlichen Swapvereinbarungen ermöglichen ein sehr flexibles Management des Energiepreisrisikos. Unternehmen der Energiewirtschaft können Swaps zum Beispiel heranziehen, um ihren Kunden Fixpreise anzubieten oder um bestimmte Margen sicherzustellen. Gewisse Beschränkungen von Börsen (Liquidität, Handelszeitraum, Notwendigkeit des Marking-to-Market, eingeschränkte Auswahl von Produkten und Spezifikationen) können durch Swaps überwunden werden.

3.1.2.2 Hedging-Strategien

Grundform: Plain-Vanilla Swap (Fixed-for-Floating Swap)

Die Grundform stellt der sogenannte Plain-Vanilla Swap dar. Hierbei handelt es sich um eine Vereinbarung, bei der ein variierender (floating) Preis gegen einen fixen Preis abgetauscht

[232] Die hier beschriebenen finanziellen Swaps sind nicht zu verwechseln mit den in der Energiewirtschaft gebräuchlichen physischen Swaps, bei denen zwei Unternehmen beispielsweise Erdgas oder Heizöl an verschiedenen Lieferpunkten zwecks Einsparung von Transportkosten abtauschen.

[233] Eine solche Reihe wird auch als Strip bezeichnet.

[234] Vgl. Kapitel 4.3.2 (Kreditrisiko).

wird. Beide Parteien erfüllen ihre vertraglichen Verpflichtungen mittels Finanztransaktionen. Zugrundeliegende Mengen, Zeitdauer, fixer und variabler Preis werden vertraglich festgelegt. In der Regel übernehmen Banken oder Tradinggesellschaften, die ein gutes Verständnis von Risikomanagement und „Market-Making" haben, die Funktion des Zwischenhändlers. Sie überbrücken die Kluft zwischen den Marktteilnehmern, die sich vor fallenden Preisen und denen, die sich vor steigenden Preisen schützen wollen.

Für den vereinbarten Zeitraum (und die vereinbarte Menge des Gutes) erhält das Unternehmen, das Schutz vor einem Preisverfall sucht, vom Zwischenhändler (bzw. von einem Unternehmen mit entgegengesetzten Bedürfnissen) die Differenz zwischen fixem und variablen Preis, falls der variable Preis niedriger ist. Wenn der variable Preis höher ist, ist die entsprechende Differenz an den Zwischenhändler zu entrichten. Eine solche Transaktion kann man analog zu dem einperiodischen Short-Forward auch als **Short-Swap** bezeichnen. Ein Energieproduzent bzw. -erzeuger ist natürlicher Nachfrager eines Short-Swaps. Eine Formel zur Ermittlung der zu zahlenden Differenzen ist aus Sicht des Zwischenhändlers wie folgt:

$$Q * (p_F - p_V) \qquad (3.10)$$

wobei:

Q = vereinbarte monatliche (quartärliche, jährliche) Menge
p_F = fixer Preis
p_V = variabler Preis.

Aus Sicht des Swapnachfragers sieht die Auszahlungsfunktion dieses Swaps wie folgt aus:

$$Q * (p_V - p_F) \qquad (3.11)$$

Für den Marktteilnehmer (typischerweise Energienachfrager), der sich vor Preissteigerungen schützen möchte, werden die zu zahlenden Differenzen entsprechend folgender Formel (aus Sicht des Zwischenhändlers) gebildet (**Long-Swap**):

$$Q * (p_V - p_F) \qquad (3.12)$$

Aus Sicht des Swapnachfragers sieht die Auszahlungsfunktion dieses Swaps wie folgt aus:

$$Q * (p_F - p_V) \qquad (3.13)$$

Die Abbildungen 3.11 und 3.12 stellen die Funktionsweise eines Short-Swaps bzw. eines Long-Swaps dar. Abbildung 3.13 gibt einen Überblick aller mit einem Plain-Vanilla Swap zusammenhängenden Transaktionen.

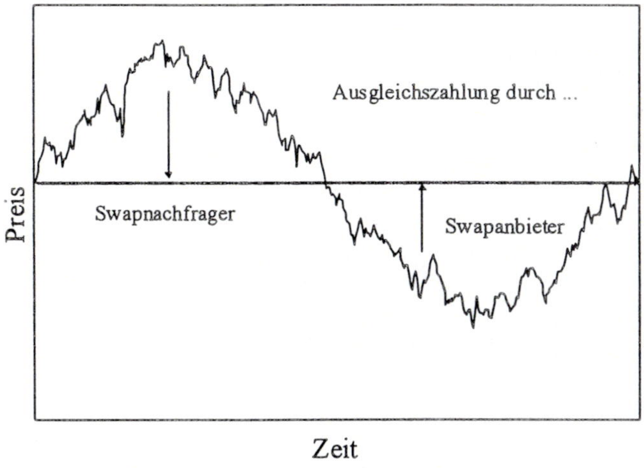

Abbildung 3.11: Funktionsweise eines Short-Swaps

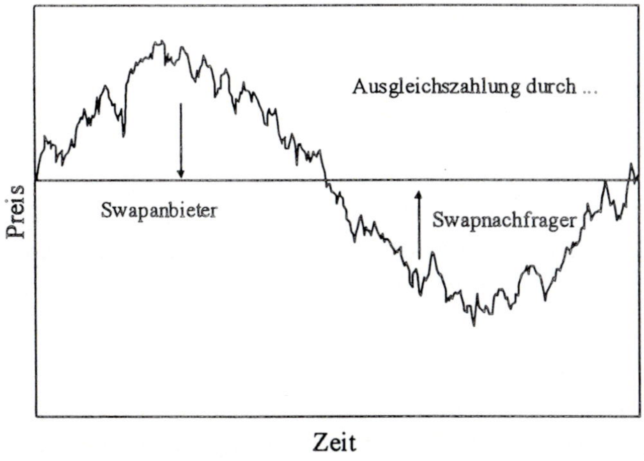

Abbildung 3.12: Funktionsweise eines Long-Swaps

Floating-for-Floating Swap

Ein Fixed-for-Floating Swap basiert auf der Differenz zwischen einem fixen und einem variablen Preis. Ein Floating-for-Floating Swap kommt zustande, wenn beide Referenzwerte bzw. Produkte (z.B. Preisindizes oder Futurespreise) im Zeitablauf veränderlich sind.[235]

[235] Eine Unterform des Floating-for-Floating Swap stellt der Differential Swap (Diff Swap) dar. Dabei kommt es zum Austausch der Differenz zwischen einem vereinbarten Differential zwischen zwei Preisen und den tat-

Die Vielzahl der unterschiedlichen Produkte wird durch folgende Begriffspaare umrissen:

- intracommodity versus crosscommodity
- ortsgleich versus nicht ortsgleich
- zeitgleich versus nicht zeitgleich
- ein Produkt versus mehrere Produkte.

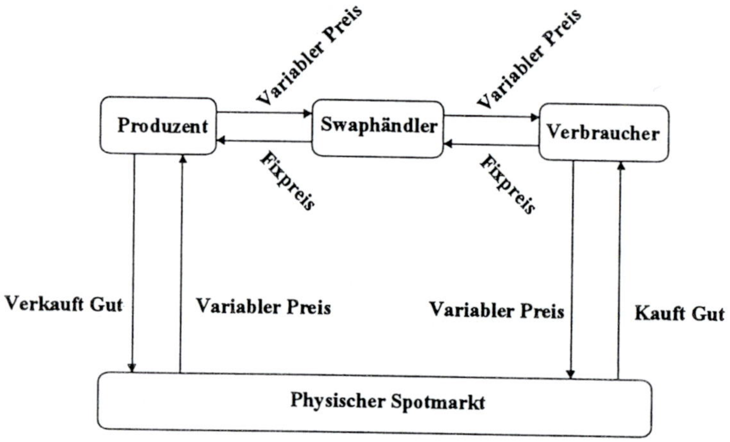

Abbildung 3.13: Prinzip von Plain-Vanilla Swaps

Für das Verständnis und die Bewertung der Floating-for-Floating bzw. Differential Swaps ist es wichtig zu erkennen, daß diese Swaps theoretisch aus jeweils zwei Plain-Vanilla Swaps zusammengesetzt werden können. Diese Vorgehensweise macht jedoch nur Sinn, wenn die zugrundeliegenden Preise wenig oder gar nicht korrelieren. Je höher die Korrelation, desto sinnvoller ist es, sich Portfolioeffekte zu Nutzen zu machen.[236]

3.1.2.3 Beispiele aus der Energiewirtschaft

Ebenso wie Forwardverträge werden auch Swaps in der Regel unter Bezug auf vorher abgeschlossene **Rahmenverträge** vereinbart.[237] In diesen Rahmenverträgen wird unter anderem geregelt, welche genau definierten Preisindizes dem Swap zugrunde liegen können oder wie verfahren wird, wenn die Indizes nicht mehr oder inhaltlich geändert publiziert werden. Insbesondere der von der **International Swaps and Derivatives Association (ISDA)** erstellte und propagierte Rahmenvertrag gewinnt für rein finanzielle Transaktionen wie Swaps immer

sächlichen im Zeitablauf auftretenden Differentialen, z.B. Heizölnotierungen in Rotterdam + 30 DM versus Heizölnotierungen für Rheinschiene. Diese Swaps eignen sich besonders zur Absicherung des Basisrisikos.

236 Vgl. Kapitel 4.1 (Einleitung zu Risikopolitik und Risikomanagement).

237 Vgl. Kapitel 3.1.1.3.2 (OTC-Markt).

größere Bedeutung.[238] In der Energiewirtschaft haben sich vor allem in den USA und in Großbritannien eine Reihe von Swaps als marktgängig erwiesen, die den oben genannten Begriffspaaren entsprechend kategorisiert werden können (siehe Tabelle 3.7).

	Commodity	Ort	Zeit	Produktanzahl Input / Output
a) Plain-Vanilla Swap				
Flugbenzin Plain-Vanilla	intra	gleich	gleich	eins / eins
CfD, EFA	intra	gleich	gleich	eins / eins
Gaspreis Plain-Vanilla	intra	gleich	gleich	eins / eins
Prepaid Swap	intra	gleich	gleich / ungleich	eins / eins
b) Cross-Commodity Swap				
Aluminium-Gas Swap	cross	nicht relevant	gleich	eins / eins
Crack Spread Swap	cross	nicht relevant	gleich	eins / mehr
Spark Spread Swap	cross	nicht relevant	gleich	eins / eins
Frac Spread Swap	cross	nicht relevant	gleich	eins / mehr
c) Ortsbasisswap	intra	ungleich	gleich	eins / eins
d) Time Spread Swap (Curve Lock Swap)	intra	gleich	ungleich	eins / eins

Tabelle 3.7: Swaps in der Energiewirtschaft

Diese Liste ist keineswegs vollständig, gibt aber einen Überblick über die am Markt existierenden Produkte. Im weiteren Verlauf dieses Kapitels werden die in der Tabelle aufgeführten Swaps näher beschrieben. Zunächst erfolgen jedoch einige grundsätzliche Anmerkungen zu der Verpreisung von Energieswaps.

Die tatsächlichen Kosten für Swaps sind schwierig zu ermitteln. Da Swaps meist über Zwischenhändler abgewickelt werden, müssen Kosten anfallen. Der direkte Ausgleich eines Long-Swap durch einen äquivalenten Short-Swap stellt die Idealsituation aus der Sicht des Zwischenhändlers dar, die jedoch in der Praxis selten auftritt (**Back-to-Back**). Futuresmärkte stellen für die Zwischenhändler ein wichtiges Medium zur Preisabsicherung dar. Die meisten Swaps haben jedoch eine Laufzeit, die über den Futureshandel weit hinausgeht. Swaphändler sehen sich häufig gezwungen, Marktrisiken für einen gewissen Zeitraum zwischenzulagern (**Warehousing**), bevor diese z.B. durch Futures oder Swaps abgesichert werden können. Inwieweit der Händler hierzu bereit ist, hängt von seiner Risikofreude und seiner Zuversicht ab, daß die Position letztendlich profitabel ist, selbst wenn er sie bis zum Auslaufen wird halten müssen.[239] Ein geschärftes Risikobewußtsein sowie fortentwickelte Kenntnisse im Bereich

---

[238] Ca. 90 % der OTC-Verträge für Erdgas in den USA basieren auf ISDA (Vgl. Turner 1998). Nähere Informationen zu dem ISDA-Rahmenvertrag können direkt bei der ISDA angefragt werden. Adresse siehe Glossar.

[239] Vgl. Mason & Jones 1995.

Risikomanagement haben jedoch dazu geführt, daß Swaphändler mehr und mehr Swaps in ihre Bücher aufnehmen und das zusätzliche Risiko unter Berücksichtigung von Portfolioeffekten bestimmen (**Back-to-Book**).[240] Swappreise lassen sich aus Futures- oder Forwardpreisen ableiten. Hinzu kommt eine Marge, die dem **Bid-Ask-Spread** entspricht. Diese kompensiert unter anderem für:

- Basisrisiko in zeitlicher, räumlicher und produktmäßiger Hinsicht,
- das Risiko von Verschiebungen der Forwardkurve nach Abschluß des Swaps, aber bevor dieser abgesichert ist,
- das Risiko, daß Preisabsicherungen nicht für die gewünschten Mengen durchgeführt werden können,
- Transaktionskosten für die notwendigen Preisabsicherungsmaßnahmen,
- Finanzierungskosten für Margins an Börsen,
- Kreditrisiko,
- Komplexität der Transaktion.

Der Bid-Ask Spread wird um so größer ausfallen, je höher o.g. Risiken sind. Produkte, für die es keinen liquiden Markt gibt, werden mit Hilfe von Preiskurven ähnlicher Produkte verpreist.

a) Plain-Vanilla Swaps (Fixed-for-Floating)

Flugbenzin Swap

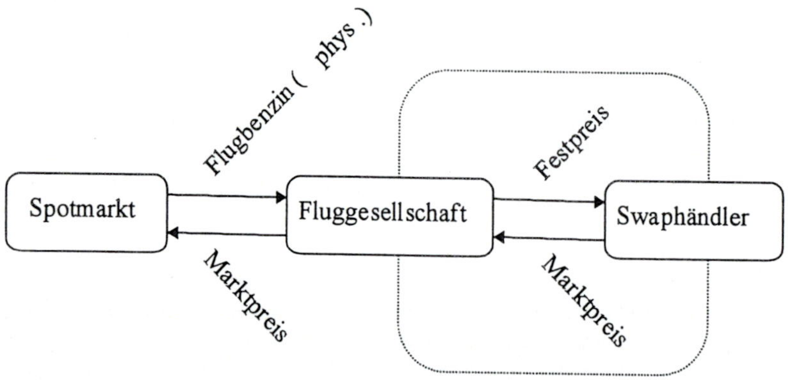

Abbildung 3.14: Zahlungsströme für einen Flugbenzin Swap

Eine Fluggesellschaft kann auf diese Weise für die Laufzeit des Swaps die Einkaufskosten für Flugbenzin (Jet Fuel) fixieren.[241] Die Kosten für eine definierte Menge Flugbenzin entsprechen ca. 7 – 13 % der gesamten Betriebskosten einer Fluggesellschaft und stellen somit einen signi-

240 Vgl. Kapitel 4.1 (Einleitung zu Risikopolitik und Risikomanagement).

241 Da keine börsengehandelten Verträge für Flugbenzin existieren, greifen Fluggesellschaften zur Absicherung ihrer Risiken entweder auf OTC-Swaps und -Optionen oder auf Heizöl- oder Rohöl-Futures zurück.

fikanten Kostenfaktor dar.[242] Die Struktur dieses Swaps, inklusive der physischen Transaktionen, ist in Abbildung 3.14 dargestellt.

Die Vorgehensweise der Verpreisung eines Plain-Vanilla Swaps soll anhand des folgenden **Beispiels** verdeutlicht werden.[243]
Ein Swaphändler verkauft einen Swap (auf US$-Basis) mit einer Laufzeit von 5 Jahren für eine fixierte Menge Flugbenzin (z.B. cif cargo, NWE) an eine Fluggesellschaft. Ein Swap mit einer Laufzeit von 1 bis 2 Jahren könnte relativ leicht durch einen entgegengesetzten Back-to-Back Swap abgesichert werden. Der Markt ist für diesen Zeitraum liquide und die Ermittlung des Marktpreises unproblematisch. Es wäre sicherlich auch möglich, für den hier gewünschten Swap ein Angebot von einem anderen Händler zu erhalten. In einem illiquiden Markt kann es jedoch nachteilig sein, die eigenen Absichten bekannt zu machen. Auch ohne Back-to-Back Swap ist eine Verpreisung aber möglich. Hierzu sind drei Schritte erforderlich:

1. Erzeugung einer langfristigen Brent-Forwardkurve.
2. Ableitung einer langfristigen Gasoil-Forwardkurve auf Basis der Brent-Kurve.
3. Bestimmung des Flugbenzin/Gasoil-Differentials.

ad 1. Zunächst ist es erforderlich, eine Brent-Forwardkurve für den gewünschten Zeitraum von 5 Jahren zu erzeugen. Da Brent Strips nur für einen bestimmten Zeitraum in die Zukunft an der IPE gehandelt und somit über Futures direkt abgesichert werden können,[244] ist der Händler auf OTC-Produkte oder eigene Annahmen über die zukünftige Preisentwicklung und Analyse angewiesen. Für Brent Swaps mit Laufzeiten von drei (bis fünf) Jahren existiert ein liquider Markt. Für diesen Zeitraum können also relativ einfach Marktpreise eingeholt werden.
Ein Schlüssel für die Bestimmung eines langfristigen Futurespreises im Verhältnis zum Spotpreis liegt in der Messung des Convenience Yields und insbesondere seiner zeitlichen Struktur über die bereits sichtbare Forwardkurve hinaus.[245] Hier fließen auch Erfahrungen und Erwartungen über die fundamentale Angebots- und Nachfragesituation ein. Auf Basis einer langfristigen Forwardkurve kann jeder Swap theoretisch verpreist werden.

ad 2. Anschließend geht es um die Bestimmung des Brent/Gasoil (Rotterdam) Differentials (Crack Spread). Es ist relativ einfach, hierzu für einen Zeitraum bis zu 2 Jahren von anderen Händlern oder Brokern Marktpreise einzuholen. Für einige Marktorte existieren sogar börsengehandelte Futures für Crack Spreads (NYMEX). Darüber hinaus ist wiederum eine eigene Analyse erforderlich. Ein wichtiges Hilfsmittel stellen Korrelationen auf Basis von historischen Daten dar. Hinzu kommen selbstverständlich Erfahrungen des Händlers und nicht

242 Vgl. Randall 1998.
243 Vgl. Mason & Jones 1995.
244 Vgl. Kapitel 3.1.1.3.1 (Börsen). Eine längerfristige Absicherung von Brentpreisen wäre mit Hilfe von Futures durch Anwendung der "Rolling the Hedge forward"-Strategie möglich. Hierauf wird in Kapitel 3.1.1.2 (Hedging-Strategien) näher eingegangen.
245 Wie bereits in Kap. 3.1.1.4 (Preise von Forwards und Futures) erwähnt, existiert zur Zeit noch kein Standardmodell für die längerfristige Erfassung von Convenience Yield und ihrer zeitlichen Struktur. Vgl. Tokyo-Mitsubishi 1997.

zuletzt der gesunde Menschenverstand. Der ermittelte Rohöl/Gasoil-Crack wird zum Brent-Swap hinzuaddiert.

ad 3. Schließlich ist in analoger Weise die Flugbenzin/Gasoil Differenz zu ermitteln, die zum bisherigen Resultat hinzuaddiert wird.

Dieses Beispiel soll anhand fiktiver Zahlen in Tabelle 3.8 durchgespielt werden:

Jahr	1	2	3	4	5
1. Schritt:					
Brent Forwardpreis (US$/bbl)	17,40	17,50	18,00	18,50	18,50
2. Schritt:					
Brent/Gasoil Differenz (US$/bbl)	5,10	5,15	5,20	5,25	5,30
Gasoil Preis (US$/bbl)	22,50	22,65	23,20	23,75	23,80
Gasoil Preis (US$/t) Umrechnungsfaktor: 7,45 bbl/t	167,63	168,74	172,84	176,94	177,31
3. Schritt:					
Gasoil/Flugbenzin Differenz (US$/t)	23,00	24,00	24,25	24,50	24,75
Flugbenzin Preis (US$/t)	190,63	192,74	197,09	201,44	202,06

Tabelle 3.8: Flugbenzin-Swap

Es ergibt sich ein Angebotspreis von 196,79 US$/t.[246] Da mit dem Umweg über Brent und Gasoil Basisrisiken verbunden sind, wird der Händler zusätzlich eine entsprechende Sicherheitsprämie verlangen.

Contract for Difference (CfD), Electricity Forward Agreement (EFA)

Die Restrukturierung der britischen Elektrizitätswirtschaft und die Einführung des Pool-Systems im Jahr 1990 führte zu sehr volatilen Strompreisen.[247] Gegen die neuen Preisrisiken sichern sich die Marktteilnehmer in U.K. insbesondere durch verschiedene Arten von Swaps ab.

Die größte Bedeutung kommt den **Contracts for Difference (CfDs)** zu. Hierbei handelt es sich um bilateral ausgehandelte Vereinbarungen, üblicherweise zwischen Stromproduzent und Regionalverteiler. Die Vertragslaufzeiten liegen meist bei einem oder zwei Jahren; Betreiber der in den 90er Jahren neu errichteten GuD-Kraftwerke haben jedoch auch CfDs (sowie entsprechende Gasbezugsverträge) mit Laufzeiten von bis zu 15 Jahren abgeschlossen, wobei in diesem Fall der Swappreis meist einer Indexierung unterliegt. In der Regel beziehen sich CfDs auf den Pool Purchase Price (PPP), der für jede halbe Stunde gebildet wird.[248] CfDs treten in den unterschiedlichsten Formen und Variationen auf, teilweise haben CfDs Optionscharakter.[249]

---

[246] Genau genommen müßte hier nicht der Mittelwert, sondern das Barwertäquivalent, inklusive Berücksichtigung von Zinseffekten, ermittelt werden.

[247] Vgl. Kapitel 2.2.2.3 (Der Strommarkt von England und Wales).

[248] Der Pool Purchase Price setzt sich aus dem System Marginal Price (SMP) und einem Kapazitätselement zusammen. Vgl. Kapitel 2.2.2.3 (Der Strommarkt von England und Wales).

[249] Einen guten Überblick über die verschiedenen Formen gibt Hoare 1995.

Zeitraum	Kapazitätselement £/MWh	System Marginal Price (SMP) £/MWh	Pool Purchase Price (PPP) £/MWh	Differenz zum Swappreis £/MWh
00:00	0,0000	16,5762	16,5762	8,4238
00:30	0,0000	16,5762	16,5762	8,4238
01:00	0,0000	35,0000	35,0000	-10,0000
01:30	0,0000	35,0000	35,0000	-10,0000
02:00	0,0000	21,5602	21,5602	3,4398
02:30	0,0000	16,5762	16,5762	8,4238
03:00	0,0000	16,5762	16,5762	8,4238
03:30	0,0000	11,6900	11,6900	13,3100
04:00	0,0000	11,6900	11,6900	13,3100
04:30	0,0000	11,7600	11,7600	13,2400
05:00	0,0000	11,7600	11,7600	13,2400
05:30	0,0000	11,7500	11,7500	13,2500
06:00	0,0000	11,6900	11,6900	13,3100
06:30	0,0003	22,2797	22,2800	2,7200
07:00	0,0075	22,7008	22,7083	2,2917
07:30	0,0289	27,0506	27,0795	-2,0795
08:00	0,0370	47,5181	47,5551	-22,5551
08:30	0,0444	47,5181	47,5625	-22,5625
09:00	0,0360	31,7138	31,7498	-6,7498
09:30	0,0408	31,7138	31,7546	-6,7546
10:00	0,0403	31,7138	31,7541	-6,7541
10:30	0,0480	31,7138	31,7618	-6,7618
11:00	0,0552	31,7138	31,7690	-6,7690
11:30	0,0612	31,7138	31,7750	-6,7750
12:00	0,0514	40,0440	40,0954	-15,0954
12:30	0,0374	40,0440	40,0814	-15,0814
13:00	0,0213	27,0596	27,0809	-2,0809
13:30	0,0155	27,0596	27,0751	-2,0751
14:00	0,0129	27,0596	27,0725	-2,0725
14:30	0,0121	27,0596	27,0717	-2,0717
15:00	0,0209	27,0596	27,0805	-2,0805
15:30	0,2769	27,0596	27,3365	-2,3365
16:00	9,5904	37,3366	46,9270	-21,9270
16:30	30,2476	50,7526	81,0002	-56,0002
17:00	37,1567	57,0000	94,1567	-69,1567
17:30	28,9767	57,0000	85,9767	-60,9767
18:00	8,6118	49,3585	57,9703	-32,9703
18:30	1,3964	37,3366	38,7330	-13,7330
19:00	0,3285	34,4607	34,7892	-9,7892
19:30	0,0481	32,7231	32,7712	-7,7712
20:00	0,0054	31,9781	31,9835	-6,9835
20:30	0,0012	22,7008	22,7020	2,2980
21:00	0,0002	22,5517	22,5519	2,4481
21:30	0,0000	22,5517	22,5517	2,4483
22:00	0,0000	22,2797	22,2797	2,7203
22:30	0,0000	16,8540	16,8540	8,4160
23:00	0,0000	16,0000	16,0000	9,0000
23:30	0,0000	16,0000	16,0000	9,0000
Mittelwert:	2,4419	28,2268	30,6687	-5,6687
Maximum:	37,1567	57,0000	94,1567	13,3100
Minimum:	0,0000	11,6900	11,6900	-69,1567

Tabelle 3.9: Beispiel Contract for Difference (CfD)

Sie sind ein Paradebeispiel dafür, wie flexibel sich OTC-Instrumente auf die unterschiedlichen Risikobedürfnisse der Marktteilnehmer zuschneiden lassen.

Das **Beispiel in Tabelle 3.9** beschränkt sich auf die Grundform des zeitabhängigen Swaps, der zur besseren Übersicht lediglich für einen Tag dargestellt wird. Der 14. Januar 1997 war ein normaler Wintertag, die Poolpreise für diesen Tag sind Tabelle 3.9 zu entnehmen. Wir nehmen an, daß ein Stromproduzent und ein Regionalverteiler einen einheitlichen Swappreis von 25,00 £/MWh vereinbart haben; die einzelnen Zahlungsströme (aus der Sicht des Erzeugers) sind der letzten Spalte zu entnehmen.

Der Produzent hat einen Verkaufspreis von 25,000 £/MWh abgesichert, an diesem Tag muß er durchschnittlich 5,6687 £/MWh an seinen Vertragspartner zahlen. Da der Einkaufspreis des Regionalverteilers (Pool Selling Price) als zusätzliches Element den sogenannten Uplift enthält, ist dieser durch diesen CfD nicht vollständig abgesichert.[250] Es ist durchaus üblich, daß die dem Swap zugrundeliegenden Mengen der tageszeitlich und jahreszeitlich schwankenden Stromnachfrage angepaßt werden.

Der britische Markt für Stromderivate wird von CfDs dominiert. Es stellte sich allerdings schnell heraus, daß CfDs zu groß und komplex sind für das effiziente Management des Preisrisikos. Daher wurden 1991 **Electricity Forward Agreements (EFAs)** eingeführt. Dabei handelt es sich um Swaps, die analog zu dem oben dargestellten CfD funktionieren, mit dem Unterschied, daß die Verträge standardisiert und die Laufzeiten wesentlich kürzer sind. Die Zeitperioden im EFA-Markt sind Tabelle 3.10 zu entnehmen.[251]

	Montag – Freitag	Samstag und Sonntag
23:00 - 03:00	WD 1	WE 1
03:00 - 07:00	WD 2	WE 2
07:00 - 11:00	WD 3	WE 3
11:00 - 15:00	WD 4	WE 4
15:00 - 19:00	WD 5	WE 5
19:00 - 23:00	WD 6	WE 6

Tabelle 3.10: Zeitperioden im EFA-Markt

Ein Vertrag umfaßt mindestens eine 4 Stunden Periode für Werktage (d.h. 20 Stunden) oder für das Wochenende (8 Stunden), wobei in Einheiten von 1 MW gehandelt wird. In der Praxis werden meist mehrere Zeitblöcke über mehrere Wochen gehandelt. EFAs dienen der Feinsteuerung des Risikomanagements. Im Gegensatz zu CfDs erfolgt der EFA Handel über Broker; die Vertragspartner bleiben bis unmittelbar vor Abschluß anonym.

Plain-Vanilla Swap für einen heizölgebundenen Gaspreis

Diese Art von Swap soll anhand eines detaillierten Rechenbeispiels verdeutlicht werden. Ein Gaskäufer K beziehe eine Gasmenge von 120 Mio. kWh/a. Dieser Gasbezug verfüge über keinerlei Flexibilität, d.h. pro Monat werden 10 Mio kWh geliefert und abgenommen. Für einen

250 Vgl. Kapitel 2.2.2.3 (der Strommarkt von England und Wales).
251 Vgl. Hoare 1995.

Zeitraum von 2 Jahren möchte K einen Fixpreis, der jedoch durch den Gasverkäufer V nicht angeboten wird.[252] Die Vertragspreisanpassungsformel lautet wie folgt:[253]

$$AP_t = 1{,}78 + 0{,}67 * 0{,}85 * 0{,}09098 * (HEL_t - 42{,}45) + 0{,}33 * 0{,}80 * 0{,}00792 * (HSL_t - 190{,}82)$$

wobei:

AP_t: Aktueller Arbeitspreis in Pf/kWh

HSL_t: Aktueller HSL-Preis, 1 % Schwefelgehalt, > 15 t, Rheinschiene (DM/t), monatliche Notierungen des Statistischen Bundesamtes, Wiesbaden, Fachserie 17, Reihe 2, mit einem 6 - 0 - 3 Preisanpassungssystem (6 Monate Referenzzeitraum, kein Time Lag, quartalsweise Anpassungszeitpunkte).

HEL_t: Aktueller HEL-Preis, 40 - 50 hl, Rheinschiene (DM/hl), monatliche Notierungen des Statistischen Bundesamtes, Wiesbaden, Fachserie 17, Reihe 2, mit einem 9 - 0 - 3 Preisanpassungssystem.

Ein Swapanbieter S erklärt sich bereit, die Preisanpassungsformel für K für den gewünschten Zeitraum in einen Fixpreis umzuwandeln. Die Ermittlung des Swappreises sowie die Absicherung des Swaps durch S erfolgt nach folgendem Schema:

Ab Monat 1 seien am Heizölmarkt (IPE bzw. OTC-Markt) Forwardkurven für Gasoil Rotterdam sowie Heavy Fuel Oil Rotterdam ablesbar (siehe Tabelle 3.11).[254] Ein Qualitätsunterschied zwischen diesen Produkten und den Rheinschieneprodukten, wie sie in der Preisanpassungsformel benötigt werden, existiere nicht; es existiert also kein Produktbasisrisiko. Der einzige Unterschied sei der Ort, wobei der daraus resultierende Preisunterschied zwischen Rotterdamer Notierungen und Rheinschienenotierungen der Einfachheit halber als konstant und sicher betrachtet wird. Er betrage für HEL 200 DM/t und für HSL 40 DM/t. Aus diesen Forwardpreisen für Heizöl läßt sich der Forwardpreis für Gas durch Einsetzen in die Anpassungsformel bestimmen:[255]

Aus den so ermittelten Gaspreisen läßt sich ein Zahlungsstrom durch Multiplikation mit den gelieferten Mengen ermitteln. Der Nettobarwert dieses Zahlungsstromes (Kalkulationszinsfuß: 0,5 % p.m.) beträgt ca. 3,76 Mio DM. Sucht man einen über zwei Jahre konstanten Gaspreis, der multipliziert mit den Liefermengen zum gleichen Nettobarwert führt, erhält man den Swappreis. In diesem Beispiel beträgt er 1,6910 Pf/kWh.

---

252 Innerhalb des betrachteten Zeitraums besteht annahmegemäß keine Möglichkeit zur Preisrevision.

253 Vgl. Donath 1996.

254 Die Notierungen seien der Einfachheit halber bereits von US$/t in DM/t umgerechnet. Bis Monat 1 liegen Istwerte vor.

255 Bei der Umrechnung von DM/t in DM/hl für HEL wurde der Umrechnungsfaktor 0,085 t/hl verwendet.

Dieser Gasswap (aus Sicht des Swapanbieters ein Short-Swap) läßt sich durch einen Strip von Heizölforwardgeschäften absichern. Hierzu ist es zunächst notwendig, die den gelieferten Gasmengen wärmeäquivalenten Heizölmengen zu bestimmen.

Monat	Markt-Forwardkurve Gasoil	Markt-Forwardkurve Heavy Fuel Oil	abgeleitete Forwardkurve HEL	Abgeleitete Forwardkurve HSL	abgeleitete Forwardkurve Gas	Gas-menge
	DM/t	DM/t	DM/hl	DM/t	Pf/kWh	Mio kWh
-8	311,76	150,00	43,50	190,00		
-7	352,94	161,10	47,00	201,00		
-6	322,35	148,00	44,40	188,00		
-5	317,65	148,00	44,00	188,00		
-4	282,35	144,20	41,00	184,20		
-3	283,53	144,20	41,10	184,20		
-2	305,88	146,00	43,00	186,00		
-1	300,00	144,00	42,50	184,00		
0	268,24	139,90	39,80	179,90		
1	274,30	144,00	40,32	184,00	1,7910	
2	274,70	146,00	40,35	186,00	1,7910	
3	275,10	146,50	40,38	186,50	1,7910	
4	275,50	146,80	40,42	186,80	1,7113	10
5	275,90	147,00	40,45	187,00	1,7113	10
6	277,20	147,20	40,56	187,20	1,7113	10
7	277,60	147,40	40,60	187,40	1,6883	10
8	278,00	147,60	40,63	187,60	1,6883	10
9	278,40	148,00	40,66	188,00	1,6883	10
10	278,80	148,20	40,70	188,20	1,6709	10
11	279,20	148,40	40,73	188,40	1,6709	10
12	279,60	148,60	40,77	188,60	1,6709	10
13	280,30	149,00	40,83	189,00	1,6790	10
14	280,30	149,20	40,83	189,20	1,6790	10
15	280,60	149,40	40,85	189,40	1,6790	10
16	280,90	149,10	40,88	189,10	1,6868	10
17	281,30	149,20	40,91	189,20	1,6868	10
18	281,60	149,40	40,94	189,40	1,6868	10
19	281,90	149,40	40,96	189,40	1,6924	10
20	282,20	149,60	40,99	189,60	1,6924	10
21	282,50	149,70	41,01	189,70	1,6924	10
22	282,80	149,80	41,04	189,80	1,6972	10
23	283,30	149,90	41,08	189,90	1,6972	10
24	283,60	150,00	41,11	190,00	1,6972	10
25	283,90	150,10	41,13	190,10	1,7021	10
26	284,20	150,20	41,16	190,20	1,7021	10
27	284,50	150,30	41,18	190,30	1,7021	10

Tabelle 3.11: Erdgaspreis Plain-Vanilla-Swap I

Wegen des Referenzzeitraumes von neun bzw. sechs Monaten finden die zu tätigenden Heizölgeschäfte zum Teil zeitlich entsprechend früher statt als die Gaslieferungen. Nach einem Mengenaufbau erreichen die Heizölmengen bei 440 t/Monat (Gasoil) bzw. 209 t/Monat (Heavy Fuel Oil) ihr Plateau. Für diese Mengen geht der Swapanbieter zur Absicherung des Gasswaps

Long-Forwards ein. Bei steigenden Heizölpreisen verdient der Swapanbieter auf der Ölseite genauso viel (unter Nettobarwertgesichtspunkten), wie er auf der Gasseite durch zeitversetzt steigende Gaspreise verliert. In Tabelle 3.12 sind für ein willkürlich angenommenes - von den Forwardpreisen abweichendes - Heizölistpreisszenario die Swapzahlungsströme aufgeführt.

Monat	Istpreis Gasoil	Istpreis Heavy Fuel Oil	Istpreis Gas	Swapzahlungen Gas	Swapzahlungen Gasoil und Heavy Fuel Oil
	DM/t	DM/t	Pf/kWh	TDM	TDM
-8	311,76	150,00		0,0	0,0
-7	352,94	161,10		0,0	0,0
-6	322,35	148,00		0,0	0,0
-5	317,65	148,00		0,0	0,0
-4	282,35	144,20		0,0	0,0
-3	283,53	144,20		0,0	0,0
-2	305,88	146,00		0,0	0,0
-1	300,00	144,00		0,0	0,0
0	268,24	139,90		0,0	0,0
1	287,81	155,04	1,7910	0,0	-8,3
2	297,02	153,86	1,7910	0,0	-11,5
3	287,11	157,06	1,7910	0,0	-7,5
4	298,32	153,81	1,7450	5,4	-11,5
5	277,36	148,57	1,7450	5,4	-1,0
6	291,77	146,92	1,7450	5,4	-6,4
7	285,13	145,11	1,7439	5,3	-2,8
8	287,57	143,56	1,7439	5,3	-3,4
9	297,96	153,56	1,7439	5,3	-9,8
10	288,54	158,10	1,7339	4,3	-6,4
11	295,88	155,87	1,7339	4,3	-8,9
12	295,92	140,30	1,7339	4,3	-5,4
13	295,69	144,13	1,7398	4,9	-5,8
14	295,80	141,11	1,7398	4,9	-5,1
15	282,33	150,84	1,7398	4,9	-1,1
16	275,12	156,41	1,7407	5,0	1,0
17	279,85	145,28	1,7407	5,0	1,5
18	297,48	154,78	1,7407	5,0	-8,1
19	295,54	159,10	1,7326	4,2	-6,0
20	297,63	145,49	1,7326	4,2	-3,7
21	274,26	145,94	1,7326	4,2	3,2
22	276,76	141,49	1,7313	4,0	1,8
23	297,53	144,16	1,7313	4,0	-1,5
24	296,78	150,80	1,7313	4,0	-2,0
25	274,58	144,87	1,7230	3,2	0,0
26	291,02	155,66	1,7230	3,2	0,0
27	296,95	145,41	1,7230	3,2	0,0

Tabelle 3.12: Erdgaspreis Plain-Vanilla-Swap II

Die Nettobarwerte der Zahlungsströme in den beiden letzten Spalten sind (bis auf Rundungsdifferenzen) gleich hoch, jedoch mit umgekehrten Vorzeichen. Folglich ist der Swapanbieter seinerseits abgesichert.
Der oben berechnete Swappreis wird in der Realität selbstverständlich etwas höher sein als der hier mathematisch ermittelte. Zum einen müssen Transaktionskosten abgedeckt werden, zum anderen besteht ein nicht unerhebliches Basisrisiko zwischen den Marktorten Rotterdam und Rheinschiene, welches in diesem Beispiel bewußt vernachlässigt wurde. Der Swapanbieter wird also eine gewisse Prämie für die Übernahme dieses Basisrisikos verlangen.[256]

Prepaid Swap

Dieser Swap stellt eine Sonderform des Plain-Vanilla Swaps dar. Bei einem Short-Swap garantiert eine Bank oder ein sonstiger Swapanbieter beispielsweise einem Erdgasproduzenten Preissicherheit dadurch, daß er einen variablen Spotpreis in einen vorab fixierten Preis „umwandelt". Da dies nur für eine ebenfalls vorab vereinbarte und festgeschriebene Menge des abzusichernden Gutes möglich ist, ist es einfach, den gesamten Cash-Flow, der von der Bank in Richtung auf den Produzenten fließt, vorab zu bestimmen.
Diskontiert die Bank diesen Cash Flow und zahlt sie diesen diskontierten Betrag bereits heute, so spricht man von einem Prepaid Swap. Der Produzent erhält auf diese Art und Weise nicht nur eine maßgeschneiderte Preisabsicherung, sondern auch eine (je nach Konditionen) günstige und einfache **Finanzierung** eines Projektes.
Prepaid Swaps werden häufig von kleineren Öl- und Gasproduzenten genutzt, die auf diese Art einen Teil ihrer Finanzierungserfordernisse abdecken.

b) Cross-Commodity-Swap

Aluminium-Gas Swap

Ein Beispiel eines Cross-Commodity-Swaps stellt der Aluminium-Gas Swap dar, der am Beispiel einer Aluminiumhütte verdeutlicht werden soll. Das Schmelzen von Aluminium erfordert einen sehr hohen Energieaufwand (in diesem Beispiel Erdgas zur Eigenstromerzeugung), was zur Folge hat, daß Energiekosten in der Kostenrechnung einer Hütte eine überragende Rolle spielen. Nach Einschätzung des Aluminiumproduzenten VAW beträgt in Deutschland der Anteil der Energie ca. 38 % der gesamten Produktionskosten.[257] Eine Hütte steht nun vor dem nicht unerheblichen Risiko steigender Kosten durch anziehende Energiepreise bei gleichzeitig fallenden Verkaufserlösen durch sinkende Aluminiumpreise. Gegen dieses Risiko könnte die Hütte sich durch einen Cross-Commodity-Swap absichern: Der heizölgebundene Gaspreis für eine vorab fixierte Gasmenge wird durch einen Gaspreis ersetzt, der an die Aluminiumpreisentwicklung angebunden ist. Hierdurch gelingt es, die Energiekosten zu einem konstanten Bruchteil des Erlöses zu machen. Eine solche Transaktion läßt sich theoretisch in drei Teilschritte zerlegen:

---

[256] Der Begriff Basisrisiko wird in Kapitel 3.1.1.2 (Hedging-Strategien) definiert und anhand von Heizölpreisnotierungen für die Marktorte Rotterdam und Rheinschiene erläutert.
[257] Vgl. European Gas Markets vom 28. Oktober 1998.

1. Plain-Vanilla Swap: Variabler heizölgebundener Gaspreis in Fixpreis
2. Plain-Vanilla Swap: Variabler Aluminumpreis in Fixpreis
3. Verknüpfung der ermittelten Fixpreise

Die Kalkulation dieser Transaktionen verläuft analog zu der Rechnung für den Flugbenzin Swap.

Börse	**Futures (maximale Laufzeit)**	**Optionen (maximale Laufzeit)**
London Metal Exchange LME		
Kupfer A Grade	27 Monate	27 Monate
Aluminium High Grade	27 Monate	27 Monate
Aluminium Alloy (Legierung)	15 Monate	15 Monate
Zink Special High Grade	27 Monate	27 Monate
Nickel	27 Monate	27 Monate
Blei	15 Monate	15 Monate
Zinn	15 Monate	15 Monate
New York Mercantile Exchange NYMEX (NYMEX Division)		
Platin	15 Monate	9 Monate
Palladium	15 Monate	
New York Mercantile Exchange NYMEX (COMEX Division)		
Kupfer High Grade	24 Monate	24 Monate
Gold	60 Monate	24 Monate
Silber	60 Monate	24 Monate
Tokyo Commodity Exchange TOCOM		
Gold	12 Monate	
Silber	12 Monate	
Platin	12 Monate	
Palladium	12 Monate	
Aluminium	12 Monate	

Tabelle 3.13: Metallbörsen

Absicherungen des Aluminiumpreises sind grundsätzlich Over-the-Counter oder an der London Metal Exchange (LME) möglich. An der LME existiert ein mittelfristig liquider Aluminiumkontrakt, der zur Absicherung herangezogen werden könnte. Da dieser Vertrag in US$ gehandelt wird, ist darüber hinaus eine Wechselkursabsicherung notwendig, die jedoch unter den wichtigen Währungen für die meisten Laufzeiten problemlos möglich ist.

Bei der Entscheidung, in welchem Umfang die beiden Swaps durchgeführt werden, ist außerdem die zwischen den dem Gaspreis zugrundeliegenden Heizölpreisen und den Aluminiumpreisen bestehende Korrelation zu berücksichtigen, die den Absicherungsumfang reduziert, da sich je nach Höhe der Korrelation die beiden Preisrisiken gegenseitig (zum Teil) aufheben.[258]

Auf diese Art und Weise lassen sich selbst Märkte, die scheinbar nichts miteinander zu tun haben, miteinander verknüpfen, solange Marktpreise existieren, die dritte Parteien abzusichern bereit sind. Beispiele hierfür sind Metallmärkte. Da Energie ein wichtiger Kostenblock bei der Erzeugung vieler Metalle darstellt, sind diese Märkte auch für Preisabsicherungmaßnahmen besonders relevant. Tabelle 3.13 gibt einen Überblick über gehandelte Metalle an den wichtigsten Börsen.[259]

Wer einen solchen Cross-Commodity-Swap (entweder als Energienachfrager oder Energieanbieter) eingehen möchte, sollte sich überlegen, ob er das gesamte Paket von einem Zwischenhändler erwerben möchte. Alternativ kann er auch Teile der Absicherung intern vornehmen, was aber nur vor dem Hintergrund der Struktur des eigenen Portfolios entschieden werden kann.

Crack Spread Swap (Raffineriemargen Swap)

Raffinerien begegnen sowohl auf ihrer Beschaffungsseite als auch auf ihrer Absatzseite volatilen Märkten für Energieträger. Raffinerien verarbeiten in der Regel einen Mix von Rohölsorten mit unterschiedlichen Dichten, Schwefelgehalten etc. zu einem Mix von Produkten, der von schwerem Heizöl bis zu leichten Produkten wie Superbenzin und Kerosin reicht. Die Produktausbeute ist in diesem Prozeß weitgehend durch die vorhandenen (sehr kapitalintensiven) Anlagen einer Raffinerie fixiert. Durch Einsatz von Crackern beispielsweise läßt sich die Ausbeute an leichten Produkten, die regelmäßig höhere Preise erzielen, erhöhen. Insbesondere wegen dieser hohen Kapitalintensität kann es für den Betreiber einer Raffinerie durchaus sinnvoll sein, die Marge der Raffinerie für einen gewissen Zeitraum zu fixieren. Daneben existiert natürlich auch noch das zeitliche Risiko während des Transports und der Verarbeitung des Rohöls.

Ein Instrument hierfür ist der **Crack Spread Swap**, mit dem sich Raffineriemargen absichern lassen.[260] Es wird eine bestimmte Differenz zwischen dem mengengewichteten Durchschnittspreis für die Raffinerieprodukte und dem mengengewichteten Durchschnittspreis für eingesetzte Rohöle festgeschrieben.[261] Liegt die sich am Markt bildende Preisdifferenz unter (über) der vereinbarten fixierten Preisdifferenz, erfolgt eine Ausgleichszahlung durch den Swapanbieter (Swapnachfrager).

---

[258] Vgl. Kapitel 4.1 (Einleitung zu Risikopolitik und Risikomanagement).
[259] Vgl. Tudor 1997.
[260] Der Einfachheit halber soll davon ausgegangen werden, daß die Verweildauer des Rohöls und von Zwischenprodukten in der Raffinerie vernachlässigbar klein ist.
[261] Vgl. Barnaud & Dabouineau 1995.

Spark Spread Swap

Unter Spark Spreads versteht man die Preisdifferenz zwischen dem Outputgut (Strom) und dem Inputgut eines Kraftwerks. Als Inputgüter kommen in erster Linie Kohle, Öl und vor allem Gas in Betracht. Aufgrund der hohen Kapitalintensität von Kraftwerksneubauten kann ein sogenannter **Spark Spread Swap**, mit dem diese Preisdifferenz fixiert werden kann, sinnvoll sein. Zur Bestimmung des Swappreises sind neben den Forwardkurven für Strom und beispielsweise Gas auch Wirkungsgrade und Fahrweise des Kraftwerkes zu berücksichtigen (Grundlast, Mittellast oder Spitzenlast).

Im einfachsten Fall läßt sich ein Grundlast Spark Spread Swap erzeugen, indem der Gaseinkaufspreis durch einen Plain Vanilla Swap und gleichzeitig der Stromverkaufspreis durch einen Contract for Difference fixiert werden.

Frac Spread Swap

Ein Frac Spread unterscheidet sich von einem Crack Spread nur dadurch, daß anstatt Rohöl „nasses" Erdgas als Input dient, und anstatt Heizöl oder Benzin sogenannte Liquids wie Propan, Butan etc. die Outputprodukte sind. Diese Beiprodukte haben für die Wirtschaftlichkeit vieler Erdgasprojekte eine sehr große Bedeutung. Eine Preisabsicherung durch einen **Frac Spread Swap** kann daher für Gasproduzenten interessant sein.

c) Basisswap

Ortsbasisswap (Henry Hub)

Der Basisswap soll anhand des Beispiels der Absicherung von Preisdifferenzen zwischen zwei Orten erläutert werden, das für den amerikanischen Gasmarkt sehr typisch ist. In der einfachsten Form wird der Preis für Gas am Henry Hub, dem Lieferpunkt des NYMEX Gas-Futuresvertrages,[262] abzüglich (oder zuzüglich) einer vereinbarten Differenz gegen den Gaspreis an einem anderen Ort abgetauscht. Diese Grundform ist in Abbildung 3.15 dargestellt. Als Henry Hub Preis wird üblicherweise der durchschnittliche Settlement Preis des NYMEX-Futuresvertrages an den drei letzten Handelstagen herangezogen, der auch als L3D-Preis bezeichnet wird.[263]

Die Anwendung des Swaps soll anhand eines Zahlenbeispiels verdeutlicht werden. Angenommen sei ein Gashändler, der für November 15.000 MMBTU/Tag[264] am Übergabepunkt San Juan verkauft hat und hierfür einen festen Preis von 2,00 US$/MMBTU erhält. Das Gas wird er von einem Produzenten zum San Juan Spotpreis November kaufen (San Juan Index).[265] Dieser Spotpreis ist heute noch nicht bekannt. Der Gashändler ist mit dem Risiko konfrontiert, daß der San Juan Index im November über 2,00 US$ liegt und er Verluste erleidet.

---

262 Vgl. Kapitel 3.1.1.3.1 (Börsen).

263 Vgl. Sturm 1997.

264 Ein MMBTU entspricht 293,071 kWh.

265 Für viele Produktions- und wichtige Nachfragegebiete der USA wird der Spotpreis täglich von Publikationen wie McGraw Hill's Inside FERC Gas Market Report (IFGMR), Gas Daily, Natural Gas Week oder Natural Gas Intelligence veröffentlicht.

Gegen dieses Risiko will er sich mit Hilfe des NYMEX-Futuresvertrages absichern. Der Händler kauft 45 November Futuresverträge (entsprechend 450.000 MMBTU) zum Preis von 2,15 US$/MMBTU, die während der letzten drei Handelstage glattgestellt, d.h. verkauft werden.[266]

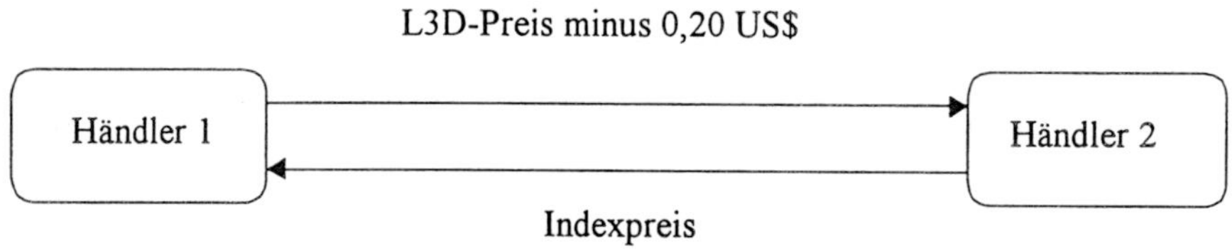

Abbildung 3.15: Zahlungsströme für einen Basisswap (Grundform)

Die Idee ist, daß die Verluste aus dem physischen Geschäft im Fall von steigenden Gaspreisen durch die Gewinne aus dem Absicherungsgeschäft ausgeglichen werden. Der Händler hat das Festpreisrisiko eliminiert. Er steht jedoch nun noch dem Basisrisiko[267] gegenüber, nämlich der Möglichkeit, daß sich der L3D-Futurespreis und der San Juan-Indexpreis nicht gleichartig entwickeln und die Differenz von 0,15 US$/MMBTU sich verringert.
Die Bilanz der Ein- und Auszahlungen ergibt sich aus Tabelle 3.14:

Einzahlungen	**Auszahlungen**
Gasverkauf: 2,00 US$ Festpreis	Gaseinkauf: San Juan Index im November
Futuresverkauf im November: L3D-Preis	Futureskauf: 2,15 US$

Tabelle 3.14: Basisswap I

Der Händler erzielt einen Gewinn, wenn:

$$(\text{L3D-Preis - Indexpreis}) > 0{,}15 \text{ US\$},$$

Gegen das Verlustrisiko kann sich der Händler durch einen **Basisswap** absichern, indem er einem Swaphändler den L3D-Preis abzüglich einer festen Differenz zahlt und dafür den San Juan Index für die im November verkaufte Gasmenge erhält. Der Break Even Punkt für die Differenz zum L3D-Preis beträgt 0,15 US$/MMBTU. Wir nehmen an, daß der Händler einen Swap mit einer Differenz von 0,20 US$ vereinbart. Alle Transaktionen sind in Abbildung 3.16 dargestellt. Die Bilanz der Ein- und Auszahlungen ergibt sich aus Tabelle 3.15:

[266] Die Preisabsicherung mit Futures wurde in Kapitel 3.1.1.2 (Hedging-Strategien) beschrieben. Man darf sich in diesem Beispiel nicht davon verwirren lassen, daß der Futurespreis (Henry Hub) über dem Verkaufspreis (San Juan) liegt, da es bei der Absicherung weniger auf die absolute Höhe der Preise als auf die Höhe der Preisänderungen ankommt.

[267] Vgl. Kapitel 3.1.1.2 (Hedging-Strategien).

Einzahlungen	Auszahlungen
Gasverkauf: 2,00 US$	Gaseinkauf: San Juan Index
Verkauf der Futures: L3D-Preis	Kauf der Futures: 2,15 US$
Einzahlung Swap: San Juan Index	Auszahlung Swap: L3D-Preis - 0,20 US$

Tabelle 3.15: Basisswap II

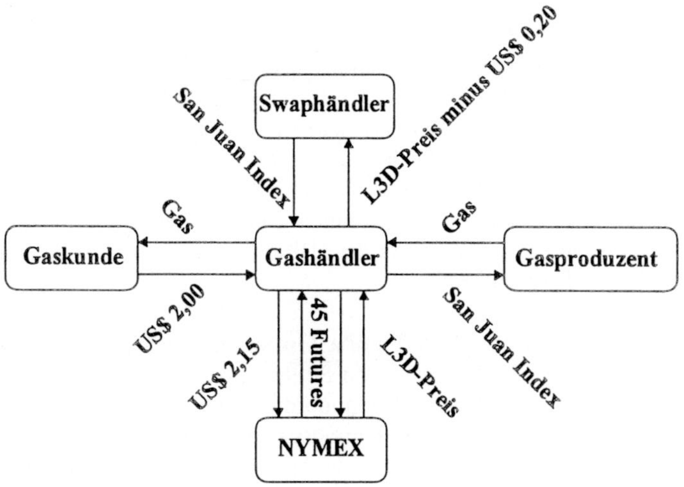

Abbildung 3.16: Zahlungsströme für einen Erdgas-Basisswap

Der Gashändler hat nun sowohl das Festpreisrisiko als auch das Basisrisiko vollkommen abgesichert. Unabhängig von der Entwicklung des Futurespreises und des San Juan Index hat er einen Gewinn von 0,05 US$/MMBTU garantiert.

d) Time Spread Swap (Curve Lock Swap)

Dieser Swap kommt beispielsweise durch den Kauf eines November 1998 IPE Erdgas Futuresvertrages zum Preis von 13,60 pence/therm und gleichzeitigem Verkauf eins März-Vertrages zum Preis von 14,40 pence/therm zustande. Wenn sich die ursprüngliche Preisdifferenz von 0,80 pence/therm vor Glattstellung der Verträge beispielsweise auf 0,65 pence/therm verringert (z.B. November-Vertrag: 13,80 pence/therm, März-Vertrag: 14,45 pence/therm), erzielt der Händler einen Gewinn von 0,15 pence/therm. Der Händler geht in diesem Fall von einer Abschwächung des Contango aus. Die Strategie ist spekulativ, kann aber vom Standpunkt eines Erdgasnachfragers auch als indirekter Hedge gesehen werden. Eine Verstärkung des Contango, und damit ein Verlust aus dem Spread, würde bedeuten, daß der November-Preis im Vergleich zum März-Preis nachgegeben hat. Ein Erdgasnachfrager könnte durch günstige Spotgaseinkäufe von diesem Preisnachlaß profitieren.

3.2 Optionsbasierte Derivate

3.2.1 Optionen

3.2.1.1 Definitionen

Terminologie

Eine **Call-Option (Kaufoption)** gibt ihrem Eigentümer (Halter) das Recht (aber nicht die Verpflichtung!), ein zugrundeliegendes Gut (das sogenannte **Underlying**) zu oder bis zu einem bestimmten Zeitpunkt vom Stillhalter zu einem vorab vereinbarten Preis zu kaufen. Wünscht der Halter dies, so ist der Stillhalter verpflichtet, das Underlying zu diesem Preis zu verkaufen.
Eine **Put-Option (Verkaufoption)** gibt ihrem Eigentümer (Halter) das Recht (aber nicht die Verpflichtung!), das Underlying zu oder bis zu einem bestimmten Zeitpunkt an den Stillhalter zu einem vorab vereinbarten Preis zu verkaufen. Wünscht der Halter dies, so ist der Stillhalter verpflichtet, das Underlying zu diesem Preis zu kaufen.

Optionen in dieser Reinform werden auch als **Plain-Vanilla Optionen** bezeichnet. Für die Gewährung des eingeräumten Rechts zahlt der Halter an den Stillhalter einen Preis, die sogenannte **Optionsprämie**. Dieser Preis wird unabhängig davon, ob die Option später tatsächlich ausgeübt wird oder nicht, üblicherweise bei Eingehen des Optionsvertrages entrichtet.
Jeder Optionsvertrag hat zwei Seiten. Auf der einen Seite ist der Halter, der die Option gekauft hat (**Long-Position**). Auf der anderen Seite befindet sich der Stillhalter (Verkäufer) der Option (**Short-Position**), der auch als Writer bezeichnet wird. Nur der Stillhalter sieht sich später potentiellen Verpflichtungen gegenüber, es sei denn, er hat seine Position durch Eingehen einer gegenläufigen Long-Position (**Offsetting Order**) glattgestellt und seine Verpflichtungen somit an einen anderen Stillhalter weitergereicht.
Es gibt demzufolge vier mögliche Typen von Optionspositionen:

- Long-Call: Long-Position für eine Call-Option (Kauf einer Kaufoption)
- Long-Put: Long-Position für eine Put-Option (Kauf einer Verkaufoption)
- Short-Call: Short-Position für eine Call-Option (Verkauf einer Kaufoption)
- Short-Put: Short-Position für eine Put-Option (Verkauf einer Verkaufoption)

Das vertraglich vereinbarte **Verfallsdatum** wird als **Expiration Date**, **Exercise Date** oder **Strike Date** bezeichnet. Der bei Vertragsschluß vereinbarte Preis, zu dem die Option ausgeübt werden kann, wird **Exercise Preis** oder **Strike Preis** genannt. Dieser Preis wird im Gegensatz zu der Optionsprämie nur bei Ausübung der Option fällig. [268]
Die sogenannten **Amerikanischen Optionen** können zu jedem Zeitpunkt bis zum Verfallsdatum ausgeübt werden, **Europäische Optionen** können lediglich am Verfallsdatum selbst ausgeübt werden. Werden Amerikanische Optionen vorzeitig ausgeübt, spricht man auch von **Early Exercise**. Diese Bezeichnungen haben sich eingebürgert, stehen jedoch in keinem Zu-

[268] An Börsen werden Optionen am Verfallsdatum auch automatisch ausgeführt, wenn sie in-the-Money sind.

sammenhang mit der Herkunft der Optionen oder dem tatsächlichen Handelsort. So sind alle derzeit börsengehandelten Energieoptionen an der NYMEX und der IPE Amerikanischen Stils. Daneben existieren gerade im Energiemarkt sogenannte **Exotische Optionen**, die sich beispielsweise dadurch auszeichnen können, daß die mögliche Auszahlung am Expiration Date nicht vom Preis des Underlyings an diesem Datum, sondern von der Preisentwicklung während der Optionslaufzeit abhängt.[269]

Eine Call-Option (Put-Option) befindet sich **in-the-Money (im Geld)**, wenn der Spotpreis des Underlyings größer (kleiner) ist als der Exercise Preis. Bei Ausübung der Option erhielte der Halter der Option also einen positiven Cash Flow. Eine Option befindet sich **at-the-Money (am Geld)**, wenn der Spotpreis des Underlyings gleich dem Exercise Preis ist. Eine Call-Option (Put-Option) befindet sich **out-of-the-Money (aus dem Geld)**, wenn der Spotpreis des Underlyings kleiner (größer) ist als der Exercise Preis.

Der **Innere Wert (Intrinsic Value)** einer Option ist der Betrag, um den sich die Option im in-the-Money-Bereich befindet und entspricht somit dem Wert der Option bei sofortiger Ausübung. Zusätzlich zum Inneren Wert verfügt jede Option auch über einen nicht-negativen **Zeitwert (Time Value)**. Dieser resultiert daraus, daß während der Restlaufzeit die Möglichkeit besteht, daß die Option (tiefer) ins Geld kommt. Ceteris paribus ist der Zeitwert üblicherweise dann am größten, wenn das Underlying zum Exercise Preis gehandelt wird. Zu diesem Zeitpunkt ist der Innere Wert Null, er kann sich jedoch sofort erhöhen, wenn der Preis sich in die richtige Richtung bewegt. Mit abnehmender Restlaufzeit tendiert der Zeitwert gegen Null. Der Gesamtwert einer Option entspricht der Summe aus Innerem Wert und Zeitwert.

Optionen werden sowohl an **Börsen** als auch im **OTC-Markt** gehandelt. Wie Futures sind auch börsengehandelte Optionen immer hochstandardisiert; dies ist Voraussetzung für einen liquiden Handel. Die Börsen geben auch die handelbaren Exercise Preise vor. OTC-Optionen hingegen sind nicht notwendigerweise standardisiert; sie lassen individuellen Gestaltungsspielraum und können den Bedürfnissen eines Unternehmens exakt angepaßt werden, vorausgesetzt es gelingt, eine passende Gegenpartei zu finden.

Market Maker

Der Handel mit Optionen an der Börse ist in vielerlei Hinsicht dem Futureshandel vergleichbar. Ein Unterschied besteht jedoch darin, daß die meisten Optionsbörsen ein Market Maker System zur Abwicklung des Handels verwenden. Ein Market Maker hat üblicherweise einen Sitz an der Börse und handelt ausschließlich auf eigene Rechnung zwecks Gewinnerzielung. Der Market Maker ist verpflichtet, auf Anfrage jederzeit für eine bestimmte Option ein Kaufangebot (Bid) und ein Verkaufsangebot (Ask) abzugeben. Zum Zeitpunkt des Angebots weiß der Market Maker nicht, ob der Gegenüber die Option kaufen oder verkaufen möchte. Der Ask ist höher als der Bid; die Differenz wird als **Bid-Ask-Spread** bezeichnet und bildet die Grundlage für den Gewinn des Market Makers. Zur Vermeidung von Interessenkonflikten ist es Market Makern in der Regel untersagt, gleichzeitig als Broker für dritte Parteien zu handeln. Die Marktteilnehmer sind nicht verpflichtet, den Handel über Market Maker abzuwickeln.

---

[269] Vgl. Kapitel 3.2.3 (Exotische Optionen).

Margins

Das Margin Account (inklusive Initial und Maintenance Margin) einer Optionsbörse funktioniert wie im Futuresmarkt. Wie im Futuresmarkt übernimmt ein Clearinghouse die Rolle des Zwischenhändlers für jede durchgeführte Transaktion und garantiert die Vertragserfüllung.[270] Im Unterschied zu Futures steht jedoch nur der Stillhalter einer Option potentiellen Verpflichtungen gegenüber. Daher muß nur er Margins hinterlegen und ein Margin Account führen. Die Höhe der Margins hängt davon ab, ob die Position gedeckt (durch die ausgleichende Position für das zugrundeliegende Gut) oder ungedeckt ist.
Börsengehandelte Optionen werden aktiv auf Aktien, Aktienindizes, Währungen und Futures gehandelt. Aus Sicht der Energiewirtschaft interessieren besonders Futuresoptionen.

Futuresoptionen

Das Underlying einer Futuresoption ist ein Futuresvertrag, der normalerweise kurze Zeit nach dem Verfallsdatum der Option ausläuft. Optionen auf Futures bilden in der Energiewirtschaft die wichtigste Gruppe von Optionen.[271]
Wenn der Halter eine Call-Option ausübt, erhält er vom Verkäufer eine Long-Position des zugrundeliegenden Futuresvertrages. Zusätzlich erhält er eine Zahlung in Höhe der Differenz zwischen dem dann geltenden Futurespreis und dem Exercise Preis. Übt der Halter beispielsweise eine Brent-Futures-Call-Option mit einem Exercise Preis in Höhe von 16 US$/bbl an einem Tag aus, an dem der Brent-Futuresvertrag bei 18 US$/bbl notiert, erhält er vom Stillhalter der Option 2 US$/bbl sowie die (bis auf eventuell fällige Margins kostenlose) Long-Position des zugrundeliegenden Brent-Futuresvertrages. Nach Ausübung der Option hat der (ehemalige) Halter der Option also das Recht (und die Pflicht!) eine im Futuresvertrag festgelegte Menge Brent-Rohöl zu 18 US$/bbl zu kaufen. Er hat jedoch selbstverständlich auch die Möglichkeit, diese Long-Position sofort glattzustellen.
Wenn der Halter eine Put-Option ausübt, erhält er vom Verkäufer eine Short-Position des zugrundeliegenden Futuresvertrages. Zusätzlich erhält er einen finanziellen Ausgleich entsprechend des Überschusses des Exercise Preises gegenüber dem Futurespreis. Wiederum kann der Futuresvertrag sofort glattgestellt werden.

---

[270] Die Funktionsweise eines Margin Account sowie die Rolle des Clearinghouses wurden in Kapitel 3.1.1.1 (Definition von Forwards und Futures) detailliert beschrieben.

[271] Daneben existieren jedoch beispielsweise auch die sog. Swaptions, bei denen das Underlying des Optionsvertrages ein Swap ist.

3.2.1.2 Optionsstrategien

3.2.1.2.1 Grundformen

Long-Call

Ein Marktteilnehmer, welcher sich gegen Preissteigerungen absichern möchte, gleichzeitig jedoch nicht das gesamte Gewinnpotential aus dem physischen Geschäft bei Preissenkungen aufgeben möchte, was bei einer Long-Futures-Strategie der Fall wäre,[272] hat die Möglichkeit eine Call-Option zu kaufen (Long-Call). Eine Long-Call-Strategie ist im Vergleich zur Long-Futures-Strategie angebracht, wenn der Investor eine ansteigende Volatilität erwartet. Gegen Zahlung einer Optionsprämie hat er dann das Recht, das Underlying zum Exercise Preis X zu erwerben. Liegt der Preis des Underlyings F_T bei Ausübung der Option über dem Exercise Preis, erhält er einen Geldbetrag in Höhe dieser Differenz.
Die Zahlungsfunktion eines Long-Calls am Verfallsdatum lautet also:[273]

$$\max(F_T - X, 0) \qquad (3.14)$$

Tritt der Fall ein, daß die Differenz F_T - X nicht positiv ist, erhält der Optionshalter am Verfallsdatum kein Geld. Dieser Fall stellt das ungünstigste Ergebnis aus Sicht des Halters der Call-Option dar: Er hat die Optionsprämie vollständig verloren. Einen Nettogewinn aus dem Optionsgeschäft erzielt der Investor erst, sobald der Preis des Underlyings den Exercise Preis um mehr als die Optionsprämie übersteigt. Graphisch ist dies in Abbildung 3.17 verdeutlicht:

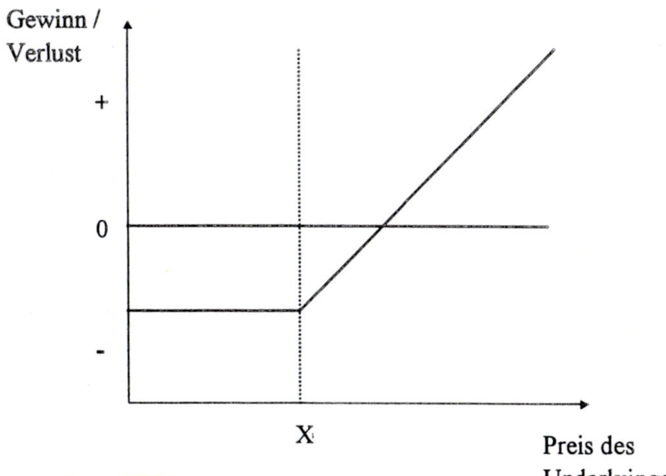

Abbildung 3.17: Long-Call

[272] Vgl. Kapitel 3.1.1.2 (Hedging-Strategien).
[273] Vgl. Hull 1995.

Über den Verlust der Optionsprämie hinaus hat der Halter einer Long-Call-Position keinerlei Risiko. Die potentiellen Gewinne eines Long-Calls sind theoretisch unlimitiert.
Die Konsequenz der Absicherung einer physischen Position mit Hilfe eines Long-Calls läßt sich anhand des folgenden **Beispiels** verdeutlichen. Ein englischer Gaskraftwerksbetreiber möchte sich gegen Steigerungen des Gaspreises absichern. Zu diesem Zweck erwirbt er gegen Zahlung einer Prämie von 1 pence/therm eine Call-Option mit einem Exercise Preis von 15 pence/therm. [274]

Gasspotpreis pence/therm	Optionsprämie pence/therm	Erlös aus Option pence/therm	Gesamtkosten pence/therm
10	1	0	11
11	1	0	12
12	1	0	13
13	1	0	14
14	1	0	15
15	1	0	16
16	1	1	16
17	1	2	16
18	1	3	16
19	1	4	16
20	1	5	16

Tabelle 3.16: Beispiel Long Call

Aus Tabelle 3.16 wird ersichtlich, daß der Kraftwerksbetreiber unabhängig von der Entwicklung des Spotpreises nie mehr als 16 pence/therm für seinen Brennstoff zahlt. Im Gegensatz zu einer Absicherung mit einem Futuresvertrag profitiert er jedoch weiterhin von niedrigen Gaspreisen; dies wird durch Zahlung der Optionsprämie von 1 pence/therm erkauft .

Short-Call

Ein Investor, der Preissenkungen erwartet, hat die Möglichkeit eine Call-Option zu verkaufen (Short-Call). Eine Short-Call-Strategie ist im Vergleich zur Short-Futures-Strategie[275] angebracht, wenn der Investor eine fallende Volatilität erwartet. Gegen Erhalt einer Optionsprämie ist der Investor (Stillhalter) dann verpflichtet, das Underlying zum Exercise Preis X zu verkaufen. Liegt der Preis des Underlyings F_T bei Ausübung der Option über dem Exercise Preis, zahlt er einen Geldbetrag in Höhe dieser Differenz. Die Zahlungsfunktion eines Short-Calls am Verfallsdatum lautet also:[276]

$$\min (X - F_T, 0) \qquad (3.15)$$

[274] 1 therm entspricht 29,3071 kWh.
[275] Vgl. Kapitel 3.1.1.2 (Hedging-Strategien).
[276] Vgl. Hull 1995.

Der günstigste Fall aus der Sicht des Stillhalters tritt ein, wenn die Differenz X - F_T am Verfallsdatum nicht negativ ist. Er muß keine Zahlung leisten, die Optionsprämie kann er aber unabhängig davon behalten. Die Option verfällt wertlos. Einen Nettoverlust aus dem Optionsgeschäft erleidet der Stillhalter erst, sobald der Preis des Underlyings den Exercise Preis um mehr als die Optionsprämie übersteigt. Dies wird in Abbildung 3.18 verdeutlicht.

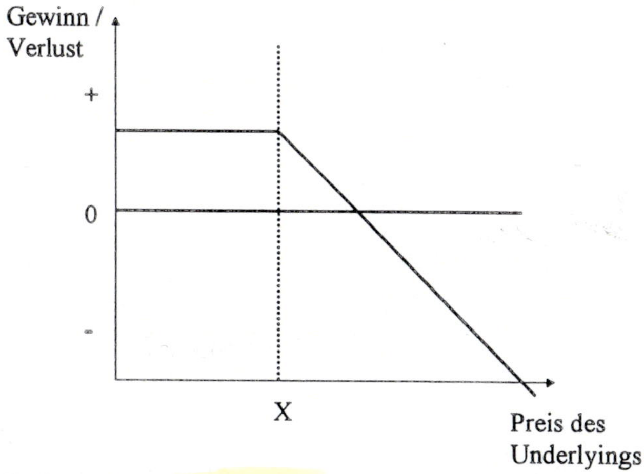

Abbildung 3.18: Short-Call

Über die Optionsprämie hinaus hat der Stillhalter eines Short-Calls keinerlei Gewinnmöglichkeit. Die potentiellen Verluste eines Short-Calls sind theoretisch unlimitiert. Je höher der Futurespreis, desto größer der Verlust. Ein **Short-Call eignet sich nicht zum Hedging** einer physischen Position. Es ist gerade umgekehrt: Das Risiko eines Short-Calls wird eliminiert, wenn man das Gut, das man unter Umständen zum Exercise Preis verkaufen muß, physisch besitzt. In diesem Fall spricht man von einem sog. **Covered Call**.[277] Die Gesamtauszahlungsfunktion ist in Abbildung 3.19 dargestellt. Ein Investor, der diese Strategie verfolgt, verzichtet auf mögliche, aber seiner Meinung nach unwahrscheinliche Gewinnpotentiale bei Preissteigerungen und erhält als Ausgleich hierfür die Optionsprämie. Ohne physische Deckung (Besitz des Underlyings) ist eine Short-Call-Strategie sehr spekulativ.

Aus den beiden Abbildungen 3.17 und 3.18 wird deutlich, daß der gemeinsame Gewinn des Halters und Stillhalters einer Call-Option zusammen immer Null ergibt. Die Gewinne des einen entsprechen den Verlusten des anderen. Der Optionsmarkt ist also ein Null-Summen-Spiel.

[277] Vgl. Hull 1995.

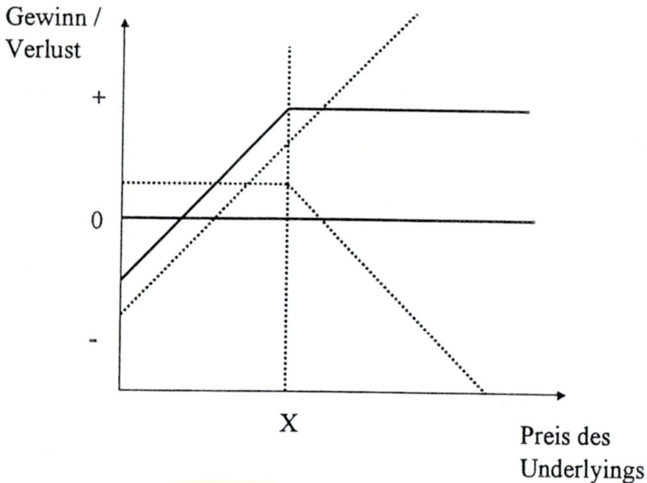

Abbildung 3.19: Covered Call

Long-Put

Ein Marktteilnehmer, welcher sich gegen Preissenkungen absichern möchte, gleichzeitig jedoch nicht das gesamte Gewinnpotential aus dem physischen Geschäft bei Preissteigerungen aufgeben möchte, was bei einer Short-Futures-Strategie der Fall wäre,[278] hat die Möglichkeit, eine Put-Option zu kaufen (Long-Put). Eine Long-Put-Strategie ist im Vergleich zur Short-Futures-Strategie angebracht, wenn der Investor eine steigende Volatilität erwartet. Gegen Zahlung einer Optionsprämie hat er dann das Recht, das Underlying zum Exercise Preis X zu verkaufen. Liegt der Preis des Underlyings F_T bei Ausübung der Option unter dem Exercise Preis, erhält er einen Geldbetrag in Höhe dieser Differenz.
Die Zahlungsfunktion eines Long-Puts am Verfallsdatum lautet also:[279]

$$\max(X - F_T, 0) \qquad (3.16)$$

Tritt der Fall ein, daß die Differenz $X - F_T$ nicht positiv ist, erhält der Optionshalter am Verfallsdatum kein Geld. Dies stellt den schlimmsten Fall für den Marktteilnehmer dar: Er hat die Optionsprämie vollständig verloren. Einen Nettogewinn aus dem Optionsgeschäft erzielt der Investor erst, sobald der Exercise Preis den Preis des Underlyings um mehr als Optionsprämie übersteigt. Graphisch ist dies in Abbildung 3.20 verdeutlicht:

---

[278] Vgl. Kapitel 3.1.1.2 (Hedging-Strategien).
[279] Vgl. Hull 1995.

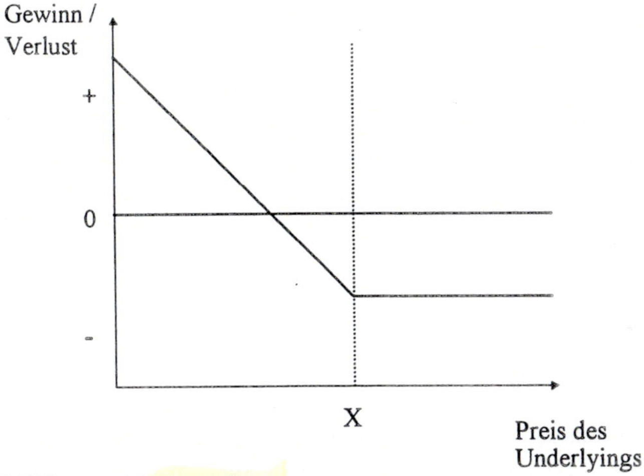

Abbildung 3.20: Long-Put

Über den Verlust der Optionsprämie hinaus hat der Halter eines Long-Put keinerlei Risiko. Die potentiellen Gewinne eines Long-Put erreichen theoretisch ihr Maximum, wenn der Preis des Underlyings Null wird.

Die Konsequenz der Absicherung einer physischen Position mit Hilfe eines Long-Puts läßt sich anhand des folgenden **Beispiels** verdeutlichen. Ein Ölproduzent möchte sich gegen fallende Ölpreise absichern. Zu diesem Zweck erwirbt er gegen Zahlung einer Prämie von 1 US$/bbl eine Put-Option mit einem Exercise Preis von 15 US$/bbl.

Ölspotpreis US$/bbl	Optionsprämie US$/bbl	Erlös aus Option US$/bbl	Gesamterlös US$/bbl
10	1	5	14
11	1	4	14
12	1	3	14
13	1	2	14
14	1	1	14
15	1	0	14
16	1	0	15
17	1	0	16
18	1	0	17
19	1	0	18
20	1	0	19

Tabelle 3.17: Beispiel Long Put

Tabelle 3.17 zeigt, daß unabhängig von der Entwicklung des Spotpreises der Produzent immer mindestens 14 US$/bbl für seine Produktion erhält. Im Gegensatz zu einer Absicherung mit einem Futuresvertrag profitiert er jedoch weiterhin von hohen Ölpreisen; dies wird durch Zahlung der Optionsprämie von 1 US$/bbl erkauft.

Short-Put

Ein Investor, der Preissteigerungen erwartet, hat die Möglichkeit eine Put-Option zu verkaufen (Short-Put). Eine Short-Put-Strategie ist im Vergleich zur Long-Futures-Strategie[280] angebracht, wenn der Investor eine fallende Volatilität erwartet. Gegen Erhalt einer Optionsprämie ist der Stillhalter dann verpflichtet, das Underlying zum Exercise Preis X zu kaufen. Liegt der Preis des Underlyings F_T bei Ausübung der Option unter dem Exercise Preis, zahlt er einen Geldbetrag in Höhe dieser Differenz.
Die Zahlungsfunktion eines Short-Puts am Verfallsdatum lautet:[281]

$$\min (F_T - X, 0) \tag{3.17}$$

Der günstigste Fall für den Stillhalter tritt ein, wenn die Differenz F_T - X am Verfallsdatum nicht negativ ist. Er muß kein Geld auszahlen. Die Option verfällt und er hat die Optionsprämie gewonnen. Einen Nettoverlust aus dem Optionsgeschäft erleidet der Stillhalter erst, sobald der Exercise Preis den Preis des Underlyings um mehr als Optionsprämie übersteigt. Dies wird in Abbildung 3.21 verdeutlicht:

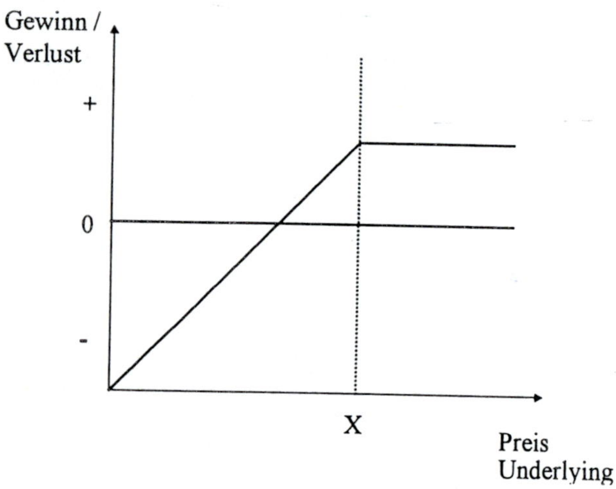

Abbildung 3.21: Short-Put

Über die Optionsprämie hinaus hat der Stillhalter eines Short-Put keinerlei Gewinnmöglichkeit. Die potentiellen Verluste eines Short-Put erreichen theoretisch ihr Maximum, wenn der Preis des Underlyings Null wird. Je niedriger der Futurespreis, desto größer der Verlust.

---

280 Vgl. Kapitel 3.1.1.2 (Hedging-Strategien).
281 Vgl. Hull 1995.

Eine **Short-Put-Strategie eignet sich nicht zur Preisabsicherung** einer vorhandenen physischen Position. Wenn der Stillhalter jedoch beabsichtigt, das Underlying zu erwerben, stellt der Exercise Preis der Put-Option für ihn die Preisuntergrenze dar. Er verzichtet auf die möglichen, aber seiner Meinung nach unwahrscheinlichen Gewinnpotentiale bei Preissenkungen des Underlyings. Als Ausgleich hierfür erhält er die Optionsprämie.
Aus den beiden Abbildungen 3.20 und 3.21 wird deutlich, daß der gemeinsame Gewinn des Käufers und Stillhalters einer Put-Option zusammen immer Null ergibt. Die Gewinne des einen entsprechen den Verlusten des anderen.
Die bisher dargestellten Instrumente sind in Abbildung 3.22 noch einmal aufgeführt, wobei nach erwarteter Preisentwicklung und erwarteter Volatilität kategorisiert wird:[282]

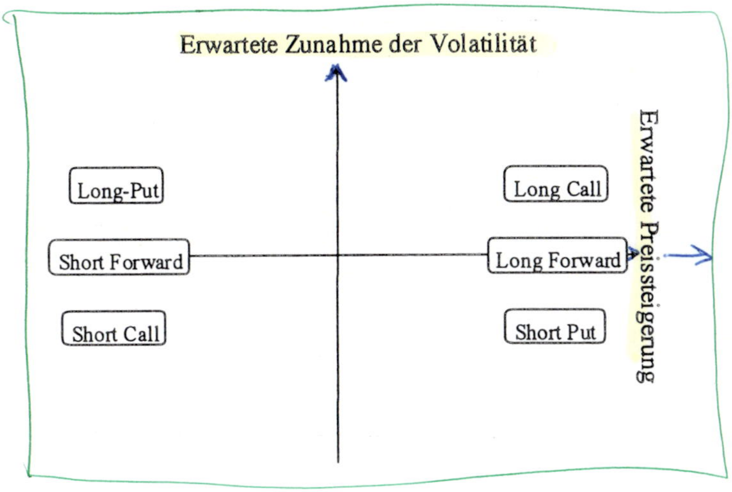

Abbildung 3.22 : Instrumentenwahl nach Volatilität und Preisentwicklung

3.2.1.2.2 Kombinationen

Grundsätzlich ist es möglich, die vier oben beschriebenen Optionspositionen Long-Call, Short-Call, Long-Put und Short-Put beliebig zu kombinieren. In der Praxis haben sich einige Kombinationen durchgesetzt, die bei bestimmten Erwartungen hinsichtlich Entwicklung des Preises des Underlyings und der Volatilität optimale Strategien darstellen.

Bull Spread

Ein Marktakteur, welcher sich gegen erwartete moderate Preissteigerungen absichern möchte, hat neben Long-Futures und Long-Call-Strategie auch die Möglichkeit, eine Bull Spread-Strategie zu verfolgen.[283] Kreiert wird diese Position durch den zeitgleichen Kauf und Verkauf jeweils eines Calls gleicher Laufzeit, aber mit unterschiedlichen Exercise Preisen, wobei der Exercise Preis der Long-Position X_1 niedriger sein muß als der Exercise Preis der Short-

[282] Vgl. Storch & von Scholz 1998.
[283] Vgl. Hull 1995.

Position X_2. Da der Preis einer Call-Option mit steigendem Exercise Preis abnimmt, ist die verkaufte Option billiger als die gekaufte Option. Ein Bull Spread, der durch Call-Optionen erzeugt wird, erfordert also eine Anfangsinvestition. In Abbildung 3.23 ist ein Bull Spread graphisch dargestellt.

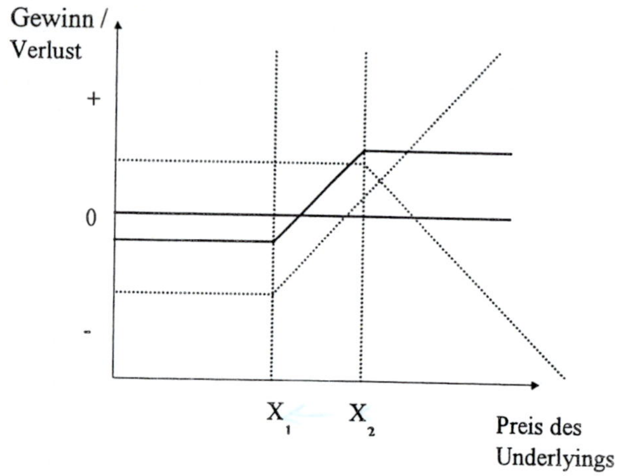

Abbildung 3.23: Bull Spread (Call)

Die Zahlungsfunktion eines Bull Spreads am Verfallsdatum wird aus Tabelle 3.18 ersichtlich:

	$F_T \leq X_1$	$X_1 < F_T < X_2$	$F_T \geq X_2$
Long Call	0	$F_T - X_1$	$F_T - X_1$
Short Call	0	0	$X_2 - F_T$
Summe	0	$F_T - X_1$	$X_2 - X_1$

Tabelle 3.18: Bull Spread I

Dieses Ergebnis soll anhand eines **Beispiels** verdeutlicht werden. Für zwei Call-Optionen auf Brent gilt:

Long-Call: Exercise Preis: 15 US$ (X_1)
Optionsprämie: 1,5 US$

Short-Call: Exercise Preis: 16 US$ (X_2)
Optionsprämie: 1,2 US$

Das Ergebnis des Bull-Spreads am Verfallsdatum der Optionen für drei unterschiedliche Fälle geht aus Tabelle 3.19 hervor. Dabei wird beim Gesamtergebnis auch die Anfangsinvestition (Kauf einer Call-Option für 1,5 US$ und Verkauf einer Call-Option für 1,2 US$) berücksichtigt.

	$F_T = 14$	$F_T = 15{,}5$	$F_T = 17$
Long-Call Short-Call	0 0	0,5 0	2 -1
Summe:	0	0,5	1
Anfangsinvestition:	-0,3	-0,3	-0,3
Gesamtergebnis:	-0,3	0,2	0,7

Tabelle 3.19: Bull Spread II

Alternativ kann ein Bull Spread auch durch den Kauf eines Puts mit einem niedrigen Exercise Preis und den Verkauf einer Put-Option mit höherem Exercise Preis gebildet werden. Diese Strategie führt zu einem positiven Anfangs-Cash Flow.
Eine Bull Spread Strategie limitiert sowohl das Verlustpotential als auch die Gewinnmöglichkeiten.

Bear Spread

Ein Investor, der sich gegen erwartete moderate Preissenkungen absichern möchte, hat neben Short-Futures und Long-Put-Strategie auch die Möglichkeit, eine Bear Spread-Strategie zu verfolgen. Diese Position wird erzeugt durch den zeitgleichen Kauf und Verkauf jeweils eines Puts gleicher Laufzeit, aber mit unterschiedlichen Exercise Preisen, wobei der Exercise Preis der Short-Position X_1 niedriger sein muß als der Exercise Preis der Long-Position X_2. Da der Preis eines Puts mit steigendem Exercise Preis zunimmt, ist die verkaufte Option billiger als die gekaufte Option. Ein Bear Spread, der durch Put-Optionen erzeugt wird, erfordert also eine Anfangsinvestition. Graphisch ist der Bear Spread in Abbildung 3.24 dargestellt.

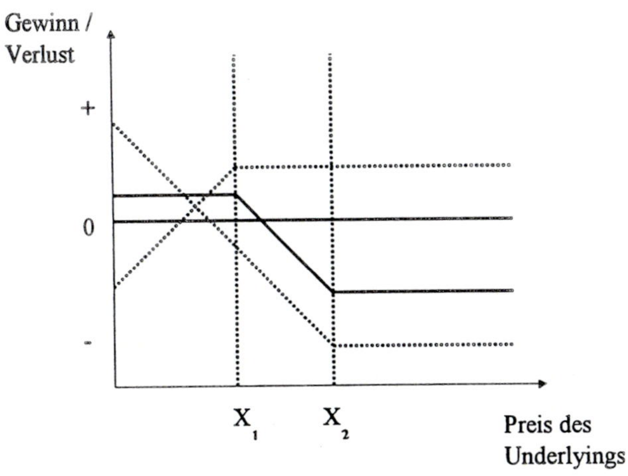

Abbildung 3.24: Bear Spread (Put)

Die Zahlungsfunktion dieses Bear Spreads am Verfallsdatum geht aus Tabelle 3.20 hervor.

	$F_T \leq X_1$	$X_1 < F_T < X_2$	$F_T \geq X_2$
Long-Put	$X_2 - F_T$	$X_2 - F_T$	0
Short-Put	$F_T - X_1$	0	0
Summe:	$X_2 - X_1$	$X_2 - F_T$	0

Tabelle 3.20: Bear Spread I

Dieses Ergebnis wird anhand eines **Beispiels** durchgespielt. Für zwei Put-Optionen auf Brent gilt:

Short-Put:	Exercise Preis:	13 US$ (X_1)
	Optionsprämie:	1,4 US$
Long-Put:	Exercise Preis:	15 US$ (X_2)
	Optionsprämie:	2,5 US$

Die Ergebnisse am Verfallsdatum für die unterschiedlichen Fälle geht aus Tabelle 3.21 hervor, wobei wiederum die Anfangsinvestition (Kauf eines Puts für 2,5 US$, Verkauf eines Puts für 1,4 US$) im Gesamtergebnis berücksichtigt wird.

	$F_T = 12$	$F_T = 14$	$F_T = 16$
Long-Put	3	1	0
Short-Put	-1	0	0
Summe:	2	1	0
Anfangsinvestition:	-1,1	-1,1	-1,1
Gesamtergebnis:	0,9	-0,1	-1,1

Tabelle 3.21: Bear Spread II

Alternativ kann ein Bear Spread auch durch den Kauf eines Calls mit einem hohen Exercise Preis und den Verkauf einer Call-Option mit niedrigerem Exercise Preis gebildet werden. Diese Strategie führt zu einem positiven Anfangs Cash Flow.
Eine Bear Spread Strategie limitiert sowohl das Verlustpotential als auch die Gewinnmöglichkeiten.

Long-Straddle

Erwartet ein Marktteilnehmer eine Zunahme der Volatilität, ohne jedoch eine Meinung darüber zu haben, in welche Richtung sich der Preis bewegt, bietet sich eine Long-Straddle-Strategie an. Diese Strategie erfolgt durch den Kauf eines Calls und Puts mit identischen Laufzeiten und Exercise Preisen. Kommt es zu einer signifikanten Preisänderung (nach oben oder unten), führt diese Strategie zu einem beträchtlichen Gewinn. Der Long-Straddle ist in Abbildung 3.25 dargestellt.

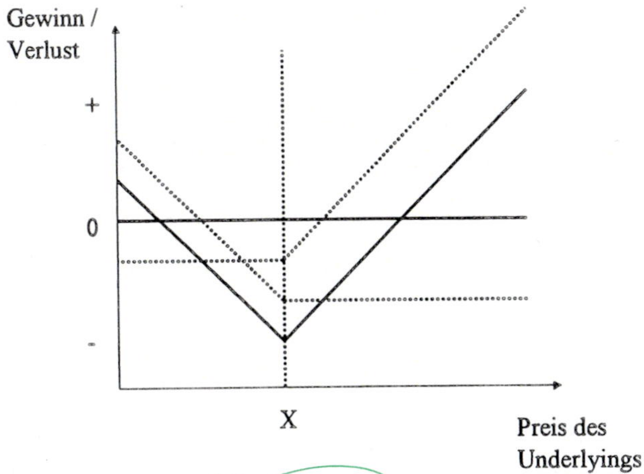

Abbildung 3.25: Long-Straddle

Short-Straddle

Erwartet ein Akteur eine Abnahme der Volatilität, bietet sich eine Short-Straddle-Strategie an. Diese Strategie erfolgt durch den Verkauf eines Calls und Puts mit identischen Laufzeiten und Exercise Preisen. Bleibt der Preis mehr oder weniger konstant, führt diese Strategie zu einem beträchtlichen Gewinn.

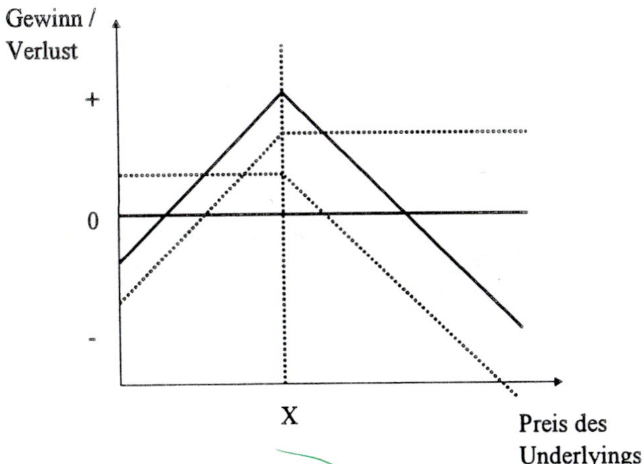

Abbildung 3.26: Short-Straddle

Diese Vorgehensweise ist hochspekulativ. Bei Preissteigerungen sind die Verluste theoretisch sogar unlimitiert.[284] Einen Short-Straddle zeigt Abbildung 3.26.

Long-Strangle

Diese Strategie unterscheidet sich von der Long-Straddle-Strategie lediglich dadurch, daß der Exercise Preis des Long-Puts X_1 unter dem Exercise Preis des Long-Calls X_2 liegt.
Graphisch läßt sich dies wie in Abbildung 3.27 verdeutlichen:

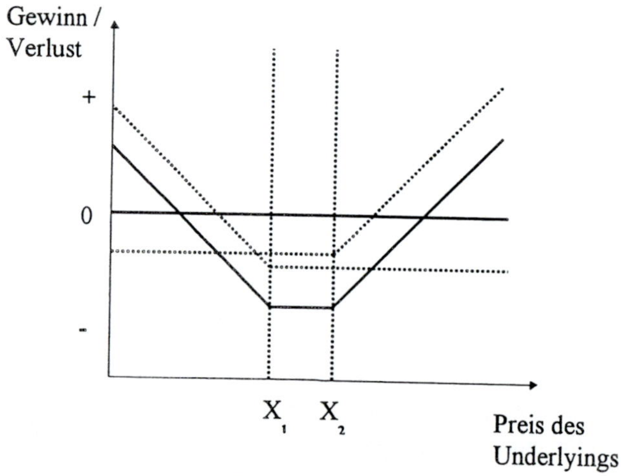

Abbildung 3.27: Long-Strangle

Short-Strangle

Diese Strategie unterscheidet sich von der Short-Straddle-Strategie dadurch, daß der Exercise Preis des Short-Puts X_1 unter dem Exercise Preis des Short-Calls X_2 liegt.
Graphisch läßt sich dies wie in Abbildung 3.28 verdeutlichen:

In der Abbildung 3.29 sind die vorgestellten Plain-Vanilla-Optionsstrategien sowie einige Kombinationen noch einmal zusammenfassend dargestellt, wobei eine Kategorisierung nach erwarteter Preisentwicklung und erwarteter künftiger Volatilität erfolgt.[285]

---

[284] Der (nicht genehmigte) Handel mit Short-Straddles war für den spektakulären Zusammenbruch der Barings Bank verantwortlich. Vgl. Kapitel 4.3.4.2 (Personelles Risiko).

[285] Vgl. Storch & von Scholz 1998.

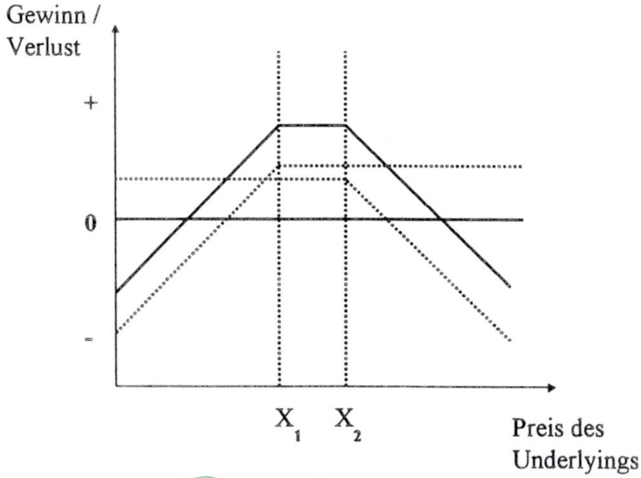

*Abbildung 3.28: **Short-Strangle***

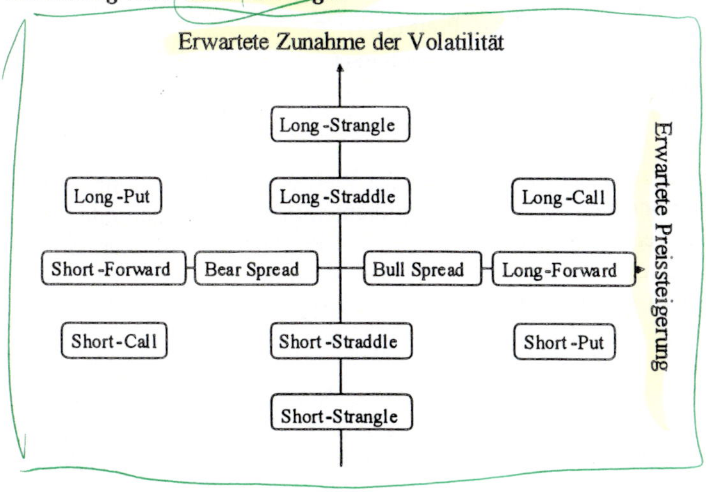

*Abbildung 3.29: **Überblick über Instrumente***

Sonstige Kombinationen von Optionen

Neben den aufgeführten Optionsstrategien existieren noch weitere Optionskombinationen. Der **Long-Butterfly Spread** ist die Kombination eines Long-Calls mit niedrigem Exercise Preis X_1, eines Long-Calls mit hohem Exercise Preis X_3 sowie zwei Short-Calls mit dazwischenliegendem Exercise Preis X_2, wobei $X_3 - X_2 = X_2 - X_1$ (siehe Abbildung 3.30).

Alternativ läßt sich der Long-Butterfly Spread durch den Kauf von zwei Puts mit hohem bzw. niedrigem Exercise Preis sowie Verkauf von zwei Puts mit dazwischenliegendem Exercise Preis erzeugen.

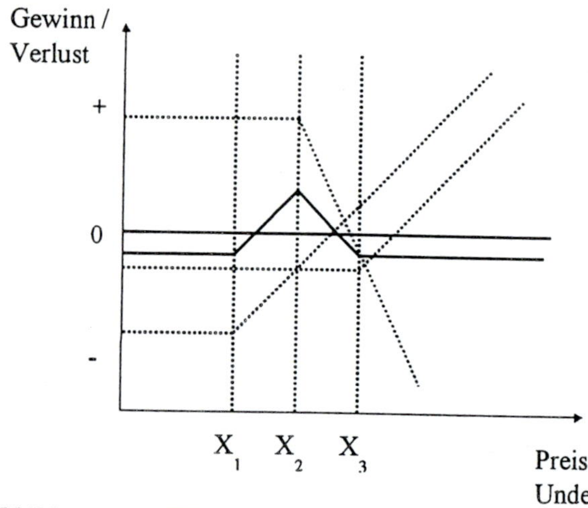

Abbildung 3.30: Long-Butterfly

Ein Long-Butterfly Spread führt zu einem Gewinn, wenn der Preis des Underlyings sich wenig verändert. Er führt zu einem moderaten Verlust bei signifikanten Preiserhöhungen oder -senkungen. Durch Eingehen entgegengesetzter Call- bzw. Put-Positionen kann der **Short-Butterfly Spread** erzeugt werden, der zu einem Verlust führt, wenn der Preis des Underlyings sich wenig verändert. Er führt zu einem moderaten Gewinn bei signifikanten Preiserhöhungen oder -senkungen.

Strips bzw. **Straps** ähneln sehr stark den oben beschriebenen Straddles. Eine Strip- (Strap-) Long-Position besteht aus dem Kauf eines (zweier) Calls und dem gleichzeitigen Kauf zweier (eines) Puts mit gleichem Exercise Preis. Die Auszahlungsfunktionen unterscheiden sich von der des Long-Straddle dadurch, daß beim Long-Strip (Strap) der rechte (linke) aufsteigende Schenkel flacher ist als beim Straddle. Short-Strips bzw. Short-Straps werden durch den Verkauf der entsprechenden Calls und Puts erzeugt.

Ein **Long-Fence** wird durch den gleichzeitigen Kauf eines Calls mit hohem Exercise Preis X_2 und Verkauf eines Puts mit niedrigem Exercise Preis X_1 erzeugt. Die Auszahlungsfunktion ist in Abbildung 3.31 dargestellt:
Kombiniert man den Long-Fence mit einem Short-Future erhält man einen Bear Spread.
Ein **Short-Fence** wird durch den gleichzeitigen Kauf eines Puts mit niedrigem Exercise Preis und Verkauf eines Calls mit hohem Exercise Preis erzeugt. Kombiniert man den Short-Fence mit einem Long-Futures erhält man einen Bull Spread.

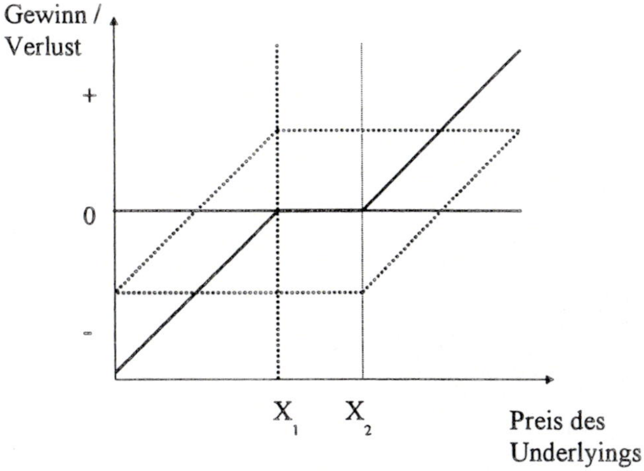

Abbildung 3.31: Long-Fence

3.2.1.3 Optionen im Energiemarkt

3.2.1.3.1 Börsen

a) International Petroleum Exchange (IPE) London

Im Jahre 1987 begann der Optionshandel an der IPE mit einem Gasoil-Optionsvertrag; 1989 folgte der Brent-Crude Optionsvertrag. Underlying der Verträge sind die jeweiligen Futuresverträge an der IPE. Die wichtigsten Spezifikationen der an der IPE gehandelten Optionsverträge sind in Tabelle 3.22 zusammengefaßt.[286]

	IPE-Brent-Rohöl (Crude)	**IPE-Brent-Heizöl (Gasoil)**
Tradingzeiten (GMT)	10:02 bis 20:13 inklusive	9:15 bis 17:27 inklusive
Typ	Amerikanisch	Amerikanisch
Minimale zugelassene Preisänderung	1 US-cent pro bbl	5 US-cent pro t
Maximal erlaubte tägliche Preisänderung	keine Restriktion	keine Restriktion
Fristigkeit verfügbarer Verträge	jeweils 6 nächste Futuresverträge	jeweils 6 nächste Futuresverträge
Position Limits	keine Restriktion	keine Restriktion
Handelsende eines Vertrages	am Ende der Tradingzeit des 3. Werktages vor Auslaufen des zugrundeliegenden Futuresvertrages	am Ende der Tradingzeit des 5. Werktages vor Auslaufen des zugrundeliegenden Futuresvertrages

Tabelle 3.22: IPE Optionsverträge

286 Nähere Informationen zu den an der IPE gehandelten Optionen können direkt bei der IPE angefragt werden. Adresse siehe Glossar.

Die Handelsmengen dieser Optionen haben sich wie folgt entwickelt (Abbildungen 3.32, 3.33):

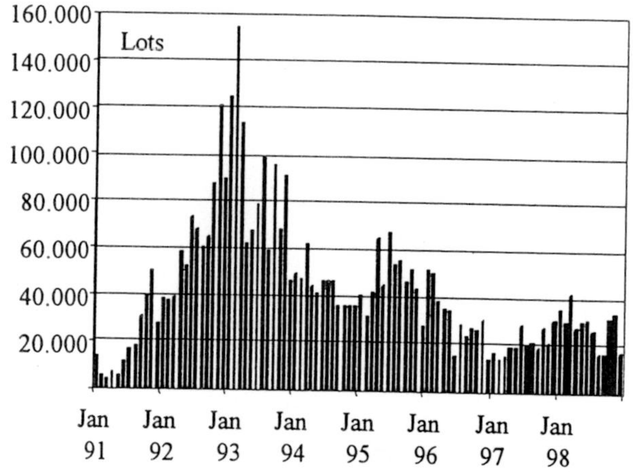

Abbildung 3.32: Entwicklung des Handelsvolumens – IPE Brent Option

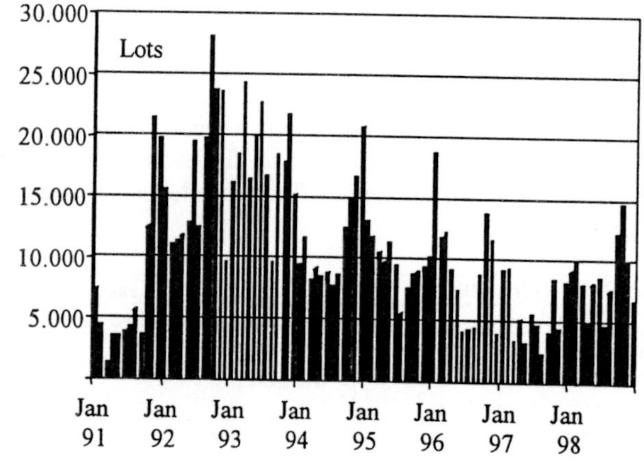

Abbildung 3.33: Entwicklung des Handelsvolumens – IPE Heizöl Option

b) **New York Mercantile Exchange (NYMEX) New York**

An der NYMEX werden derzeit folgende Optionen auf Futuresverträge gehandelt.[287]

- Crude Oil
- Heating Oil
- Unleaded Gasoline
- Gasoline / Crude Crack Spreads
- Heating Oil / Crude Crack Spreads
- Henry Hub Natural Gas
- Alberta Natural Gas
- Permian Basin Natural Gas
- Palo Verde Electricity
- Cinergy Transmission System Electricity
- Entergy Transmission System Electricity
- California Oregon Border Electricity

c) **Sonstige**

An der **Kansas City Board of Trade (KCBT)** werden Optionen auf den dort ebenfalls gehandelten Futuresvertrag auf Erdgas gehandelt.

3.2.1.3.2 OTC-Markt

Auf die Bedeutung von **Rahmenverträgen** für OTC-Derivate wurde bereits in den Kapiteln 3.1.1.3.2 und 3.1.2.3 eingegangen. Für rein finanzielle Optionen, die nicht zu einer physischen Lieferung, sondern zu einem entsprechenden finanziellen Ausgleich führen, gewinnt der ISDA-Rahmenvertrag im Energiemarkt immer mehr an Bedeutung.[288]
Hinsichtlich ihrer Funktionsweise unterscheiden sich OTC-Optionen prinzipiell nicht von börsengehandelten Optionen. Einzige Unterschiede sind das fehlende Marking-to-Market der Short-Positionen, sowie die theoretisch unbegrenzten Gestaltungsmöglichkeiten hinsichtlich Underlying, Laufzeit und Exercise Preis.

3.2.1.4 Verpreisung von Optionen

3.2.1.4.1 Put-Call-Parität

Es läßt sich nachweisen, daß bei Vernachlässigung von Transaktionskosten folgende Gleichung für die Preise Europäischer Call- (c) und Put- (p) Futuresoptionen gilt:[289]

---

[287] Nähere Informationen zu den an der NYMEX gehandelten Optionen können direkt bei der NYMEX angefragt werden. Adresse siehe Glossar.

[288] Vgl. Kapitel 3.1.2.3 (Swapbeispiele aus der Energiewirtschaft).

[289] Vgl. Hull 1995.

$$c + X e^{-rT} = p + F e^{-rT} \tag{3.18}$$

Diese Beziehung wird auch als Put-Call-Parität bezeichnet. Sie zeigt, daß sich der Wert einer Europäischen Call-Option mit einem bestimmten Exercise Preis X und Verfallsdatum aus dem Wert einer Europäischen Put-Option mit dem selben Exercise Preis und Verfallsdatum (und umgekehrt) herleiten läßt. Wenn diese Gleichung nicht erfüllt ist, existieren Arbitragemöglichkeiten.

Die Put-Call-Parität gilt als Gleichung nur für Europäische Optionen. Es existiert jedoch auch eine Beziehung für Amerikanische Optionen. Angenommen sei eine Amerikanische Call-Futuresoption mit dem Wert C sowie eine Amerikanische Put-Futuresoption mit dem Wert P. Der Exercise Preis X sei für beide Optionen gleich, ebenso der Zeitraum T bis zum Verfallsdatum. Arbitrageargumente führen zu folgender Beziehung zwischen C und P:[290]

$$F e^{-rT} - X < C - P < F - X e^{-rT} \tag{3.19}$$

3.2.1.4.2 Preisuntergrenzen für Futuresoptionen

Die Put-Call-Parität erlaubt die Bestimmung von Preisuntergrenzen für Europäische Optionen.[291] Da der Wert einer Option vor dem Verfallsdatum immer größer als Null sein muß, ergibt sich aus Formel 3.18:

$$c + X e^{-rT} > F e^{-rT} \tag{3.20}$$

bzw.

$$c > (F - X) e^{-rT}. \tag{3.21}$$

sowie

$$X e^{-rT} < F e^{-rT} + p \tag{3.22}$$

bzw.

$$p > (X - F) e^{-rT}. \tag{3.23}$$

Für Amerikanische Futuresoptionen gilt:

$$C > F - X \tag{3.24}$$

und

$$P > X - F. \tag{3.25}$$

Dies zeigt, daß die Preisuntergrenze einer Amerikanischen Futuresoption immer oberhalb der Preisuntergrenze einer Europäischen Option liegt. Dieses Ergebnis ist nicht weiter überra-

---

[290] Vgl. Hull 1995.

[291] Vgl. Hull 1995.

schend, da immer die Möglichkeit der frühzeitigen Ausübung einer Amerikanischen Option besteht und somit Amerikanische Optionen eine höhere Flexibilität für den Halter der Option bieten. Amerikanische Optionen können theoretisch nicht billiger sein als Europäische Optionen.

3.2.1.4.3 Bestimmungsfaktoren des Optionspreises

Die folgenden Faktoren sind für den Wert einer Option vor dem Verfallsdatum maßgeblich:

- aktueller Preis des Underlyings
- Exercise Preis
- Zeitraum bis zum Verfall der Option (Restlaufzeit)
- Volatilität des Preises des Underlyings
- risikofreier Zinssatz

Wie verändert sich der Preis der Option, wenn sich ceteris paribus einer dieser Faktoren ändert?

Aktueller Preis des Underlyings:

Der Wert einer Call-Option erhöht sich mit steigendem Preis des Underlyings. Dies ist unmittelbar einsichtig, da die Wahrscheinlichkeit, einen positiven Inneren Wert zu erreichen bzw. den Inneren Wert zu erhöhen bei einem Call um so höher ist, je höher der Preis des Underlyings ist. Es fällt also leichter, die Hürde des Exercise Preises zu „überspringen" bzw. weiter hinter sich zu lassen. Put-Optionen verhalten sich umgekehrt.

Exercise Preis:

Der Wert einer Call-Optionen verringert sich mit steigendem Exercise Preis. Dies liegt daran, daß die Wahrscheinlichkeit, den Inneren Wert zu erhöhen bei einem Call um so niedriger ist, je höher der Exercise Preis ist, je höher also die Hürde ist, die es zu „überspringen" gilt. Put-Optionen verhalten sich umgekehrt.

Restlaufzeit:

Amerikanische Puts und Calls verlieren an Wert, je kürzer die Frist zum Verfallsdatum wird, da die Wahrscheinlichkeit, den Inneren Wert zu erhöhen immer niedriger wird, je kürzer die Restlaufzeit ist.

Diese grundsätzliche Aussage gilt nicht notwendigerweise für Europäische Put- und Call-Optionen, weil die Ausübung während der Laufzeit nicht möglich ist.

Eine nützliche Faustregel besagt, daß der Wert einer Option mit der Quadratwurzel der Restlaufzeit variiert. Eine Option mit einer Restlaufzeit von 12 Monaten ist erwartungsgemäß doppelt so teuer wie eine Option mit drei Monaten Restlaufzeit, die Restlaufzeit der ersten Option ist also vier mal so lange - die Quadratwurzel von vier ist zwei.[292]

---

[292] Vgl. Hull 1995.

Volatilität:

Der Besitzer einer Call- (Put-) Option profitiert von steigenden (fallenden) Preisen des Underlyings. Das Risiko im Fall der umgekehrten Preisentwicklung ist begrenzt. Der Wert von Puts und Calls erhöht sich mit zunehmender Volatilität, da die Wahrscheinlichkeit, den Inneren Wert zu erhöhen, mit stärker werdenden Schwankungen des zugrundeliegenden Preises höher wird. Der Wert der Flexibilität, die eine Option beinhaltet, erhöht sich im Verhältnis zu der Wahrscheinlichkeit von Preisbewegungen. Anders ausgedrückt: Je größer die Volatilität, desto „weiter" die Wahrscheinlichkeitsverteilung der Preise des Underlyings, desto größer die Wahrscheinlichkeit, daß die Option in-the-money endet, und desto wertvoller die Option. Abbildung 3.34 verdeutlicht diesen Zusammenhang für eine Call Option.

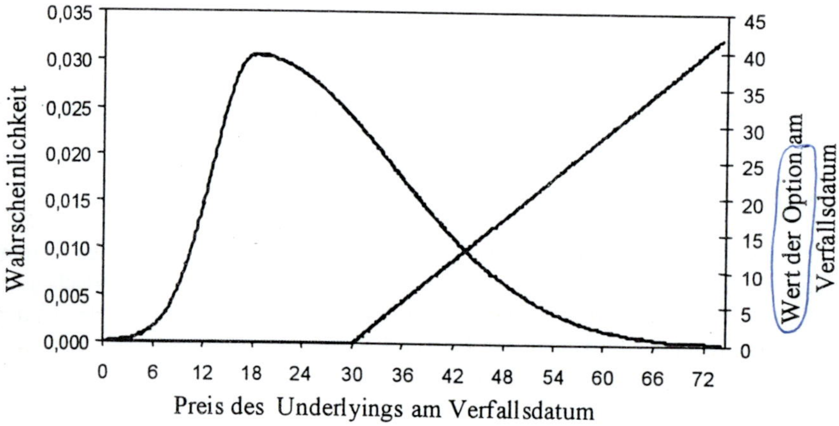

Abbildung 3.34: Preisverhalten des Underlyings und Wert der Option

Die Preise von Energieträgern sind besonders volatil. Ihre Speicherung und ihr Transport sind relativ kostspielig. Die extreme Preisschwankung ist jedoch nicht direkt die Konsequenz dieser Kosten. Vielmehr sind Engpässe und Verzögerungen im Transport verantwortlich für ein kurzfristig extrem unflexibles Angebot, das auf eine kurzfristig ebenfalls unflexible Nachfrage nach Energie trifft. Energiepreise schwanken in der Regel kurzfristig stärker als langfristig.
Aufgrund der hohen Volatilität erscheinen Energieoptionen sehr teuer. Anwender versuchen daher Wege zu finden, um die Kosten zu senken. Die einfachste Möglichkeit zur Reduzierung der Kosten einer Option besteht im gleichzeitigen Verkauf einer anderen Option.[293]

[293] Ein typisches Beispiel hierfür stellt ein Collar dar, der in Kapitel 3.2.2 (Caps, Floors, Collars) beschrieben wird.

Risikofreier Zinssatz:

Der Wert einer Put-Option verringert sich ceteris paribus mit steigendem Zinssatz, der Preis eines Calls erhöht sich ceteris paribus in diesem Fall. Der Zinssatz beeinflußt den Optionspreis jedoch in einem weit geringeren Ausmaß als die übrigen Faktoren.[294] Eine Option ermöglicht eine kostenlose Finanzierung insofern als der Besitzer nicht sofort das zugrundeliegende Gut kaufen und aufbewahren muß. Andererseits muß der Käufer den Optionspreis im Voraus entrichten. Beide Effekte wirken entgegengesetzt.
Zusammenfassend gilt:

	Call-Prämie	*Put-Prämie*
Exercise Preis steigt	sinkt	steigt
Spotpreis des Underlyings steigt	steigt	sinkt
Restlaufzeit steigt	steigt	steigt
erwartete Volatilität steigt	steigt	steigt
Risikofreier Zinssatz steigt	steigt	sinkt

Zusammenfassend läßt sich dies auch in den Abbildungen 3.35 bis 3.38 zeigen:

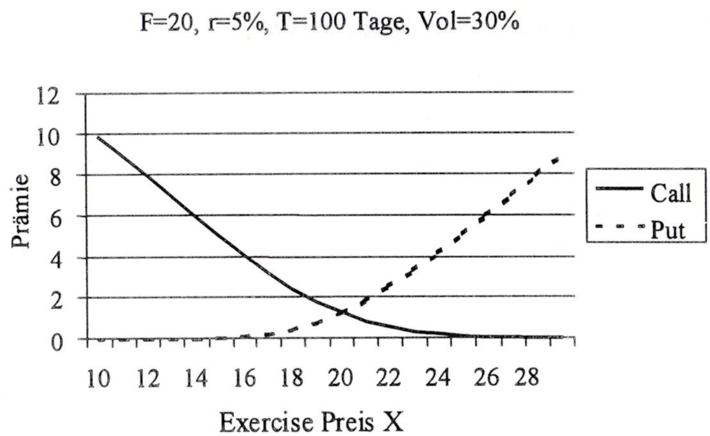

Abbildung 3.35: Einfluß des Exercise Preises auf die Optionsprämie

[294] Die Ceteris-paribus-Prämisse ist in diesem Falle besonders wichtig, da eine Änderung des Zinssatzes gleichzeitig indirekt auch andere Faktoren wie Volatilität oder Preise des Underlyings beeinflussen kann.

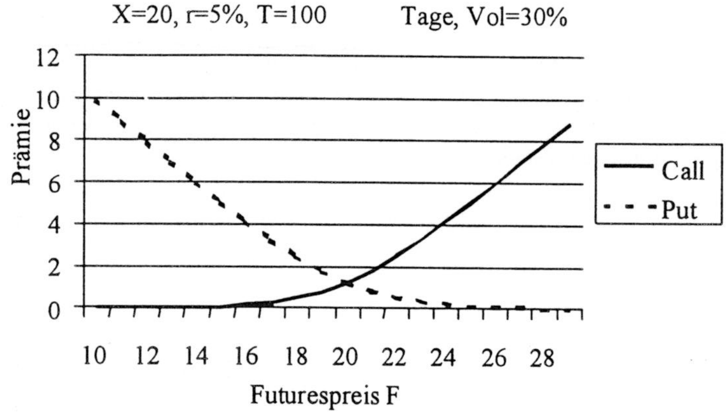

Abbildung 3.36: Einfluß des Futurespreises auf die Optionsprämie

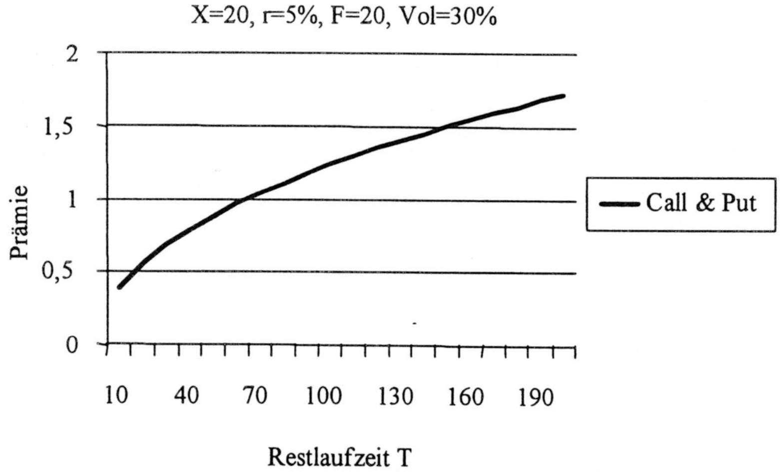

Abbildung 3.37: Einfluß der Restlaufzeit auf die Optionsprämie

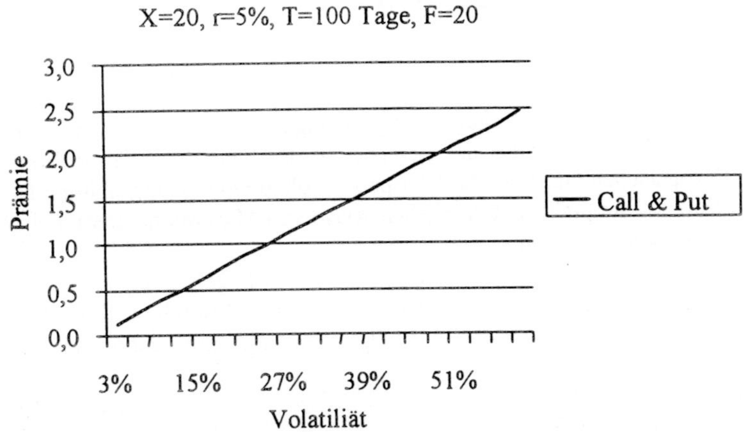

Abbildung 3.38: Einfluß der Volatilität auf die Optionsprämie

3.2.1.4.4 Optionsbewertungsmodelle

3.2.1.4.4.1 Mathematisch geschlossene Lösungsansätze

Black & Scholes bzw. Black

Im Sommer 1973 gelang den späteren Wirtschaftsnobelpreisträgern Fisher Black und Myron Scholes[295] ein entscheidender Durchbruch bei der Berechnung des theoretisch fairen Preises von börsengehandelten Europäischen Optionen auf Wertpapiere ohne Dividendenzahlung. Dies hatte einen enormen Einfluß auf die praktische Vorgehensweise von Marktteilnehmern bei der Verpreisung und Absicherung von Optionen.
Durch Weiterentwicklung des ursprünglichen mathematischen Modells gelang es, die Anwendung auf andere Optionstypen auszuweiten. Insbesondere das **Black-Modell** wurde zur Ermittlung des theoretisch fairen Preises von Europäischen Optionen auf Futures entwickelt.[296]

Annahmen des Modells

Das Black-Modell gilt streng genommen nur unter folgenden Annahmen:

- Es existieren weder Transaktionskosten noch Steuern.
- Der risikofreie Zinssatz ist während der Optionslaufzeit konstant.
- Die Preisvolatilität ist während der Optionslaufzeit konstant.
- Die Marktpreise bewegen sich zufällig, zeigen keine massiven Sprünge[297] und unterliegen einer Lognormalverteilung.[298]
- Risikofreie Arbitrage ist unmöglich.

Das Rückgrat des Modells liegt in der Bildung eines **hypothetischen risikofreien Portfolios** bestehend aus einer Short-Position des zugrundeliegenden Futures sowie einer entgegengesetzten Long-Call-Optionsposition (bekannt als deltaneutral).[299] Der Ertrag, der aus diesem Portfolio erwächst, muß wegen der fehlenden Arbitragemöglichkeit dem risikofreien Zinssatz entsprechen.

---

295 Vgl. Black & Scholes 1973.
296 Vgl. Black 1976.
297 Diese Bewegung entspricht der aus der Physik bekannten Brownschen Bewegung.
298 Die Unterstellung einer Lognormalverteilung ist sinnvoller als die einer Normalverteilung, da die Preise des Underlyings niemals negativ sein können. Bei einer unterstellten Lognormalverteilung der Marktpreise S_t sind jedoch die relativen Preisänderungen S_t/S_{t-1} normalverteilt.
299 Vgl. Kapitel 4.3.1.3.1 (Griechen).

Black-Modell

Nach dem Black-Modell werden die Preise eines Calls c bzw. eines Puts p wie folgt ermittelt:

$$c = e^{-rT} [F N(d_1) - X N(d_2)] \quad (3.26)$$

$$p = e^{-rT} [X N(-d_2) - F N(-d_1)] \quad (3.27)$$

mit

$$d_1 = \frac{\ln(F/X) + \sigma^2 T/2}{\sigma\sqrt{T}} \quad (3.28)$$

$$d_2 = \frac{\ln(F/X) - \sigma^2 T/2}{\sigma\sqrt{T}} = d_1 - \sigma\sqrt{T} \quad (3.29)$$

wobei

F = aktueller Futurespreis
X = Exercise Preis
T = Restlaufzeit
r = risikofreier Zinssatz
N (x) = kumulative standardisierte Normalverteilung an der Stelle x, d.h. N (x) gibt die Wahrscheinlichkeit dafür an, daß eine Variable, die einer Standardnormalverteilung unterliegt, kleiner oder gleich x ist
ln ( ) = natürlicher Logarithmus
σ = erwartete jährliche Volatilität des Futurespreises

Der Quadratwurzeleffekt der Restlaufzeit in den Formeln 3.28 und 3.29 ist für die Einschätzung des Risikos wichtig. Allgemein gilt, daß sich die Ungewißheit bezüglich des zukünftigen Futurespreises entsprechend der Quadratwurzel des betrachteten Zeitraums erhöht. Die Ungewißheit wächst nicht linear mit der Zeit.
Das Hauptproblem bei der Anwendung des Modells liegt in der Bestimmung der zukünftigen Preisvolatilität des Underlyings. Alle sonstigen Bestimmungsfaktoren des Optionspreises sind bekannt bzw. relativ leicht beobachtbar.

Volatilität

Die **historische Volatilität** ist ein Maß dafür, wie stark der Preis eines Gutes in der Vergangenheit geschwankt ist. Unter der Annahme, daß sich die Volatilität nicht ändert, kann man die historische Volatilität in die Black-Formel einsetzen. Energiepreise, insbesondere solche mit einer starken saisonalen Komponente wie Gas oder Strom, zeigen meist eine wesentlich höhere

Volatilität als beispielsweise Aktien oder Währungen.[300]
Mathematisch ist die Preisvolatilität die annualisierte Standardabweichung der relativen Preisänderungen eines Gutes, d.h. bei einer Volatilität von 10 % und einem derzeitigen Preis von 20 US$ kann man erwarten, daß im Laufe des nächsten Jahres in 66 % aller Fälle der Preis zwischen 18 US$ und 22 US$ schwanken wird.[301]
Die Schätzung der Volatilität σ wird wie folgt berechnet:[302]

$$\sigma = \frac{s}{\sqrt{\tau}} \tag{3.30}$$

wobei:

τ = Länge des Betrachtungszeitraums in Jahren und

$$s = \sqrt{\frac{1}{n-1}\sum_{i=1}^{n} u_i^2 - \frac{1}{n(n-1)}\left(\sum_{i=1}^{n} u_i\right)^2} \tag{3.31}$$

mit

$$u_i = \ln\left(\frac{S_i}{S_{i-1}}\right) \tag{3.32}$$

wobei:

S_i = Preis des Gutes zum Zeitpunkt i und
n + 1 = Anzahl der Zeitpunkte, die in die Betrachtung eingehen

Der Standardfehler ε dieser Schätzung liegt bei:

$$\varepsilon = \frac{\sigma}{\sqrt{2n}} \tag{3.33}$$

Die beschriebene Methodik zur Schätzung der Volatilität basiert auf jeweils einem Wert pro Handelstag, in der Regel dem Settlement Preis. Es existieren jedoch auch (kompliziertere) Berechnungsmethoden, die beispielsweise die an einem Tag erreichten Höchst- und Tiefstkurse in die Analyse einbeziehen.[303]
Da die Volatilität selbst volatil ist,[304] d.h. zeitlich nicht konstant ist, ist die historische Volatilität in der Regel von der erwarteten durchschnittlichen Volatilität, die im Black-Modell

[300] Vgl. Kapitel 2.3.2 (Für das Management von Preisrisiken relevante Konsequenzen).
[301] Vgl. Pilipovic 1997.
[302] Vgl. Hull 1995.
[303] Vgl. Pilipovic 1997.
[304] Vgl. Pilipovic 1997 und Kapitel 2.3.2 (Für das Management von Preisrisiken relevante Konsequenzen).

benötigt wird, unterschiedlich. Darüber hinaus ist das Ergebnis der Berechnung von σ stark vom (im Prinzip willkürlich) gewählten Stichprobenumfang abhängig.[305]
Der Wert des Optionspreismodells liegt jedoch nicht nur in der Kalkulation eines theoretisch fairen Optionspreises, sondern auch in der Bestimmung der **impliziten Volatilität (implied Volatility)**. Dies ist die Volatilität, die implizit in dem beobachteten Marktpreis der Option enthalten ist. Es ist nicht möglich die Gleichungen 3.26 und 3.27 zu invertieren; die implizite Volatilität läßt sich jedoch durch einen iterativen Suchprozeß ermitteln.[306] Implizite Volatilitäten eignen sich zur Kontrolle der Meinung über die Volatilität bestimmter Futuresverträge, die sich im Laufe der Zeit verändert. Die Verwendung der impliziten Volatilität hat den Vorteil, daß diese automatisch die in Energiemärkten erwartete saisonale Preisschwankung berücksichtigt.

Einschränkungen des Black-Modells

Selbst wenn die zukünftige Volatilität bekannt wäre, sind Preisabweichungen aufgrund der Verwendung unzutreffender Annahmen zu erwarten. Es hat sich gezeigt, daß das Black-Modell im Energiemarkt zu weniger guten Ergebnissen führt als im Finanzmarkt.

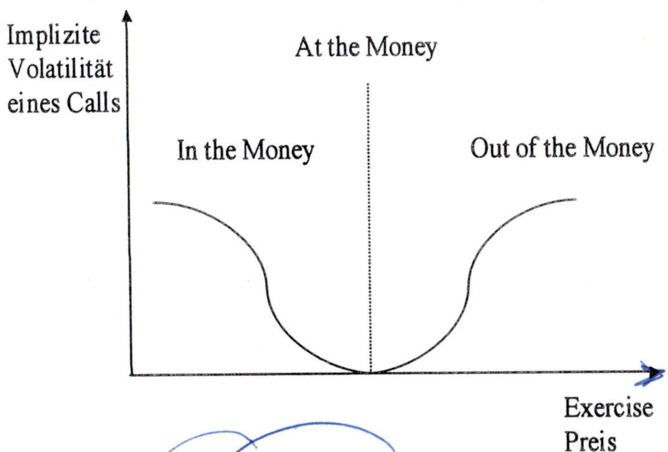

Abbildung 3.39: Volatility Smile

Der wichtigste Kritikpunkt am Black-Modell ist (neben der angenommenen zeitlich konstanten Volatilität) die Annahme der zugrundeliegenden Lognormalverteilung. Energiepreise neigen eher zu einer **Mean-Reversion-Verteilung**, d.h. mittel- bis langfristig tendieren die Preise von Energiegütern dazu, zu einem Gleichgewichtspreis zurückzukehren. Eine Mean-Reversion-

[305] Welcher Stichprobenumfang optimal ist, läßt sich für jedes einzelne Produkt letztlich nur aus einer detaillierten Analyse von Vergangenheitsdaten inklusive am Markt gebildeter Preise für Optionen ermitteln. Vgl. Makarov 1997.

[306] Da bei einer großen Anzahl von zu berechnenden impliziten Volatilitäten ein iterativer Prozeß einen sehr großen Rechenaufwand darstellt, existieren in der Literatur eine Reihe von rechentechnisch schnellen Ansätzen. Vgl. Chance 1995.

Verteilung zeigt bei identischem Mittelwert etwas „fettere“ linke und rechte Enden der Verteilung als eine Lognormalverteilung (im englischen Sprachraum spricht man von sog. „fat tails“).[307] Bewertet man nun eine Option auf ein Underlying, dessen Preis einer Mean-Reversion-Verteilung unterliegt, mit dem Black-Modell, welches auf einer Lognormalverteilung basiert, führt dies zu einer Unterbewertung der deep-in-the-Money- und der deep-out-of-the-Money-Optionen. Berechnet man die impliziten Volatilitäten solcher Optionen, zeigt sich der Effekt des sog. **Volatility Smile** (siehe Abbildung 3.39). Um die durch die „fat tails“ bedingten hohen Marktoptionspreise dieser Optionen zu berechnen, sind bei Verwendung des Black-Modells höhere Volatilitäten einzusetzen, d.h. die impliziten Volatilitäten steigen an, je weiter man sich bei gleichem Verfallsdatum und gleichem Preis des Underlyings vom at-the-Money-Bereich entfernt.[308]

Die im Black-Modell unterstellten Annahmen hinsichtlich Transaktionskosten, Steuern und konstantem Zins führen zu zusätzlichen Abweichungen des ermittelten Optionspreises zum tatsächlichen Marktpreis. Weiterhin gilt natürlich auch für Optionen, daß der tatsächliche Marktpreis den unvorhersehbaren Einflüssen von Marktstimmungen sowie Angebot und Nachfrage ausgesetzt ist. Ein Optionsbewertungsmodell, das in der Lage ist, all diese Faktoren zu berücksichtigen, muß erst noch entwickelt werden.

Beispiel der Bewertung einer Option mit dem Black-Modell

i	S_i	S_i / S_{i-1}	u_i	u_i^2
0	17,52			
1	17,86	1,0194	0,0192	0,0004
2	17,66	0,9888	-0,0113	0,0001
3	17,38	0,9841	-0,0160	0,0003
4	17,43	1,0029	0,0029	0,0000
5	17,40	0,9983	-0,0017	0,0000
6	16,78	0,9644	-0,0363	0,0013
7	16,81	1,0018	0,0018	0,0000
8	16,71	0,9941	-0,0060	0,0000
9	16,58	0,9922	-0,0078	0,0001
10	15,98	0,9638	-0,0369	0,0014
11	15,83	0,9906	-0,0094	0,0001
12	15,68	0,9905	-0,0095	0,0001
13	15,80	1,0077	0,0076	0,0001
14	15,57	0,9854	0,0147	0,0002
15	15,42	0,9904	-0,0097	0,0001
16	15,40	0,9987	-0,0013	0,0000
17	15,36	0,9974	-0,0026	0,0000
18	15,21	0,9902	-0,0098	0,0001
19	15,47	1,0171	0,0169	0,0003
20	15,83	1,0233	0,0230	0,0005
Summe			**-0,1014**	**0,0050**

Tabelle 3.23: Beispiel Black-Modell

[307] Vgl. Pilipovic 1997.
[308] Vgl. Hampton 1995.

Am **Beispiel** einer an der IPE gehandelten Call-Option auf Brent-Rohöl soll nun die Bestimmung der Volatilität und der Berechnung der fairen Optionsprämie verdeutlicht werden. In einem Zeitraum von insgesamt 21 Handelstagen entwickelte sich der Settlement-Preis S_i des März-Futuresvertrages, der in unserem Beispiel das Underlying bildet gemäß Tabelle 3.23.

Die Schätzung der Standardabweichung nach Formel 3.31 ergibt:

$$s = \sqrt{\frac{0{,}005}{19} - \frac{0{,}1014^2}{19 * 20}} = 0{,}0154$$

Unter der Annahme, daß das Jahr aus 250 Handelstagen besteht ergibt sich eine annualisierte historische Volatilität nach Formel 3.30 von

$$\sigma = \frac{0{,}0154}{\sqrt{250}} = 0{,}243 \text{ bzw. } 24{,}3\ \% \text{ p.a.}$$

mit einem Standardfehler nach Formel 3.33 in Höhe von

$$\varepsilon = \frac{0{,}243}{\sqrt{40}} = 0{,}038.$$

Die betrachtete Call-Option hat folgende Eigenschaften:
Exercise Preis: 16,50 US$
Restlaufzeit: 0,08 Jahre

Am Tag der Bewertung lag der Futurespreis bei 15,40 US$; der risikofreie Zinssatz bei 5,65 % p.a.. Nach Formel 3.28 bzw. 3.29 betragen d_1 und d_2:

$$d_1 = \frac{\ln(15{,}4/16{,}5) + 0{,}243^2 * 0{,}08/2}{0{,}243\sqrt{0{,}08}} = -0{,}9690$$

$$d_2 = -0{,}969 - 0{,}243\sqrt{0{,}08} = -1{,}0378$$

$N(d_1) = 0{,}1663$
$N(d_2) = 0{,}1497$

Nach Formel 3.26 ergibt sich für diesen Call ein fairer Wert in Höhe von

$$c = e^{-0{,}0565 * 0{,}08}\ [15{,}4 * 0{,}1663 - 16{,}5 * 0{,}1497] = 0{,}09$$

An diesem Tag wurde der Call zu einem Preis von 0,12 US$ gehandelt. Der Grund für diesen Unterschied liegt einerseits in dem Umstand begründet, daß es sich um eine Option Amerikanischen Typs handelt, die grundsätzlich etwas wertvoller ist als Optionen Europäischen Typs, wie sie durch die Black-Formel berechnet werden. Andererseits - und wichtiger - ist der Fehler, der aus der Volatilitätsschätzung rührt, die auf historischen Daten basiert, obwohl die Black-Formel die erwartete Volatilität benötigt. Die betrachtete Option ist zum Zeitpunkt der Bewertung out-of-the-Money. Wie oben erläutert tendiert das Black-Modell aufgrund der „fat tails" zur Unterbewertung solcher Optionen. Die implizite Volatilität in unserem Beispiel bei einem Marktpreis der Option von 0,12 US$ liegt bei 27,0 % p.a.

3.2.1.4.4.2 Numerische Ansätze

Alternativ zu den mathematisch geschlossenen Lösungsansätzen von Black bzw. Black & Scholes existieren numerische Ansätze zur Findung eines fairen Preises für Optionen. Insbesondere für Optionen amerikanischen oder exotischen Typs, die die Mehrheit der im Energiemarkt gehandelten Optionen ausmachen, existieren häufig nur numerische Ansätze.

Eine weit verbreitete Methode ist die Technik der **Binomialen Bäume** bzw. der **Binomial Trees**.[309] Ähnlich den aus der Entscheidungstheorie bekannten Entscheidungsbäumen, wird hier ein Baum aufgebaut, der - ausgehend vom heutigen Preis des Underlyings - mögliche Preisentwicklungspfade während der Restlaufzeit der Option aufzeigt. Jede dieser möglichen Preisentwicklungen wird mit Wahrscheinlichkeiten belegt und die jeweils resultierenden Inneren Werte der Option werden (abgezinst) summiert und ergeben den fairen Wert der Option.

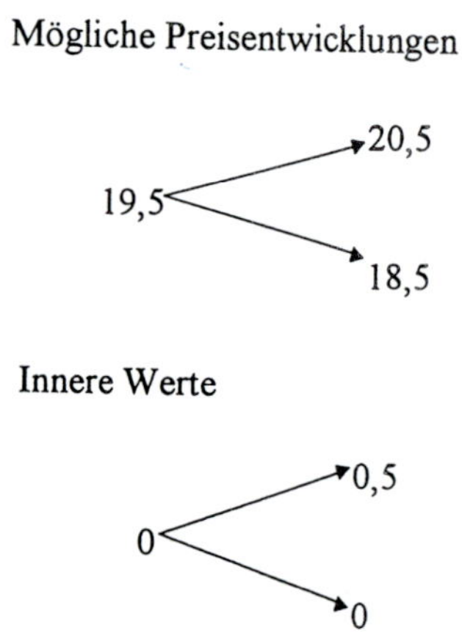

Abbildung 3.40: Binomial Tree

309 Daneben existieren auch Trinomiale oder Multinomiale Bäume, auf deren detaillierte Beschreibung hier jedoch verzichtet wird.

Dieses Prinzip sei zunächst anhand eines stark vereinfachten **Beispiels** der Bewertung einer Call-Option auf Brent Rohöl in einem Zweizeitpunktfall verdeutlicht. Der Preis des Underlyings betrage heute 19,50 US$/bbl. Der Exercise-Preis betrage 20,00 US$/bbl, und es verbleibt nur ein Handelstag, und man weiß, daß der Brentpreis mit einer Wahrscheinlichkeit von 50 % auf 20,50 US$/bbl steigt und mit einer Wahrscheinlichkeit von 50 % auf 18,50 US$/bbl fällt. Der Binomial Tree der möglichen Preisentwicklungen sowie der Inneren Werte ist in Abbildung 3.40 abgebildet:

Mit einer Wahrscheinlichkeit von 50 % ist die Option morgen 0,50 US$/bbl wert. Der heutige Erwartungswert und damit der Wert der Option (der Einfachheit halber nicht abgezinst) beträgt also 0,25 US$/bbl (0,5 * 0,50 US$/bbl). In der Praxis sind die Bewertungen selbstverständlich komplizierter, da:

1. mehr als zwei äquidistante Zeitpunkte berücksichtigt werden müssen,
2. die Größenordnungen für Auf- und Abwärtsbewegungen ermittelt werden müssen,
3. die Wahrscheinlichkeiten für Auf- und Abwärtsbewegungen ermittelt werden müssen.

Was die **Anzahl der Zeitpunkte** angeht, so hat sich in der Praxis durchgesetzt, mit 30 Zeitpunkten zu rechnen, d.h. für 30 Zeitpunkte werden Eintrittswahrscheinlichkeiten für verschiedene Preiszustände beschrieben. Dies bedeutet, daß 2^{30} (ca. 1,07 Milliarden) verschiedene Preispfade Berücksichtigung finden.
Die **Größenordnung der Auf- bzw. Abwärtsbewegung** von einem Zeitpunkt zum nächsten ist abhängig von der Preisvolatilität σ des Underlyings sowie von der gleichbleibenden Länge des Zeitraums Δt zwischen zwei Betrachtungszeitpunkten. Es läßt sich zeigen, daß die Größenordnung einer Aufwärtsbewegung (mit u bezeichnet) nach folgender Formel berechnet werden kann:[310]

$$u = e^{\sigma\sqrt{\Delta t}} \tag{3.34}$$

Die Größenordnung einer Abwärtsbewegung (mit d bezeichnet) beträgt:

$$d = e^{-\sigma\sqrt{\Delta t}} = 1/u \tag{3.35}$$

Die **Wahrscheinlichkeit einer Aufwärtsbewegung** p ist von den selben Faktoren abhängig und berechnet sich wie folgt:

$$p = \frac{e^{r\Delta t} - d}{u - d} \tag{3.36}$$

Für Optionen auf Futuresverträge - wie in der Energiewirtschaft üblich - läßt sich zudem vereinfachend zeigen, daß:

$$p = \frac{1 - d}{u - d} \tag{3.37}$$

Die Wahrscheinlichkeit einer Abwärtsbewegung beträgt 1 - p.

---

310 Vgl. Hull 1995.

Beispiel:

Angenommen sei eine Europäische Call-Option auf Brent-Rohöl:

Spotpreis	S = 18 US$/bbl,
Exercise Preis	X = 19 US$/bbl,
Volatilität	σ = 35 %,
Zinssatz	r = 7 %,
Restlaufzeit	T = 4 Monate bzw. 0,3333 Jahre,
5 Zeitpunkte	(4 Zeiträume), d.h. Δ t = 0,0833 Jahre.

Einsetzen in oben aufgeführte Formeln (3.34 bis 3.37) ergibt:

$$u = 1{,}1063$$
$$d = 0{,}9039$$
$$p = 0{,}4748$$
$$1 - p = 0{,}5252$$

Der Binomial Tree der möglichen Preisentwicklungen ist in Abbildung 3.41 dargestelt. Der Preis an Knoten A wird zum Beispiel wie folgt ermittelt: 18,00 * 0,9039² *1,1063.

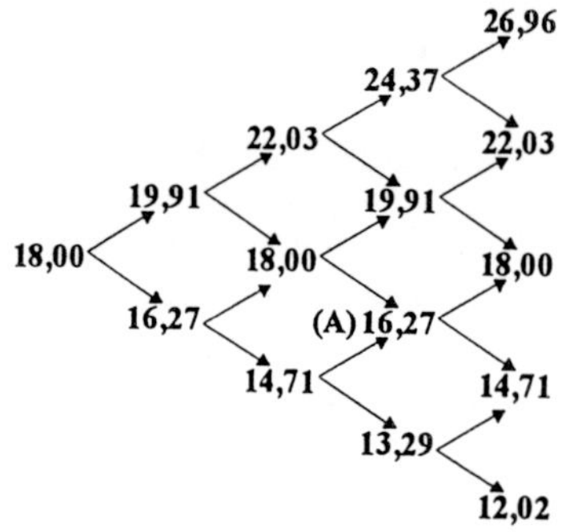

Abbildung 3.41: Binomial Tree der möglichen Preisentwicklungen

Betrachtet man die Inneren Werte, sieht die Situation folgendermaßen aus (Abbildung 3.42):

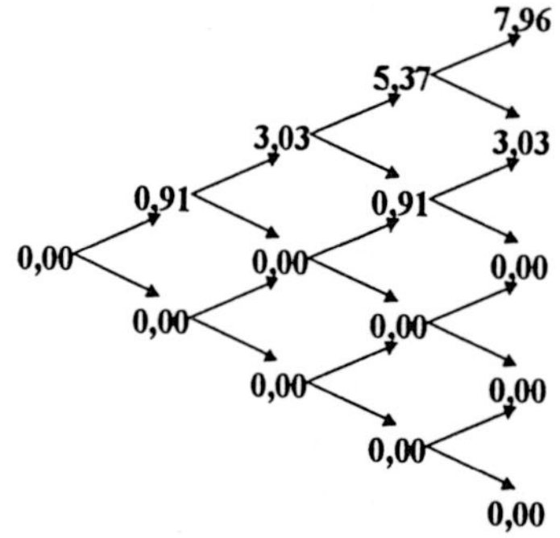

Abbildung 3.42: Binomial Tree der inneren Werte

Am Expiration Date hat die Option also nur in zwei von fünf möglichen Fällen einen positiven Inneren Wert. Die möglichen Werte einer Europäischen Option für den vorletzten Zeitpunkt an Knoten B lassen sich durch eine Rückrechnung wie folgt ermitteln:

$$(7{,}96 * 0{,}4748 + 3{,}03 * 0{,}5252) * e^{-0{,}07*0{,}0833} = 5{,}34.$$

Derartige Rechnungen werden für jeden Knoten bis zum heutigen Zeitpunkt durchgeführt. Der gesamte Baum ist in Abbildung 3.43 dargestellt:

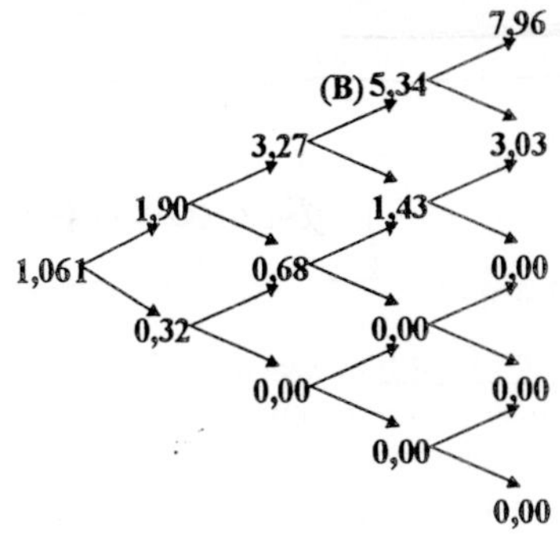

Abbildung 3.43: Binomial Tree – Werte einer europäischen Option

Der Wert des Europäischen Calls beträgt also 1,061 US$.

Aufgrund der höheren Flexibilität durch die Möglichkeit einer vorzeitigen Ausübung ist der Wert eines Amerikanischen Calls mit sonst gleicher Ausstattung höher. In der Binomial Tree Methode äußert sich dies dadurch, daß für jeden Knotenpunkt das Maximum aus Innerem Wert an diesem Knoten und abgezinster Summe der Werte beider Folgeknoten herangezogen wird. Für einen Amerikanischen Call sieht der Baum also wie in Abbildung 3.44 dargestellt aus (Unterschiede zum Europäischen Call kursiv hervorgehoben):

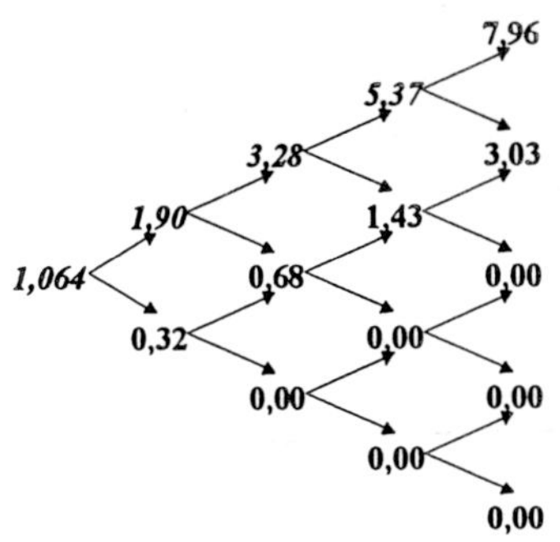

Abbildung 3.44 : Binomial Tree – Werte einer amerikanischen Option

3.2.1.4.4.3 Simulationen

In Kombination mit der Methode der Binomial Trees werden in der Praxis häufig **Monte Carlo Simulationen** durchgeführt. Zu diesem Zweck wird anhand von Zufallszahlen zwischen 0 und 1 ein Weg durch einen Binomial Tree gesucht, wobei die Entscheidung, welcher Weg an welchem Knoten eingeschlagen wird, davon abhängt, ob die Zufallszahl größer oder kleiner ist als p. Der für das Verfallsdatum der Option erreichte Innere Wert wird auf diese Weise ermittelt und abgezinst. Führt man diese Operation viele Male durch (in der Praxis mehrere tausend mal), erhält man eine gute Schätzung des fairen Wertes einer Option als arithmetischen Mittelwert aller Versuchsergebnisse. Ein Nachteil dieser Methode ist, daß sie für die Bewertung Amerikanischer Optionen nicht zu gebrauchen ist, da während der Simulation der Vergleich zwischen vorzeitiger Ausübung der Option und Halten der Option nicht durchgeführt werden kann.[311] Ein weiterer Nachteil im praktischen Handelsgeschäft ist, daß die Monte Carlo Simulation relativ viel Rechenzeit in Anspruch nimmt.

3.2.1.4.4.4 Control Variate Technique

In der Regel führt bei Europäischen Optionen der geschlossene Bewertungsansatz über Black bzw. Black & Scholes zu einem besseren Ergebnis als der numerische Ansatz über Binomiale Bäume. Da der Fehler des numerischen Ansatzes bei Europäischen Optionen stark mit dem Fehler des numerischen Ansatzes bei der Bewertung Amerikanischer Optionen korreliert, versucht man den Fehler bei der Bewertung Amerikanischer Optionen durch die sogenannte Control Variate Technique zu eliminieren. Dies geschieht nach folgender Formel:[312]

$$a_C = a_N + e_B - e_N \tag{3.38}$$

wobei:

a_C = Preis der Amerikanischen Option berechnet mit Hilfe der Control Variate Technique
a_N = Preis der Amerikanischen Option berechnet mit Hilfe numerischer Ansätze
e_B = Preis der Europäischen Option berechnet mit Hilfe von Black & Scholes
e_N = Preis der Europäischen Option berechnet mit Hilfe numerischer Ansätze

311 Vgl. Pilipovic 1997.
312 Vgl. Hull 1995.

3.2.1.4.4.5 Bewertung der einzelnen Ansätze

Es lassen sich eine Reihe von Kriterien finden, nach denen man Vor- und Nachteile von mathematisch geschlossenen Lösungsansätzen, numerischen Ansätzen sowie von Simulationsansätzen bewerten kann. In der Praxis relevant sind beispielsweise der Schwierigkeitsgrad der Entwicklung einer solchen Methode, die Einfachheit der Implementierung sowie die Rechengeschwindigkeit. In Tabelle 3.24 werden die einzelnen Ansätze anhand dieser Kriterien verglichen:

	Mathematisch geschlossener Ansatz	Numerischer Ansatz	Simulation
Entwicklung	-	0	0
Implementation	+	0	0
Rechengeschwindigkeit	+	-	-

Tabelle 3.24: Vergleich der Optionsbewertungsansätze

3.2.1.4.5 „Griechen“

Auf Änderungen der in Kapitel 3.2.1.4.3 genannten Einflußfaktoren können die Werte von Optionen sehr sensibel reagieren.[313] Maße für diese Sensitivitäten sind die sogenannten Griechen, so zusammengefaßt wegen der griechischen Buchstaben, mit denen diese Sensitivitäten meist bezeichnet werden. Die Analyse der Griechen trägt sehr stark zum Verständnis von Optionen und der mit ihnen verbundenen Risiken bei. Für das Hedging von Optionspositionen sind die Griechen unerläßlich.

Delta

Delta Δ beschreibt ceteris paribus die Veränderung des Wertes einer Option bei einer Änderung des Preises des Underlyings. Mathematisch handelt es sich um die erste Ableitung der Funktion des Optionspreises in Abhängigkeit vom Preis des Underlyings, also dc / dF (bzw. bei Puts dp / dF). Delta kann auch aufgefaßt werden als die Wahrscheinlichkeit, mit der die Option zum Verfallsdatum in-the-money sein wird.

Für Europäische Call-Futuresoptionen gilt:

$$\Delta = e^{-rT} N(d_1) \qquad (3.39)$$

Für Europäische Put-Futuresoptionen gilt:

$$\Delta = e^{-rT} [N(d_1) - 1] \qquad (3.40)$$

wobei d_1 jeweils definiert ist wie in Formel 3.28.

[313] Grundsätzlich lassen sich die Überlegungen zur Sensitivität von Optionen auf Änderungen von Einflußgrößen auch auf Forwards und Futures übertragen. Ermitteln lassen sich die "Griechen" durch partielle Differentiation der Formeln 3.26 und 3.27. Da der Futurespreis unabhängig von der Volatilität ist, haben Futures jedoch beispielsweise kein Vega bzw. ein konstantes Vega von Null.

Das Delta eines Calls liegt vor Erreichen des Verfallsdatums immer zwischen 0 und 1; das Delta eines Puts liegt vor Erreichen des Verfallsdatums immer zwischen 0 und -1. Erst am Verfallsdatum werden die Werte 0, 1 oder -1 erreicht, da erst dann mit Sicherheit feststeht, ob die Option in-the-money ($\Delta = 1$ oder $\Delta = -1$) ist oder nicht ($\Delta = 0$).

Gegen Änderungen des Optionswertes kann man sich absichern, indem man physische Positionen im Underlying verändert. Delta gibt hierbei an, in welcher Größenordnung diese physischen Positionen gehalten werden müssen.[314]

Für das in Kapitel 3.2.1.4.4.1 eingeführte **Beispiel** einer Call-Option auf Brent-Rohöl ergibt sich ein Δ von:

$$\Delta = e^{-0{,}0565 * 0{,}08} * 0{,}1663 = 0{,}1655 \text{ oder } 16{,}55\ \%$$

bzw. mit der impliziten Volatilität von 27 %:

$$\Delta = e^{-0{,}0565 * 0{,}08} * 0{,}1933 = 0{,}1924 \text{ oder } 19{,}24\ \%.$$

Verändert sich also der Preis des Underlyings um beispielsweise 0,10 US$/bbl, so verändert sich die Optionsprämie um 0,01655 bzw. 0,01924 US$.[315]

Theta

Theta θ beschreibt ceteris paribus die Veränderung des Wertes einer Option bei abnehmender Restlaufzeit. Mathematisch handelt es sich um die erste Ableitung der Funktion der Optionsprämie in Abhängigkeit von der Restlaufzeit, also dc / dT (bzw. bei Puts dp / dT).
Das Theta von Optionen auf Futures ist immer negativ. Mit Verringerung der Restlaufzeit verliert eine Option an Wert. Dieser Effekt wird auch als **Time Decay** bezeichnet. Gemäß einer Faustregel verändert sich der Wert einer Option mit der Quadratwurzel der Zeit. Der Einfluß auf den Wert einer at-the-Money oder out-of-the-Money Option ist derart, daß der Wertverlust über die Zeit langsam beginnt und immer stärker zunimmt, je mehr die Option sich dem Verfallsdatum nähert. Eine Option, die sich tief in-the-Money befindet, mit einem entsprechend großen Inneren Wert, wird vom Time Decay kaum betroffen.

Für Europäische Call-Futuresoptionen gilt:

$$\theta = -\frac{FN'(d_1)\sigma e^{-rT}}{2\sqrt{T}} + rFN(d_1)e^{-rT} - rXN(d_2)e^{-rT} \qquad (3.41)$$

wobei d_1 und d_2 definiert sind gemäß Formeln 3.28 und 3.29 und:

[314] Auf dieses sog. Delta-Hedging wird in Kapitel 4.3.1.3.1 (Griechen) näher eingegangen.
[315] Zu berücksichtigen ist allerdings, daß die berechneten Werte für Δ (wie für alle anderen Griechen) nur für eine infinitesimal kleine Änderung des Preises des Underlyings exakt sind.

$$N'(d_1) = \frac{e^{-\frac{d_1^2}{2}}}{\sqrt{2\pi}} \tag{3.42}$$

Für Europäische Put-Futuresoptionen gilt:

$$\theta = -\frac{FN'(d_1)\sigma e^{-rT}}{2\sqrt{T}} - rFN(-d_1)e^{-rT} + rXN(-d_2)e^{-rT} \tag{3.43}$$

Für das in Kapitel 3.2.1.4.4.1 eingeführte **Beispiel** einer Call-Option auf Brent-Rohöl ergibt sich ein θ von:

$$\theta = -\frac{15{,}4 * 0{,}2495 * 0{,}243 * 0{,}9955}{2\sqrt{0{,}08}} + 0{,}0565 * 15{,}4 * 0{,}1663 * 0{,}9955 - 0{,}0565 * 16{,}5 * 0{,}1497 * 0{,}9955$$

$= -1{,}64$

bzw. mit der impliziten Volatilität von 27 %:

$\theta = -2{,}00$

Verringert sich also die Restlaufzeit um beispielsweise 0,1 Jahre, so vermindert sich die Optionsprämie um 0,164 bzw. 0,2 US$.

Gamma

Gamma Γ beschreibt ceteris paribus die Veränderung Deltas bei einer Änderung des Preises des Underlyings. Mathematisch handelt es sich um die zweite Ableitung der Funktion der Optionsprämie in Abhängigkeit vom Preis des Underlyings, bzw. die erste Ableitung Deltas in Abhängigkeit vom Preis des Underlyings, also dΔ / dF.
Gamma spielt insbesondere eine wichtige Rolle beim schon erwähnten Delta-Hedging.[316]
Gamma erreicht sein Maximum dann, wenn das Underlying am oder in der Nähe vom Exercise Preis gehandelt wird und die Option sich dem Verfallsdatum nähert.
Für Europäische Call- und Put-Futures-Optionen gilt:

$$\Gamma = \frac{N'(d_1)e^{-rT}}{F\sigma\sqrt{T}} \tag{3.44}$$

wobei d_1 definiert ist gemäß Formel 3.28 und N′( ) gemäß Formel (3.42).

[316] Vgl. Kapitel 4.3.1.3.1 (Griechen).

Für das in Kapitel 3.2.1.4.4.1 eingeführte **Beispiel** einer Call-Option auf Brent-Rohöl ergibt sich ein Γ von:

$$\Gamma = \frac{0{,}2495 * e^{-0{,}0565*0{,}08 rT}}{15{,}4 * 0{,}243 * \sqrt{0{,}08}} = 0{,}23$$

bzw. mit der impliziten Volatilität von 27 % ebenfalls (auf 2 Stellen):

$$\Gamma = 0{,}23$$

Verändert sich also der Preis des Underlyings um beispielsweise 0,10 US$/bbl, so verändert sich Δ um 0,023.

Vega (Kappa, Lambda)

Vega Λ, auch Kappa oder Lambda genannt, beschreibt ceteris paribus die Veränderung des Wertes einer Option bei einer Änderung der Preisvolatilität des Underlyings. Mathematisch handelt es sich um die erste Ableitung der Funktion der Optionsprämie in Abhängigkeit von der Volatilität, also dc / dσ (bzw. bei Puts dp / dσ). Je höher Vega, desto stärker reagiert die Optionsprämie auf eine Volatilitätsänderung.

Eine Position im Underlying verfügt über ein Vega von Null. Das Vega eines Portfolios kann nur durch die Aufnahme von weiteren Optionen in das Portfolio verändert werden.
Der Wert einer at-the-money Option verändert sich proportional zur Veränderung der Volatilität. Eine Verdopplung der Volatilität führt also zu einer Verdoppelung des Wertes der Option. Volatilität beeinflußt lediglich den Zeitwert der Option, nicht aber den Inneren Wert.
Eine in-the-money Option, die über einen großen Inneren Wert verfügt, wird verhältnismäßig weniger durch Volatilitätsänderungen beeinflußt.

Eine out-of-the-money Option wird zwar relativ stärker beeinflußt als eine at-the-money Option, die absolute Veränderung des Wertes wird jedoch geringer ausfallen, da out-of-the-money Optionen von vornherein über einen geringeren Wert verfügen.
Für Europäische Call- und Put-Futures-Optionen gilt:

$$\Lambda = N'(d_1) F e^{-rT} \sqrt{T} \tag{3.45}$$

wobei d_1 definiert ist gemäß Formel 3.28 und N′( ) gemäß Formel 3.42.

Für das in Kapitel 3.2.1.4.4.1 eingeführte **Beispiel** einer Call-Option auf Brent-Rohöl ergibt sich ein Λ von:

$$\Lambda = 0{,}2495 * 15{,}4 * e^{-0{,}0565*0{,}08} * \sqrt{0{,}08} = 1{,}08$$

bzw. mit der impliziten Volatilität von 27 %:

$$\Lambda = 1{,}19$$

Verändert sich also die Volatilität des Preises des Underlyings um beispielsweise 1 %, so verändert sich die Optionsprämie um 0,0108 bzw. 0,0119 US$.

Rho

Rho ρ beschreibt ceteris paribus die Veränderung des Wertes einer Option bei einer Änderung des risikofreien Zinssatzes.
Mathematisch handelt es sich um die erste Ableitung der Funktion der Optionsprämie in Abhängigkeit vom risikofreien Zinssatz, also dc / dr (bzw. bei Puts dp / dr).
Für Europäische Call-Futuresoptionen gilt:

$$\rho = -T\,(FN(d_1) - XN(d_2))\,e^{-rT} \qquad (3.46)$$

Für Europäische Put-Futuresoptionen gilt:

$$\rho = -T\,(XN(-d_2) - FN(-d_1))\,e^{-rT} \qquad (3.47)$$

wobei d_1 und d_2 jeweils definiert sind wie in den Formeln 3.28 und 3.29.

Für das in Kapitel 3.2.1.4.4.1 eingeführte **Beispiel** einer Call-Option auf Brent-Rohöl ergibt sich ein ρ von:

$$\rho = -0{,}08 * (15{,}4 * 0{,}1663 - 16{,}5 * 0{,}1497) * e^{-0{,}0565*0{,}08} = -0{,}007$$

Verändert sich also der risikofreie Zinssatz um beispielsweise 0,1 %, so verändert sich die Optionsprämie um 0,007 US$.

Sonstige Griechen

Das Maß **Charm** beschreibt ceteris paribus die Veränderung Deltas bei geringer werdender Restlaufzeit. Mathematisch handelt es sich um die erste Ableitung Deltas in Abhängigkeit von der Restlaufzeit, also dΔ / dT. Es handelt sich hierbei also um den Effekt, daß das Delta eines Calls (Puts) sich immer mehr dem Wert 0 oder 1 (-1) annähern muß, je näher das Verfallsdatum rückt. Charm läßt sich auch als Maß für die Costs of Carry des Underlyings interpretieren.
Speed beschreibt, inwieweit sich Gamma verändert, wenn der Preis des Underlyings sich verändert. **Colour** beschreibt, wie sich Gamma bei abnehmender Restlaufzeit ändert.[317]

[317] Vgl. Garman 1995.

3.2.2 Caps, Floors, Collars

Grundsätzlich ist es möglich, alle in Kapitel 3.1.2.3 aufgezeigten Swapbeispiele mit Optionscharakter zu versehen und als sogenannte Caps, Floors oder Collars darzustellen.[318] Diese Beispiele sind somit direkt auf die in diesem Kapitel beschriebene Instrumente übertragbar. Das gängigste Beispiel sind Absicherungen von Raffineriemargenniveaus.

Caps

Durch einen Cap (genauer: einen **Long-Cap**) erhält der Konsument eines Gutes die Möglichkeit, sich für einen längeren, vorab definierten Zeitraum gegen Preissteigerungen abzusichern. Es handelt sich hierbei um ein OTC-Instrument, bei dem (in der Regel) eine Bank gegen Zahlung einer Prämie einem Kunden garantiert, daß im Falle eines Preisanstieges über das vereinbarte Cap-Niveau hinaus eine Ausgleichszahlung erfolgt. Im Prinzip ist diese Hedging-Strategie nichts anderes als ein auf die Bedürfnisse des Kunden zugeschnittener Long-Call. Die in der Regel - im Vergleich zu Plain-Vanilla Calls - gegebene Mehrperiodigkeit, kann auch durch eine Aneinanderreihung (einen Strip) von Long-Calls mit gleichem Exercise Preis erreicht werden. Die Funktionsweise eines Caps ist in Abbildung 3.45 dargestellt:

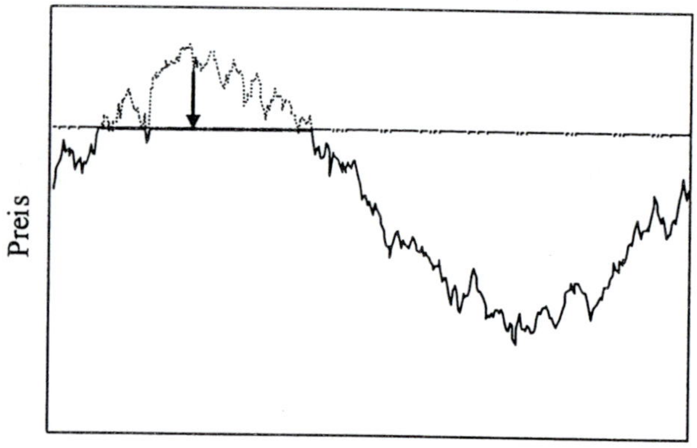

Abbildung 3.45: Funktionsweise eines Caps

Es stellt sich die Frage, wie ein solcher Cap verpreist und abgesichert werden kann. Wie schon erwähnt läßt sich ein Cap auch als Strip von einzelnen Plain-Vanilla Calls darstellen. Der Preis des Caps entspricht dann der Summe der Preise der einzelnen Calls. Die Absicherung des Caps durch den Anbieter erfolgt analog der Absicherung eines Short-Calls.[319]

---

[318] Hinsichtlich der Bedeutung von **Rahmenverträgen**, insbesondere auch des ISDA-Vertrages, für die praktische Durchführung von Caps, Floors und Collars kann auf die Ausführungen in den Kapiteln 3.1.1.3.2 (Forwards OTC-Markt), 3.1.2.3 (Swapbeispiele aus der Energiewirtschaft) und 3.2.1.3.2 (Optionen OTC-Markt) verwiesen werden.

[319] Vgl. Kapitel 3.2.1.2.1 (Grundformen von Optionsstrategien).

Floors

Durch einen Floor (genauer: einen **Long-Floor**) erhält ein Energieanbieter die Möglichkeit, sich für einen längeren, vorab definierten Zeitraum gegen Preissenkungen abzusichern. Es handelt sich hierbei um ein OTC-Instrument, bei dem (in der Regel) eine Bank gegen Zahlung einer Prämie einem Kunden garantiert, daß im Falle einer Preissenkung unter das vereinbarte Floor-Niveau eine Ausgleichszahlung erfolgt. Im Prinzip ist diese Hedging-Strategie nichts anderes als ein auf die Bedürfnisse des Kunden zugeschnittener Long-Put. Die in der Regel - im Vergleich zu Plain-Vanilla Puts - gegebene Mehrperiodigkeit, kann auch durch eine Aneinanderreihung (einen Strip) von Long-Puts mit gleichem Exercise Preis erreicht werden. Die Funktionsweise eines Floors ist in Abbildung 3.46 dargestellt:

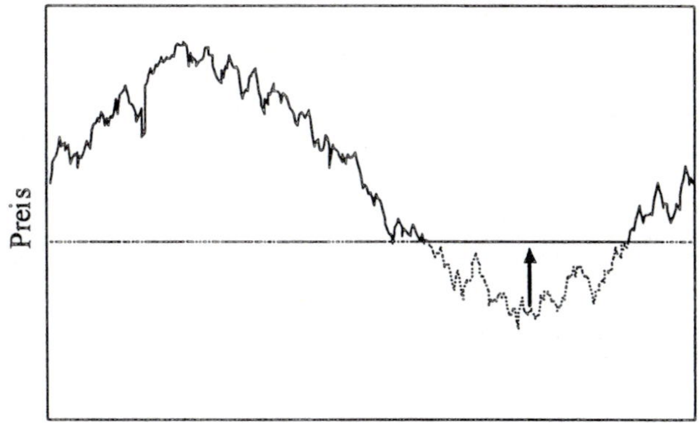

Abbildung 3.46: Funktionsweise eines Floors

Es stellt sich die Frage, wie ein solcher Floor verpreist und abgesichert werden kann. Wie schon erwähnt läßt sich ein Floor auch als Strip von einzelnen Plain-Vanilla Puts darstellen. Der Preis des Floors entspricht dann der Summe der Preise der einzelnen Puts. Die Absicherung des Floors durch den Anbieter erfolgt analog der Absicherung eines Short-Puts.[320]

Collars

Ein Collar kann beschrieben werden als Swap mit einem Band in der Mitte, in dem keine Ausgleichszahlungen erfolgen, d.h. mit einem Preisbereich, in dem keinerlei Absicherung erfolgt. Je nach Bedürfnissen des Collarnachfragers lassen sich zwei Typen unterscheiden:

1. Möchte ein Energienachfrager sich vor Preissteigerungen schützen und deshalb einen maximalen Preis (Cap) vereinbaren, oberhalb dessen der Collaranbieter zu Ausgleichszahlungen verpflichtet ist, und ist er im Gegenzug bereit einen minimalen Preis (Floor) zu akzeptieren, unterhalb dessen er zu Ausgleichszahlungen gegenüber dem Collaranbieter verpflichtet ist, spricht man von einem **Konsumenten-Collar** oder **Long-Collar**.

[320] Vgl. Kapitel 3.2.1.2.1 (Grundformen von Optionsstrategien).

2. Möchte ein Energieanbieter sich vor Preissenkungen schützen und deshalb einen minimalen Preis (Floor) vereinbaren, unterhalb dessen der Collaranbieter zu Ausgleichszahlungen verpflichtet ist, und ist er im Gegenzug bereit einen maximalen Preis (Cap) zu akzeptieren, oberhalb dessen er zu Ausgleichszahlungen gegenüber dem Collaranbieter verpflichtet ist, spricht man von einem **Produzenten-Collar** oder **Short-Collar**.

Die beiden Typen sind graphisch in den Abbildungen 3.47 und 3.48 dargestellt:

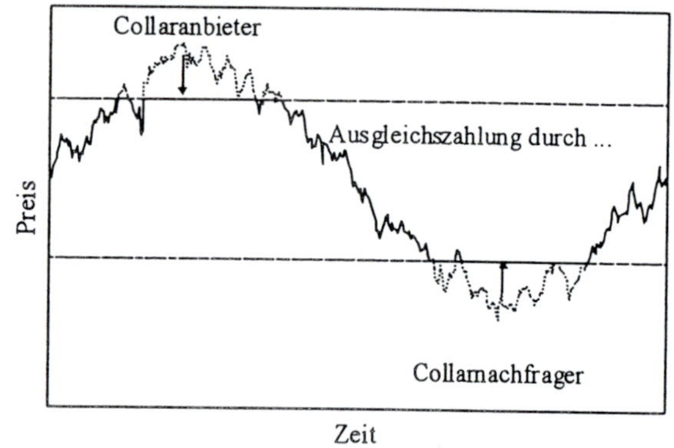

Abbildung 3.47: Funktionsweise eines Long-Collars

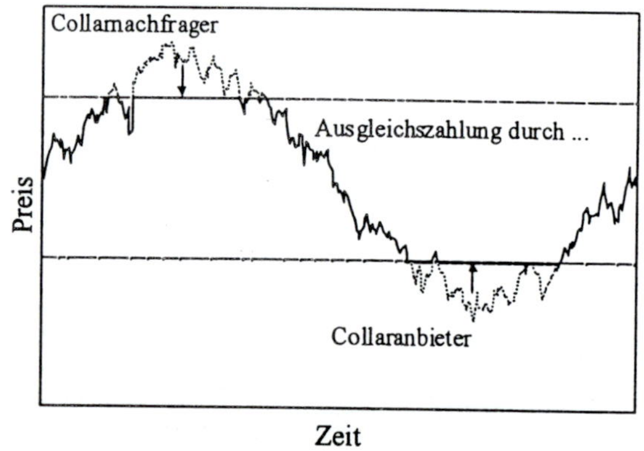

Abbildung 3.48: Funktionsweise eines Short Collars

Ein Konsumenten-Collar (Produzenten-Collar) wird durch den gleichzeitigen Kauf (Verkauf) eines Calls oder Caps mit hohem Exercise Preis und Verkauf (Kauf) eines Puts oder Floors mit niedrigerem Exercise Preis erzeugt. Collars sind ein typisches Beispiel für den Versuch, die Kosten der Preisabsicherung zu senken, indem (beim Long-Collar) ein Floor bzw. (beim Short-Collar) ein Cap verkauft wird.

Collars werden häufig in der Form von **Zero Cost Collars** konstruiert. Hierbei fallen keine Anfangsinvestitionen für die Preisabsicherung an, weil der Wert der verkauften Optionen dem Wert der gekauften Optionen entspricht.
Die Verpreisung und Absicherung von Collars erfolgt analog der Verpreisung und Absicherung von Caps und Floors, da sich ein Collar aus diesen beiden Instrumenten zusammensetzt.
Abbildung 3.49 stellt die bisher behandelten Swaps, Caps, Floors und Collars im Überblick dar, wobei nach erwarteter Preissteigerung und erwarteter Volatilität kategorisiert wurde.

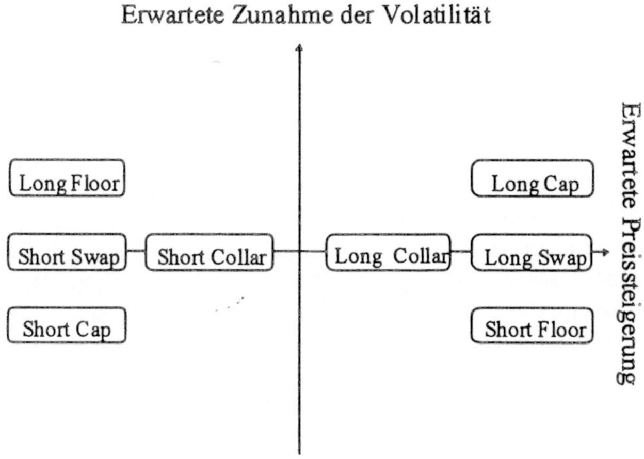

Abbildung 3.49: Überblick über Instrumente

Sonstige Formen

Participating Swaps sind Übergangsformen zwischen Caps (Floors) einerseits und Swaps andererseits. Ein Energienachfrager (Energieanbieter) erhält beispielsweise eine komplette Absicherung gegen Preissteigerungen (Preissenkungen), er erhält jedoch darüber hinaus noch die Möglichkeit, von Preissenkungen (Preissteigerungen) partiell zu profitieren. Dieses Partizipieren liegt zwischen einem Partizipationsgrad von 0 % (Plain-Vanilla Swap) und 100 % (reiner Cap bzw. reiner Floor). Das Partizipieren wird durch den Energienachfrager (Energieanbieter) in der Regel durch einen im Vergleich zum Plain-Vanilla Swap höheren (niedrigeren) Swappreislevel erkauft.

Bei einem **Extendible Swap** hat der Swap-Anbieter die Möglichkeit, d.h. die Option, die Laufzeit des Swaps um einen vorab vereinbarten Zeitraum zu verlängern. Für die Gewährung dieser Option erhält der Energienachfrager (Energieanbieter) in der Regel einen im Vergleich zum Plain-Vanilla Swap niedrigeren (höheren) Swappreislevel garantiert.
Bei einem **Double-Up Swap** hat der Swap-Anbieter die Möglichkeit, d.h. die Option, die Menge, die dem Swap zugrundeliegt um einen vorab vereinbarten Prozentsatz zu verändern. Für die Gewährung dieser Option erhält der Energienachfrager (Energieanbieter) in der Regel einen im Vergleich zum Plain-Vanilla Swap niedrigeren (höheren) Swappreislevel garantiert.

3.2.3 Exotische Optionen

Den Begriff „Exot" übersetzt der Duden mit fremdartig, fremdländisch. Der unvoreingenommene Leser mag nun etwas völlig „abgefahrenes" erwarten, das für ihn selbst unter Wettbewerbsbedingungen wohl kaum Bedeutung erlangen wird - und schnell weiterblättern -, oder sich vielleicht auch nur mit Spannung etwas für ihn völlig neues vorstellen. Weit gefehlt: Exotische Optionen sind die Normalität der Gas- und Stromwirtschaft. Sie sind als solche nicht wahrgenommen und bewertet worden, weil ihre Auswirkungen über die Kette der Anlegbarkeit vom Verbraucher bis zur Produktionsstätte weitergereicht werden.

So enthalten die langfristigen Lieferverträge neben Mengen- und Preisvereinbarungen eine Fülle von Aspekten, welche die reine Energielieferung zu einem Dienstleistungsangebot erweitern, das den Bedürfnissen der Kunden entsprechen soll. So werden z.B. zur Verstetigung der an Ölpreise gebundenen Erdgaspreise gleitende Durchschnitte aus mehreren zurückliegenden Monaten gebildet (sog. Referenzperioden), oder dem Vertragspartner auf Tag, Monat oder Jahr bezogene Flexibilitäten beim Bezug von Leistung und/oder Arbeit gewährt, um nur die wichtigsten zu nennen. Eine marktorientierte separate Bewertung dieser Optionen gibt es zur Zeit noch nicht. Aufgrund der geschlossenen Versorgungsgebiete konnten die Halter der Optionen diese nur für eigene Zwecke einsetzen, nicht aber an Dritte vermarkten. Nach dem neuen EnWG kann jeder mit jedem Handelsbeziehungen aufnehmen. Neue Player treten an etablierte Unternehmen heran, um ihnen diese Optionen (zum Teil) abzukaufen. Damit entsteht für jedes Unternehmen, das auf diesen Märkten aktiv sein will - ob als Händler oder Verbraucher -, die Notwendigkeit, diese Optionen vor dem Hintergrund veränderter kommerzieller Rahmenbedingungen bewerten zu können. Zum anderen werden exotische Optionen in der Energiewirtschaft immer wichtiger, da sie auf die Bedürfnisse dieser Branche maßgerecht zugeschneidert werden können. Ein Beispiel hierfür sind die sog. Spread-Optionen im Raffineriebereich, mit denen letztlich die Marge einer Raffinerie vorab garantiert werden kann.

Alle Optionen, die keine Europäischen oder Amerikanischen „Plain-Vanilla" Calls oder Puts (bzw. Caps oder Floors) sind, werden als **Exotische Optionen** bezeichnet.[321]

Innerhalb der exotischen Optionen lassen sich vier Merkmale feststellen, nach denen diese Optionen klassifiziert werden können:[322]

1. **Pfadabhängige Optionen (Path dependent Options):**
   Bei diesem Typ ist die Auszahlungsfunktion auch vom Preisverlauf des Underlyings oder von anderen Ereignissen während der Laufzeit der Option und nicht nur vom Preis des Underlyings am Expiration Date abhängig.

2. **Multiple Commodity Options:**
   Bei diesem Typ hängt die Auszahlungsfunktion nicht nur vom Preis eines Underlyings, sondern von den Preisen mehrerer Underlyings ab.

---

[321] Vgl. Hull 1997.

[322] Vgl. Kaminski & Gibner 1995.

3. **Compound Options:**
In diesem Fall ist das Underlying selbst eine Option, d.h. man hat hier die Option auf eine Option.

4. **Digitale bzw. Binäre Optionen:**
Bei dieser Gruppe besteht die Auszahlung aus einem vorher festgelegten Betrag, wobei die Auszahlung nur erfolgt, wenn vorher bestimmte Ereignisse eingetreten sind.

Die **Bewertung exotischer Optionen** erfolgt nach folgenden Prinzipien:[323]

- Schritt 1: Wenn sich exotische Optionen als Kombination mehrerer Plain-Vanilla Optionen reproduzieren lassen, reicht es aus, die einzelnen Preise der Plain-Vanillas zu ermitteln und zu addieren.
- Schritt 2: Wenn Schritt 1 nicht durchführbar ist, versucht man eine geschlossene mathematische Lösung - ähnlich der Black-Formel - zu finden. Dies erfordert zum Teil sehr gute Mathematik-, insbesondere Statistikkenntnisse.
- Schritt 3: Führt Schritt 2 nicht zur gewünschten Lösung, ist man auf die Anwendung numerischer Methoden wie Bi- oder Multinomialer Bäume oder auf Monte Carlo Simulationen angewiesen.

Im folgenden werden anhand der oben vorgestellten Klassifizierung einige Beispiele für derartige Optionen sowie ihre Bewertungsmethoden vorgestellt. Als Underlying wird in allen Fällen ein Forwardvertrag für ein physisches Gut, und nicht das Gut selbst, unterstellt.

3.2.3.1 Pfadabhängige Optionen (Path dependent Options)

Bei dieser Gruppe von Optionen hängt eine mögliche Auszahlungen im Gegensatz zu Plain-Vanilla-Optionen nicht vom Preis des Underlyings am Expiration Date ab, sondern von der Entwicklung des Preises oder dem Eintreten anderer Ereignisse während der Laufzeit der Option. In der Praxis sind insbesondere die folgenden Typen relevant.

Asiatische Optionen

Bei Optionen asiatischen Typs wird am Ende der Laufzeit der Exercise Preis X mit einem (meist arithmetischen) Mittelwert von Preisen des Underlyings F verglichen, die während der Optionslaufzeit realisiert worden sind. Der Zeitraum, für den dieser Mittelwert bestimmt wird, ist hierbei nicht notwendigerweise genauso lang wie die Laufzeit der Option. Die Auszahlungsfunktionen asiatischer Optionen sehen wie folgt aus:[324]

Für einen Call: $\max(0\,;\,\text{Mittelwert}(F) - X)$ (3.48)

Für einen Put: $\max(0\,;\,X - \text{Mittelwert}(F))$ (3.49)

---

[323] Vgl. Kaminski & Gibner 1995.
[324] Vgl. Kaminski & Gibner 1995; Hull 1997.

Der Vorteil asiatischer Optionen gegenüber ihrem jeweiligen Europäischen bzw. Amerikanischen Pendant (mit sonst identischen Konditionen) liegt darin, daß die Volatilität eines Durchschnittspreises geringer ist als die Volatilität von Einzelpreisen. Da der Optionspreis in direktem Zusammenhang zur Volatilität des Underlyings steht, sind Asiatische Optionen tendenziell billiger.

Die exakte Bewertung Asiatischer Optionen bereitet große Schwierigkeiten, was vor allem darin begründet ist, daß der arithmetische Mittelwert (im Gegensatz zum geometrischen Mittelwert) von Preisen keiner Lognormalverteilung unterliegt. Diese statistische Verteilung liegt jedoch dem Bewertungsansatz von Black bzw. Black & Scholes zugrunde, so daß dieser Ansatz nicht verfolgt werden kann. Statt dessen versuchen die meisten Autoren, auf numerische Lösungsansätze zurückzugreifen.[325]

Average-Strike-Optionen

Bei diesen Optionen wird der Exercise Preis während der Optionslaufzeit als (meist arithmetischer) Mittelwert aus Preisen des Underlyings F bestimmt. Die Auszahlungsfunktionen dieser Optionen sehen wie folgt aus:

Für einen Call: $\max(0 ; F_T - \text{Mittelwert}(F))$ (3.50)

Für einen Put: $\max(0 ; \text{Mittelwert}(F) - F_T)$ (3.51)

Hinsichtlich der Bewertung dieser Art von Optionen gelten dieselben Beschränkungen wie bei den Optionen Asiatischen Typs.[326]

Lookback Optionen

Lookback-Optionen gewähren das Recht, das Underlying zum jeweils günstigsten während der Optionslaufzeit realisierten Preis zu kaufen oder zu verkaufen. Die Auszahlungsfunktionen dieser Optionen sehen wie folgt aus:

Für einen Call: $F_T - \text{Minimum}(F)$ (3.52)

Für einen Put: $\text{Maximum}(F) - F_T$ (3.53)

Diese Auszahlungsfunktion kann keinen Wert kleiner als Null annehmen; Lookback-Optionen erreichen am Verfallsdatum also immer eine at-the-money oder in-the-money-Position. Aus diesem Grund ist eine Lookback-Option immer teurer als eine vergleichbare Europäische Option, wodurch ihre Marktgängigkeit sehr eingeschränkt wird. Es gibt jedoch Möglichkeiten, die Kosten für diese Art von Optionen zu senken, indem man den Zeitraum, innerhalb dessen das Maximum oder das Minimum gemessen werden, kürzer als die Laufzeit der Option wählt.[327]

---

325 Vgl. Kaminski & Gibner 1995; Levy & Turnbull 1992; Levy 1991; Turnbull & Wakeman 1991; Curran 1995; Geman & Eydeland 1995; Hart & Ross 1995.

326 Vgl. Kaminski & Gibner 1995.

327 Vgl. Heynen & Kat: Selective Memory 1995.

Was die Verpreisung von Lookback-Optionen angeht, existieren einige geschlossene Lösungsansätze,[328] die zum Teil unter der Annahme der Replikation einer Lookback-Optionen mit Hilfe von Plain-Vanilla Optionen erfolgen.

Barrieren Optionen

Barrieren-Optionen (Barrier Options oder Knock-in Options bzw. Knock-out Options) sind solche Optionen, die bei Eintreten bestimmter Ereignisse geschaffen (knock-in) bzw. vernichtet (knock-out) werden. Üblicherweise bestehen die Ereignisse im Erreichen bestimmter Preislevels des Underlyings. Grundsätzlich ist es jedoch auch möglich, die Ereignisse anderweitig zu definieren. So kann ein Knock-in Ereignis für eine Rohöloption durchaus definiert sein als ein bestimmter US$ / DM - Wechselkurs, der überschritten werden muß.[329]
Sowohl für Calls als auch Puts sind folgende Preis-Ereignis-Kombinationen möglich:

- **Up-and-out:** Preis steigt und Option wird vernichtet
- **Up-and-in:** Preis steigt und Option wird geschaffen
- **Down-and-out:** Preis sinkt und Option wird vernichtet
- **Down-and-in:** Preis sinkt und Option wird geschaffen

Die Auszahlungsfunktion einer Knock-in-Option ist am Verfallsdatum Null, sofern nicht vorher ein bestimmtes Ereignis eingetreten ist, das die Option zum Leben erweckt hat. Geschieht dies, so ist die Auszahlungsfunktion definiert wie die einer Plain-Vanilla-Option (vgl. Formeln 3.14 bzw. 3.17).

Die Auszahlungsfunktion einer Knock-out-Option ist am Verfallsdatum definiert wie die einer Plain-Vanilla-Option, sofern nicht vorher ein bestimmtes Ereignis eingetreten ist, das die Option zum Erlöschen gebracht hat. Barrieren-Optionen sind preiswerter als ihre Europäischen Pendants, da durch die Möglichkeit des Eintretens eines „Ereignisses" die Wahrscheinlichkeit verringert wird, daß die Option am Verfallsdatum in-the-money ist. Z.B. kann der Preis des Underlyings einer Europäische Put-Option unter den Exercise Preis fallen, nachdem er vorher die Barriere erreicht oder überschritten hat. In diesem Fall endet die Europäische Put-Option in-the-money, wohingegen der Halter einer Up-and-out Put-Option leer ausgeht.

Beispielhaft sei dies für einen Kraftwerksbetreiber verdeutlicht, der sich gegen fallende Strompreise absichern möchte. Als Alternative für einen Plain-Vanilla Put mit Exercise Preis X bietet sich ein Up-and-out Put mit gleichem Exercise Preis X an. Einziger Nachteil dieser Alternative ist die Gefahr, daß die Option während der Laufzeit bei steigenden Preisen erlischt. Ist jedoch erst einmal ein solches höheres Preisniveau erreicht, ist die Gefahr eines Preisverfalls unter X geringer, so daß unter Umständen gar kein Absicherungsbedarf mehr vorliegt.

---

[328] Vgl. Kaminski & Gibner 1995; Garman 1989; Dewynne & Wilmott 1995; Bowie & Carr 1995; Goldman, Sosin & Gatto 1979; Conze & Viswanathan 1991.

[329] Vgl. Heynen & Kat: Crossing Barriers 1995.

Spotmarktwirkungsgrad = Spotpreis für Gas / Spotpreis für Strom,

bzw. der implizite Forwardmarktwirkungsgrad als:

Forwardmarktwirkungsgrad = Forwardpreis für Gas / Forwardpreis für Strom

Wenn dieses Verhältnis niedriger ist als der Wirkungsgrad eines bestimmten Kraftwerks, führt der Betrieb dieses Kraftwerks zu einem sicheren Gewinn. Die Zahlungsfunktion einer Spark Spread Call-Option lautet:

$$\max (0 , S_S - S_G / \eta) \tag{3.58}$$

wobei:
S_S: Spotpreis Strom
S_G: Spotpreis Gas
η: Wirkungsgrad des Kraftwerks

Der Kraftwerksbetreiber wird nur dann Strom erzeugen, wenn die Differenz zwischen dem Strompreis und den Kosten der Erzeugung positiv ist. Ein Kraftwerk läßt sich bewerten, indem die individuellen Spark Spread Optionen bewertet und addiert werden:

$$BW_K = \sum_t^T (Kap * h(t) * BW_{CO}(0,t)) \tag{3.59}$$

wobei:
BW_K: Barwert des Kraftwerks
Kap: Kapazität des Kraftwerks
h (t): Anzahl der Stunden innerhalb des gegebenen Dispatchingzeitraums (t); Kapazität * h(t) entspricht somit der Zahl der MWh, die in jeder Periode t erzeugt werden können.
BW_{CO}: Barwert der Spark Spread Call-Option (auslaufend in der Periode t)
T: Laufzeit des Kraftwerks

Optionen zum Tausch eines Gutes gegen ein anderes

Diese Option gewährt dem Halter am Verfallsdatum das Recht, aus zwei Gütern das wertvollere auszuwählen. Die Auszahlungsfunktion dieser Optionen sieht wie folgt aus:

$$\max (0 ; F_1 ; F_2) \tag{3.60}$$

Theoretisch handelt es sich hierbei um den Spezialfall einer Spread-Option mit einem Spread von Null.

Die geschlossene Lösung für diese Art von Optionen sieht wie folgt aus:[338]

$$C = e^{-rT} (F_1 N(d_1) - F_2 N(d_2)) \quad (3.61)$$

wobei:

$$d_1 = \frac{\ln\left(\frac{F_1}{F_2}\right) + 0{,}5 * \sigma^2 T}{\sigma\sqrt{T}} \quad (3.62)$$

$$d_2 = d_1 - \sigma\sqrt{T} \quad (3.63)$$

und

$$\sigma^2 = \sigma_1^2 + \sigma_2^2 - 2\rho\sigma_1\sigma_2 \quad (3.64)$$

mit
ρ: Korrelationskoeffizient zwischen den Preisen,
sonstige Bezeichnungen wie in Kapitel 3.2.1.4.4.1

Die beschriebene Call-Option ermöglicht es ihrem Halter, das Gut 1 zu erwerben und mit Gut 2 zu bezahlen. Eine solche Option kann beispielhaft an einem Stadtwerk beschrieben werden, welches die Möglichkeit hat, Gas entweder zum Gasspotpreis oder zu einem heizölgebundenen Preis zu kaufen. Finanziell steht dieses Stadtwerk nun also vor der Möglichkeit, Gas oder Öl zu kaufen, wobei es selbstverständlich immer den jeweils billigeren Energieträger wählen wird.[339] Grundsätzlich gilt, daß diese Option um so wertvoller und teurer ist, je geringer die Korrelation zwischen den beiden Gütern ist.

Basket Optionen

Basket- bzw. Portfolio-Optionen sind Optionen, die sich auf den Gesamtwert eines vorab vereinbarten Portfolios beziehen. Auf diese Art und Weise ist es also möglich, ein Portfolio gegen Wertverluste abzusichern.
Die Auszahlungsfunktionen von Basket-Optionen sehen wie folgt aus:

Für einen Call: $$\max(0; \sum_i a_i F_i - X) \quad (3.65)$$

Für einen Put: $$\max(0; X - \sum_i a_i F_i) \quad (3.66)$$

wobei a_i Gewichtungsfaktoren des Gutes i repräsentieren.

---

[338] Vgl. Kaminski & Gibner 1995; Margrabe 1978.
[339] Vgl. Kaminski & Gibner 1995.

Die Bewertung von Basket-Optionen ist wiederum relativ komplex. Auf eine detaillierte Darstellung wird an dieser Stelle verzichtet.[340] Rubinstein schlägt vor, diese Optionen mit Hilfe zweidimensionaler binomialer Bäume zu bewerten, während Huynh und Gentle geschlossene Lösungsansätze beispielsweise auf Basis von Edgeworth-Serien präsentieren.

3.2.3.3 Compound Optionen

Eine Compound Option ist eine Option, bei der das Underlying eine andere Option ist. Folglich existieren vier mögliche Ausprägungen:

- ein Call auf einen Call
- ein Put auf einen Call
- ein Call auf einen Put
- ein Put auf einen Put.[341]

Compound Optionen bieten die Möglichkeit, ein bestimmtes Absicherungspreisniveau abzusichern. Vorteilhaft sind sie deshalb, weil die Absicherung einer Absicherung in der Regel preiswerter ist als die Absicherung selbst, und weil man auf diese Art und Weise Zeit gewinnt, während der man entscheiden kann, ob die eigentliche Absicherung überhaupt vonnöten ist.
Für Europäische Optionen auf Europäische Optionen existieren geschlossene Lösungsansätze;[342] bei komplizierteren Kombinationen greifen unter Annahme der Abwesenheit von Arbitragemöglichkeiten numerische Lösungsansätze.[343]

3.2.3.4 Digitale bzw. Binäre Optionen

Digitale oder Binäre Optionen zeichnen sich dadurch aus, daß sie zu einem vorher vereinbarten (in der Regel fixen) Auszahlungsbetrag führen, wenn die Option in-the-Money endet. Wenn die Option am Verfallsdatum at-the-money oder out-of-the-Money liegt, ist der Auszahlungsbetrag Null. Einige der Digitalen Optionen sind einfacher zu bewerten als Plain-Vanilla-Optionen, da sie laut Pechtl die Grundform aller anderen Optionen darstellen.[344] Es gibt Digitale Optionen in verschiedenen Ausprägungen:

- **Cash-or-Nothing Option:** Der mögliche Auszahlungsbetrag A ist fix.
- **Asset-or-Nothing Option:** Der mögliche Auszahlungsbetrag A entspricht dem Wert des Underlyings am Verfallsdatum.
- **Gap-Call-Option:** Der mögliche Auszahlungsbetrag A entspricht der Differenz zwischen einem fixen vorab vereinbarten Preis (ungleich dem Exercise Preis!) und dem Preis des Underlyings am Verfallsdatum.
- **Cash-on-Delivery- (COD-) bzw. Pay-later-Option:** Bei diesen Optionen erfolgt die Prämienzahlung nicht bei Eingehen des Optionsvertrages, sondern bei Ausüben der Option am Verfallsdatum. Endet die Option in-the-Money, **muß** sie ausgeübt werden, auch wenn dies

---

[340] Vgl. Gentle 1995; Huynh 1995; Rubinstein 1995.
[341] Vgl. Hull 1997; Nelken 1995.
[342] Vgl. Hull 1997; Kaminski & Gibner 1995; Geske 1979.
[343] Vgl. Nelken 1995.
[344] Vgl. Pechtl 1995.

per Saldo für den Halter der Option zu einer Auszahlung führt, da die Prämie größer ist als der Auszahlungsbetrag der Option. Endet die Option out-of-the-Money erfolgt keine Prämienzahlung.

3.2.3.5 „Eingebettete Optionen" in traditionellen europäischen Energielieferverträgen

Traditionelle Lieferverträge für Gas oder Strom, wie sie heute insbesondere in Kontinentaleuropa abgeschlossen werden, weisen in vielen Abschnitten Regelungen auf, die Optionscharakter haben. In der Regel werden diese Regelungen jedoch nicht als Optionen bezeichnet; man spricht deshalb häufig von **Eingebetteten Optionen** bzw. **Embedded Options**. Am Beispiel eines hypothetischen Gasliefervertrages, der Schritt für Schritt komplexer wird und sich damit immer mehr real existierenden Verträgen annähert, soll dies verdeutlicht werden:

- **Schritt 1:**
  Gasverkäufer V und Gaskäufer K schließen heute (4. Juli) folgenden Gasliefervertrag ab: V verpflichtet sich, an K am 12. November für 24 Stunden eine Menge von insgesamt 10 Mio. kWh zu liefern, wobei die Lieferung über den Tag gleichverteilt erfolgen soll. K verpflichtet sich, die volle Menge abzunehmen bzw. im Falle der Nichtabnahme zu 100 % zu bezahlen (100 % Take-or-Pay). Ein Nachbezugsrecht für K ist nicht vereinbart. Der Preis für dieses Gas wird heute auf 2,00 Pf/kWh festgelegt.

Bei diesem Geschäft handelt es sich offensichtlich um einen einfachen **Forwardvertrag** über die Gasmenge von 10 Mio. kWh. K und V haben einen Preis von 2,00 Pf/kWh fest vereinbart. K hat das Recht und die Pflicht, zu diesem Preis zu kaufen; das Geschäft ist für ihn also insbesondere dann vorteilhaft, wenn der Gasspotpreis am 12. November über 2,00 Pf/kWh liegt. V hat das Recht und die Pflicht, zu diesem Preis zu verkaufen; das Geschäft ist für ihn also insbesondere dann vorteilhaft, wenn der Gasspotpreis am 12. November unter 2,00 Pf/kWh liegt.

- **Schritt 2:**
  Gasverkäufer V und Gaskäufer K schließen heute (4. Juli) folgenden Gasliefervertrag ab: V verpflichtet sich, an K am 12. November für 24 Stunden Gas zu liefern, wobei die Lieferung über den Tag gleichverteilt erfolgen soll. Die Vertragsmenge betrage wiederum 10 Mio. kWh; allerdings verpflichtet sich K nur zur Abnahme von 50 % dieser Menge bzw. im Falle der Nichtabnahme diese 5 Mio. kWh mit dem vollen Preis zu bezahlen (50 % Take-or-Pay). Darüber hinaus gewährt V dem K das Recht, bis zu 12 Mio. kWh an diesem Tag abzunehmen. K verpflichtet sich, am 11. November die gewünschte Menge zu nominieren. Ein Nachbezugsrecht für K ist nicht vereinbart. Der Preis für dieses Gas wird wiederum auf 2,00 Pf/kWh festgelegt.

Für die Teilmenge von 5 Mio. kWh liegt wie bei Schritt 1 ein Forwardvertrag vor. Für die darüber hinaus gehende Menge von maximal 7 Mio. kWh liegt eine **Call-Option** vor. K hat das Recht, aber nicht die Pflicht, diese Gasmenge zum Exercise Preis von 2,00 Pf/kWh zu beziehen. V verpflichtet sich, diese Menge zu diesem Preis zu verkaufen. K wird die Option ausüben, sofern der Gasspotpreis bzw. der Preis seiner besten alternativen Bezugsquelle am Liefertag über 2,00 Pf/kWh liegt. Für die Gewährung dieser Option sollte V eine Optionsprämie verlangen, die bei Eingehen des Optionsvertrages von K gezahlt werden sollte. Alternativ kann die Optionsprämie auch im Lieferpreis enthalten sein, der in diesem Falle etwas höher sein sollte als der Preis eines einfachen Forwardgeschäftes.

- **Schritt 3:**
  Gasverkäufer V und Gaskäufer K schließen heute (4. Juli) folgenden Gasliefervertrag ab: V verpflichtet sich, an K ab 1. Oktober für 365 Tage Gas zu liefern, wobei die Lieferungen über den Tag gleichverteilt erfolgen sollen. Die Jahresvertragsmenge betrage 3,65 Mrd. kWh; allerdings verpflichtet sich K nur zur Abnahme von 50 % dieser Menge bzw. im Falle der Nichtabnahme diese 1,825 Mrd. kWh mit dem vollen Preis zu bezahlen (50 % Take-or-Pay). Darüber hinaus gewährt V dem K das Recht, bis zu 12 Mio. kWh an jedem Tag abzunehmen. Insgesamt hat K also das Recht, bis zu 4,38 Mrd. kWh zu beziehen. Eine tägliche Mindestabnahmeverpflichtung für K bestehe jedoch nicht. K verpflichtet sich, die gewünschte Menge jeweils einen Tag im voraus zu nominieren. Ein Nachbezugsrecht für K ist nicht vereinbart. Der Preis für dieses Gas wird wiederum auf 2,00 Pf/kWh festgelegt.

Im Vergleich zu dem in Schritt 2 beschriebenen Vertrag hat sich die Laufzeit verändert. V hat nur noch die Garantie, daß insgesamt 1,825 Mrd. kWh/a verkauft werden. Er hat jedoch keine Sicherheit darüber, wann dies geschieht. K kann zumindest zu Beginn der Vertragslaufzeit frei wählen, wann er die Call-Option ausübt. Im Prinzip ist K im Besitz von 365 Call-Optionen mit der einschränkenden Nebenbedingung, daß mindestens 1,825 Mrd. kWh/a gekauft werden müssen. Der Wert der Call-Option an einem Tag hängt unter anderem davon ab, wieviel Gas bis zu diesem Tag bezogen wurden. Je größer diese bereits bezogene Menge, d.h. je stärker die Nebenbedingung bereits erfüllt wurde, desto größer ist die verbleibende Flexibilität und damit der Wert der Option an diesem Tag. Bezieht K im ersten Halbjahr kein Gas, so hat der Vertrag für die zweite Jahreshälfte nur noch sehr geringen Optionscharakter. Bezieht K die ersten kanpp 213 Tage kein Gas, so hat der Vertrag für das restliche Jahr keinen Optionscharakter mehr, weil er nun die verbleibenden 152 Tage jeweils 12 Mio. kWh abnehmen muß, um eine Verletzung seiner Take-or-Pay-Verpflichtung zu vermeiden.

Bei dem hier beschriebenen Vertrag handelt es sich also um die **Kombination von 365 pfadabhängigen Optionen**, die mit Hilfe numerischer Ansätze bewertet werden können.[345]

- **Schritt 4:**
  Gasverkäufer V und Gaskäufer K schließen heute (4. Juli) folgenden Gasliefervertrag ab: V verpflichtet sich, an K ab 1. Oktober für 365 Tage Gas zu liefern, wobei die Lieferungen über den Tag gleichverteilt erfolgen sollen. Die Jahresvertragsmenge betrage 3,65 Mrd. kWh; allerdings verpflichtet sich K nur zur Abnahme von 50 % dieser Menge bzw. im Falle der Nichtabnahme diese 1,825 Mrd. kWh mit dem vollen Preis zu bezahlen (50 % Take-or-Pay). Darüber hinaus gewährt V dem K das Recht, bis zu 12 Mio. kWh an jedem Tag abzunehmen. Insgesamt hat K also das Recht, bis zu 4,38 Mrd. kWh zu beziehen. Eine tägliche Mindestabnahmeverpflichtung für K bestehe jedoch nicht. K verpflichtet sich, die gewünschte Menge jeweils einen Tag im voraus zu nominieren. Ein Nachbezugsrecht für K

[345] Vgl. Kapitel 3.2.3.1 (Pfadabhängige Optionen).

ist nicht vereinbart. Der Preis für dieses Gas wird an die Entwicklung des Preises für leichtes Heizöl angebunden.

Der Unterschied zu dem unter Schritt 3 beschriebenen Vertrag besteht nur darin, daß der Exercise Preis nicht mehr konstant bei 2,00 Pf/kWh liegt, sondern variabel ist, und an den Preis eines konkurrierenden Energieträgers gekoppelt ist. Zu der bereits beschriebenen Pfadabhängigkeit tritt also noch eine **Multiple Commodity Komponente**.[346]

In den beschriebenen vier Schritten wurde ein für Kontinentaleuropa üblicher (einfacher) Liefervertrag aufgebaut. Komplexer (und damit schwieriger zu bewerten) werden die Verträge durch folgende Klauseln:

- Niedrigpreiszuschläge
- Unterbrechbarkeitsmöglichkeit seitens des Lieferanten
- Optionen, die Vertragsliefermenge zu ändern
- Optionen, den Lieferzeitraum zu verändern
- variable Take-or-Pay-Menge (beispielsweise in Abhängigkeit von Gradtagszahlen)
- Veränderungen des Exercise Preises durch Preisrevisionen

---

[346] Vgl. Kapitel 3.2.3.2 (Multiple Commodity Optionen).

3.3 Wetterderivate

Am Anfang dieses Kapitels wurden Derivate als Instrumente definiert, deren Wert von dem Wert eines zugrundeliegenden Gutes (Underlying) abhängen. Wetterderivate stellen insofern eine Besonderheit dar, als deren **Wert nicht von einem gehandelten oder handelbaren Underlying abhängt**. Wetter hat als solches keinen Preis. Das Ergebnis von Wetterderivaten hängt ab von einer Serie von Wetterereignissen und nicht vom Wert des Wetters. Eine physische Lieferung ist nicht möglich. Bei Wetterderivaten handelt es sich in jedem Fall um reine Finanztransaktionen. Die Möglichkeit der Manipulation des Marktpreises ist von vornherein ausgeschlossen.
Vor allem in den USA ist das Wetterrisiko im Zusammenhang mit der Diskussion des Wetterphänomens „El Nino" seit 1997 stärker in das Bewußtsein der Öffentlichkeit gerückt. Seit 1997 hat sich in den USA ein immer liquiderer Markt für Wetterderivate entwickelt. Dort beschränkt sich die Diskussion des Wetters nicht mehr lediglich auf Small Talk, sondern ist zu einem großen Geschäft geworden. Wetter taugt nicht mehr als Begründung für schlechte Unternehmensergebnisse. In Großbritannien wurden diese Instrumente Ende 1998 zum ersten Mal gehandelt, in Skandinavien wird die Einführung von Wetterderivaten diskutiert.[347]
Die **Relevanz für die Energiewirtschaft** wird sofort ersichtlich, wenn man berücksichtigt, daß das Wetter die wichtigste unabhängige Variable der Energienachfrage darstellt und im Fall von Wasserkraftwerken auch entscheidend für die Energieverfügbarkeit ist. Wetterderivate bieten Energieversorgungsunternehmen Schutz vor negativen wirtschaftlichen Folgen als Konsequenz von Abweichungen von erwarteten und tatsächlich realisierten Temperaturverläufen oder Niederschlagsmengen.

Die Konstruktion eines Hedges mit Hilfe von Wetterderivaten erfolgt in drei Schritten:

- Auswahl von geeigneten Wetterindices: Hier bieten sich die monatlich in der Publikation Erdöl Informationsdienst veröffentlichten Gradtagszahlen (GTZ)[348] an; denkbar sind aber auch Regen-, Schnee- oder Sonnenstundenindices. Um das Basisrisiko möglichst gering zu halten, sollten die gewählten Indices sich gut mit der relevanten geographischen Region (z.B. Liefergebiet eines Versorgungsunternehmens) decken.
- Strukturierung der Transaktion: Entwicklung einer Funktion, die basierend auf dem gewählten Index die wetterabhängige Energienachfage (oder das Angebot) widerspiegelt. Ein Versorgungsunternehmen ermittelt auf diese Weise die Menge von Strom oder Gas, die mit dem gewählten Index korreliert. Diese Mengenschwankungen kommen zum größten Teil unabhängig von den simultan auftretenden Preisschwankungen zum Tragen.
- Zuweisung eines Geldbetrages beispielsweise für jede GTZ entsprechend des marginalen Wertes dieser GTZ.

Wetterderivate werden ausschließlich als OTC-Instrumente üblicherweise als forwardbasierte Derivate in der Form von (saisonalen) **Swaps** nach dem Fixed-for-Floating-Prinzip oder als optionsbasierte Derivate in der Form von **Caps, Floors oder Collars** gehandelt.

---

[347] Vgl. Kapitel 2.2.2 (Strommärkte).

[348] Je niedriger die Temperatur im betrachteten Zeitraum, desto höher die ermittelten Gradtagszahlen. Die genaue Definition des Begriffs Gradtagszahl befindet sich im Glossar.

Die Funktionsweise eines Swaps für Gradtagszahlen ist in Abbildung 3.50 schematisch dargestellt.[349] Swapanbieter und Swapnachfrager (Energieversorgungsunternehmen) vereinbaren eine „Swap-GTZ“ [350] und einen festen Geldbetrag pro tatsächlich im relevanten Zeitraum durchschnittlich realisierte GTZ. Wenn nun die tatsächlich ermittelte Gradtagszahl niedriger ausfällt als die vereinbarte „Swap-GTZ“, wenn also die Temperatur im vereinbarten Zeitraum höher ist als erwartet, zahlt der Anbieter des Swaps an den Nachfrager:

vereinbarter Geldbetrag * (Swap-GTZ - ermittelte GTZ) (3.67)

Durch diese Swapzahlung wird der Einnahmeverlust des Versorgungsunternehmens aufgrund von temperaturbedingt geringerem Energieverkauf ausgeglichen.
Entsprechend zahlt der Swapnachfrager an den Anbieter, wenn die tatsächlich ermittelte GTZ oberhalb der Swap-GTZ liegt, wenn also der relevante Zeitraum kälter ist als erwartet. Dieser Sachverhalt ist in Abbildung 3.50 dargestellt:

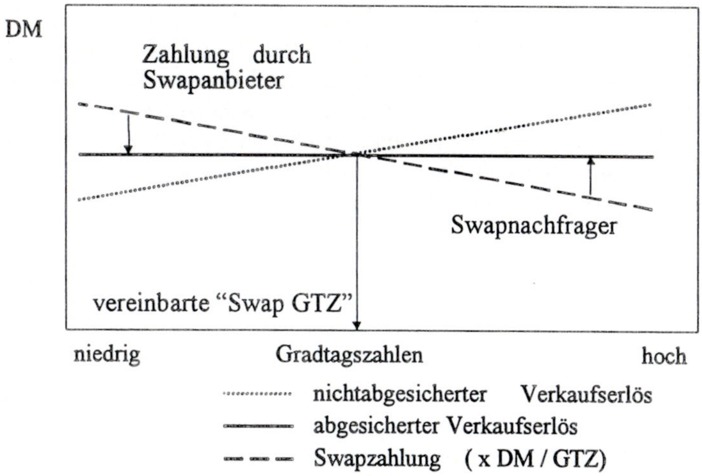

Abbildung 3.50: Gradtagszahlen-Swap

Im Gegensatz zu allen anderen in diesem Kapitel beschriebenen Instrumente zielen Wetterderivate nicht auf die **Absicherung** des Preisrisikos sondern **des Mengenrisikos** ab. Es geht also nicht um Schutz vor Preisschwankungen sondern beispielsweise um Schutz vor der Verringerung des Umsatzes als Konsequenz von temperaturbedingten Absatzeinbußen. Eine vollständige Absicherung erfordert somit sowohl eine Preisabsicherung durch Strom- oder Gaspreisderivate als auch eine Mengenabsicherung durch Wetterderivate.

Die Grundidee, die hinter Wetterderivaten steht, ist für die Energiewirtschaft nicht neu. So gibt es z.B. einige internationale Gaslieferverträge, die vorsehen, daß die Take-or-Pay-

[349] Vgl. Simpson 1997.

[350] Diese vereinbarte Gradtagszahl entspricht dem Swappreis bzw. für Optionen dem Exercise Preis der in den Kapiteln 3.1.2 (Swaps) und 3.2.2 (Caps, Floors, Collars) beschriebenen Derivate.

Verpflichtung des Käufers in Abhängigkeit von der Entwicklung der Gradtagszahlen innerhalb gewisser Grenzen reduziert wird. Daneben gibt es Möglichkeiten, über den Leistungspreis das Temperaturrisiko für die Kunden abzumildern.

In den USA werden Wetterderivate, im Fall von Optionen selbstverständlich gegen eine entsprechende Prämie, von großen Energieunternehmen wie Enron oder auch von Versicherungen angeboten. Die Transaktionen werden meist über Broker vermittelt. Die potentiell interessierten Teilnehmer an diesem Markt umfassen ein weites Spektrum von Unternehmen und Industrien, deren Geschäft direkt vom Wetter beeinflußt wird. Neben der Energiewirtschaft zählen hierzu: Landwirtschaft, Textilindustrie, Tourismusbranche (z.B. Wintersportorte), Transportunternehmen, Bauwirtschaft, Versicherungen und Rückversicherungen, Streusalzlieferanten, Brauereien und Hersteller von Eiscreme, Erfrischungsgetränken oder Sonnenschutzmitteln.

Bisher hat sich noch kein einheitlicher Ansatz zur **Bewertung von Wetterderivaten** durchgesetzt.[351] Ein Möglichkeit der Bewertung von Wetteroptionen bietet die Anlehnung an die Verfahren zur Bewertung der im vorherigen Kapitel beschriebenen pfadabhängigen Optionen. Die Abhängigkeit dieser Optionen von während der Laufzeit realisierten Preisen ähnelt der Beziehung der Wetteroptionen zu den vergangenen Temperaturverläufen. Eine Alternative stellt die Verwendung der Monte Carlo Simulation dar.[352] Wenig erfolgversprechend ist in diesem Zusammenhang das Black & Scholes Modell, unter anderem deshalb weil dieses Modell das Vorliegen eines handelbaren Underlyings unterstellt, das aber für Wetterderivate nicht gegeben ist. Somit kann auch kein risikoneutrales Portfolio gebildet werden, aus dem der Optionspreis abgeleitet wird.[353]

3.4 Zusammenfassung

Im Mittelpunkt dieses Kapitels steht das Preisrisikomanagement mit Hilfe von **Derivaten**. Dabei handelt es sich um Instrumente, deren Wert vom Wert zugrundeliegender Güter (Underlyings) abhängt. Es lassen sich zwei verschiedene Klassen von Derivaten unterscheiden: Forwardbasierte Derivate und optionsbasierte Derivate. Zu den forwardbasierten Derivaten zählen:

- **Forwards**, also OTC-Vereinbarungen über den Kauf oder Verkauf eines Gutes zu einem bestimmten Zeitpunkt in der Zukunft zu einem heute vereinbarten Preis.
- **Futures**, die sich von Forwards dadurch unterscheiden, daß sie an Börsen gehandelt werden und infolgedessen hochstandardisiert sind und einem täglichen Marking-to-Market unterliegen. Futures führen in der Regel nicht zur physischen Lieferung des Underlyings, sondern werden vor Auslaufen glattgestellt.

---

351 Vgl. Keefe: A Christmas present 1997/98.

352 Vgl. Dischel 1998.

353 Vgl. Kapitel 3.2.1.4.4.1 (Mathematisch geschlossene Lösungsansätze).

- **Swaps**, also OTC-Vereinbarungen zwischen zwei Unternehmen über den Austausch von zukünftigen Zahlungsströmen entsprechend einer vorher vereinbarten Formel. Die Finanzflüsse eines Swaps lassen sich aufspalten in äquivalente zeitlich aufeinanderfolgende Strips einfacher Forward- bzw. Futuresverträge.

Für Futures (oder Forwards) auf Verbrauchsgüter (wie z.B. Energieträger) läßt sich mit Hilfe von Arbitrageargumenten (Cash and Carry Arbitrage) lediglich eine Preisobergrenze ermitteln. Die Costs of Carry determinieren die Schranke in einer Contango Situation. Die Unterschreitung dieser theoretischen Preisobergrenze bzw. das Vorliegen einer Backwardation Situation läßt sich mit Hilfe von Convenience Yield erklären.
Forwardbasierte Derivate eignen sich zum **Schutz vor Preisverfall** des Underlyings, etwa aus der Sicht eines Energieproduzenten. Erforderlich ist hierfür ein **Short-Hedge**, der durch Eröffnung einer **Short-Futuresposition** (bzw. Short-Forwardposition) oder eines **Short-Swaps** zustande kommt.
In gleicher Weise sind forwardbasierte Derivate zum **Schutz vor Preissteigerungen** geeignet, typischerweise aus Sicht eines Energienachfragers. Diese Preisabsicherungen werden als **Long-Hedge** bezeichnet und kommen durch die Eröffnung einer **Long-Futuresposition** (bzw. Long-Forwardposition) oder eines **Long Swaps** zustande.
Bei diesen Hedging-Strategien ist zu berücksichtigen, daß häufig ein Basisrisiko (verursacht durch Produkt-, Zeit- oder Ortsbasis) ungesichert bleibt. Die Absicherung des Risikos von ungünstigen Preisentwicklungen durch forwardbasierte Derivate wird durch die Aufgabe des Gewinnpotentials bei günstigen Preisentwicklungen erkauft.

Analog zu den forwardbasierten Derivaten lassen sich **optionsbasierte Derivate** aufteilen in:

- **OTC-Optionen** und **börsengehandelte Optionen**, wobei börsengehandelte Optionen in jedem Fall hochstandardisiert sind und die (Short-) Position des Stillhalters täglich Marked-to-Market wird. Grundsätzlich ist zwischen Call- und Put-Optionen zu unterscheiden. Im Gegensatz zu Forwards (bzw. Futures) beinhalten Optionen für den Halter **das Recht, aber nicht die Verpflichtung**, das Underlying (z.B. einen Futuresvertrag) zu einem vorab vereinbarten Preis zu kaufen oder zu verkaufen. Durch die Kombination der unterschiedlichen Optionspositionen lassen sich Zahlungsfunktionen erzeugen, die bei bestimmten Erwartungen hinsichtlich Entwicklung des Preises des Underlyings und der Volatilität optimale Strategien darstellen (z.B. Bull und Bear Spreads, Straddles oder Butterflies).
- **Caps** und **Floors**, die sich als Strips von Calls bzw. Puts darstellen lassen, sowie **Collars**, also die Kombination von Caps und Floors.

Mit Hilfe der Put-Call-Parität lassen sich, basierend auf Arbitrageargumenten, Preisuntergrenzen für Optionen bestimmen. Der Optionspreis wird durch fünf Faktoren bestimmt:

- aktueller Preis des Underlyings,
- Exercise Preis,
- Restlaufzeit,
- Volatilität des Underlyings,
- risikofreier Zinssatz.

Die Sensitivität des Optionspreises auf diese Faktoren wird mit den sogenannten **Griechen** beschrieben. Das bekannteste **Optionsbewertungsmodell** ist das Black & Scholes-Modell (für Optionen auf Futures das Black-Modell), das sich jedoch u.a. aufgrund der unterstellten Lognormalverteilung für den Energiemarkt weniger gut eignet als für den Finanzmarkt. Alternativ lassen sich Optionen mit Hilfe von numerischen Ansätzen (Binomiale Bäume) oder Simulationen bewerten.

Optionsbasierte Derivate eignen sich zum Hedgen von Preisrisiken. **Long-Puts, Long-Floors** und **Short Collars** bieten Energieproduzenten **Schutz vor Preissenkungen**.
Long-Calls, Long-Caps und **Long-Collars** sind geeignete Instrumente, um einen Energienachfrager **vor Preissteigerungen abzusichern**. Im Unterschied zur Preisabsicherung mit forwardbasierten Derivaten ist der Hedger bei der Verwendung von optionsbasierten Deivaten nicht nur vor den Konsequenzen ungünstiger Preisentwicklungen geschützt, sondern er ist nach wie vor in der Lage, von günstigen Preisentwicklungen zu profitieren. Dieser Vorteil wird mit den Prämien, die für die Optionen zu entrichten sind, bezahlt.

Die grundlegenden **Hedging-Strategien** sind in Tabelle 3.25 noch einmal zusammengefaßt.

Schutz vor Preissteigerungen	Schutz vor Preisverfall
Long-Futures (Long-Forward)	Short-Futures (Short-Forward)
Long-Swap	Short-Swap
Long-Call	Long-Put
Long-Cap	Long-Floor
Long-Collar	Short-Collar

Tabelle 3.25: Grundlegende Hedging-Strategien

Exotische Optionen, deren Zahlungsfunktionen beispielsweise vom Preisverlauf des Underlyings oder von den Preisen mehrerer Underlyings abhängen, sind gerade für die Energiewirtschaft besonders relevant, da traditionelle Strom- und Gaslieferverträge eine Vielzahl von **Eingebetteten Optionen** mit exotischem Charakter enthalten, ohne daß diese Optionen in der Vergangenheit als solche wahrgenommen wurden. Wie die Beispiele Crack-Spreads und Spark-Spreads zeigen, lassen sich exotische Optionen maßgerecht auf die Bedürfnisse der Energiewirtschaft zuschneiden.

Zum Abschluß des Kapitels haben wir einen Blick auf **Wetterderivate** geworfen. Dabei handelt es sich um eine selbst für längst liberalisierte Energiemärkte neue Entwicklung, die an der wichtigsten unabhängigen Variablen der Energienachfrage ansetzt und nicht auf die Absicherung des Preisrisikos, sondern des Mengenrisikos abzielt.

4 Risikopolitik und Risikomanagement

„All of life is about the management of risk, not its elimination.“[354]

4.1 Einleitung

hat mitgebracht

In den vorausgegangenen Kapiteln wurde dargestellt, daß die Liberalisierung der Energiemärkte tendenziell kurzfristigere Verträge und die Entwicklung von Spot- und Terminmärkten für Strom und Gas erwarten läßt. Die damit verbundene höhere Marktdynamik wird zu höheren Volatilitäten der Strom- und Gaspreise führen. Dies führt zu einem steigenden Bedarf an Derivaten zum aktiven Management der Risiken aus dem operativen Geschäft. Der Einsatz von Derivaten unterstützt also das aktive Risikomanagement. Bei mangelnder organisatorischer Infrastruktur und unzureichenden internen Überwachungssystemen kann ihr Einsatz jedoch auch zu existenzbedrohenden Verlusten führen, wie das Beispiel Barings zeigt. Das eigentliche Risiko besteht also darin, daß ein Unternehmen nicht genug über Risiko weiß bzw. nur suboptimal mit Risiken umgeht.
In den folgenden Kapiteln werden die wesentlichen Risikoarten im Zusammenhang mit Derivaten dargestellt:

- Marktrisiko (dessen wichtigste Komponente das Preisrisiko darstellt),
- Kreditrisiko,
- Rechtliches Risiko,
- Operationales Risiko.

Der Schwerpunkt wird, entsprechend der Thematik dieses Buches, in der Darstellung des Marktrisikos und dessen Management liegen. Die genannten Risiken sind nicht grundsätzlich verschieden von den traditionellen Geschäftsrisiken eines Unternehmens. Das Management des Derivatenhandels ist jedoch teilweise komplexer als das traditionelle Geschäft. Daher wurden hierfür spezielle Methoden der Risikomessung und -bewertung entwickelt, die theoretisch auch auf andere Geschäftsfelder übertragen werden können. Essentiell für das Verständnis der meisten Methoden zum Management von Risiken ist die Portfoliotheorie, die im folgenden beschrieben wird.

[354] nach Walter Wriston, früherer Chairman von Citicorp.

Portfoliotheorie

Betrachtet man die verschiedenen einzelnen Long- und Short-Positionen, die ein Energieversorgungsunternehmen einnehmen kann, so ist offensichtlich, daß sich einige Risiken, die aus diesen Positionen erwachsen, gegenseitig aufheben können. Besitzt man sowohl Long- als auch Short-Positionen für das gleiche Produkt am selben Ort zum selben Zeitpunkt, entstehen Risiken nur aus der Nettoposition für dieses Produkt, die je nach Höhe der ursprünglichen Positionen entweder Short oder Long ist.
Aber auch Risiken, die durch Nettopositionen in unterschiedlichen Produkten hervorgerufen werden, addieren sich in der Regel nicht zu einem Gesamtrisiko, da die Teilrisiken nicht unabhängig voneinander sind.

Im Zusammenhang mit der Bewertung von Investitionsprogrammen bei Unsicherheit und der Theorie der Preisbildung auf Kapitalmärkten sind zu diesem Thema wegweisende theoretische Fortschritte insbesondere von Harry M. Markowitz erzielt worden. Seine **Theorie der Portfolio-Optimierung**, die im folgenden anhand eines Wertpapierbeispiels verdeutlicht wird, läßt sich auch auf Positionen auf Warenmärkten und damit verbundene Risiken übertragen.[355]

Ein risikoscheuer Investor habe die Möglichkeit, in zwei unsichere Wertpapiere A und/oder B zu investieren. Die Erwartungswerte der Renditen seien $\mu_A = 0{,}08$ bzw. $\mu_B = 0{,}14$.
Die Risiken der Wertpapiere lassen sich definieren als die Streuung der möglichen Renditen um μ_A bzw. μ_B. Messen lassen sie sich durch die Standardabweichungen σ_A bzw. σ_B. Im Beispiel seien diese $\sigma_A = 0{,}10$ bzw. $\sigma_B = 0{,}09$.
In diesem Fall scheint die alleinige Anlage in Wertpapier B optimal zu sein, da die erwartete Rendite höher und das Risiko niedriger ist als bei Wertpapier A. Man sagt auch, das Wertpapier B dominiere Wertpapier A. Markowitz zeigte jedoch, daß Kombinationen von A und B möglich sind, die ebenfalls effizient in dem Sinne sind, daß sie in mindestens einem Merkmal besser sind als die alleinige Anlage in Wertpapier B. Bezeichnet man den Anteil des Gesamtinvestitionsbetrages, der in Wertpapier A angelegt werden soll mit a_A und den Anteil des Gesamtinvestitionsbetrages, der in Wertpapier B angelegt werden soll mit a_B, wobei die Summe aus a_A und a_B Eins betragen soll, so ist die erwartete Rendite μ für das Portfolio nach folgender Formel zu berechnen:

$$\mu = a_A \mu_A + a_B \mu_B \qquad (4.1)$$

Das Risiko des Portfolios hingegen ist nicht nur von den Standardabweichungen bzw. den Varianzen der einzelnen Wertpapierrenditen, sondern auch von deren Kovarianz[356] C_{AB} bzw. Korrelationskoeffizienten[357] ρ_{AB} abhängig, wobei folgender Zusammenhang gilt:

---

355 Vgl. Markowitz 1952; Markowitz 1959; Franke & Hax 1988.

356 Die Kovarianz von zwei Zufallsvariablen (hier: erwartete Renditen) ist definiert als der Erwartungswert des Produktes der Abweichungen der beiden Variablen von ihrem jeweiligen Mittelwert. Wie der Name andeutet, ist die Kovarianz ein Maß dafür, wie sehr die beiden Variablen zusammen, d.h. in gleicher Richtung und in gleicher Stärke von ihren Mittelwerten abweichen.

357 Der Korrelationskoeffizient ist definiert als die mit dem Produkt der Standardabweichungen der beiden Variablen normierte Kovarianz.

$$C_{AB} = \sigma_A \sigma_B \rho_{AB} \qquad (4.2)$$

Die Varianz des Portfolios σ^2_P ist nach folgender Formel zu berechnen:

$$\sigma^2_P = a_A^2 \sigma_A^2 + a_B^2 \sigma_B^2 + 2 a_A a_B \sigma_A \sigma_B \rho_{AB} \qquad (4.3)$$

Es besteht ein Risikoverbund zwischen den beiden Wertpapieren. Da die Kovarianz in das Risiko des Portfolios eingeht, kann das Risiko eines Wertpapiers in einem Portfolio nicht isoliert erfaßt werden. Für das Zahlenbeispiel erhält man je nach Korrelation und Mischungsverhältnis die in Tabelle 4.1 dargestellten Ergebnisse:

		Korrelation	-1	-0,5	0	0,5	1
a_A	a_B	μ	σ_P	σ_P	σ_P	σ_P	σ_P
0,0	1,0	0,140	0,090	0,090	0,090	0,090	0,090
0,1	0,9	0,134	0,071	0,076	0,082	0,086	0,091
0,2	0,8	0,128	0,052	0,064	0,075	0,084	0,092
0,3	0,7	0,122	0,033	0,055	0,070	0,082	0,093
0,4	0,6	0,116	0,014	0,049	0,067	0,082	0,094
0,5	0,5	0,110	0,005	0,048	0,067	0,082	0,095
0,6	0,4	0,104	0,024	0,052	0,070	0,084	0,096
0,7	0,3	0,098	0,043	0,061	0,075	0,087	0,097
0,8	0,2	0,092	0,062	0,073	0,082	0,090	0,098
0,9	0,1	0,086	0,081	0,086	0,090	0,095	0,099
1,0	0,0	0,080	0,100	0,100	0,100	0,100	0,100

Tabelle 4.1: Beispiel Portfoliotheorie

Das entsprechende μ - σ - Diagramm ist in Abbildung 4.1 dargestellt:

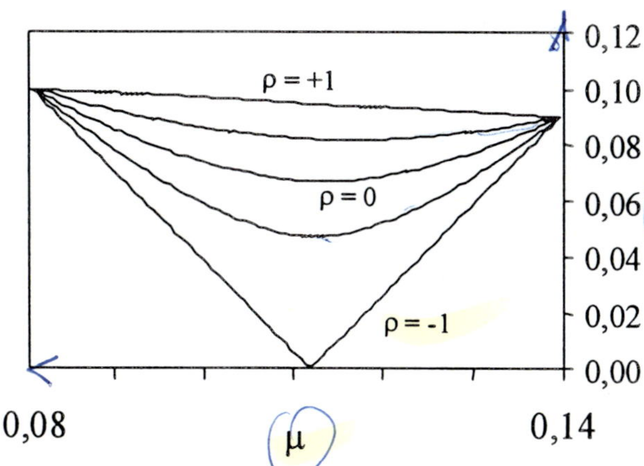

Abbildung 4.1: μ - σ - Diagramm

Multipool!

Effiziente Portfolios sind solche, die sich für die einzelnen Korrelationen im μ-σ-Diagramm auf dem aufsteigenden Ast befinden, da alle anderen bei gleichem σ von einem anderen Portfolio in bezug auf μ dominiert werden.

Der stärkste Risikominderungseffekt tritt auf, wenn die Korrelation bei -1 liegt. Dies ist auch unmittelbar einsichtig, da sich in diesem Fall die Preise der beiden Wertpapiere genau entgegengesetzt verhalten. Umgekehrt tritt bei parallelen Preisentwicklungen, d.h. bei einer Korrelation von +1, überhaupt keine Risikominderung auf. Aus Darstellungsgründen sei hier darauf verzichtet, ein Portfolio aus mehr als zwei Einzelpositionen zu bilden. Es läßt sich jedoch zeigen, daß oben beschriebener Risikominderungseffekt auch bei Portfolios mit mehreren Einzelpositionen auftritt. Die Portfoliotheorie bietet einen formalen Ansatz für das Verständnis der Beziehungen zwischen verschiedenen Risiken. Dadurch, daß einzelne Risiken sich (teilweise) gegenseitig ausgleichen, verringern sich das insgesamt abzusichernde Risiko und damit auch die Kosten der Absicherung.

Für ein Gasversorgungsunternehmen, dessen Gaspreise beispielsweise (unter anderem) an HEL- und HSL-Rheinschienenotierungen angebunden sind, und bei dem einkaufs- und verkaufsseitige Ungleichgewichte existieren, d.h. welches über offene Positionen in HEL bzw. HSL verfügt, ist das Gesamtrisiko also kleiner als die Summe der Einzelrisiken für HEL und HSL; die Korrelation zwischen HEL und HSL muß mitberücksichtigt werden.

Würde dieses Unternehmen beschließen, sein Rheinschienerisiko abzusichern, würde die Nichtberücksichtigung dieses Portfolioeffektes zu einem Over-Hedging und zu insgesamt höheren Absicherungskosten führen, da ein größeres Risiko als das tatsächlich vorhandene abgesichert würde. Die Absicherung des gesamten Portfolios unter Berücksichtigung der Korrelationen ist preisgünstiger; es werden also nicht die Nettopositionen von HEL und HSL separat abgesichert. Eine solche Strategie bezeichnet man als **Integriertes Hedging**. Es setzt jedoch voraus, daß die Einzelpositionen jederzeit bekannt sind und zu einem Portfolio zusammengefügt werden können, was eine entsprechende Organisation des Preisrisikomanagements voraussetzt. Zusätzlich ist die Vorhaltung großer Datenbestände zur Analyse von Korrelationen erforderlich.

4.2 Risikopolitik und Rolle des Managements

Für jede der in Kapitel 4.3 vorgestellten Risikoarten existieren Vorschläge zu ihrer Minimerung bzw. zu ihrer Handhabung. Bevor jedoch konkrete Maßnahmen ergriffen werden, ist es notwendig, daß die oberste Unternehmensleitung eine **Risikopolitik** und eine Risikomanagementstrategie verabschiedet. Diese Entscheidung muß vor dem Hintergrund der allgemeinen Ziele des Unternehmens, bspw. der Maximierung des Shareholder Values, der Kapitalkraft und dem Rating des Unternehmens und der Risikofreudigkeit der Unternehmensleitung getroffen werden. Die Entscheidung muß unter anderem klare Richtlinien enthalten, welche Arten von Risiken und bis zu welchem Umfang diese Risiken eingegangen werden sollen. Weiterhin müssen eindeutig Zuständigkeiten geklärt werden und organisatorische Voraussetzungen und Kontrollmechanismen geschaffen werden, die gewährleisten, daß die verabschiedeten Richtlinien eingehalten werden. Zudem müssen diese Entscheidungen vor dem Hintergrund sich ändernder Rahmenbedingungen regelmäßig überprüft werden. Zu solchen Entscheidungen muß die Unternehmensleitung jedoch auch befähigt sein. Dies heißt nicht, daß sie über detaillierte operative Erfahrung im Umgang mit Derivaten verfügen muß. Sie muß jedoch in der Lage sein, die Funktion, Wirkungsweise und die verbundenen Risiken von Derivaten zu überblicken.[358]

Verfügt die Unternehmensleitung nicht über ein solches Grundverständnis zu Derivaten, ist dringend von dem Einsatz dieser Instrumente abzuraten!

Werden Derivate im Unternehmen eingesetzt, ist es zudem unerläßlich, daß das Management auf regelmäßiger Basis (je nach Umfang der Geschäfte sogar täglich) über die Nettoposition und die damit verbundenen finanziellen Risiken unterrichtet wird (und sich unterrichten läßt!). In diesem Zusammenhang ist besonders auf das **Gesetz zur Kontrolle und Transparenz im Unternehmensbereich (KonTraG)** hinzuweisen, welches Vorstände, Aufsichtsräte und Wirtschaftsprüfer in neue Verantwortlichkeiten zwingt.[359] Alle Aktiengesellschaften müssen ein **Risikomanagement als Überwachungsinstrument** installieren, wobei die Risikovorsorge keineswegs auf Derivate beschränkt ist, sondern alle Risiken abdeckt, die ein Unternehmen treffen können, beispielsweise umweltrechtliche Auflagen für ein Chemieunternehmen oder Auswirkungen einer Gesundheitsreform für ein Pharmaunternehmen. Die Verantwortung für das Risikomanagement und die entsprechenden internen Überwachungssysteme liegt ausdrücklich bei der Unternehmensleitung. Sie ist verpflichtet, möglicherweise existenzbedrohende Entwicklungen mit Hilfe eines umfassenden **Frühwarnsystems** so rechtzeitig zu erkennen, daß Gegenmaßnahmen eingeleitet werden können. Gemäß KonTraG kann eine Minderheit von fünf Prozent der Aktionäre den Vorstand und Aufsichtsrat einer Gesellschaft auf Schadensersatz verklagen. Ab 1999 müssen börsennotierte Aktiengesellschaften das gesamte Überwachungssystem von Wirtschaftsprüfern untersuchen lassen. Zur Qualität des Systems wird im Prüfungsbericht ausführlich Stellung genommen. Die Wirtschaftsprüfer sind verpflichtet zu bewerten, ob der Vorstand seine Pflichten zur Risikofrüherkennung erfüllt. Das KonTraG zielt explizit auf börsennotierte Aktiengesellschaften ab. Der Gesetzgeber erwartet jedoch, daß die Regelungen auch bei anderen Rechtsformen, wie z.B. der GmbH angewendet werden, sofern dies wirtschaftlich geboten ist.

---

358 Vgl. Seltzer 1996.

359 Vgl. Burger 1998; Price Waterhouse 1998.

4.3 Risikoarten

4.3.1 Marktrisiko

4.3.1.1 Definition des Marktrisikos

Das Marktrisiko im Zusammenhang mit Derivaten ergibt sich aus deren Preisverhalten, wenn sich die Marktbedingungen ändern. Das Verständnis des Preisverhaltens setzt die Identifizierung der Komponenten des Marktrisikos und ihrer Interaktionen voraus. Marktrisiko kann durch Preisrisiko, Basis- bzw. Korrelationsrisiko und Marktliquiditätsrisiko verursacht werden.

- **Preisrisiko** beschreibt die negativen Auswirkungen von Änderungen der Spotpreise und Forwardkurven (Curve Risk - z.B. von Backwardation zu Contango), d.h. das Verlustrisiko, das durch Preisschwankungen verursacht wird. Der Wert von Derivaten wird bei ungünstigen Entwicklungen des Marktpreises des Underlyings negativ beeinflußt.
  Wie bereits erläutert wurde, zeichnen sich liberalisierte Energiemärkte durch besonders hohe Preisvolatilitäten aus. Da Wertveränderungen bestimmter Derivate (Futures und Short-Optionen) aufgrund des Marking-to-Market sofort realisiert und zahlungsrelevant werden,[360] ist eine funktionierende Schnittstelle zur Finanz- und Liquiditätsplanung des Unternehmens hier besonders wichtig.
  Das Preisrisiko kann entweder über ensprechende Verpreisungsstrukturen an die Kunden weitergegeben werden oder kann mit Hilfe geeigneter Instrumente abgesichert werden.

- Das **Basisrisiko** (Korrelationsrisiko) bezeichnet das Risiko, daß der Wert eines Hedginginstrumentes sich nicht proportional zum Wert des abzusichernden Gutes verändert. Dies kann seine Ursachen darin haben, daß das Hedginginstrument sich nicht auf den identischen Ort, das identische Produkt oder die gleiche Zeit bezieht wie das abzusichernde Gut.[361]

- Das **Marktliquiditätsrisiko** bezieht sich auf eine Situation, in der es nicht möglich ist, eine physische oder finanzielle Position glattzustellen, ohne den Marktpreis stark zu seinen eigenen Ungunsten zu beeinflussen.[362] Dieser Risikotyp kann insbesondere bei speziellen OTC-Produkten relevant werden. Je signifikanter die Position eines Unternehmens an einem physischen Übergabepunkt oder für ein Derivat ist, desto größer ist das potentielle Liquiditätsrisiko. Illiquidität der Märkte erhöht die Kosten von Preisabsicherungen. Illiquide Märkte sind durch größere Bid-Ask-Spreads gekennzeichnet.
  Liquiditätsrisiko kann z.B. durch plötzlich auftretende Ungleichgewichte von Angebot und Nachfrage im Markt und damit zusammenhängenden Preisveränderungen von einzelnen Energieträgern verursacht werden. Das hier beschriebene Liquiditätsrisiko bezieht sich also

---

[360] Vgl. Kapitel 3.1.1.1 (Definition von Forwards und Futures) und 3.2.1.1 (Definitionen Optionen).
[361] Vgl. Kapitel 3.1.1.2 (Hedging-Strategien).
[362] Vgl. Exkurs zur Silberspekulation der Hunt-Brüder in Kapitel 3.1.1.1 (Definition von Forwards und Futures).

auf die Liquidität des Marktes und ist nicht zu verwechseln mit dem finanzwirtschaftlichen Liquiditätsrisiko eines Unternehmens.

4.3.1.2 Bestimmung der Nettoposition (Books)

Um die Nettopositionen eines Unternehmens in Bezug auf verschiedene Underlyings zu bestimmen, ist es zuallererst unausweichlich, **alle** Transaktionen, d.h. alle vertraglichen Rechte und Pflichten, die sich auf das betreffende Underlying beziehen, in einer geeigneten Form zu registrieren. Dies geschieht im angelsächsischen Raum in sogenannten **Books** (bzw. Büchern). Physisch sind diese Books sinnvollerweise leistungsfähige Datenbanken, in denen die Transaktionen gespeichert sind. Books sind also die **grundlegenden Instrumente für das Risikomanagement**.

Es existieren unterschiedliche Books, in denen beispielsweise Transaktionen mit verschiedenen Underlyings, Optionscharakter, Fixpreischarakter, Basisdifferenzen etc. gesammelt werden. Bei vielen Transaktionen sind die relevanten Vertragsbestandteile teilweise nicht offensichtlich. Vor Eintrag in das Book werden deshalb alle Transaktionen zunächst nach einem standardisierten Verfahren strukturiert. Verschiedene Bestandteile einer Transaktion können also durchaus verschiedenen Books zugeordnet werden. Die Books bzw. die zugrundeliegende Datenbank sollten möglichst flexibel aufgebaut sein, um nicht nur die Nettopositionen für verschiedene Underlyings zu erkennen, sondern auch um beispielsweise als Grundlage für weitergehende Analysen wie VAR[363] oder für die Messung des Kreditrisikos[364] zu dienen.

4.3.1.3 Messung des Marktrisikos

4.3.1.3.1 Griechen

Einzelne Aspekte des Marktrisikos lassen sich mit Hilfe der sogenannten Griechen messen.[365] Hierbei handelt es sich um:

- **Delta**: Veränderung des Wertes eines Derivates bei einer Änderung des Preises des Underlyings.
- **Gamma**: Veränderung Deltas bei einer Änderung des Preises des Underlyings.
- **Theta**: Veränderung des Wertes eines Derivates bei abnehmender Restlaufzeit.
- **Vega**: Veränderung des Wertes eines Derivates bei Änderung der Preisvolatilität des Underlyings.
- **Rho**: Veränderung des Wertes eines Derivates bei Änderung des risikofreien Zinssatzes.

In der folgenden Darstellung wollen wir uns auf die beiden wichtigsten Griechen, nämlich Delta und Gamma beschränken.[366]

Wie im vorhergehenden Kapitel beschrieben, sind zunächst die verschiedenen forward- bzw.

---

[363] Vgl. Kapitel 4.3.1.3.2 (Value-at-Risk).
[364] Vgl. Kapitel 4.3.2 (Kreditrisiko).
[365] Vgl. Kapitel 3.2.1.4.5 (Griechen).
[366] Vgl. Hull 1995; Group of Thirty 1993.

optionsbasierten Derivate für jeweils ähnliche Produktgruppen (z.B. Commodities) in Form von Books zusammenzufassen. Die Bewertung erfolgt über die gesamte Terminstruktur der Books, d.h. für jeweils alle vorhandenen Laufzeiten der Derivate.

Das dominante **Risiko forwardbasierter Derivate** ist das absolute Preisrisiko, das durch Delta gemessen wird. Preisänderungen des Underlyings führen zu proportionalen Änderungen im Wert des Derivates. Üblicherweise weisen forwardbasierte Derivate kein signifikantes Gammarisiko auf. Hierdurch wird das Hedging von forwardbasierten Positionen wesentlich erleichtert. Da das Deltarisiko überdies im Zeitablauf auch noch stabil ist, ist die Risikokontrolle vergleichsweise einfach.

Sehr viel schwieriger ist die Risikomessung bei **optionsbasierten Derivaten**. Das Delta eines Portfolios entspricht der Summe der Deltas der einzelnen Positionen innerhalb dieses Portfolios. Ein Portfolio von Optionen läßt sich durch entsprechende Positionen im Underlying gegen das Deltarisiko absichern. Da das Delta der meisten Underlyings gleich oder nahe an 1 (für eine Long-Position) bzw. –1 (für eine Short-Position) ist, kann eine Risikoabsicherung für ein Portfolio von Optionen erreicht werden, indem eine Position für das Underlying eingegangen wird, deren Größe dem Delta des Optionsportfolios entspricht.[367] Wenn das Optionsportfolio ein positives Delta aufweist, muß eine entsprechende Short-Position für das Underlying eingegangen werden und vice versa. Nach der Durchführung einer solchen Preisabsicherung ist das Delta des Gesamtportfolios gleich 0 (**deltaneutral**). Diese Maßnahme wird auch als **Delta-Hedging** bezeichnet. Unglücklicherweise sind die berechneten Werte für Delta nur für infinitesimal kleine Änderungen des Preises des Underlyings exakt. Eine deltaneutrale Position bleibt somit nur für sehr kurze Zeit bestehen. Die dauerhafte Aufrechterhaltung einer deltaneutralen Position ist in der Praxis ausgeschlossen, da dies permanentes Handeln voraussetzen und somit hohe Transaktionskosten verursachen würde. Die Anpassung der Absicherung in regelmäßigen Abständen zwecks Wiederherstellung der deltaneutralen Position wird als **Dynamisches Hedging** bezeichnet.

Das Gamma eines Portfolios von Optionen entspricht der Änderung des Deltas des Portfolios bei der Veränderung des Preises des Underlyings. Je größer der absolute Wert des Gammas, desto stärker reagiert Delta und desto gefährlicher ist es, ein deltaneutrales Portfolio lange Zeit unverändert zu lassen. Da das Gamma des Underlyings oder eines Futuresvertrages auf das Underlying immer 0 entspricht, kann das Gamma eines Portfolios, im Gegensatz zum Delta, durch Eingehen von Positionen für das Underlying nicht beeinflußt werden. Die einzige Möglichkeit zur Änderung des Gammas des Portfolios besteht in der Aufnahme von zusätzlichen Optionen. Dies hat jedoch eine erneute Veränderung des Deltas des Portfolios zur Folge. Zur Wiedererlangung einer deltaneutralen Position müssen also erneut entsprechende Änderungen in der Position des Underlyings vorgenommen werden. Ein **gammaneutrales** Portfolio schützt gegen größere Preisbewegungen des Underlyings in den Phasen zwischen den Anpassungen bei Dynamischem Hedging.

Die Erzeugung eines delta- und gammaneutralen Portfolios soll an einem **Beispiel** verdeutlicht

---

[367] Compound Optionen, deren Underlying eine Option ist, werden hier nicht betrachtet. Vgl. Kapitel 3.2.3.3 (Compound Optionen).

werden. Angenommen, die Position eines Unternehmens setzt sich aus 100 Long-Call-Optionen sowie aus 150 Short-Call-Optionen (mit unterschiedlichen Exercise Preisen) für jeweils das gleiche Underlying zusammen. Die Parameter gehen aus Tabelle 4.2 hervor:

Optionstyp	Anzahl	Delta der Einzelposition	Delta des Portfolios	Gamma der Einzelposition	Gamma des Portfolios
Long-Call	100	0,30	30	0,25	25
Short-Call	150	-0,40	-60	-0,20	-30
Summe			-30		-5

Tabelle 4.2: Beispiel Delta-Hedging I

Das Delta des Portfolios ergibt sich als Summe der Einzeldeltas:

$$100 * 0{,}30 + 150 * (-0{,}40) = -30$$

Eine **deltaneutrales Portfolio** kann durch die Aufnahme einer Long-Forwardposition für 30 Einheiten des Underlyings erreicht werden.[368]

Das Gamma des Portfolios beträgt:

$$100 * 0{,}25 + 150 * (-0{,}20) = -5$$

Eine **gammaneutrales Portfolio** läßt sich nur durch die Aufnahme weiterer Optionen in das Portfolio erreichen, in unserem Beispiel durch 20 Long-Calls (20 * 0,25 = 5). Dies hat jedoch zur Folge, daß die deltaneutrale Position wieder aufgegeben wurde. Das Delta des Portfolios beträgt 6 (20 * 0,30 = 6).

Ein **delta- und gammaneutrales Portfolio** liegt vor, wenn zusätzlich eine Short-Forwardposition für 6 Einheiten des Underlyings eingegangen wird. Die gammaneutrale Position verändert sich durch diese Einbeziehung von weiteren Forwards nicht.
Die durchgeführten Transaktionen sind in Tabelle 4.3 zusammengefaßt:

[368] Aufgrund ihrer größeren Fungibilität und Marktliquidität ist es meist praktikabler anstatt auf Forwards auf Futures zurückzugreifen, wobei die Laufzeit der Futures nicht mit der Laufzeit der Optionen übereinstimmen muß. Vgl. Hull 1995.

Optionstyp bzw. Forwardposition	Anzahl	Delta der Einzelposition	Delta des Portfolios	Gamma der Einzelposition	Gamma des Portfolios
Ausgangssituation					
Long-Call	100	0,30	30	0,25	25
Short-Call	150	-0,40	-60	-0,20	-30
Zwischensumme			-30		-5
Deltaneutralität					
Long Forward	30	1,00	30	0,00	0
Zwischensumme			0		-5
Gammaneutralität					
Long-Call	20	0,30	6	0,25	5
Zwischensumme			6		0
Delta- und Gammaneutralität					
Short Forward	6	-1,00	-6	0,00	0
Summe			**0**		**0**

Tabelle 4.3: Beispiel Delta-Hedging II

Das Gesamtportfolio ist in Tabelle 4.4. dargestellt:

Optionstyp bzw. Forwardposition	Anzahl	Delta der Einzelposition	Delta des Portfolios	Gamma der Einzelposition	Gamma des Portfolios
Long-Call	120	0,30	36	0,25	30
Short-Call	150	-0,40	-60	-0,20	-30
Long-Forward	30	1,00	30	0,00	0
Short-Forward	6	-1,00	-6	0,00	0
Summe			**0**		**0**

Tabelle 4.4: Beispiel Delta-Hedging III

Die Risikomessung mit Hilfe der Griechen ist insbesondere aus Sicht des einzelnen Händlers sinnvoll und notwendig. Die Griechen sind jedoch von Natur aus deterministisch, es wird keine Aussage über die Wahrscheinlichkeit möglicher Verluste gemacht. Die einzelnen Risikokomponenten können mit Hilfe der Griechen nicht ohne weiteres in einer einzigen Risikomaßzahl aggregiert werden, wie es bei dem im folgenden Kapitel dargestellten Value-at-Risk Verfahren der Fall ist.

4.3.1.3.2 Value-at-Risk (VAR)

Was ist Value-at-Risk (VAR)?

Value-at-Risk (was wörtlich mit „Wert auf dem Spiel" zu übersetzen wäre) hat sich in den letzten Jahren zu dem Standardverfahren zur Messung des Marktrisikos von Finanzinstitutionen entwickelt. Die Erfolgsstory dieses Verfahrens nahm ihren Anfang zu Beginn der 90er Jahre, als Dennis Weatherstone, Chairman von J.P.Morgan, täglich einen einseitigen Bericht forderte, der das Exposure seiner Gesellschaft hinsichtlich möglicher Marktbewegungen sowie die möglichen Verluste innerhalb der nächsten 24 Stunden zusammenfaßte.[369] Das Ergebnis war der sogenannte 4:15 Report, der Weatherstone täglich um 16:15 Uhr vorgelegt wurde. Um die Risiken und potentiellen Verluste des gesamten Portfolios zu messen, war es notwendig, die verschiedensten Positionen in einem konsistenten Risikomaß zusammenzufassen. Die Methodik wurde als Value-at-Risk oder kurz VAR bezeichnet. VAR wird heute unter anderem von der Group of Thirty unbedingt zur Messung des Marktrisikos empfohlen.

Das **Ziel der VAR-Verfahren** besteht in der Berechnung des größtmöglichen Verlustes (gemessen in Geldeinheiten), den eine Position (z.B. ein Forwardvertrag) oder ein Portfolio von Positionen bei ungünstiger Entwicklung der Marktverhältnisse mit einem vorgegebenen Grad an Sicherheit innerhalb eines festgelegten Zeitraums erleiden kann.

Da die Wahrscheinlichkeit des Auftretens von ungünstigen Marktentwicklungen um so größer ist, je weiter wir in die Zukunft schauen, ist es notwendig, einen Zeitraum festzulegen, auf den sich die VAR-Kalkulation bezieht. Alle Komponenten des Marktrisikos werden in einer Zahl ausgedrückt. VAR zielt lediglich auf die **Messung des Marktrisikos unter „normalen" Marktkonstellationen** (Business as usual) ab, nicht jedoch für Crash-Situationen, wie z.B. der Ölpreisentwicklung während des Golfkriegs.

Das bedeutet, daß beispielsweise für ein Portfolio, dessen aktueller (Marked-to-Market) Wert 1 Mio. DM beträgt und für das mit einem Sicherheitsgrad von 95 % und für einen Betrachtungszeitraum von einem Tag ein VAR von 10.000 DM ermittelt wurde, an 5 von 100 Tagen ein Verlust von mehr als 10.000 DM zu erwarten ist. Es wird keine Aussage getroffen, wie hoch dieser Verlust sein wird. VAR ist somit kein universelles Instrument zur Messung des Marktrisikos und muß durch andere Verfahren ergänzt werden, wie sie im weiteren Verlauf dieses Kapitels vorgestellt werden.

Die VAR-Verfahren berücksichtigen insoweit die Ergebnisse der in Kapitel 4.1 dargestellten Portfoliotheorie, wie die Messung des Risikos jeder Position die Interaktionen zu allen übrigen Bestandteilen des Portfolios berücksichtigt. Auch für Derivate gilt, daß ihr Risiko kontextabhängig ist. Diversifikations- und Hedgingeffekte des Portfolios sind daher zu berücksichtigen. Das Gesamtrisiko des Portfolios ist geringer als die Summe der Einzelrisiken der Bestandteile. Nachdem VAR für Finanzinstitute längst etabliert ist, greifen auch immer mehr Energieunternehmen hierauf zurück. Die ersten beiden Nicht-Finanzunternehmen, die über die Verwendung von VAR im Zusammenhang mit dem Management von Ölpreis-, Wechselkurs-, und Zinsrisi-

[369] Vgl. Reed 1997.

ken berichteten, waren BP und Mobil.[370] Enron verwendet bereits seit 1992 VAR-Systeme.[371] Andere Anwender aus der Energiebranche sind z.B. Elf, Eastern, Shell,[372] Veba[373] oder Statoil.[374]

Wie wird VAR ermittelt?

Im wesentlichen existieren drei unterschiedliche Verfahren zur Ermittlung von VAR, auf die im weiteren Verlauf dieses Kapitels eingegangen wird. Bisher besteht kein Konsens, welches Verfahren das beste ist. Alle Verfahren haben jedoch das folgende grundsätzliche Vorgehen gemeinsam:[375]

1. **Festlegung des Zeithorizonts,** für den der potentielle Verlust geschätzt werden soll, z.B. ein Tag, eine Woche oder ein Monat. Die Wahl des Zeithorizonts hängt natürlich von der Art und der Größe der Positionen des Portfolios und insbesondere von der Liquidität des Marktes für diese Positionen ab. Der Zeithorizont wird häufig von dem Zeitraum abhängig gemacht, der erforderlich ist, um die bestehenden Positionen zu liquidieren. Wenig liquide Produkte verlangen einen längeren Zeithorizont. VAR wird unterschätzt, wenn die Positionen in einem illiquiden Markt nicht zum Marktpreis, sondern mit einem Discount glattgestellt werden (müssen), weil vorgegebene VAR-Limits überschritten wurden. Zusatzinformationen zu Bid-Ask-Spreads oder üblicher täglicher Handelsvolumina zumindest für die wesentlichen Bestandteile des Portfolios sind in diesem Zusammenhang sehr nützlich. Alle Verfahren unterstellen, daß sich die Zusammensetzung des betrachteten Portfolios während des unterstellten Zeithorizonts nicht verändert.

2. **Bestimmung des Maßes der geforderten Sicherheit (Konfidenzintervall) der Schätzung.** Üblicherweise werden Konfidenzintervalle von 95 % bis 99 % verwendet. 99 % bedeuten, daß der erwartete tatsächliche Verlust die VAR-Schätzung nur einmal in 100 Zeitintervallen übersteigt. Es wird jedoch keine Aussage darüber getroffen, wie hoch der Verlust in diesem Fall ist.

3. **Bestimmung der Wahrscheinlichkeitsverteilung der erwarteten Erträge (bzw. Verluste) des betrachteten Portfolios.** Allen VAR-Methoden liegt die Annahme zugrunde, daß die Verteilung der zukünftigen Preisänderungen den vergangenen Preisänderungen ähnelt. Alle Kalkulationen beruhen auf Verteilungen und Parametern, die aus historischen Daten ermittelt wurden. Diese Grundannahme stellt gleichzeitig die größte Schwäche von VAR dar. Die Vorgehensweise läßt sich in folgende Schritte einteilen:[376]

---

370 Vgl. Smithson & Minton: The Right VAR, 1997.

371 Vgl. Enron 1997/98.

372 Vgl. Shimko: What is VAR?, 1997.

373 Vgl. Priest 1997.

374 Statoil hat 1996 unter dem Namen TRiMM (Total Risk Management Model) ein System implementiert, das auf dem VAR-Konzept beruht, aber über die hier beschriebenen Verfahren weit hinausgeht. Das System integriert neben dem Marktrisiko auch Kreditrisiko und Operationales Risiko und ermöglicht Statoil ein proaktives Risikomanagement. Vgl. Hiemstra 1997; Keefe: Beyond VAR, 1997/98.

375 Vgl. Titus & Lewis 1997.

376 Vgl. Makarov 1997.

a) **Identifizierung aller relevanten Faktoren**, die den Wert der einzelnen Positionen innerhalb des Portfolios bestimmen (**Marktfaktoren**), z.B. Forwardpreis eines Handelsgutes, bestimmte Wechselkurse oder Volatilitäten (relevant insbesondere für Optionen).

b) Bestimmung der **Wahrscheinlichkeitsverteilung für Änderungen der Marktfaktoren** für den gewählten Zeithorizont. Das Ziel besteht nicht in der Prognose spezieller Marktbewegungen, sondern vielmehr in der Vorhersage des Ausmaßes möglicher Bewegungen und der Wahrscheinlichkeit von Bewegungen eines bestimmten Ausmaßes. Die verschiedenen VAR-Methoden unterscheiden sich u.a. in den Techniken, die zur Analyse der historischen Daten über das Verhalten der Marktfaktoren herangezogen werden.

c) Hieraus werden die **Wahrscheinlichkeitsverteilungen für Änderungen des Marktwertes aller individuellen Positionen** innerhalb des Portfolios abgeleitet. Wenn der Wert einer Position von mehr als einem Marktfaktor bestimmt wird, wird die Korrelation zwischen diesen Faktoren berücksichtigt. Im Fall von forwardbasierten Instrumenten bzw. Positionen kann ein linearer Zusammenhang zwischen ihrem Wert und den betreffenden Marktfaktoren angenommen werden. Das Delta der Position ist konstant. Für Optionen ist der Zusammenhang zwischen Marktfaktor und Wert jedoch eindeutig nicht linear.[377] Die verschiedenen VAR-Methoden unterscheiden sich u.a. in ihrer Fähigkeit, mit dem Problem der Nichtlinearität umzugehen

d) Die **Wahrscheinlichkeitsverteilung für Änderungen des Marktwertes des gesamten Portfolios** wird durch die Kombination der Verteilungen der Einzelpositionen ermittelt.

4. **Ablesen des geschätzten VAR-Betrages**, in Abhängigkeit des gewählten Konfidenzintervalls, gemäß Abbildung 4.2:

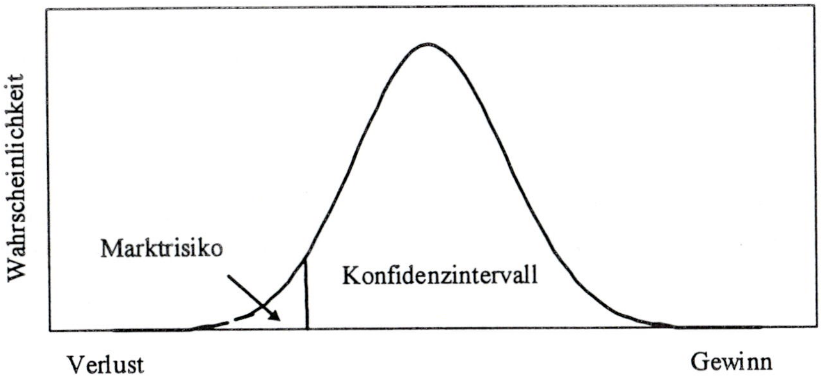

Abb. 4.2: Wahrscheinlichkeitsverteilung der Veränderung des Portfolio-Marktwertes

[377] Vgl. Kapitel 3.2.1.4.5 (Griechen).

Die Einfachheit und intuitive Plausibilität des Konzepts ist sicherlich mitverantwortlich für den schnellen Erfolg von VAR in der Praxis. So einfach das grundsätzliche Konzept auch ist, so schwierig ist die Implementierung eines funktionierenden VAR-Systems.
Im folgenden wollen wir auf die drei wesentlichen VAR-Verfahren näher eingehen:

- Analytische Methode,
- Historische Simulation,
- Stochastische Simulation.

Analytische Methoden[378]

Die bekannteste analytische VAR-Methode ist **RiskMetrics**, ein Verfahren, das von J.P.Morgan entwickelt und 1994 veröffentlicht wurde.[379] Diese Veröffentlichung erfolgte mit folgender Absicht:

- Erhöhung der Transparenz von Marktrisiken,
- Bereitstellung eines ausgereiften Risikomanagement-Tools gerade für jene Marktteilnehmer, welche nicht über Ressourcen für eigene Entwicklungen verfügen,
- Etablierung von RiskMetrics als Standardverfahren zur Messung von Marktrisiko.

Die Berechnung von VAR erfolgt in folgenden Schritten:[380]

1. **Zerlegung der einzelnen Positionen innerhalb des Portfolios**:
   Das Verfahren beruht auf der Grundidee, daß die einzelnen Positionen in einfachere Instrumente zerlegt werden können, die jeweils nur noch von einem einzigen Marktfaktor abhängig sind. Dieser Vorgang wird auch als Mapping bezeichnet. Beispielsweise lassen sich Swaps in einfache Forwardverträge zerlegen, deren Werte jeweils nur vom Preis eines Gutes abhängig sind.[381]

2. **Annahme zur Wahrscheinlichkeitsverteilung der Marktfaktoren:**
   RiskMetrics unterstellt, daß die Ausprägungen der Marktfaktoren einer Normalverteilung entsprechen. Unter dieser Voraussetzung lassen sich alle Informationen aus den historischen Daten in den Parametern Mittelwert, Varianz und Kovarianz zusammenfassen.

3. **Kalkulation der Varianz des Portfolios:**
   Basierend auf der Annahme, daß alle Marktfaktoren normalverteilt sind, wird unterstellt, daß die Wertänderungen des Portfolios als Summe der Einzelinstrumente ebenfalls normal-

---

378 Synonym werden auch die Begriffe Varianz-Kovarianz Methode und Volatilitäts-Korrelations Analyse verwendet.

379 RiskMetrics umfaßt genau genommen drei Komponenten: 1) Eine Methodik zur Messung von Marktrisiko, die über das Internet (http://www.jpmorgan.com) veröffentlicht wird. 2) Täglich aktualisierte Daten hinsichtlich Korrelationen und Volatilitäten von Wechselkursen, Zinsinstrumenten und Commodities, die als Input für RiskMetrics dienen und über das Internet kostenlos zur Verfügung gestellt werden. 3) Software zur Durchführung der VAR Messung.

380 Vgl. Smithson & Minton: How to calculate VAR, 1997; Leong 1997.

381 Vgl. Kapitel 3.1.2 (Swaps).

verteilt sind.[382] Somit läßt sich die Varianz des Portfolios, entsprechend der Portfoliotheorie,[383] mit Hilfe von statistischen Standardmethoden ermitteln:

$$\sigma_P^2 = \sum_{i=1}^{n}(a_i\sigma_i)^2 + 2\sum_{i=1}^{n}\sum_{j\neq i}^{n} a_i a_j \rho_{ij}\sigma_i\sigma_j \tag{4.4}$$

wobei:

σ_P^2	=	Varianz des gesamten Portfolios
a_i	=	Gewicht des Instruments i innerhalb des Portfolios
σ_i^2	=	Varianz der Wertänderungen von Instrument i
ρ_{ij}	=	Korrelationskoeffizient der Wertänderungen der Instrumente i und j

Unter den so getroffenen Annahmen können der VAR-Wert des Portfolios bzw. das dazugehörige Konfidenzintervall direkt aus der Standardabweichung des Portfolios abgelesen werden. Dieser Zusammenhang ist in Tabelle 4.5 aufgezeigt:

Standardabweichung des Wertes des Portfolios	Konfidenzintervall	Interpretation
1,282	90 %	In 10 von 100 Fällen wird der Wert des Portfolios den VAR-Wert (Mittelwert - 1,282 * Standardabweichung) unterschreiten
1,645	95 %	In 5 von 100 Fällen wird der Wert des Portfolios den VAR-Wert (Mittelwert - 1,645 * Standardabweichung) unterschreiten
2,326	99 %	In 1 von 100 Fällen wird der Wert des Portfolios den VAR-Wert (Mittelwert - 2,326 * Standardabweichung) unterschreiten

Tabelle 4.5: Konfidenzintervalle

Beispiel:

Bei einem Mittelwert von 1 Mio. DM und einer Standardabweichung von 100.000 DM ergibt sich bei einem Konfidenzintervall von 90 % ein Wert des Portfolios in Höhe von 871.800 DM (1.000.000 minus 128.200), der in zehn von Hundert Fällen unterschritten wird.

---

382 Diese Annahme ist gleichbedeutend mit der Unterstellung eines konstanten Deltas.

383 Vgl. Kapitel 4.1 (Einleitung zu Risikopolitik und Risikomanagement).

Für die **Annahme von Normalverteilungen** spricht, daß hierdurch die Methodologie wesentlich vereinfacht wird und statistische Standardverfahren angewendet werden können.[384] Auf diese Weise war J.P. Morgan in der Lage, Konzepte zur Risikomessung einem breiten Publikum zu erklären, das lediglich über Grundkenntnisse von Statistik verfügt.[385]Diese Annahme wurde trotzdem und zu Recht heftig kritisiert,[386] da sie zwar für forwardbasierte, nicht jedoch für optionsbasierte Instrumente gerechtfertigt ist. Das dargestellte Verfahren ist daher nicht in der Lage, VAR für Optionen sinnvoll zu ermitteln.

J.P. Morgan hat die Kritik aufgenommen und in der neuesten Version von RiskMetrics zwei Verfahren integriert, die der VAR-Kalkulation für Portfolios mit Optionen dienen. Hierbei handelt es sich einmal um die sogenannte „Delta-Gamma VAR Methodology", bei der für jede im Portfolio enthaltene Option neben Delta auch die Werte der übrigen „Griechen" bei der VAR-Berechnung berücksichtigt werden können.

Eine noch genauere VAR-Berechnung von Optionen ermöglicht die „Structured Monte Carlo Simulation". Diese beiden Methoden unterscheiden sich nicht in der Prognose von Marktbewegungen; beide verwenden die von RiskMetrics zur Verfügung gestellten Schätzungen von Volatilitäten[387] und Korrelationen. Sie unterscheiden sich jedoch darin, wie der Wert eines Portfolios sich als Ergebnis von Marktbewegungen ändert. Der Delta-Gamma Ansatz approximiert die Wertveränderung wohingegen die Structured Monte Carlo Simulation die Werte des Portfolios unter verschiedenen Szenarien vollständig neu berechnet. Für die Darstellung der beiden Verfahren sei auf die Originalquellen verwiesen.[388]

Historische Simulation

Im Gegensatz zu analytischen Methoden sind bei der historischen Simulation keine expliziten Annahmen hinsichtlich der Volatilitäten und Korrelationen der Portfoliobestandteile erforderlich. Darüber hinaus werden auch keine Annahmen über die Form der Verteilung der Wertänderungen der Portfoliobestandteile gemacht. Insbesondere ist keine Annahme von Normalverteilungen erforderlich. Stattdessen wird das Portfolio für unterschiedliche in der Vergangenheit beobachtete Werte der Marktfaktoren jeweils neu bewertet.

Angenommen, wir wollen VAR mit einem Zeithorizont von einem Tag und basierend auf den historischen Daten der letzten 101 Handelstage ermitteln. Die Vorgehensweise ist wie folgt:[389]

---

[384] Vgl. Longerstaey & Zangari 1997.

[385] Genau aus diesem Grund wird die Veröffentlichung der ersten Version von RiskMetrics bzw. des RiskMetrics Technical Documents im Jahr 1994 vielfach als der Beginn des modernen Marktrisikomanagements angesehen. Vgl. Nagar & Singer 1997.

[386] Vgl. z.B. Ong 1997; Heron & Irving 1997; Lawrence & Robinson 1997.

[387] Volatilitäten werden mit Hilfe des in Kapitel 2.3.2 (Für das Management von Preisrisiken relevante Konsequenezen) beschriebenen Modells der gewichteten Standardabweichung gemessen.

[388] Die grundsätzliche Vorgehensweise der Monte Carlo Simulation wird in diesem Kapitel weiter unten dargestellt. Die beiden genannten Verfahren werden detailliert beschrieben und anhand von konkreten Beispielen verdeutlicht bei J.P. Morgan 1996.

[389] Vgl. Smithson & Minton: How to Calculate VAR, 1997.

1. Aus den Werten für die Marktfaktoren der letzten 101 Handelstage läßt sich ein Vektor mit 100 beobachteten absoluten Änderungen der Marktfaktoren ermitteln.

Vektor der Werte des i-ten Marktfaktors	Vektor der beobachteten Änderungen
$W(i)_{-101}$	
$W(i)_{-100}$	$\Delta W(i)_{-100}$
$W(i)_{-99}$	$\Delta W(i)_{-99}$
:	:
$W(i)_{-1}$	$\Delta W(i)_{-1}$

2. Für jeden Marktfaktor wird ein Vektor mit alternativen Werten $AW(i)_n$ gebildet. Dies geschieht durch Addition des aktuellen Wertes des Marktfaktors $W(i)_0$ zu den beobachteten Änderungen.

$$AW(i)_1 = W(i)_0 + \Delta W(i)_{-1}$$
$$AW(i)_2 = W(i)_0 + \Delta W(i)_{-2}$$
$$\vdots$$
$$AW(i)_{100} = W(i)_0 + \Delta W(i)_{-100}$$

3. Im nächsten Schritt wird der Wert des Portfolios WP sowohl für die aktuellen Werte der Marktfaktoren $(W(i)_0)$[390] als auch für die alternativen Werte $AW(i)_n$ ermittelt. Anschließend werden die Differenzen im Wert des Portfolios, einerseits basierend auf den aktuellen Werten und andererseits basierend auf den alternativen Werten ermittelt, z.B.:

$WP_0 - WP_1 = \Delta WP_1$; $WP_0 - WP_2 = \Delta WP_2$ usw.

$W(1)_0, W(2)_0, \ldots W(n)_0$	→	WP_0	
$AW(1)_1, AW(2)_1, \ldots AW(n)_1$	→	WP_1	ΔWP_1
$AW(1)_2, AW(2)_2, \ldots AW(n)_2$	→	WP_2	ΔWP_2
:		:	:
$AW(1)_{100}, AW(2)_{100}, \ldots AW(n)_{100}$	→	WP_{100}	ΔWP_{100}

4. Anschließend werden die ermittelten Differenzen ΔWP_i geordnet von dem niedrigsten Wert bis zum höchsten Wert dargestellt. Wenn jede Änderung der Marktfaktoren als gleichwahrscheinlich angesehen wird und somit jedem WP_i die gleiche Wahrscheinlichkeit zugewiesen wird, kann der Wert für VAR entsprechend dem gewünschten Konfidenzintervall direkt abgelesen werden. Bei einem Konfidenzintervall von 95 % entspricht VAR der 95. ungünstigsten Änderung des Wertes des Portfolios.

---

[390] Dieses Wertermittlungsverfahren entspricht im wesentlichen dem in Kapitel 3.1.1.1 (Definition von Forwards und Futures) beschriebenen Marking-to-Market.

Anhand eines **Beispiels** sei dieses Verfahren näher beschrieben. Ein Unternehmen habe ein Portfolio aus drei offenen Long-Positionen:

1.000.000 therms Erdgas im IPE-Vertrag für Novemberlieferungen
10.000 bbl Brent-Rohöl im IPE-Vertrag für Novemberlieferungen
1.000 t Heizöl im IPE-Vertrag für Novemberlieferungen

Bei einem für den gesamten Betrachtungszeitraum konstanten Wechselkurs von 1,50 US$/GBP betrage der heutige **Marking-to-Market Wert** dieser Positionen bei Preisen von 15,58 pence/therm, 18,63 US$/bbl und 161,00 US$/t exakt 387.333,33 £. Während der letzten 31 Handelstage haben sich die Preise gemäß Tabelle 4.6 entwickelt. In dieser Tabelle sind auch die Vektoren der beobachteten Änderungen der Marktfaktoren (ΔW(i)) dargestellt.

	IPE-Erdgas Pence/therm	IPE-Brent US$/bbl	IPE-Heizöl US$/t	IPE-Erdgas pence/therm	IPE-Brent US$/bbl	IPE-Heizöl US$/t
t	W(1)	W(2)	W(3)	ΔW(1)	ΔW(2)	ΔW(3)
-31	14,00	18,30	160,00			
-30	15,66	19,82	160,50	1,66	1,52	0,50
-29	15,69	19,56	163,00	0,03	-0,26	2,50
-28	14,37	19,21	162,00	-1,32	-0,35	-1,00
-27	16,38	20,08	161,50	2,01	0,87	-0,50
-26	15,68	18,82	161,50	-0,70	-1,26	0,00
-25	16,80	19,22	161,75	1,12	0,40	0,25
-24	16,62	19,56	162,00	-0,18	0,34	0,25
-23	14,43	18,77	158,00	-2,19	-0,79	-4,00
-22	16,93	19,69	160,25	2,50	0,92	2,25
-21	16,89	19,66	160,50	-0,04	-0,03	0,25
-20	15,15	20,20	164,00	-1,74	0,54	3,50
-19	15,28	18,50	162,50	0,13	-1,70	-1,50
-18	16,16	19,84	164,00	0,88	1,34	1,50
-17	15,36	18,76	161,25	-0,80	-1,08	-2,75
-16	16,22	19,31	162,00	0,86	0,55	0,75
-15	15,90	18,63	161,00	-0,32	-0,68	-1,00
-14	16,50	19,56	162,00	0,60	0,93	1,00
-13	14,72	18,81	161,25	-1,78	-0,75	-0,75
-12	16,59	18,64	161,25	1,87	-0,17	0,00
-11	16,05	18,56	161,00	-0,54	-0,08	-0,25
-10	16,83	19,14	162,00	0,78	0,58	1,00
-9	14,59	19,49	162,25	-2,24	0,35	0,25
-8	16,54	19,05	161,75	1,95	-0,44	-0,50
-7	14,25	19,52	162,00	-2,29	0,47	0,25
-6	14,81	18,69	160,75	0,56	-0,83	-1,25
-5	15,35	18,86	160,50	0,54	0,17	-0,25
-4	15,02	19,63	162,00	-0,33	0,77	1,50
-3	15,91	18,52	160,00	0,89	-1,11	-2,00
-2	14,64	19,96	162,00	-1,27	1,44	2,00
-1	16,13	19,16	161,50	1,49	-0,80	-0,50
0	15,58	18,63	161,00	-0,55	-0,53	-0,50

Tabelle 4.6: Beispiel Historische Simulation I

Die alternativen Werte AW(i) sowie die Werte der drei Positionen und des Portfolios gehen aus Tabelle 4.7 hervor:

	IPE-Erdgas pence/therm	IPE-Brent US$/bbl	IPE-Heizöl US$/t	IPE-Erdgas £	IPE-Brent £	IPE-Heizöl £	Summe £
t	AW(1)	AW(2)	AW(3)				WP_i
-31							
-30	17,24	20,15	161,50	172.400,00	134.333,33	107.666,67	414.400,00
-29	15,61	18,37	163,50	156.100,00	122.466,67	109.000,00	387.566,67
-28	14,26	18,28	160,00	142.600,00	121.866,67	106.666,67	371.133,33
-27	17,59	19,50	160,50	175.900,00	130.000,00	107.000,00	412.900,00
-26	14,88	17,37	161,00	148.800,00	115.800,00	107.333,33	371.933,33
-25	16,70	19,03	161,25	167.000,00	126.866,67	107.500,00	401.366,67
-24	15,40	18,97	161,25	154.000,00	126.466,67	107.500,00	387.966,67
-23	13,39	17,84	157,00	133.900,00	118.933,33	104.666,67	357.500,00
-22	18,08	19,55	163,25	180.800,00	130.333,33	108.833,33	419.966,67
-21	15,54	18,60	161,25	155.400,00	124.000,00	107.500,00	386.900,00
-20	13,84	19,17	164,50	138.400,00	127.800,00	109.666,67	375.866,67
-19	15,71	16,93	159,50	157.100,00	112.866,67	106.333,33	376.300,00
-18	16,46	19,97	162,50	164.600,00	133.133,33	108.333,33	406.066,67
-17	14,78	17,55	158,25	147.800,00	117.000,00	105.500,00	370.300,00
-16	16,44	19,18	161,75	164.400,00	127.866,67	107.833,33	400.100,00
-15	15,26	17,95	160,00	152.600,00	119.666,67	106.666,67	378.933,33
-14	16,18	19,56	162,00	161.800,00	130.400,00	108.000,00	400.200,00
-13	13,80	17,88	160,25	138.000,00	119.200,00	106.833,33	364.033,33
-12	17,45	18,46	161,00	174.500,00	123.066,67	107.333,33	404.900,00
-11	15,04	18,55	160,75	150.400,00	123.666,67	107.166,67	381.233,33
-10	16,36	19,21	162,00	163.600,00	128.066,67	108.000,00	399.666,67
-9	13,34	18,98	161,25	133.400,00	126.533,33	107.500,00	367.433,33
-8	17,53	18,19	160,50	175.300,00	121.266,67	107.000,00	403.566,67
-7	13,29	19,10	161,25	132.900,00	127.333,33	107.500,00	**367.733,33**
-6	16,14	17,80	159,75	161.400,00	118.666,67	106.500,00	386.566,67
-5	16,12	18,80	160,75	161.200,00	125.333,33	107.166,67	393.700,00
-4	15,25	19,40	162,50	152.500,00	129.333,33	108.333,33	390.166,67
-3	16,47	17,52	159,00	164.700,00	116.800,00	106.000,00	387.500,00
-2	14,31	20,07	163,00	143.100,00	133.800,00	108.666,67	385.566,67
-1	17,07	17,83	160,50	170.700,00	118.866,67	107.000,00	396.566,67
0	15,03	18,10	160,50	150.300,00	120.666,67	107.000,00	377.966,67

Tabelle 4.7: Beispiel Historische Simulation II

Sortiert man die Werte WP_i ihrer Größe nach, kann man den VAR-Wert einfach ermitteln. Der viertschlechteste Wert (367.733,33 £ am Tag -7) entspricht hierbei dem Konfidenzinvall von 90 %. Die Differenz zum heutigen Marking-to-Market Wert beträgt 19.600,- £ . Das bedeutet, daß mit einer Wahrscheinlichkeit von 90 % am Folgetag kein Verlust von mehr als 19.600,- £ realisiert wird, bzw. daß in 10 von 100 Tagen ein Verlust von mehr als 19.600,- £ zu erwarten ist. Für die Brent- und Heizölpositionen stellt der Wechselkurs US$/£ ebenfalls einen relevanten Marktfaktor dar. In unserem Beispiel wurde der Einfachheit halber ein konstanter Wechselkurs unterstellt. In der Praxis müßten die täglichen Änderungen des Wechselkurses genauso wie die Preisänderungen berücksichtigt werden.

Die historische Simulation beantwortet die Frage: Was passiert, wenn sich die Historie wiederholt? Die Methode ist sehr untheoretisch, transparent und intuitiv einleuchtend. Die Ergebnisse sind leicht interpretierbar, die notwendigen analytischen Fähigkeiten sind minimal. Besonders vorteilhaft ist, daß die Methode für jede denkbare Verteilung der Marktfaktoren anwendbar ist. Die historische Simulation berücksichtigt automatisch alle Charakteristika der tatsächlich beobachteten Verteilungen, so z.B. die gerade bei Energiepreisen häufig auftretenden „fetten" linken und rechten Enden der Verteilungen (fat tails).[391] Es wird einfach unterstellt, daß die zukünftige Verteilung die gleiche Form hat wie die Verteilung der Vergangenheit. Hierdurch wird die Nichtlinearität von Optionen sowie die häufig dynamische Natur von Korrelationen automatisch berücksichtigt.

Ein Nachteil des Verfahrens besteht jedoch darin, daß keine Sensivitätsanalysen in Gestalt von Änderung angenommener Varianzen und Korrelationen und der anschließenden Beobachtung der dadurch bewirkten Veränderung des VAR vorgenommen werden können.

Stochastische Simulation

In dem historischen Ansatz erfolgt die Messung von VAR, in dem **ein** historischer Pfad der Entwicklung der Marktfaktoren durchgegangen wird. Ein historischer Pfad ist jedoch eventuell nicht angemessen, insbesondere wenn eine Vielzahl interagierender Marktfaktoren vorliegt. Ein wesentlich umfassenderes Risikoprofil läßt sich durch eine „gesteuerte" Monte Carlo Simulation des Verhaltens der Marktfaktoren gewinnen. Hierbei werden von vornherein unplausible Ergebnisse durch Berücksichtigung von Korrelationen vermieden. Die Komplexität der Interaktionen der Marktfaktoren wird durch eine Vielzahl (ca. 10.000) von simulierten Pfaden erfaßt. VAR wird hierdurch realistischer und zuverlässiger, da die Kalkulation auf dem Durchschnitt einer Vielzahl von möglichen (simulierten) Pfaden beruht.

Die Simulation der Entwicklung der Marktfaktoren erfolgt durch mathematische Modellierung in einem stochastischen Ansatz.[392] Hierzu ist erforderlich:

1. Die Spezifizierung des stochastischen Prozesses für jeden Marktfaktor.[393]
2. Schätzung der statistischen Parameter für den stochastischen Prozeß.

---

[391] Vgl. Makarov 1997; Kapitel 3.2.1.4.4.1 (Mathematisch geschlossene Lösungsansätze).
[392] Vgl. Leong 1997.
[393] Die Darstellung dieser Spezifizierung würde den Umfang dieses Buches sprengen. Eine detailliertere Darstellung findet sich z.B. bei Picoult 1997.

Für Änderungen der Marktfaktoren wird häufig Normalverteilung oder Lognormalverteilung unterstellt. Zur Ermittlung der Korrelationen wird meist auf historische Daten zurückgegriffen. Das Ziel besteht in der Erzeugung eines Vektors von simulierten Änderungen der Marktfaktoren, SΔF(i), für den gewählten Zeithorizont:[394]

Vektor der simulierten Änderungen von W(i):

$$\begin{matrix} S\Delta W(i)_1 \\ S\Delta W(i)_2 \\ \vdots \\ S\Delta W(i)_n \end{matrix}$$

Für jeden Marktfaktor wird anschließend ein Vektor alternativer Werte AW(i) gebildet, indem die aktuellen Werte der Marktfaktoren, $W(i)_0$, zu den Werten im Vektor der simulierten Änderungen hinzuaddiert werden.

$$\begin{matrix} AW(i)_1 & = & W(i)_0 & + & SW(i)_1 \\ AW(i)_2 & = & W(i)_0 & + & SW(i)_2 \\ \vdots & & \vdots & & \vdots \\ AW(i)_n & = & W(i)_0 & + & SW(i)_n \end{matrix}$$

Nachdem die alternativen Werte der Marktfaktoren erzeugt sind, ist das weitere Vorgehen analog der historischen Simulation.
Stochastische Simulation hat Vorteile gegenüber allen anderen VAR-Verfahren. Sie ermöglicht die umfassende Untersuchung vieler möglicher Marktkonstellationen und Portfoliozusammensetzungen. Unterschiedliche statistische Parameter wie Volatilitäten oder Korrelationen können bestimmt und untersucht werden. Aufgrund der Präzision der Modellierung ist die Stochastische Simulation der zu präferierende Ansatz zur Quantifizierung von Optionalität, großen Marktbewegungen oder Abweichungen von Normalsituationen oder –verteilungen.[395]

Der Nachteil dieser Methode liegt darin, daß die Modellierung sehr umfangreiches mathematisches Know-how erfordert. Hinzu kommt, daß selbst in der heutigen Zeit, in der Computerkapazität günstig verfügbar ist, die Durchführung von möglicherweise mehreren zehntausend Portfoliobewertungen ein enormes Problem darstellen kann. Stochastische Simulation ist jedenfalls der bei weitem zeitintensivste Weg der Risikoanalyse.[396]

---

[394] Vgl. Smithson & Minton: How to Calculate VAR, 1997.
[395] Vgl. Leong 1997.
[396] Vgl. Leong 1997.

Vergleich der Methoden

Die Charakteristika der drei VAR-Methoden sind in Tabelle 4.8 zusammenfaßt.[397]

	RiskMetrics	Historische Simulation	Stochastische Simulation
Annahmen zur Verteilung der Erträge	Normalverteilung	keine Annahme	flexibel
Verwendung tatsächli cher Volatilitäten und Korrelationen[398]	ja	ja	möglich
Präzision der Risikomessung	abhängig von der Validität der Annahmen (Normalverteilung, stabile Korrelationen und Varianzen)	gut, wenn der historische Pfad repäsentativ für die Zukunft ist	größte Präzision, da Portfoliodetails und Marktinteraktionen am besten berücksichtigt werden
Genaue Berücksichtigung von Optionen	in der neuesten Version: ja	ja	Ja
Sensitivitätsanalysen	teilweise möglich	nein	ja
Schnelligkeit	abhängig von der Größe der Varianz / Kovarianz Matrix	mittelmäßig	langsam
Programmieraufwand	mittelmäßig	relativ gering	hoch

Tabelle 4.8: Vergleich der VAR-Methoden

Auswahl einer Methode

Es besteht Einigkeit, daß VAR ein nützliches Instrument der Risikomessung darstellt, vorausgesetzt, der Anwender ist sich der Annahmen und Limitationen, die dem ermittelten VAR-Wert zugrunde liegen, bewußt. Dies gilt in besonderem Maße für Unternehmen, die im zukünftig liberalisierten Energiemarkt tätig sind, der durch zunehmenden Wettbewerb und extreme Volatilitäten gekennzeichnet sein wird. Unternehmen sollten sich sehr gründlich überlegen, für welche VAR-Methode sie sich entscheiden. Empirische Untersuchungen zeigen, daß die Ergebnisse der drei Methoden auch bei identischen Portfolios stark voneinander abweichen können.[399]

Es gibt keinen richtigen oder falschen Weg zu VAR. Die Entscheidung sollte für die Methode fallen, die am besten zum eigenen Unternehmen und dem zu betreuenden Portfolio paßt. Die besondere Konstellation der Energiemärkte läßt jedoch die stochastische Simulation als besonders geeignet erscheinen.

[397] Vgl. Smithson & Minton: How to Calculate VAR, 1997; Leong 1997.
[398] Die Ergebnisse hängen in diesem Fall stark von der gewählten Zeitperiode für die historischen Daten ab.
[399] Vgl. Beder: VAR: Seducive but Dangerous, 1997; Beder: Report Card on Value at Risk: High Potential but Slow Starter, 1997; Smithson & Minton: How to Calculate VAR, 1997.

Diese besonderen Eigenschaften der Energiemärkte sind wie folgt:

- Energiepreise weisen eine besonders große Volatilität auf.
- Energiepreise unterliegen einer starken saisonalen Preiskomponente.
- Energiepreise hängen u.a. von der unabhängigen Variablen Wetter ab.
- Zwischen den verschiedenen Energieträgern treten sehr komplexe Interaktionen auf, die durch (kurzfristige) Angebots- und Nachfrageschwankungen sowie Transportengpässe für leitungsgebundene Energie beeinflußt werden.
- Erschwerend kommt hinzu, daß sich die Energiemärkte im Umbruch befinden. Die Rolle der Regulierungsbehörden ist häufig noch unklar.
- Typische Erdgas- oder Stromlieferverträge beinhalten verschiedene „eingebettete Optionen".
- Die Strom- und Gasmärkte sind noch nicht konvergiert.

In dieser durch große Ungewißheit geprägten Situation bieten historische Preise wenig Hinweise für die zukünftige Entwicklung; Korrelationen sind zu unpräzise und wenig konsistent. Die Vorteile der stochastischen Simulation kommen in einer solchen Situation besonders zum Tragen. Die Monte Carlo Technik ermöglicht die Modellierung von Randbedingungen sowie die Analyse ihrer Einflüsse auf die Marktposition eines Unternehmens.[400]
Für diese Methode spricht insbesondere, daß Optionen[401] in der Energiewirtschaft eine sehr große Rolle spielen und die stochastische Simulation hiermit besonders gut umgehen kann.

VAR - ein Resümee

Der Anwender sollte die Ergebnisse von VAR in jedem Fall mit Vorsicht genießen und auf keinen Fall dem Trugschluß unterliegen, daß er sicher sei, nur weil er ein VAR-System installiert hat.[402] VAR garantiert nicht das Eintreten bestimmter Ergebnisse, ist aber ein sinnvolles und notwendiges Instrument für professionelles Risikomanagement. Es ist besonders geeignet für die Messung von kurzfristigem Risiko für Produkte in einem liquiden Markt. Man sollte auch nicht vergessen, daß erst durch VAR eine gemeinsame Sprache zur Diskussion von Aspekten des Marktrisikos geschaffen wurde.[403]
VAR ist kein universelles Instrument, sondern erhebt lediglich den Anspruch der Messung von Marktrisiko unter „normalen" Marktbedingungen. Ein umfassendes Management des Marktrisikos erfordert die Ergänzung durch Verfahren, die auf „nicht normale" bzw. katastrophale Marktkonditionen ausgerichtet sind. Die beiden wichtigsten Ansätze sind Stress Testing und Szenariomethoden.

---

400 Vgl. Foote 1997/98; Kollberg & Elf 1998.

401 In diesem Zusammenhang ist auch an die in traditionellen Lieferverträgen eingebetteten Optionen zu denken oder beispielsweise an die Option eines Kraftwerksbetreibers, Gas in Strom umzuwandeln oder alternativ auf dem Spotmarkt zu verkaufen.

402 Vgl. Judisch & Chassard 1997/98.

403 Vgl. Simons 1997.

4.3.1.3.3 Stress Testing

In diesem Kapitel geht es um die Analyse von „nicht normalen“ **extremen oder katastrophalen Marktentwickungen**. Da solche Ereignisse definitionsgemäß nur sehr selten auftreten, liegt entsprechend wenig Datenmaterial vor. Die Verwendung von statistischen Standardverfahren, die auf empirisch ermittelten Wahrscheinlichkeitsverteilungen beruht, scheidet in diesem Fall also aus.[404]

Bei Auftreten von katastrophalen Ereignissen verändern sich nicht lediglich die Parameter der Verteilungen für einzelne Marktfaktoren, sondern es kommt auch zum **Bruch von Korrelationen** zwischen den Marktfaktoren. Es ist daher notwendig, nicht lediglich die Auswirkungen auf den Wert einzelner Instrumente oder Positionen zu untersuchen, sondern auch auf das gesamte Portfolio. „Katastrophales Risiko“ ist nicht lediglich eine höher skalierte Version des „Business-as-usual“-Marktrisikos, welches durch VAR gemessen werden kann. Es handelt sich vielmehr um eine vollkommen andere Art von Risiko, deren Messung andere, nichtstatistische Verfahren erfordert. Es geht um die Erfassung des Ausmaßes von möglichen zukünftigen Ereignissen, nicht deren Eintrittswahrscheinlichkeit.[405]

Stress Testing ist ein solches Verfahren, das die Auswirkungen von zu erwartenden größtmöglichen Marktveränderungen auf den Wert einzelner Positionen und des gesamten Portfolios untersucht. Der Fokus liegt auf solchen Entwicklungen, die zu nicht akzeptablen und möglicherweise existenzbedrohenden Verlusten führen können.

Der erste Schritt besteht in der Entwicklung von Szenarien entsprechend der Erwartungen zu Marktveränderungen. Hierbei sollten große Veränderungen für **alle** Marktfaktoren sowie die Auswirkung einzelner extremer Ereignisse nicht nur auf den direkt betroffenen Markt, sondern auf alle übrigen relevanten Marktfaktoren berücksichtigt werden. Dies ist wichtig, da durch Änderungen anderer Marktfaktoren als Folge extremer Einzelereignisse Verluste des Portfolios sowohl ausgeglichen als auch verstärkt werden können.[406] Da die Szenarien möglichst realistisch sein sollten, bietet es sich an, auf tatsächlich aufgetretene extreme Marktentwicklungen in der Vergangenheit zurückzugreifen. Die Verwendung von extremen historischen Daten gewährleistet die Objektivität der Analyse. Basierend auf diesen Szenarien läßt sich in regelmäßigen Abständen die Analyse des Risikos von Extremsituationen für das Portfolio durchführen. Das „Business-as-usual“-Risiko, welches durch VAR untersucht wird, unterscheidet sich grundlegend von dem Risiko extremer Marktsituationen. Aufgrund dieser **Dualität des Marktrisikos** sind Stress Testing und VAR komplementäre Methoden zur Messung des Marktrisikos. „As a result, one needs different methodologies to evaluate the two types of risk and the risk measures produced are not compatible - they cannot be expressed in terms of each other, related to one another or combined to produce a single risk measure.“[407] Katastrophales Risiko ist nicht redundant zum Normalrisiko und sollte nicht als ausgeweitete Version von

---

[404] Vgl. Makarov 1997.

[405] Vgl. Makarov 1997.

[406] Untersuchungen zeigen für große diversifizierte Portfolios, daß Verluste als Folge extremer Ereignisse in einzelnen Märkten durch Gewinne in anderen nicht direkt betroffenen Märkten in den meisten Fällen signifikant reduziert oder ausgeglichen werden. Vgl. Makarov 1997.

[407] Siehe Makarov 1997, Seite 53.

Normalrisiko angesehen werden. Es ist daher auch nicht empfehlenswert, VAR-Verfahren zwecks Untersuchung von katastrophalem Risiko anzupassen.

4.3.1.3.4 Szenariomethoden

Stress Testing ist ebenso wie VAR eine objektive Methode der Risikomessung, da auf tatsächliche historische Daten zurückgegriffen wird. Da diese jedoch nicht alle zukünftig möglichen Entwicklungen widerspiegeln, sollte bei der Messung des Marktrisikos zusätzlich und ergänzend auf die Analyse von bisher noch nicht aufgetretenen hypothetischen Szenarien zurückgegriffen werden. Diese Methode weist notwendigerweise einen hohen Grad an Subjektivität auf.

4.3.1.4 Anwendung und Maßnahmen

Mit Hilfe der oben beschriebenen Modelle und Methoden zur Messung des Marktrisikos läßt sich das Risiko besser steuern. Risikomanagement-Systeme sind eine unerläßliche Voraussetzung für den Erfolg eines Handelsunternehmens in einem liberalisierten Energiemarkt. Die verschiedenen Methoden liefern Indikatoren und Warnsignale, die dem Management eine rationale Risikoeinschätzung und frühzeitige Intervention ermöglichen.

Wenn vom Management vorgegebene Limits, z.B. für VAR, überschritten werden, kann das bestehende Marktrisiko durch Glattstellen bestimmter Positionen verringert werden. Die Risikoreduktion kann jedoch nicht nur durch das Schließen von offenen Positionen erfolgen, sondern auch durch das Eröffnen von neuen Positionen.[408] Aufgrund der Interaktionen jeder neuen Position mit dem bestehenden Portfolio und der nichtlinearen Natur von Portfolios erfordert die Einschätzung des Einflusses einer neuen Transaktion die Neubewertung des gesamten neuen Portfolios. Dieser Prozeß ist zu zeitraubend, um vor Abschluß jeder neuen Transaktion durchgeführt werden zu können. Garman hat einen Approximationsmechanismus vorgeschlagen, der die Bewertung einer neuen Position hinsichtlich der Auswirkungen auf VAR des Gesamtportfolios ermöglicht, ohne eine komplette Neukalkulation durchführen zu müssen.[409] Dieser Vorschlag weist den zukünftigen Weg des VAR-Managements auf Realzeitbasis, der das Überschreiten von vorgegebenen Limits von vornherein ausschließt.

Die Messung des Marktrisikos ist Voraussetzung für die Allokation von Risikokapital, das zur Abdeckung von negativen oder extremen Marktbewegungen verfügbar sein muß. Hierdurch wird sichergestellt, daß zu keinem Zeitpunkt ernsthafte Liquiditätsprobleme auftreten, die im Extremfall sogar die Existenz des Unternehmens gefährden können.[410] Das VAR-Limit läßt sich als der maximale nicht abgesicherte Verlust interpretieren, den ein Unternehmen bereit ist zu akzeptieren. Die Absicherung von Marktrisiken stellt eine Form von Versicherung dar, die mit Kosten verbunden ist. Der Vergleich der Kosten der Versicherung durch Hedging im Verhältnis zu der dadurch erreichten Verringerung von VAR stellt eine rationale Grundlage für die

---

[408] Die Risikoreduktion durch Eröffnen von entgegengesetzten Positionen entspricht dem Grundprinzip von Hedging. Entsprechende Beispiele wurden an verschiedenen Stellen in Kapitel 3 (Preisrisikomanagement-Instrumente) und 4.3.1.3.1 (Griechen) dargestellt.

[409] Vgl. Garman 1997.

[410] Vgl. Exkurs zur Metallgesellschaft in Kapitel 3.1.1.2 (Hedging-Strategien).

Entscheidung dar, inwieweit das vorhandene Marktrisiko akzeptiert und das notwendige Risikokapital (ausgedrückt durch VAR) bereitgehalten werden soll, oder alternativ eine Absicherung vorgenommen wird. In diesem Fall verringert sich VAR, d.h. es muß weniger Risikokapital vorgehalten werden und es kann entsprechend mehr Kapital in andere produktivere Aktivitäten gelenkt werden. Ein Unternehmen sollte immer nur dann zusätzliche Absicherungen vornehmen, wenn die hiermit verbundenen Kosten niedriger sind als die erzielbaren Gewinne mit Hilfe des freigesetzten internen Risikokapitals.[411]

Die Risikomessung in der oben beschriebenen Weise erlaubt auch eine bessere **Einschätzung der Performance von Handels- und Investitionsstrategien**. Die Performance wird nicht lediglich auf Basis des eingesetzten Kapitals und des Gewinns, sondern auch auf Basis des mit der Transaktion zusammenhängenden Risikos ermittelt. Beispielsweise beinhaltet ein Cash-Flow-Modell für ein Kraftwerk die Brennstoffpreise, Wirkungsgrade, mögliche Engpässe beim Stromtransport, geplante Wartungs- und Stillstandszeiten sowie Optionen in den Brennstoffeinkaufsverträgen sowie den Stromverkaufsverträgen.[412] Zu jeder Zeit hängt der Wert des Kraftwerks von den erwarteten zukünftigen Cash Flows ab. Diese hängen wiederum von einer Vielzahl interagierender Marktfaktoren ab, die die Forwardkurven der Input- und Outputpreise bestimmen. Mit Hilfe von VAR lassen sich die Ergebnisse von unterschiedlichen Einsatzstrategien für das Kraftwerk bestimmen.

Diversifizierung ist die sinnvollste Maßnahmen zur Reduzierung des Marktrisikos bei extremen oder katastrophalen Ereignissen. Basierend auf den Ergebnissen des Stress Testing lassen sich proaktiv risikomindernde Diversifizierungsstrategien entwickeln.

4.3.2 Kreditrisiko

4.3.2.1 Definition des Kreditrisikos

Das **Kreditrisiko** (auch als Bonitätsrisiko bezeichnet) bezieht sich auf die möglichen Verluste, die entstehen, wenn ein Vertragspartner sich nicht an seine Zahlungsverpflichtungen hält. Die Erfahrung zeigt, daß dieses Risiko insbesondere in Zeiten des Marktumbruchs relevant ist, weil dann neue Teilnehmer am Markt auftauchen können, die unter Umständen nur über eine geringe Kapitaldecke oder auch über ein nicht ausreichendes Know-how verfügen. Insbesondere Unternehmen, die bisher nur mit Monopolunternehmen Geschäfte gemacht haben, sehen sich in Bezug auf Kreditrisiko einer neuen Herausforderung gegenüber. Aus diesen Gründen dürfte das Kreditrisiko für die Energiewirtschaft in der näheren Zukunft von besonderer Relevanz sein.

---

[411] Vgl. Shimko: What is VAR? 1997. Dieser Ansatz wird anhand des Beispiels eines Gasproduzenten verdeutlicht bei: Shimko: VAR for Corporations, 1997. Ein Beispiel aus dem Ölhandel findet sich bei Shimko: Investors' Return on VAR, 1997.

[412] Vgl. Foote 1997/98.

Das Kreditrisiko einer Transaktion setzt sich grundsätzlich aus drei Komponenten zusammen:[413]

- Höhe des Kredits
- Ausfallwahrscheinlichkeit
- Prozentsatz, zu dem die Zahlung nicht erfolgt

Grundsätzlich ist die Betrachtung des Kreditrisikos nicht derivatspezifisch, da dieses Risiko bei jedem Vertrag existiert, der Zahlungen mindestens einer Partei vorsieht. Wegen der Hebelwirkung vieler Derivate und aufgrund der Schnellebigkeit des Derivatengeschäfts verdient jedoch das Kreditrisiko eine erhöhte Aufmerksamkeit. Da das Kreditrisiko für börsengehandelte Derivate aufgrund der täglichen Wertanpassung und der hohen Bonität des Clearinghouses, das die Erfüllung der abgeschlossenen Kontrakte garantiert, praktisch ausgeschlossen ist, beziehen sich die folgenden Ausführungen im wesentlichen auf OTC-Produkte.[414]

Bei **forwardbasierten Derivaten** (z.B. Forwards, Swaps) sind beide Vertragsparteien vom Kreditrisiko betroffen, da grundsätzlich Zahlungen in beide Richtungen möglich sind.
Bei **optionsbasierten Derivaten** ist lediglich der Halter einer Long-Position vom Kreditrisiko betroffen, da nur er möglicherweise Zahlungen zu erwarten hat. Der Stillhalter einer Option (Short-Position) hat die Zahlung des Gegenübers bereits bei Eingehen des Vertrages erhalten und hat somit keinerlei Ansprüche mehr gegen den Vertragspartner.[415]

4.3.2.2 Messung des Kreditrisikos

Bei der Messung des Kreditrisikos sind sowohl das aktuelle Kreditrisiko als auch das potentielle Kreditrisiko zu berücksichtigen.
Das **aktuelle Kreditrisiko** (oder besser: aktuelles Kreditexposure) einer Transaktion wird anhand der Kosten ermittelt, welche entstehen, wenn die Transaktion (und die damit zusammenhängenden erwarteten zukünftigen Cash Flows) zu heutigen Marktkonditionen zu einem höheren Preis ersetzt werden muß. Die Ermittlung dieser Kosten entspricht im wesentlichen dem Verfahren, das als Marking-to-Market bereits erläutert wurde.[416] Das Risiko besteht selbstverständlich nur dann, wenn die ermittelten Ersatzkosten positiv sind.

Die Einschätzung der aktuellen Ersatzkosten eines Portfolios von Transaktionen mit einer Gegenpartei hängt entscheidend davon ab, ob sogenannte **Nettingvereinbarungen**[417] getroffen wurden. Im OTC-Markt verwendete Rahmenvereinbarungen (z.B. ISDA-Vertrag) sehen häufig vor, daß bei Verletzung der Vertragspflichten einer Partei alle unter dem Rahmenvertrag abge-

---

[413] Vgl. Lawrence 1997.

[414] Durch die in der traditionellen leitungsgebundenen Energiewirtschaft üblichen Force-Majeure-Regelungen wird die Situation noch komplizierter, da aufgrund von Force-Majeure-Ereignissen Verträge plötzlich wegfallen können, ohne daß die Gegenpartei irgendeinen Anspruch auf Entschädigung hat.

[415] Diese Aussagen gelten uneingeschränkt nur für Plain-Vanilla-Optionen. Für einige exotische oder eingebettete Optionen, z.B. Cash-on-Delivery-Optionen (Pay-later-Optionen) besteht ein Kreditrisiko auch für den Halter der Short-Position (vgl. Kapitel 3.2.3.4 (Digitale bzw. Binäre Optionen)).

[416] Vgl. Kapitel 3.1.1.1 (Definition von Forwards und Futures).

[417] Der Einsatz von Nettingvereinbarungen wird unter anderem von der Group of Thirty ausdrücklich empfohlen.

schlossenen Transaktionen Marked-to-Market, beendet und abgerechnet werden. Wenn Netting Anwendung findet, entspricht das Kreditrisiko der Summe aller (zu heutigen Marktpreisen bewerteten) positiven und negativen Werte der Transaktionen in dem Portfolio.[418] Durch die Einbeziehung von Nettingvereinbarungen in einen rechtsverbindlichen Rahmenvertrag wird das Bruttorisiko auf einen Nettobetrag reduziert. Netting hat enorme Auswirkungen für die Berechnung des Adressenausfallrisikos. Es ermöglicht die Generierung eines Vielfachen an Volumen innerhalb gleicher Risikogrenzen.
Wenn Netting nicht angewendet wird, umfaßt das Kreditrisiko lediglich die positiv bewerteten Transaktionen. Folglich ist das Kreditrisiko bei Anwendung von Nettingvereinbarungen in der Regel wesentlich niedriger als bei Nichtanwendung solcher Vereinbarungen.

Dies läßt sich wie folgt zusammenfassen:

$$\text{mit Netting:} \quad \text{Exposure} = Max(0; \sum_i V_i) \tag{4.5}$$

$$\text{ohne Netting:} \quad \text{Exposure} = \sum_i Max(0; V_i) \tag{4.6}$$

wobei V_i der Wert des i-ten Vertrages mit einer bestimmten Partei ist.[419]

Die Einschätzung des **potentiellen Kreditrisikos** einer Transaktion erfordert eine Aussage über den Wert des Vertrages in der Zukunft, d.h. über die Höhe möglicher Verluste aufgrund des Zahlungsausfalls des Vertragspartners.
Zur Messung des potentiellen Kreditexposures existieren relativ einfache Ansätze, die das potentielle Kreditrisiko als Summe aus aktuellem Kreditrisiko und einem sogenannten Add-on definieren, wobei das Add-on in seiner Höhe abhängig ist von der Laufzeit und dem der Vereinbarung zugrundeliegenden Gut. Diese Methode geht auf einen Vorschlag der Bank for International Settlements (BIS) zurück. Die Höhe der vorgeschlagenen Add-ons in Prozent ist aus Tabelle 4.9 zu entnehmen[420]

		Restlaufzeit	
Typ	bis zu 1 Jahr	1 bis 5 Jahre	Über 5 Jahre
Zinsen	0	0,5	1,5
Währungen	1	5	7,5
Aktien	6	8	10
Edelmetalle	7	7	8
Verbrauchsgüter	10	12	15

Tabelle 4.9: Add-ons zum aktuellen Kreditrisiko

418 Es lassen sich zwei Ansätze in Rahmenverträgen mit Nettingvereinbarungen unterscheiden: "Full Two-Way Payments": Der ermittelte Nettobetrag wird fällig, auch wenn dieser der Partei zusteht, die ihren vertraglichen Pflichten nicht nachgekommen ist. Gemäß "Limited Two-Way Payments" Ansatz geht die vertragsverletzende Partei leer aus, selbst wenn die Nettosumme zu ihrem Vorteil gewesen wäre.
419 Vgl. Gluck 1996.
420 Vgl. Lawrence 1997.

Der Nachteil dieser Methode ist, daß sie sehr statisch ist. Verbessert werden kann diese Methode dadurch, daß nicht ein konstantes Add-on zum aktuellen Kreditexposure addiert wird, sondern die wahrscheinliche potentielle Wertsteigerung der Transaktionen.[421] Hierzu dienen beispielsweise Simulationsstudien unter Berücksichtigung der Restlaufzeit des Vertrages sowie der Volatilität des Underlyings und der Auswirkungen dieser beiden Parameter auf die Veränderung des Wertes der Derivate.[422] Die Berechnung des Kreditexposures mit dieser Methodik erinnert stark an die **Value-at-Risk (VAR-) Ansätze**.[423][424] Grundsätzlich gilt, daß das Risiko um so höher ist, je länger die Restlaufzeit und je größer die Preisvolatilität des Gutes ist, welches der Transaktion zugrunde liegt.[425] Ist die Volatilität hoch, ist die Wahrscheinlichkeit höher, daß der Vertrag einen positiven Marktwert erreicht und damit das Kreditrisiko erhöht. Mit abnehmender Restlaufzeit sinkt diese Wahrscheinlichkeit, so daß das Kreditrisiko abnimmt. Für eine gegebene Volatilität zeigt sich ein typischer Verlauf des Kreditexposures in Abhängigkeit von der Restlaufzeit eines Swapvertrages (siehe Abbildung 4.3).[426]

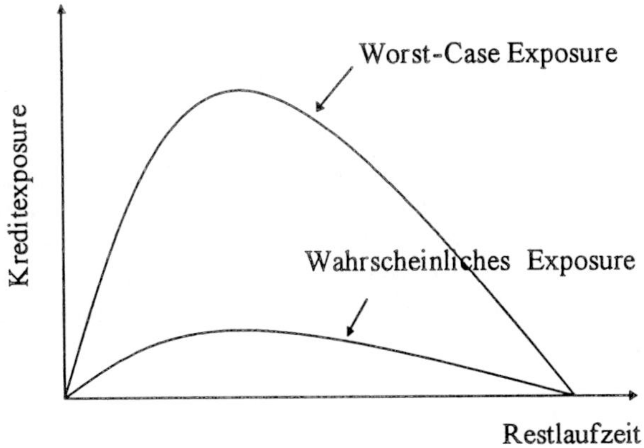

Abbildung 4.3: Kreditrisiko

Neben der Höhe potentieller Verluste ist selbstverständlich auch die Wahrscheinlichkeit des Ausfalls der Gegenpartei von Interesse. Bei der Abschätzung dieser **Ausfallwahrscheinlichkeit** kann man sich einerseits auf Ratingagenturen beziehen, die die Kreditwürdigkeit potentieller Partner analysieren. Andererseits ist es auch möglich, eigene Analysen zur finanziellen Bonität des Partners durchzuführen.

---

[421] Vgl. Lawrence 1997.

[422] Die Kennzahl für die Wertänderung der Derivate in Abhängigkeit der Volatilität ist das Vega und in Abhängigkeit der Restlaufzeit ist das Theta (siehe Kapitel 3.2.1.4.5 (Griechen)).

[423] Vgl. Kapitel 4.3.1.3.2 (Value-at-Risk); Lawrence 1997.

[424] Am Markt verfügbare Modelle hierfür sind beispielsweise J.P. Morgans CreditMetrics oder Credit Suisse Financial Products CreditRisk+; vgl. Paul-Choudhury 1997.

[425] Dieser Zusammenhang erinnert an die Bewertung von Optionen (vgl. Kapitel 3.2.1.4 (Verpreisung von Optionen)). Die „Option" im Zusammenhang mit Kreditrisiko besteht für den "Kreditnehmer" darin, seiner Zahlungsverpflichtung nicht nachzukommen. Vgl. Gluck 1996.

[426] Vgl. Group of Thirty 1993.

Das potentielle Kreditrisiko eines Portfolios von Transaktionen mit einer Gegenpartei ist wiederum davon abhängig, ob mit diesem Partner eine Nettingvereinbarung existiert.
Das **gesamte Kreditrisiko eines Portfolios** ist schwieriger zu ermitteln, da die einfache Addition der potentiellen Kreditrisiken der einzelnen Transaktionen das tatsächliche Kreditrisiko in den meisten Fällen stark überschätzen würden. Dies liegt unter anderem daran, daß die potentiellen Risiken meist nicht zeitgleich auftreten. Die Höhe des Kreditrisikos hängt entscheidend vom Grad der Diversifizierung des Portfolios über unterschiedliche Vertragspartner bzw. Gruppen von Vertragspartnern ab.[427]

4.3.2.3 Management des Kreditrisikos

Die scheinbar einfachste Möglichkeit, das Kreditrisiko zu reduzieren, besteht - neben der ausschließlichen Verwendung von **Nettingvereinbarungen** - darin, nur Verträge mit Partnern **erstklassiger Bonität** zu vereinbaren. Neben praktischen Erwägungen kann dies jedoch auch daran scheitern, daß sich solche Partner unter Umständen ihre Bonität bezahlen lassen, indem beispielsweise angebotene Swappreise je nach Position etwas zu hoch bzw. etwas zu niedrig ausfallen.[428]

In jedem Fall scheint es angeraten - je nach Rating der Gegenpartei - **Kreditlimits** zu erlassen, d.h. Transaktionen mit dieser Partei nur bis zur einem bestimmten Exposure zuzulassen. Bei einem zu niedrigen Ansatz des Kreditlimits besteht jedoch die Gefahr, daß Geschäftsmöglichkeiten verhindert werden; wird das Limit zu hoch angesetzt, ist das Kreditrisiko zu hoch. Diese Risikoreduzierungsmöglichkeit birgt jedoch in der Praxis die (psychologisch bedingte) Gefahr, daß bei Erreichen des Limits für eine Partei das Limit weiter verschoben wird.[429]

Eine weitere Möglichkeit zur Reduzierung des Kreditrisikos einer Transaktion besteht in der Hinterlegung von **Sicherheiten** (z.B. Wertpapiere oder Bürgschaften), die eventuell erst dann zu erbringen sind, wenn sich das Rating (z.B. gemäß Standard & Poor´s oder Moody´s) eines Unternehmens verschlechtert hat. Außerdem kann das Recht zur **vorzeitigen Auflösung des Vertrages** bei einer Ratingverschlechterung das Kreditrisiko reduzieren.

Eine Alternative ist das regelmäßige **Marking-to-Market** auch von OTC-Transaktionen. Hierdurch werden Wertveränderungen des Vertrages sofort realisiert und nicht erst am Ende der Vertragslaufzeit. Das Verfahren verläuft analog dem in Kapitel 3.1.1.1 dargestellten Margining börsengehandelter Futuresverträge.

Um weiterreichende Folgen des Zahlungsausfalls einer Gegenpartei auszuschalten, besteht zudem die Möglichkeit, eigene zusätzliche **Cash-Reserven** aufzubauen, wobei deren Höhe von der eigenen Risikoneigung sowie im Zusammenhang mit der allgemeinen Liquiditätsplanung des Unternehmens bestimmt werden sollte.

---

[427] Die Richtigkeit dieser Aussage hängt selbstverständlich davon ab, inwieweit die Ausfallwahrscheinlichkeiten für verschiedene Transaktionspartner miteinander korrelieren.
[428] Vgl. Gluck 1996.
[429] Vgl. Gluck 1996.

Organisatorisch sollte die Kreditrisikomanagementeinheit unbedingt unabhängig und auch personell von den Tradern getrennt sein. Dies dient in erster Linie der Vermeidung von Interessenkonflikten. Diese Einheit hat die Aufgabe, das Risiko einzelner Transaktionen sowohl vor deren Abschluß zu bewerten als auch das Kreditrisiko während der gesamten Laufzeit dieser Transaktion zu überwachen. Weiterhin muß sie die Kreditwürdigkeit bestehender und potentieller Vertragspartner überwachen und eventuell Limits für bestimmte Vertragspartner festlegen.

4.3.3 Rechtliches Risiko

Das **Rechtliche Risiko** beinhaltet das Risiko, daß die Ansprüche aus einem Vertrag mit positivem Marktwert nicht durchgesetzt werden können. Im einzelnen kann dies durch folgende Tatbestände begründet sein:[430]

- **Verzögerungen schriftlicher Bestätigungen telefonisch getroffener Abmachungen:** Aufgrund der Kurzfristigkeit des Derivatengeschäfts werden Vereinbarungen häufig telefonisch durchgeführt. Tritt - je nach Rechtssystem - ein Vertrag erst durch eine schriftliche Bestätigung in Kraft, ist entsprechend der mündlichen Vereinbarung jedoch eine Partei bereits zu Zahlungen verpflichtet, könnte diese Partei geneigt sein, die mündlich getroffene Vereinbarung als Ganzes bzw. Bestandteile oder Regelungen der Vereinbarung in Frage zu stellen.

- **Berechtigung des Vertragspartners zum Abschluß von Derivatengeschäften:** Je nach Rechtssystem ist nicht notwendigerweise jede Institution zum Abschluß von Derivatengeschäften berechtigt. In diesem Zusammenhang hat das Beispiel der Stadtverwaltung der London Borough of Hammersmith and Fulham Berühmtheit erlangt. In den 80er Jahren hat die Stadtverwaltung Vereinbarungen über Zinsswaps abgeschlossen, die zu erheblichen Verlusten geführt hätten. Im Januar 1991 entschied jedoch das U.K. House of Lords, daß die Stadtverwaltung zum Abschluß derartiger Vereinbarungen nicht berechtigt war und erklärte die betreffenden Verträge für ungültig.

- **Konkurs des Vertragspartners:** Im Falle des Konkurses einer Partei eines Derivatengeschäfts besteht für die andere Partei das Problem, fällig werdende Zahlungen zu erhalten. Dies gilt insbesondere dann, wenn andere natürliche oder juristische Personen bevorzugt aus der Konkursmasse bedient werden. Komplizierter wird dies unter Umständen, wenn die Konkurspartei mehreren Rechtshoheiten unterliegt.

- **Gesetzmäßigkeit von Derivatengeschäften:** In einigen Rechtssystemen besteht die Gefahr, daß bestimmte Derivatengeschäfte rechtswidrig sind.

---

[430] Vgl. Group of Thirty 1993.

Zum Teil sind diese Probleme nicht notwendigerweise derivatspezifisch. Die Gefahr, im Konkursfalle keine oder zumindest nicht vollständige Zahlungen durch den Vertragspartner zu erhalten, existiert auch im klassischen Energiegeschäft. Im Derivatengeschäft ist die Wahrscheinlichkeit jedoch höher, mit ein und derselben Partei mehrere (zunächst) voneinander unabhängige Verträge zu haben. Das Konkursrisiko läßt sich durch durchsetzbare **Nettingvereinbarungen** reduzieren. Hier können Ansprüche und Verpflichtungen aus verschiedenen Verträgen gegeneinander aufgerechnet werden.
Weitere risikomindernde Maßnahmen bestehen in:

- der Verwendung von standardisierten Rahmenverträgen (z.B. ISDA),
- der genauen Analyse des Konkursrechts (insbesondere im Verhältnis zu ausländischen Vertragspartnern),
- der sorgfältigen Auswahl von Vertragspartnern,
- der Schaffung einer Organisation und von Systemvoraussetzungen, die schnelleschriftliche Bestätigungen mündlich getroffener Vereinbarungen ermöglichen.

4.3.4 Operationales Risiko

„No derivatives risk-management plan can ever be completely foolproof given the human component: the same ingenuity that develops control mechanisms can also outwit them.“[431]

Das **Operationale Risiko** bezeichnet das Verlustrisiko aufgrund von untauglichen Informations- und Kontrollsystemen, menschlichen Fehlern oder Managementversagen. „The biggest derivatives risk in an organization is not in the markets, as is commonly thought, but in the individuals making the decisions and implementing them. A large bet made outside the mandate of the policy statement and unchecked by the evaluation procedure can bring an organization down."[432] Spektakuläre Fälle wie z.B. Barings Bank[433], Sumitomo[434] oder Morgan Grenfell[435] sind auf das Versagen des Managements von Operationalem Risiko zurückzuführen.
Die Komplexität des Derivatengeschäftes hat in den letzten Jahren auch erheblich zugenommen. Historisch lassen sich vereinfacht drei Phasen unterscheiden.
Die ersten Transaktionen dieser Art wurden durchgeführt und in der Regel sofort durch eine gegenläufige Transaktion abgesichert (**Back-to-Back-Konzept**). Hierauf folgte das sogenannte **Warehousing**, bei dem offene Positionen für einen gewissen Zeitraum in die Bücher aufgenommen wurden und erst später glattgestellt oder abgesichert wurden. In letzter Zeit werden

---

431 Siehe Zask 1996, Seite 16.
432 Siehe Beier 1996, Seite 37.
433 Vgl. Exkurs in Kapitel 4.3.4.2 (Personelles Risiko).
434 Das japanische Handelshaus Sumitomo mußte im Juni 1996 eingestehen, daß nicht-autorisierte Geschäfte ihres Chefhändlers im LME-Kupfermarkt in Verbindung mit angehäuften sehr großen physischen Positionen einen Verlust von 2,6 Mrd. US$ zur Folge hatten. Offensichtlich war der Kupferhändler 10 Jahre in der Lage, an der LME durchgeführte Transaktionen intern zu verbergen. Vgl. Tudor 1997.
435 Während die Fachwelt noch den Fall der Barings Bank diskutierte, hatte Morgan Grenfell ihren eigenen Skandal, bei dem 90.000 Anlegern ein dreistelliger Millionenverlust entstand, für den die Muttergesellschaft Deutsche Bank gerade stand.

Positionen nicht mehr einzeln betrachtet, sondern es erfolgt ein Abgleich mit dem gesamten Portfolio des Unternehmens (**Back-to-Book-Konzept**).[436]
Operationale Risiken lassen sich zwar nicht auf den Derivatenhandel begrenzen, die zunehmende Komplexität des Handels mit Derivaten erfordert jedoch besonderen Nachdruck bei der Sicherstellung von angemessenen Kontrollsystemen zur Überwachung der Transaktionen und offenen Positionen der einzelnen Händler und des Unternehmens.
Das Operationale Risiko läßt sich in eine Reihe von Teilrisiken aufspalten, die zwar im folgenden getrennt betrachtet werden, die jedoch gemeinsam haben, daß die Ursache des Risikos im Unternehmen selbst und nicht wie beim Markt-, Kredit- oder dem rechtlichen Risiko extern zu suchen ist. Man kann folgende Arten des Operationalen Risikos unterscheiden:

- Organisationsrisiko
- Personelles Risiko
- Bewertungsrisiko
- System- und Technikrisiko

4.3.4.1 Organisationsrisiko

Die Organisationsstruktur hat zu gewährleisten, daß die Tradingaktivitäten, die im sogenannten **Front-Office** erfolgen, durch eine unabhängige Einheit, das sogenannte **Back-Office** entsprechend der Vorgaben der Unternehmensleitung kontrolliert werden. Hierbei ist sicherzustellen, daß das Back-Office alle benötigten Informationen vom Front-Office erhält, jedoch eine unabhängige Bewertung der Transaktionen vornehmen kann. Zu diesem Zweck ist es vonnöten, das Back-Office mit allen notwendigen Ressourcen technischer und personeller Art auszustatten.

Front-Office	Back-Office
Strukturierung und Verpreisung von Transaktionen	Bestätigung von Transaktionen
Verkaufsunterstützung	Abwicklung von Transaktionen
Beziehungspflege zu Kunden	Dokumentation
Portfolioanalyse und –simulation	Analyse von Geschäftspartnern
Risikoanalyse	Management des Kreditrisikos
Durchführung von Transaktionen	Setzen und Überwachung von Limits für Trader
Entwicklung von Verpreisungsmodellen	Risikomessung und -analyse
	Rechnungswesen

Tabelle 4.10: Front-Office und Back-Office

Darüber hinaus hat das Back-Office die Aufgabe, Verträge, die das Front-Office geschlossen hat, gegenüber den Vertragspartnern zu bestätigen. Diese Funktion muß ebenfalls unbedingt

436 Vgl. Kapitel 4.3.1.2 (Bestimmung der Nettoposition); Group of Thirty 1993.

vom Front-Office getrennt sein.[437] Desweiteren ist das Back-Office für die Abwicklung und Dokumentation von Transaktionen sowie für das Erstellen von Berichten für das Management verantwortlich (z.B. im Zusammenhang mit VAR).[438] Eine Übersicht über die Aufgaben, die Front- bzw. Back-Office erfüllen müssen, gibt Tabelle 4.10:

Des weiteren existieren Unternehmen, welche ihren Risikomanagementbereich so organisiert haben, daß neben Front- und Back-Office ein sogenanntes **Middle-Office** (oder Mid-Office) etabliert wurde, welches Aufgaben aus den beiden klassischen Offices übernimmt, die Entscheidungsgrundlagen liefert und zugleich die Kommunikation zwischen Front- und Back-Office verbessern soll. Zusammen werden diese Einheiten als **Trading-Floor** bezeichnet. Eine Übersicht über die dann geltende Aufgabenverteilung findet sich in Tabelle 4.11:

Front-Office	**Middle-Office**	**Back-Office**
Verkaufsunterstützung	Strukturierung und Verpreisung von Transaktionen	Bestätigung von Transaktionen
Beziehungspflege zu Kunden	Portfolioanalyse und -simulation	Abwicklung von Transaktionen
Durchführung von Transaktionen	Risikomessung und –analyse	Dokumentation
Entwicklung von Verpreisungsmodellen		Analyse von Geschäftspartnern
		Management des Kreditrisikos
		Setzen und Überwachung von Limits für Trader
		Rechnungswesen

Tabelle 4.11: Front-Office, Middle-Office und Back-Office

Auch unter **ablauforganisatorischen Gesichtspunkten** können Risiken auftreten, wenn Handlungsabläufe schlecht strukturiert bzw. nicht dokumentiert sind. Dies ist aufgrund der Kurzfristigkeit insbesondere für das Derivatengeschäft relevant.[439]

Unter **Dokumentationsrisiko** versteht man beispielsweise das Problem, daß zuviel Zeit verstreicht, bis eine telefonische Vereinbarung schriftlich bestätigt wird. Solche Verzögerungen, die das Back-Office zu verantworten hat, erhöhen das rechtliche Risiko dadurch, daß sich die Gegenpartei unter Umständen nicht an ihre Verpflichtungen hält.[440] Reduziert werden kann dieses Risiko durch das Verwenden von standardisierten Verträgen und eine effiziente Organisation des Back-Offices. Eine unzureichende Dokumentation erhöht auch die Gefahr, daß Vertragsbrüche der Gegenpartei zu spät erkannt werden bzw. eigene Verpflichtungen nicht oder nur unzureichend erfüllt werden.

---

[437] Vgl. Zask 1996.
[438] Vgl. Group of Thirty 1993.
[439] Vgl. Piscitello 1996.
[440] Vgl. Kapitel 4.3.3 (Rechtliches Risiko).

Ist das **Kreditrisikomanagement**[441] nicht unabhängig vom Front-Office, so besteht das Risiko, daß zuviele Geschäfte mit einer Gegenpartei abgeschlossen werden, wodurch unter Umständen das Kreditrisiko über Gebühr erhöht wird.

4.3.4.2 Personelles Risiko

Das Personelle Risiko besteht darin, Personen auf Positionen im Derivatengeschäft einzusetzen, für die sie fachlich oder persönlich nicht geeignet sind. Dies gilt für das Back-Office noch stärker als für das Front-Office, weil häufig die Tendenz besteht, die fähigsten Personen im Front-Office einzusetzen, weil „hier das Geld verdient wird". Ist jedoch das Back-Office nicht gleichgewichtig vertreten, kann es seine Kontrollfunktion nicht mehr kompetent wahrnehmen und verkommt zu einer Einheit, die alle Deals des Front-Offices „absegnet". Die Unternehmensleitung und die Personalfunktion sind hier gefordert, auch durch Setzung entsprechender Incentives gegenzusteuern.

Desweiteren ist es ein Risiko, wenn zuviel Know-how auf zu wenige Mitarbeiter verteilt ist. Im Falle des Wegganges dieser Mitarbeiter kann das Unternehmen in ein gefährliches Informations- und Wissensdefizit geraten, ein Problem, das in der traditionellen Energiewirtschaft zum Teil stark unterschätzt wird.[442]

Ebenso Bestandteil des Personellen Risikos ist das Risiko, daß Mitarbeiter wohlwissend hochriskante Geschäfte eingehen. Dieses Risiko besteht insbesondere dann, wenn Gehaltsincentives so gestaltet sind, daß sie hohe Gewinne aus Derivatenhandel belohnen. Diesem Risiko läßt sich nur durch sorgfältige Personalauswahl und durch effektive Kontrollmechanismen begegnen.

Exkurs: Nick Leeson und der Fall der Barings Bank

Das **spektakulärste Beispiel für ungenügendes Management des Operationalen Risikos** ist der Fall der Barings Bank aus dem Jahr 1995.[443] Ein einzelner Händler, Nick Leeson, brachte es fertig, eine 233 Jahre alte britische Bank zugrunde zu richten. Vordergründig ist dieses Desaster auf unbefugtes Handeln von Leeson zurückzuführen und stellt somit ein Beispiel für Personelles Risiko dar. Die Probleme konnten in dieser Vehemenz jedoch nur auftreten, weil gleichzeitig mehrere Komponenten des in diesem Kapitel beschriebenen Operationalen Risikos nicht oder nur unzureichend beachtet wurden. Der Hauptgrund für den Zusammenbruch der Bank lag an den fundamentalen Mängeln des internen Überwachungssystems.

Das Desaster entwickelte sich vor dem **Hintergrund** einer rasch umgesetzten Reorganisation der Bank bei gleichzeitiger Ausweitung der Geschäftstätigkeit. Managementwechsel waren an der Tagesordnung. Dies führte zu unklaren Vorgesetztenverhältnissen. Manager glaubten, daß andere für bestimmte Geschäftsbereiche zuständig seien, die diese Zuständigkeit jedoch später abstritten. Aufgrund eines uneinheitlichen Rechnungswesens war die Bank nicht in der Lage,

---

[441] Vgl. Kapitel 4.3.2.3 (Management des Kreditrisikos).
[442] Vgl. Piscitello 1996.
[443] Vgl. Rawnsley 1996.

die Nettopositionen ihrer weltweiten Aktivitäten im Derivatengeschäft zu ermitteln. Ein zu dieser Zeit in Japan tätiger Barings-Mitarbeiter erinnert sich: „We were way back in the Stone Age. The accounts produced in London never matched our figures. They switched accounting methods every time the management changed. We had to rely on guesstimates for most of our costs. It was a farce. You could have hidden anything in those books, absolutely anything."[444]

Nick Leeson arbeitete seit 1992 für Barings Futures in Singapur, wo er schnell zum General Manager aufstieg. **Leeson handelte persönlich an der Singapore International Monetary Exchange (SIMEX)** sowohl als Broker im Auftrag von Barings Kunden als auch für Barings selbst. Der Eigenhandel sollte jedoch auf Indexarbitrage für den japanischen Aktienindex Nikkei 225 begrenzt sein, der sowohl an der SIMEX als auch an japanischen Börsen (Tokio und Osaka) gehandelt wird. Die Arbitrage bestand in der Ausnutzung von häufigen aber meist sehr kurzfristigen Preisdifferenzen zwischen den Nikkei Futures Preisen an der SIMEX sowie ähnlichen Verträgen an den japanischen Börsen. Da es sich bei den japanischen Börsen um Computerbörsen handelt, bei SIMEX aber um eine Präsenzbörse, wurden Leeson und seine Mitarbeiter permanent über jede Preisänderung in Japan informiert. Leeson konnte sofort Preisdifferenzen ausnutzen, wobei in Japan unmittelbar entgegengesetzte Positionen eingenommen wurden. Dieses Handeln, das auch als „Switching" bezeichnet wird, gilt als nahezu risikolos. Wenn der Markt sich zu seinen Gunsten bewegte, hielt Leeson seine Position auch längere Zeit offen. In jedem Fall war aber sicherzustellen, daß am Ende des Handelstages alle Long- und Short-Positionen ausgeglichen waren.

Innerhalb von Barings gab es Diskussionen bezüglich des Interessenkonflikts, der durch gleichzeitiges Handeln für Kunden und auf eigene Rechnung verursacht werden kann. Diese Diskussion lenkte jedoch nur von dem wirklichen Problem ab, das darin bestand, daß **Leeson zusätzlich auch für das Back-Office verantwortlich** war. In einem internen Barings Audit wurde im Jahr 1994 auf diesen **Bruch der branchenüblichen Goldenen Regel**, wonach Verantwortlichkeiten für Front- und Back-Office zu trennen seien, hingewiesen. „The audit found that while the individual controls over BFS´s [Baring Futures (Singapur), Anmerkung der Verfasser] system and operations are satisfactory, there is a significant general risk that the controls could be over-ridden by the General Manager [Nick Leeson, Anmerkung der Verfasser]. He is the key manager in the front and the back office and can thus initiate transactions on the Group´s behalf and then ensure that they are settled and recorded according to his own instructions."[445]

Das Barings Management war sich also der grundsätzlichen Problematik der Organisationsstruktur in Singapur bewußt, glaubte jedoch, daß es sich um ein Problem handelte, das warten könne. Dies hing sicherlich auch mit dem großen Ansehen und Vertrauen zusammen, das sich Leeson seit 1992 erworben hatte.

Weder das Topmangement noch Leesons Vorgesetzte verstanden wirklich, was in Singapur vor sich ging. Viele Barings Mitarbeiter wunderten sich, wie es möglich sei, über Jahre hinweg beträchtliche Gewinne durch nahezu risikolose Arbitrage zu erzielen. Im Jahre 1994 machte

---

444 Siehe Rawnsley 1996, Seite 129f.
445 Siehe Rawnsley 1996, Seite 137.

Leeson 10 Mio. £ Gewinn in einer Woche. Obwohl diese Ergebnisse den üblichen Risiko/Gewinn Verhältnissen widersprachen, ging niemand der Sache auf den Grund. Wie sich später herausstellte, wurden die Gewinne keineswegs durch Arbitrage erwirtschaftet. Vielmehr hatte Leeson von Beginn seiner Tätigkeit an die Möglichkeit zur Manipulation der Konten über die durchgeführten Transaktionen ergriffen.

Wie kam es nun genau zum Zusammenbruch der Barings Bank?

Während seiner ersten drei Monate erzielte Leeson durch den nicht autorisierten Handel mit Nikkei Futures einen Verlust von 4,8 Mio. £. Diese Transaktionen wurden, ebenso wie alle zukünftigen eigenmächtigen Transaktionen an der SIMEX, über ein angebliches Kundenkonto abgewickelt. Um diese Verluste auszugleichen, stieg Leeson in den Handel mit Optionen auf Nikkei 225 Futures ein. Durch den gleichzeitigen Verkauf von Puts und Calls nahm er eine sogenannte **Short-Straddle Position** ein.[446] Diese Strategie führt zu sofortigen Einnahmen in Höhe der Optionsprämien, denen später bei Auslaufen der Optionen keine Auszahlungen gegenüberstehen, sofern der Nikkei Index sich innerhalb einer gewissen Bandbreite bewegt, nämlich der Indexniveaus, zu denen die Puts und Calls verkauft wurden. Die Strategie ist jedoch hochspekulativ; bei ungünstiger Entwicklung des Index sind die Verluste theoretisch unbegrenzt. Die Strategie erwies sich für Leeson jedoch zunächst als erfolgreich; im Juli 1993 waren die Verluste auf dem „Kundenkonto" wieder ausgeglichen. Dieser „Erfolg" dürfte Leeson ein Gefühl der Sicherheit vermittelt haben, das sich später als verhängnisvoll erweisen sollte.

Anfang 1994 begann Leeson erneut Straddles zu verkaufen und damit darauf zu wetten, daß der Index sich in Zukunft in einem engen Band bewegen wird. Er baute seine Positionen über mehrere Monate aus, zu einer Zeit als der japanische Aktienmarkt sehr inaktiv und die Volatilität des Nikkei 225 sehr gering war. Solange dieser innerhalb von 19.000 - 21.000 Punkten verharrte, war Leeson auf der Gewinnerseite. Zu Beginn des Jahres 1995 näherte sich der Index dieser Untergrenze. Aber aufgrund der nach wie vor sehr geringen Liquidität und Volatilität des japanischen Aktienmarktes bestand Gefahr nur dann, wenn sich entweder das Anlegerverhalten grundsätzlich änderte oder wenn der Markt durch einen externen Schock aufgerüttelt wurde. Das Unvorstellbare geschah: Am 17. Januar 1995 ereignete sich das Erdbeben in Japans industriellem Kernland um Kobe und Osaka und das Unglück für Barings nahm seinen Lauf. Der Nikkei Index gab zunächst nur relativ wenig nach, von 19.350 Punkte am Tag des Erdbebens auf 18.950 Punkte am Freitag, dem 20. Januar. Über das Wochenende zeichnete sich jedoch immer klarer ab, daß die Schäden viel größer waren als zunächst angenommen. Am Montag, dem 23. Januar fiel der Nikkei Index auf 17.785 - Leeson geriet nun in Panik. In der absurden Annahme, daß er alleine die Entwicklung des japanischen Aktienmarktes während der größten Katastrophe der japanischen Nachkriegsgeschichte aufhalten könne, kaufte Leeson nun Nikkei 225 Futures, um deren Kurs zu stützen. Innerhalb von vier Wochen baute er die gigantische Position von 55.399 März-Verträgen und 5.640 Juni-Verträgen auf. Die Entwicklung des Index ging, nach einem Zwischenhoch Ende Januar/Anfang Februar, kontinuierlich nach unten. Am 23. Februar durchbrach der Index erneut die 18.000 Punkte Marke. Leeson verlor alleine an diesem Tag 65 Mio. £. Leeson verließ Singapur fluchtartig. Als der Markt am

[446] Vgl. Kapitel 3.2.1.2.2 (Kombinationen von Optionen)

27. Februar weitere 880 Punkte niedriger eröffnete, war der Zusammenbruch der Barings Bank besiegelt. Leesons Verluste kumulierten sich schließlich auf 827 Mio. £.

Im Nachhinein ist es kaum nachvollziehbar, daß die Barings-Zentrale in London diese Summen zur Finanzierung der Margin Calls[447] von angeblichen Kunden zur Verfügung stellte, ohne zu prüfen oder zu verstehen, wofür diese verwendet wurden. Es wurden keinerlei Schritte unternommen, um die Identität oder Kreditwürdigkeit dieser Kunden zu überprüfen.

Es sind gerade solche Fälle wie Barings Bank, die dazu führen, daß sich viele Entscheidungsträger in Unternehmen äußerst unwohl fühlen, wenn es um die Anwendung von „riskanten" Finanzinstrumenten (zur Absicherung von wirklichen Risiken) geht. Dieses Buch will jedoch gerade vermitteln, daß diese Sichtweise unbegründet ist, wenn ein fundiertes Verständnis der verschiedenen Instrumente vorliegt und die Einhaltung der erläuterten Richtlinien zum Risikomanagement und internen Überwachungssystemen gewährleistet ist.

4.3.4.3 Bewertungsrisiko

Das Bewertungsrisiko besteht darin, daß Derivate falsch bewertet werden. Dies kann seine Ursache beispielsweise darin haben, daß das Unternehmen neue Produkte am Markt anwendet, ohne die Funktionsweise und die wirtschaftlichen und finanziellen Auswirkungen dieser Produkte hinreichend verstanden zu haben. In diesem Falle spricht man auch von **Produktrisiko**.[448] Das Produktrisiko besteht insbesondere für optionsbasierte Derivate. Reduzieren läßt sich dieses Risiko dadurch, daß nur solche Produkte angewendet werden, die die entscheidenden Personen innerhalb der Organisation verstanden haben. Neue Produkte sollten erst nach entsprechenden Trainingsmaßnahmen vom Management für den Einsatz freigegeben werden. Zum Produktrisiko zählt ebenfalls, daß Bewertungsmodelle angewendet werden, die nicht verstanden werden. Dies kann insbesondere bei eingekauften Softwaretools auftreten (**Black-Box-Problematik**).

Ein anderer Aspekt des Bewertungsrisikos ist das **Modellrisiko**. Dieses besteht, wenn zur Bewertung insbesondere komplexer Derivate mit unter Umständen geringer Marktliquidität Modelle eingesetzt werden, die fehlerhaft sind. Entwickelt sich der Markt ungünstig, so sind aufgrund der falschen Bewertung einer Transaktion hohe unerwartete Verluste möglich. Darüber hinaus existiert Modellrisiko, wenn Front-Office und Back-Office bei der Bewertung ein und derselben Transaktion zu unterschiedlichen Ergebnissen kommen.[449] Dieses Risiko ist sehr eng mit dem Produktrisiko verknüpft; es kann jedoch auch bei „einfachen" Produkten auftreten.
Ein anderer Aspekt des Bewertungsrisikos ist das **Steuerrisiko**. Dieses besteht darin, daß bei der Bewertung eines Derivates steuerliche Implikationen nicht oder nur unzureichend berücksichtigt werden.

---

[447] Vgl. Kapitel 3.1.1.1 (Definition von Forwards und Futures).
[448] Vgl. Piscitello 1996.
[449] Vgl. Piscitello 1996.

Z ebenfalls großen Verlusten kann es führen, wenn die Nettoposition des Unternehmens für bestimmtes Produkt falsch bestimmt wird. Diese **fehlerhafte Positionsbestimmung** kann zu führen, daß eine als Risikominderungsmaßnahme gedachte Transaktion die Risikopositi- n des Unternehmens erhöht.
Ist das Back-Office nicht in der Lage, täglich ein vom Front-Office **unabhängiges Marking-to-Market** aller Positionen durchzuführen, oder unterscheidet sich der vom Back-Office ermittelte Wert von dem, der durch das Front-Office ermittelt wurde, so ist dies ebenfalls ein hohes Risiko für das Unternehmen, weil in diesem Fall entweder „blind agiert" wird oder keine effektive Kontrolle des Front-Offices erfolgt.[450]

4.3.4.4 System- und Technikrisiko

Hierunter werden Risiken zusammengefaßt, die aufgrund unzureichender Ausstattung mit Computerhardware und -software entstehen. Aufgrund der Kurzfristigkeit, Häufigkeit und Komplexität von Derivatengeschäften kommt diesem Aspekt eine besondere Aufmerksamkeit zu. Risikomanagement- und Handelssoftware sind ein wesentlicher Erfolgsfaktor des Energiehandels.[451] Es ist nicht nur die Leistungsfähigkeit der Hard- und Software, sondern auch ihre Zuverlässigkeit und Robustheit von Interesse. Negative Konsequenzen aus Strom- oder Computerausfällen müssen durch vorausschauende Instandhaltung, unterbrechungsfreie Stromversorgung sowie Reservesysteme ausgeschlossen werden. Zu diesem Zweck ist es notwendig, kritische Daten in mehreren redundanten Datenbanken unabhängig voneinander zu speichern.[452]
Gute Systeme zur Unterstützung von Derivatengeschäften zeichnen sich zuallererst durch eine effiziente Systemarchitektur aus, die an die Bedürfnisse des Unternehmens angepaßt ist, die aber auch - wenn nötig - ausbaubar ist.[453] Darüber hinaus ist sicherzustellen, daß alle Einheiten des Unternehmens von den gleichen Basisdaten bezüglich Markt und eigener Position ausgehen. Der Einsatz leistungsfähiger Datenbanksysteme ist hierbei unerläßlich.

---

[450] Vgl. Piscitello 1996.
[451] Vgl. Dudenhausen, Ellwanger & Döhrer 1998.
[452] Vgl. Piscitello 1996.
[453] Vgl. Southall 1996.

5 Resümee

„All of life is about the management of risk, not its elimination“; dieser Ausspruch Walter Wristons stand am Anfang des 4. Kapitels dieses Buches. Er könnte auch als Motto für das gesamte Buch dienen.

Wie in Kapitel 2 gezeigt wurde, steigen die Risiken in einem sich liberalisierenden Markt an – oder besser gesagt: Risiken, die bisher in dieser Form nicht vorhanden bzw. nicht wahrgenommen wurden, werden offenbar. Das wohl bedeutendste „neue Risiko“ ist die steigende Volatilität und das daraus resultierende Preisrisiko. Die Ursachen für diese Volatilität, wie beispielsweise saisonale Effekte, Liefer- oder Produktionsunterbrechungen oder kurzfristig auftretende Nachfrageschwankungen sind nicht neu, sondern existierten schon immer und werden immer existieren, weil sie natürlich und menschlich sind!

In der „alten Energiewelt“ waren diese Risiken jedoch nicht für jedermann offenbar; vielmehr wurden diese Risiken „gemanaged“, in der Regel dadurch, daß technische (Über)kapazitäten geschaffen wurden bzw. dadurch, daß die Risiken über die Kette der Anlegbarkeit vom Verbraucher bis zum Produzenten durchgereicht wurden! Die Risikomanagement-Funktion dieser (Über-)kapazitäten (oder wie im angelsächsischen Sprachraum stranded costs) sind in einem Marktumfeld, welches durch Preistransparenz gekennzeichnet ist und welches den Verbrauchern die Möglichkeit eröffnet, ihren Energielieferanten frei zu wählen, erneut zu überprüfen bzw. mit „neuen“ Risikomanagement-Instrumenten zu vergleichen. Soll man als Versorgungsunternehmen beispielsweise die produktionsunabhängigen Kosten eines Spitzenlastkraftwerks weiter tragen oder in ein Spitzenlastkraftwerk investieren, oder ließe sich die Spitzenlastabdekkung auch über den Erwerb einer Call-Option (eventuell kostengünstiger) erreichen? Eine solche Entscheidung ist selbstverständlich nur dann durchführbar, wenn neben dem technischen und betriebswirtschaftlichen Know-how, ein solches Kraftwerk zu betreiben oder zu bauen, auch das notwendige Know-how betreffend Risikomanagement-Instrumente im Unternehmen vorhanden ist. Für ein Energieunternehmen wird es in Zukunft von genauso elementarer Bedeutung sein zu verstehen, wie diese Instrumente funktionieren, wie es heute wichtig ist zu wissen, wie man in effizienter Weise Kraftwerke, Stromnetze oder Pipelines betreibt.

Die Funktionsweise dieser Instrumente sowie ihre Bewertung stehen im Mittelpunkt des 3. Kapitels dieses Buches. All die in diesem Kapitel vorgestellten Instrumente wie beispielsweie Futures, Swaps und Optionen sollen dem Management von Risiken oder auch als Marketinginstrument dienen und nicht – wie das Beispiel Barings zeigt – neue unter Umständen existenzgefährdende Risiken schaffen. Damit dieses gewährleistet wird, ist die Einhaltung gewisser Regeln und ein Umdenken im Unternehmen sowie unter Umständen auch ein Wechsel der gesamten Unternehmenskultur unerläßlich.

In Kapitel 4 wurde verdeutlicht, daß ein umfassendes Risikomanagement weit über das Markt- bzw. Preisrisikomanagement hinausgeht. Es ist besonders wichtig, daß die Geschäftsführung den Derivatenhandel und seine Implikationen versteht und darüber hinaus Toleranzgrenzen für Risiken entwickelt, kommuniziert und durchsetzt. Hieraus sind Limits und Richtlinien, die deren Einhaltung garantieren, abzuleiten. „Es gilt, die Risikophilosophie bzw. Risikobereitschaft der Entscheidungsträger in optimaler Form umzusetzen. Es ist entscheidend, daß die Geschäftsleitung zeitnah und adäquat über Höhe und Gewicht der Risikoposition informiert ist.

Das Installieren von optimalen Limits auf verschiedenen Ebenen und das Festlegen genauer Arbeitsabläufe sind Grundvoraussetzungen für erfolgreiche Aktivitäten im Derivatengeschäft.[454] Die Geschäftsführung hat entscheidenden Einfluß auf die Schaffung einer Unternehmenskultur, die Offenheit und Ehrlichkeit belohnt. Wie Walter Wriston schon sagte: **„Risiken müssen gemanaged werden!“**

[454]Siehe Bürger 1996, S. 259.

Anhang

Empfehlungen der Group of Thirty

Im vorliegenden Text wird häufig auf die Empfehlungen der Group of Thirty verwiesen. Hierbei handelt es sich um - von anerkannten Experten ausgearbeitete - Empfehlungen für den Umgang mit Derivaten. Die im Original in Englisch verfaßten Empfehlungen sind im folgenden abgedruckt.[455]

RECOMMENDATIONS FOR DEALERS AND END-USERS

GENERAL POLICIES

Recommendation 1: The Role of the Senior Management
Dealers and end-users should use derivatives in a manner consistent with the overall risk management and capital policies approved by their board of directors. These policies should be reviewed as business and market circumstances change. Policies governing derivatives use should be clearly defined, including the purposes for which these transactions are to be undertaken. Senior management should approve procedures and controls to implement these policies, and management at all levels should enforce them.

VALUATION AND MARKET RISK MANAGEMENT

Recommendation 2: Marking to Market
Dealers should mark their derivatives positions to market, on at least a daily basis, for risk management purposes.

Recommendation 3: Market Valuation Methods
Derivatives portfolios of dealers should be valued on mid-market levels less specific adjustments, or on appropriate bid or offer levels. Mid-market valuation adjustments should allow for expected future costs such as unearned credit spread, close-out costs, investing and funding costs, and administrative costs.

Recommendation 4: Identifying Revenue Sources
Dealers should measure the components of revenue regularly and in sufficient detail to understand the sources of risk.

[455] Siehe Group of Thirty 1993, S. 9 - 24.

Recommendation 5: Measuring Market Risk
Dealers should use a consistent measure to calculate daily the market risk of their derivatives positions and compare it to market risk limits:

- Market Risk is best measured as "value at risk" using probability analysis based upon a common confidence interval (e.g., two standard deviations) and time horizon (e.g., a one day exposure)
- Components of market risk that should be considered across the term structure include: absolute price or rate change (delta); convexity (gamma); volatility (vega); time decay (theta); basis or correlation; and discount rate (rho).

Recommendation 6: Stress Simulations

Dealers should regularly perform simulations to determine how their portfolios would perform under stress conditions.

Recommendation 7: Investing and Funding Forecasts
Dealers should periodically forecast the cash investing and funding requirements arising from their derivatives portfolios.

Recommendation 8: Independent Market Risk Management
Dealers should have a market risk function, with clear independence and authority, to ensure that the following responsibilities are carried out:

- The development of risk limit policies and the monitoring of transactions and positions for adherence to these policies. (See Recommendation 5.)
- The design of stress scenarios to measure the impact of market conditions, however improbable, that might cause market gaps, volatility swings, or disruptions of major relationships, or might reduce liquidity in the face of unfavourable market linkages, concentrated market making, or credit exhaustion. (See Recommendation 6.)
- The design of revenue reports quantifying the contribution of various risk components, and of market risk measures such as value at risk. (See Recommendations 4 and 5.)
- The monitoring of variance between the actual volatility of portfolio value and that predicted by the measure of market risk.
- The review and approval of pricing models and valuation systems used by front- and back-office personnel, and the development of reconciliation procedures if different systems are used.

Recommendation 9: Practices by End-Users
As appropriate to the nature, size, and complexity of their derivatives activities, end-users should adopt the same valuation and market risk management practices that are recommended for dealers. Specifically, they should consider: regularly marking to market their derivatives transactions for risk management purposes; periodically forecasting the cash investing and funding requirements arising from their derivatives transactions; and establishing a clearly independent and authoritative function to design and assure adherence to prudent risk limits.

CREDIT RISK MEASUREMENT AND MANAGEMENT

Recommendation 10: Measuring Credit Exposure
Dealers and end-users should measure credit exposure on derivatives in two ways:

- Current exposure, which is the replacement cost of derivatives transactions, that is, their market value.
- Potential exposure, which is an estimate of the future replacement cost of derivatives transactions. It should be calculated using probability analysis based upon broad confidence intervals (e.g., two standard deviations) over the remaining terms of the transactions.

Recommendation 11: Aggregating Credit Exposure
Credit exposures on derivatives, and all other credit exposures to a counterparty, should be aggregated taking into consideration enforceable netting arrangements. Credit exposures should be calculated regularly and compared to credit limits.

Recommendation 12: Independent Credit Risk Management
Dealers and end-users should have a credit risk management function with clear independence and authority, and with analytical capabilities in derivatives, responsible for:

- Approving credit exposure measurement standards.
- Setting credit limits and monitoring their use.
- Reviewing credits and concentrations of credit risk.
- Reviewing and monitoring risk reduction arrangements.

Recommendation 13: Master Agreements
Dealers and end-users are encouraged to use one master agreement as widely as possible with each counterparty to document existing and future derivatives transactions, including foreign exchange forwards and options. Master agreements should provide for payments netting and close-out netting, using a full two-way payments approach.

Recommendation 14: Credit Enhancement
Dealers and end-users should assess both the benefits and costs of credit enhancement and related risk-reduction arrangements. Where it is proposed that credit downgrades would trigger early termination or collateral requirements, participants should carefully consider their own capacity and that of their counterparties to meet the potentially substantial funding needs that might result.

ENFORCEABILITY

Recommendation 15: Promoting Enforceability
Dealers and end-users should work together on a continuing basis to identify and recommend solutions for issues of legal enforceability, both within and across jurisdictions, as activities evolve and new types of transactions are developed.

SYSTEMS, OPERATIONS, AND CONTROLS

Recommendation 16: Professional Expertise
Dealers and end-users must ensure that their derivatives activities are undertaken by professionals in sufficient number and with the appropriate experience, skill levels, and degrees of specialization. These professionals include specialists who transact and manage the risks involved, their supervisors, and those responsible for processing, reporting, controlling, and auditing the activities.

Recommendation 17: Systems
Dealers and end-users must ensure that adequate systems for data capture, processing, settlement, and management reporting are in place so that derivatives transactions are conducted in an orderly and efficient manner in compliance with management policies. Dealers should have risk management systems that measure the risks incurred in their derivatives activities including market and credit risks. End users should have risk management systems that measure the risks incurred in their derivatives activities based upon their nature, size, and complexity.

Recommendation 18: Authority
Management of dealers and end-users should designate who is authorized to commit their institutions to derivatives transactions.

ACCOUNTING AND DISCLOSURE

Recommendation 19: Accounting Practices
International harmonization of accounting standards for derivatives is desirable. Pending the adoption of harmonized standards, the following accounting practices are recommended:

- Dealers should account for derivatives transactions by marking them to market, taking changes in value to income each period.
- End-users should account for derivatives used to manage risks so as to achieve a consistency of income recognition treatment between those instruments and the risks being managed. Thus, if the risk being managed is accounted for at cost (or, in the case of an anticipatory hedge, not yet recognized), changes in the value of a qualifying risk management instrument should be deferred until a gain or loss is recognized on the risk being managed. Or, if the risk being managed is marked to market with changes in value being taken to income, a qualifying risk management instrument should be treated in a comparable fashion.

- End-users should account for derivatives not qualifying for risk management treatment on a mark-to-market basis.
- Amounts due to and from counterparties should only be offset when there is a legal right to set off or when enforceable netting arrangements are in place.

Where local regulations prevent adoption of these practices, disclosure along these lines is nevertheless recommended.

Recommendation 20: Disclosures

Financial statements of dealers and end-users should contain sufficient information about their use of derivatives to provide an understanding of the purposes for which transactions are undertaken, the extent of the transactions, the degree of risk involved, and how the transactions have been accounted for. Pending the adoption of harmonized accounting standards, the following disclosures are recommended:

- Information about management's attitude to financial risks, how instruments are used, and how risks are monitored and controlled.
- Accounting policies.
- Analysis of positions at the balance sheet date.
- Analysis of the credit risk inherent in those positions.
- For dealers only, additional information about the extent of their activities in financial instruments.

RECOMMENDATIONS FOR LEGISLATORS, REGULATORS, AND SUPERVISORS

Recommendation 21: Recognizing Netting

Regulators and supervisors should recognize the benefits of netting arrangements where and to the full extent that they are enforceable, and encourage their use by reflecting these arrangements in capital adequacy standards. Specifically, they should promptly implement the recognition of the effectiveness of bilateral close-out netting in bank capital regulations.

Recommendation 22: Legal and Regulatory Uncertainties

Legislators, regulators, and supervisors, including central banks, should work in concert with dealers and end-users to identify and remove any remaining legal and regulatory uncertainties with respect to:

- The form of documentation required to create legally enforceable agreements (statute of frauds).
- The capacity of parties, such as governmental entities, insurance companies, pension funds, and building societies, to enter into transactions (ultra vires).
- The enforceability of bilateral close-out netting and collateral arrangements in bankruptcy.
- The enforceability of multibranch netting arrangements in bankruptcy.
- The legality/enforceability of derivatives transactions.

Recommendation 23: Tax Treatment

Legislators and tax authorities are encouraged to review and, where appropriate, amend tax laws and regulations that disadvantage the use of derivatives in risk management strategies. Tax impediments include the inconsistent or uncertain tax treatment of gains and losses on the derivatives, in comparison with the gains and losses that arise from the risks being managed.

Recommendation 24: Accounting Standards

Accounting standards-setting bodies in each country should, as a matter of priority, provide comprehensive guidance on accounting and reporting of transactions in financial instruments, including derivatives, and should work towards international harmonization of standards on this subject. Also, the International Accounting Standards Committee should finalize its accounting standard on Financial Instruments.

Glossar

Amerikanische Optionen (American Options)
siehe *Optionen*.

Am Geld
siehe *at-the-Money*.

Analytische (VAR-) Methoden
Verfahren zur Messung von *VAR*, das auf statistische Standardmethoden und insbesondere auf *Varianzen* und Kovarianzen, bzw. *Volatilitäten* und *Korrelationen* zurückgreift.

ARA
Amsterdam, Rotterdam, Antwerpen.

ARCH
Autoregressive Conditional Heteroscedasticity; Modell zur *Volatilitäts*bestimmung.

Asiatische Optionen (Asian Options): *Optionen*, bei denen der Auszahlungsbetrag nicht vom Preis des *Underlyings* an einem bestimmten Datum, sondern vom Durchschnittspreis des Underlyings über eine bestimmte Periode abhängt. Die Länge dieser Periode kann die gesamte Laufzeit der Option umfassen. Beispielsweise sind viele Verträge in der US-amerikanischen Gasindustrie vom Durchschnitt der *Settlementpreise* der letzten zwei oder drei Tage des nächsten fälligen *NYMEX*-Vertrages abhängig.

Ask (Offer)
Verkaufsangebot.

At-the-Money (Am Geld)
Eine „at-the-Money“ *Option* würde bei sofortiger Ausübung zu einer Auszahlung von Null führen.

Aus dem Geld
siehe *Out-of-the-Money*.

Ausübungspreis
siehe *Exercise Preis*.

Average Strike Optionen
Optionen, bei denen der *Exercise Preis* erst während der Laufzeit als Durchschnittspreis von Preisen des *Underlyings* ermittelt wird.

Back-Office
Organisatorische Einheit, die in erster Linie für die Abwicklung von Transaktionen und die Überwachung und Kontrolle des *Front-Offices* zuständig ist.

Back-to-Back
Transaktion, bei der es einem Zwischenhändler gelingt, Risiken aus einer Transaktion (z.B. dem Verkauf von *Derivaten* an eine Partei) durch ein gegenläufiges Geschäft mit einer anderen Partei möglichst vollständig abzusichern. Im Idealfall bleibt beim Zwischenhändler kein Risiko (mit Ausnahme des *Kreditrisikos*).

Back-to-Book
Transaktion, bei der ein Zwischenhändler Risiken aus dem Verkauf von *Derivaten* an eine Partei in seine *Books* aufnimmt und ihre Wirkung auf das gesamte *Portfolio* betrachtet.

Backwardation
Zustand, bei dem der Preis langfristig terminierter *Forward-* bzw. *Futuresverträge* unter dem Preis kurzfristig terminierter Verträge für dasselbe *Underlying* liegt. Das Gegenteil wird *Contango* genannt.

Barrieren Optionen (Barrier Options)
Optionen, welche bei Eintreten bestimmter Ereignisse, in der Regel dem Erreichen bestimmter Preisniveaus (Barrieren), automatisch geschaffen (knock-in) oder vernichtet (knock-out) werden.

Basisinstrument
siehe *Underlying*.

Basispreis
siehe *Exercise Preis*.

Basisrisiko (Korrelationsrisiko; Basis Risk)
Risiko, daß sich der Wert eines *Forward-* bzw. *Futuresvertrages* nicht parallel zum Wert des Gutes entwickelt, in dem man die abzusichernde physische Position besitzt. Es existieren verschiedene Formen des Basisrisikos: Das Ortsbasisrisiko resultiert daraus, daß der zur Absicherung herangezogene Futuresvertrag an einem anderen Ort (theoretisch) zur Auslieferung gelangt; das Produktbasisrisiko resultiert aus der Tatsache, daß die Qualitäten der Güter unterschiedlich sind; das Zeitbasisrisiko resultiert aus Differenzen bei der Fälligkeit von Futuresvertrag und physischer Position.

Basisswap
Swap, der dem Hedgen von *Basisrisiken* dient.

Basiswert
siehe *Underlying*.

Basket Option
Optionen, die sich auf den Gesamtwert eines vorab vereinbarten *Portfolios* beziehen.

Bear Spread
siehe *Spread Trading Strategie.*

Beta
Verhältnis der Rendite eines *Portfolios* zur Rendite des Gesamtmarktes (*CAPM*).

Bewertungsrisiko (Valuation Risk)
Operationales Risiko, das darin besteht, daß *Derivate* falsch bewertet werden.

Bezugspreis
siehe *Exercise Preis*

Bid
Kaufangebot.

Bid-Ask-Spread (Bid-Offer-Spread)
siehe *Market Maker*.

Binäre Optionen (Binary Options)
siehe *Digitale Optionen*.

Binomiale Bäume (Binomial Trees)
Möglichkeit zur Bewertung von *Optionen*.

Black-Modell
Bewertungsmodell für *Optionen* auf *Futures*.

Black-Scholes-Modell
Bewertungsmodell für *Optionen*.

Board Order
siehe *Market-if-touched Order*.

Bonitätsrisiko (Credit Risk)
siehe *Kreditrisiko*.

Book
Mittel zu Aufnahme und Dokumentation von Transaktionen.

Break
Plötzliche Abwärtsbewegung von *Futures*preisen an einer Börse.

Brent Blend
Rohölgemisch aus den Nordseefeldern Brent und Ninian.

British Gas Transco
31 Homer Road, Solihull, West Midlands, B91 3LT; Tel. +44 121 626 4431, Fax: +44 121 623 2091.

BTU-Swap
Swap, bei dem der variable Preis eines Energiegutes als Prozentsatz des Preises eines anderen Energiegutes ausgedrückt wird, wobei beide Preise auf Energiemaßeinheiten bezogen sind (ein MMBTU entspricht 293,071 kWh).

Buch
siehe *Book*.

Bull Spread
siehe *Spread Trading Strategie*.

Butterfly Spread
siehe *Spread Trading Strategie*.

Calendar Spreads (Time Spreads)
Preisdifferenz zwischen *Futuresverträgen* unterschiedlicher Laufzeit (Beispiel: *IPE*-Gasoil November vs. IPE-Gasoil Dezember).

Call (Kaufoption)
siehe *Optionen*.

Cap
OTC-Instrument, bei dem i.d.R. ein Zwischenhändler einem Kunden garantiert, daß ein variabler Preis eine bestimmte Höhe nicht überschreitet. Geschieht dies trotzdem, erfolgt eine Ausgleichszahlung durch den Zwischenhändler.

Capital Asset Pricing Model (CAPM)
Erklärungsmodell für die Preisbildung auf Kapitalmärkten.

CAPM
siehe *Capital Asset Pricing Model*.

Cash-on-Delivery Option
siehe *Pay-Later-Option*.

CCGT
Combined Cycle Gas Turbine, Synonym: *GuD* (Gas und Dampf).

CEPI
Central European Power Index.

CfD
siehe *Contracts for Difference*.

Charm
Parameter, der die Veränderung *Deltas* bei kürzer werdender *Restlaufzeit* beschreibt.

Clearinghouse
siehe *Exchange Clearinghouse*.

Closing out a Position
siehe *Glattstellen einer Position*.

Collar
OTC-Instrument, welches durch den Kauf eines Caps (Floors) und simultanen Verkauf eines Floors (Caps) zustande kommt, und bei dem i.d.R. ein Zwischenhändler einem Kunden garantiert, daß ein variabler Preis eine bestimmte Bandbreite nicht verläßt. Geschieht dies trotzdem, erfolgt eine Ausgleichszahlung durch den Zwischenhändler.

Colour
Parameter, der die Veränderung *Gammas* bei kürzer werdender *Restlaufzeit* beschreibt.

Commodity
Gut, Ware.

Common Carriage
Regelung, wonach allen Bewerbern Leitungszugang gewährt werden muß, wenn auch nicht notwendigerweise für die gesamte nachgefragte Kapazität. Wenn nämlich die Nachfrage nach Kapazität die verfügbare Kapazität übersteigt, findet eine Zuweisung auf pro rata Basis, d.h. eine ratierliche Aufteilung zwischen allen Nutzern, statt.

Compound Option
Option, die es dem Halter erlaubt, eine andere Option zu einem heute vereinbarten Preis zu kaufen oder zu verkaufen.

Contango
Zustand, bei dem der Preis langfristig terminierter *Forward-* oder *Futuresverträge* über dem Preis kurzfristig terminierter Verträge für dasselbe *Underlying* liegt. Das Gegenteil wird *Backwardation* genannt.

Contracts for Difference (CfD)
Prinzipiell das gleiche wie ein *Swap*. Im englischen Strommarkt werden solche CfDs häufig von Stromproduzenten und Stromanbietern genutzt (in der Regel langfristiger Natur) (siehe auch *Electricity Forward Agreements, EFAs*).

Control Variate Technique
Möglichkeit zur Bewertung von *Optionen*.

Convenience Yield
Theoretisches Konzept zur Erklärung häufig vorkommender *Backwardation* auf Energie-*futures*märkten. Hintergrund ist die Vorliebe der Marktteilnehmer, in bestimmten Situationen ein Gut physisch zu besitzen anstatt nur ein Recht auf künftige Lieferung des Gutes zu haben.

Cost of Carry
Speicherkosten des *Underlyings* plus/minus Zinsverluste/Zinsgewinne.

Covered Call
Position, die aus einer *Long Position* im *Underlying* sowie einem *Short Call* auf das Underlying besteht. Die Long Position im Underlying schützt den Investor vor der Gefahr eines zu starken Preisanstiegs.

Crack Spread
Preisdifferenz zwischen den Outputgütern einer Raffinerie (Produkten) und den Inputgütern einer Raffinerie (Rohöle).

Credit Risk
siehe *Kreditrisiko*.

Cross-Commodity Swap
Swap, bei dem der Preis eines Gutes an den Preis einer anderen *Commodity* angebunden wird (z.B. Gaspreise mit Aluminiumpreisanbindung).

Cross Market Derivat
Derivat, mit dem simultan Preisrisiken in verschiedenen Märkten gemanagt werden (z.B. Energiemärkte, Zinsmärkte).

Crude Spreads
Preisdifferenz zwischen unterschiedlichen Rohölsorten (z.B. *Brent Blend* vs. *WTI*).

Curve-Lock Swap
Swap, bei dem derzeit existierende Preisverhältnisse entlang der *Forward Curve* garantiert werden. Beispielsweise kann garantiert werden, daß der *Futurespreis* für Lieferung in 5 Monaten immer um einen bestimmten Betrag im *Contango* liegt.

Delta
Parameter, der die Veränderung der *Optionsprämie* bei sich änderndem Preis des *Underlyings* beschreibt.

Delta-Hedging
Absicherung einer *Option* durch die Eröffnung einer Position für das *Underlying* proportional zum *Delta* der Option.

Derivat (Derivative)
Instrument, dessen Wert vom Wert eines *Underlyings* abgeleitet wird.

Deutsche Verbundgesellschaft
siehe *DVG*.

Differential (Diff) Swap
Handelsüblicher *Swap*, bei dem es zum Austausch der Differenz zwischen einem vereinbarten Differential zwischen zwei Preisen und den tatsächlichen im Zeitablauf auftretenden Differentialen kommt. Diese Swaps eignen sich besonders zur Absicherung des *Basisrisikos*.

Digitale Optionen (Binäre Optionen; Digital Options)
Optionen, deren Auszahlungsbetrag entweder eine vorher vereinbarte (in der Regel fixe) Summe oder Null beträgt, je nachdem, ob eine vereinbarte Bedingung erfüllt ist oder nicht.

Discretionary Order (Market-not-held Order)
Market Order, deren Ausführung vom Broker verzögert werden darf, wenn ein besserer Preis erzielbar scheint.

Double-up Swap
Swap, bei dem der Swapanbieter, das Recht hat, die Swapmenge zu verändern. Im Gegenzug erhält der Swapnachfrager einen besseren Preis.

Dual-Commodity Optionen
Optionen, deren Auszahlungsbetrag von den Preisen zweier *Underlyings* abhängt.

DVG
Deutsche Verbundgesellschaft e.V., Ziegelhäuser Landstraße 5, 69120 Heidelberg.

Dynamisches Hedging (Dynamical Hedging)
Prozeß der kontinuierlichen Absicherung einer *Option* mit Hilfe einer *Underlying*-Position.

EBV
Abgaben an den **E**rdöl**b**evorratungs**v**erband, der kraft Gesetzes Ölreserven für den Fall von Störungen der Mineralölversorgung Deutschlands hält.

EFA
siehe *Electricity Forward Agreements*.

EFP
siehe *Exchange of Futures for Physicals*.

EFS
siehe *Exchange of Futures for Swaps*.

Eingebettete Optionen (Embedded Options)
Optionen, die in Verträgen eingebettet und versteckt sind. Der Optionscharakter des Vertrages ist also nicht offensichtlich.

Electricity Forward Agreements
Prinzipiell das gleiche wie ein *Swap*. Im englischen Strommarkt werden solche EFAs häufig von Stromproduzenten und Stromanbietern genutzt (in der Regel kurzfristiger und standardisierter Natur) (siehe auch *Contracts for Difference*, *CfDs*).

Embedded Options
siehe *Eingebettete Optionen*.

EnWG
Energiewirtschaftsgesetz.

Europäische Optionen (European Options)
siehe *Optionen*.

Exchange Clearinghouse
Das Clearinghouse garantiert bei *Futuresverträgen* die Erfüllung der Kontrakte, indem es Vertragspartner für jede Transaktion wird. Das Clearinghouse besteht aus einer Reihe von Mitgliedern (Members). Marktteilnehmer können Börsengeschäfte nur über einen solchen Member abwickeln. Member sind verpflichtet, an der Börse eine sogenannte Clearing*marge* zu hinterlegen, die als Sicherheit dient. Die Hauptaufgabe des Clearinghouses besteht darin, alle Transaktionen zu registrieren und die Member entsprechend zu belasten oder zu entlasten.

Exchange of Futures for Physicals (EFP)
Tausch einer *Futures*position gegen eine physische Position (und umgekehrt). EFPs ermöglichen das Öffnen oder *Glattstellen* von Futurespositionen.

Exchange of Futures for Swaps (EFS)
Tausch einer *Futures*position gegen eine *Swap*position (und umgekehrt).

Exercise Date
siehe *Expiration Date*.

Exercise Preis (Ausübungspreis, Basispreis, Bezugspreis, Strike Preis)
siehe *Optionen*.

Expiration Date (Verfallsdatum; Exercise Date; Strike Date)
siehe *Optionen*.

Exploding Option
Option, die automatisch ausgeübt wird, sobald eine bestimmte Bedingung erfüllt ist.

Extendible Swap
Swap, bei dem der Swapanbieter das Recht hat, die Swaplaufzeit zu verlängern. Im Gegenzug erhält der Swapnachfrager einen besseren Preis.

Fence
*Option*stradingstrategie, die durch den gleichzeitigen Kauf und Verkaufs von *Calls* und *Puts* mit unterschiedlichen *Exercise Preisen* erfolgt.

FERC
Federal Energy Regulatory Commission, 888 First Street, N.E. Washington, D.C. 20426, http://www.ferc.fed.us

Fill-or-kill Order
Order, die sofort oder gar nicht ausgeführt wird.

Fixed-for-Floating Contracts
siehe *Swaps*.

Floating-for-Floating Contracts
siehe *Swaps*.

Floor
OTC-Instrument, bei dem i.d.R. ein Zwischenhändler einem Kunden garantiert, daß ein variabler Preis eine bestimmte Höhe nicht unterschreitet. Geschieht dies trotzdem, erfolgt eine Ausgleichszahlung durch den Zwischenhändler.

Forwardvertrag (Forward Contract)
Nicht-standardisierter Vertrag, in dem sich eine Vertragspartei verpflichtet, eine definierte Menge eines Gutes in der Zukunft zu einem heute vereinbarten Preis zu kaufen (verkaufen).

Forwardkurve (Forward Curve)
Kurve, die anzeigt, zu welchen Preisen heute *Forward-* bzw. *Futuresverträge* abgeschlossen werden können.

Frac Spread
Preisdifferenz zwischen Erdgas einerseits und NGL (Propan, Butan) andererseits. Der äquivalente Begriff im Ölmarkt ist der *Crack Spread*.

Front-Office
Organisatorische Einheit, die für das eigentliche Trading, d.h. vor allem für die Durchführung von Transaktionen zuständig ist.

Futuresvertrag (Futures Contract)
Standardisierter, börsengehandelter Vertrag, in dem sich eine Vertragspartei verpflichtet, eine definierte Menge eines Gutes in der Zukunft zu einem heute vereinbarten Preis zu kaufen (verkaufen).

Gamma
Parameter, der die Veränderung *Deltas* bei sich änderndem Preis des *Underlyings* beschreibt.

GARCH
Generalized Autoregressive Conditional Heteroscedasticity; Modell zur *Volatilitäts*-bestimmung.

Gasoline Spread
Preisdifferenz zwischen Benzin und Rohöl.

Geregelter Netzzugang
(RTPA, Regulated Third Party Access) Form des *Third Party Access* auf Basis von veröffentlichten und meist regulierten Tarifen.

Glattstellen einer Position (Closing out a Position)
siehe *Schließen einer Position*.

Good-till-cancelled Order
siehe *Open Order*.

Gradtagszahlen
Die Ermittlung der Gradtagszahlen erfolgt, indem an jedem Heiztag die durchschnittlich gemessene Außentemperatur (in ° Celsius) von der Temperatur von 20° C subtrahiert wird (entsprechend der VDI Richtlinie „Berechnung der Kosten von Wärmeversorgungsanlagen – Betriebstechnische und wirtschaftliche Grundlagen" (VDI 2067)). Ein Heiztag ist definiert als Tag mit durchschnittlicher Außentemperatur von weniger als 15° C.

Group of Thirty
Organisation, die u.a. Hinweise zum Umgang mit Derivaten gibt. 1990 M Street, N.W., Washington, DC 20036, Tel. +1 202 3312472, http://www.group30.org.

GTZ
siehe *Gradtagszahlen*.

GuD
Kraftwerkstechnologie, bei der die bei der Verbrennung entstehende Hitze zweimal verwendet wird: Zunächst zum Antrieb einer Gasturbine und anschließend zum Antrieb einer Dampfturbine.

Hedging
Preisabsicherung.

Hedgingverhältnis (Hedge Ratio)
Verhältnis des gehedgten Volumens zum Volumen der offenen physischen Position. Aufgrund nicht perfekter *Korrelationen* zwischen *Futures*- und *Spot*preisen ist ein Hedgingverhältnis von 1 in der Regel nicht optimal.

HEL
leichtes Heizöl.

Historische Simulation
Verfahren zur Berechnung von *VAR*.

HS
schweres Heizöl.

HSL
schweres (schwefelarmes) Heizöl.

Im Geld
siehe *In-the-Money*.

Implied Volatility (Implizite Volatilität)
siehe *Volatilität*.

Implizite Volatilität (Implied Volatility)
siehe *Volatilität*.

International Petroleum Exchange
siehe *IPE*.

In-the-Money (Im Geld)
Eine „in-the-Money“ *Option* würde bei sofortiger Ausübung zu einem positiven Auszahlungsbetrag führen.

Innerer Wert (intrinsic value)
Positiver Wert einer *Option*, wenn diese sofort ausgeübt würde.

International Swaps and Derivatives Association
siehe *ISDA*.

Intrinsic Value
siehe *Innerer Wert*.

IPE
The *International Petroleum Exchange* of London, 1 St. Katharine's Way, London E1 9UN, Tel. +44 171 481 0643, http://www.ipelond.co.uk.

IPP
Independent Power Producer.

ISDA
International Swaps and Derivatives Association, 600 5th avenue, 27th floor, New York, NY 10020, http://www.isda.org.

Kansas City Board of Trade
siehe *KCBT*.

Kappa
siehe *Vega*.

Kassamarkt
siehe *Spotmarkt*.

Kaufoption (Call)
siehe *Optionen*.

KCBT
Kansas City Board of Trade, 4800 Main Street, Suite 270, Kansas City, MO 64112, Tel. +1 816 9318964, http://www.kcbt.com.

Konfidenzintervall
Schätzintervall (Vertrauensbereich), in dem der zu schätzende Parameter mit einer vorgegebenen Wahrscheinlichkeit liegt.

KonTraG
Gesetz zur Kontrolle und Transparenz im Unternehmensbereich, Bundesgesetzblatt Jahrgang 1998, Teil I Nr. 24, ausgegeben zu Bonn am 30. April 1998.

Korrelation (Correlation)
Stärke der Abhängigkeit von zwei Variablen.

Korrelationsrisiko (Correlation Risk)
siehe *Basisrisiko*.

Kreditrisiko (Bonitätsrisiko; Credit Risk)
Risiko, daß sich ein Vertragspartner nicht an seine Zahlungsverpflichtungen hält.

Ladder Option
Option, bei der bestimmte Auszahlungsbeträge garantiert werden, sobald verschiedene *Underlying*preise während der Optionslaufzeit erreicht werden. Wird keiner dieser Preise erreicht, entspricht diese Option einer einfachen *Europäischen Option*.

Lambda
siehe *Vega*.

Legal Risk
siehe *Rechtliches Risiko*.

LIBOR
London Interbank Offer Rate. Zinssatz, der im Interbankengeschäft auf Eurowährungen (z.B. Eurodollar) Anwendung findet.

Limit Order
Order, die nur zu einem bestimmten oder besseren Preis ausgeführt werden darf.

Limit Up
Maximale täglich erlaubte Änderung eines Börsenkontraktes. In den USA wird dies durch die Commodity Futures Trading Commission festgelegt.

Liquefied Natural Gas (LNG)
Erdgas, das durch Abkühlung auf unter –161° Celsius verflüssigt wurde und sich in verflüssigter Form z.B. in Tankern transportieren und bis zur Regasifizierung speichern läßt.

Liquidität (Liquidity)
Zu unterscheiden sind die Marktliquidität und die finanzwirtschaftliche Liquidität eines Unternehmens. Marktliquidität beschreibt, inwieweit Produkte problemlos an einem Markt abgesetzt bzw. bezogen werden können. Die finanzwirtschaftliche Liquidität eines Unternehmens beinhaltet die Fähigkeit, alle berechtigten Zahlungsverpflichtungen zu erfüllen.

Liquidity Risk
siehe *Marktliquiditätsrisiko*.

LME
The *London Metal Exchange* Ltd., 56, Leadenhead Street, London EC3A 2BJ, Tel. +44 171 2645555, http://www.lme.co.uk.

LNG
siehe *Liquefied Natural Gas*

Load Factor
Verhältnis zwischen der durchschnittlichen täglichen Abnahme (oder Leitungsdurchsatz) und der maximalen täglichen Abnahme (oder Leitungsdurchsatz) von Erdgas, ausgedrückt als Prozentsatz.

Location Spread
Preisdifferenz zwischen gleichen Gütern an unterschiedlichen Orten. Ein Beispiel hierfür ist die Differenz der Gaspreise am *National Balancing Point* und in St. Fergus.

London Metal Exchange
siehe *LME*.

Long Hedge
Absicherung durch den Kauf eines *Futures (Forwards)*.

Lookback Option
Eine Lookback-*Call (-Put)-Option* gewährt dem Optionshalter das Recht, das *Underlying* zum niedrigsten (höchsten) Preis, der während der Optionslaufzeit erreicht wurde, zu kaufen (verkaufen).

Margin
Sicherheit, die jeder Marktteilnehmer an *Futures*börsen hinterlegen muß. Am Ende eines Börsentages werden diese Sicherheiten mit dem jeweiligen Abschlußkurs verrechnet. Dieser Prozeß wird auch *Marking-to-Market* bezeichnet. Unter Umständen wird der Marktteilnehmer verpflichtet, sein Margin Account wieder auf die ursprüngliche Höhe aufzufüllen. Der Marking-to-Market-Prozeß gewährleistet, daß Gewinne und Verluste aus Futuresverträgen täglich verrechnet werden. Ein analoges Verfahren gilt für *Short*-Positionen bei börsengehandelten *Optionen*.

Margin Swap
siehe *Raffineriemargenswap*.

Market-if-touched Order (MIT; Board Order)
Order, die zum bestmöglichen Preis ausgeführt wird, sobald der Marktpreis eine bestimmte Höhe erreicht. In diesem Moment wird die MIT automatisch zur *Market Order*.

Market Maker
Marktteilnehmer, der jederzeit für eine bestimmte *Option* einen *Bid* und einen *Ask* anbietet. Im Moment, in dem der Market Maker Bid und Ask nennt, weiß er nicht, ob der Gegenüber die Option kaufen oder verkaufen möchte. Der Ask ist höher als der Bid und die Differenz bezeichnet man als *Bid-Ask-Spread*. Dieser Bid-Ask-Spread bildet die Grundlage für Gewinne der Market Maker.

Market-not-held Order
siehe *Discretionary Order*.

Market Order
Order, die sofort zum bestmöglichen Preis ausgeführt werden muß.

Marking-to-Market
siehe *Margin*.

Marktliquiditätsrisiko (Liquidity Risk)
Risiko einer Situation, in der es nicht möglich ist, eine physische oder finanzielle *Position glattzustellen*, ohne den Marktpreis stark negativ zu beeinflussen.

Marktrisiko (Market Risk)
Preisverhalten von *Derivaten*, wenn sich die Marktbedingungen ändern. Mögliche Ursachen sind *Preisrisiko, Basisrisiko* oder *Marktliquiditätsrisiko*.

Merchant Power Plant (MPP)
Kraftwerk ohne langfristigen Stromverkaufsvertrag.

Middle-Office
Organisatorische Einheit, die vor allem für die Strukturierung von Transaktionen und Risikomessung zuständig ist.

Modellrisiko (Model Risk)
Risiko, das besteht, wenn zur Bewertung insbesondere komplexer *Derivate* mit unter Umständen geringer Markt*liquidität* Modelle eingesetzt werden, die fehlerhaft sind.

MPP
siehe *Merchant Power Plant*.

Multiple Commodity Option
Option, bei der der Auszahlungsbetrag vom Preis mehrerer *Underlyings* abhängt.

National Balancing Point: Fiktiver Punkt im britischen Erdgas-Hochdrucktransportsystem, durch den das gesamte Gas nominell fließt und an dem Gas gehandelt wird.

NBP
siehe *National Balancing Point*.

Negotiated Third Party Access
siehe *Verhandelter Netzzugang*.

Nettingvereinbarung (Netting Arrangement)
Vereinbarung, die im Falle der Nichterfüllung eines Vertrages durch eine Partei darauf abzielt, alle zwischen den beiden Parteien bestehenden Verträge einem *Marking-to-Market* zu unterziehen, zu beenden und abzurechnen.

New York Mercantile Exchange
siehe *NYMEX*.

NGC
National Grid Company, http://www.ngc.co.uk

Nord Pool
Nordic Power Exchange, P.b. 373, N-1324 Lysaker, Tel. +47 67528000, http://www.nordpool.no.

NTPA
siehe *Verhandelter Netzzugang*.

NWE
North-West Europe.

NYMEX
New York Mercantile Exchange, One North End Avenue, World Financial Center, New York, NY 10282-1101, Tel. +1 212 299-2000, http://www.nymex.com.

Offer (Ask)
Verkaufsangebot.

Offsetting Order
Order, einen *Optionsvertrag glattzustellen*.

Open Access
Konzept des Netzzugangs zu nicht diskriminierenden, vertraglich vereinbarten oder regulierten Bedingungen, die für alle Nutzer gelten.

Open Interest
Summe aller *Long-* (oder *Short-*) Positionen in einem *Futuresvertrag*.

Open Order (Good-till-cancelled Order)
Order, die bis zur Ausübung oder bis zum Ende des Handels des jeweiligen *Futures*vertrages gültig bleibt.

Operationales Risiko (Operational Risk): Verlustrisiko aufgrund von untauglichen Informations- und Kontrollsystemen, menschlichen Fehlern oder Managementversagen.

Optimales Hedgingverhältnis
siehe *Hedgingverhältnis*.

Option
Vertrag, der dem Optionsinhaber das Recht einräumt, aber nicht die Verpflichtung auferlegt, zu einem oder bis zu einem bestimmten Termin (*Verfallsdatum, Expiration Date, Exercise Date, Strike Date*) eine exakt spezifizierte Menge eines definierten Gutes (*Underlying, Basisinstrument, Basiswert*) zu einem vorab vereinbarten Preis (*Basispreis, Ausübungspreis, Bezugspreis, Exercise Preis, Strike Preis*) zu kaufen (*Call-Option, Kaufoption*) oder zu verkaufen (*Put-Option, Verkaufoption*). Für die Einräumung dieses Rechtes zahlt der Optionsinhaber beim Erwerb der Option an den *Stillhalter* der Option eine sog. *Optionsprämie* (Optionspreis). *Europäische Optionen* können nur am *Exercise Date* ausgeübt werden,

amerikanische Optionen können hingegen während der gesamten *Restlaufzeit* ausgeübt werden. Die meisten börsengängigen Optionen sind amerikanischen Typs.

Optionsprämie (Option Premium)
Preis einer *Option*. Die Prämie einer Option ist gleich der Summe aus *Innerem Wert* und *Zeitwert*. Da eine Option einer herkömmlichen Versicherung vergleichbar ist, entspricht der Preis einer Versicherungsprämie.

Optionspreisparameter (Option Price Factors)

	Call-Prämie	Put-Prämie
Exercise Preis steigt	sinkt	steigt
Spotpreis des Underlying steigt	steigt	sinkt
Restlaufzeit steigt	steigt	steigt
erwartete Volatilität steigt	steigt	steigt
Risikofreier Zinssatz steigt	steigt	sinkt

Optionsrisikoparameter (Option Risk Parameters)
siehe *Charm, Colour, Delta, Gamma, Kappa, Lambda, Rho, Speed, Theta, Vega.*

Order
siehe *Board O., Discretionary O., Fill-or-kill O., Good-till-cancelled O., Limit O., Market-if-touched O., Market-not-held O., Market O., Open O., Stop-loss O., Stop O., Time-of-day O.*. Üblicherweise handelt es sich bei allen genannten Orders um Tagesorders, die am Ende des Handelstages hinfällig werden.

Organisationsrisiko (Organizational Risk)
Verlustrisiko aufgrund ablauf- oder aufbauorganisatorischer Fehler. Insbesondere mangelnde Überwachung der Tradingfunktion im sogenannten *Front-Office* durch das *Back-Office* kann zu Verlusten führen.

OTC
siehe *Over-the-counter.*

Out-of-the-Money (Aus dem Geld)
Eine „out-of-the-Money" *Option* würde bei sofortiger Ausübung (theoretisch) zu einem negativen Auszahlungsbetrag führen.

Over-the-counter (OTC)
Im Gegensatz zu börsengehandelten Produkten sind OTC-Produkte (in der Regel) maßgeschneiderte Produkte, die von Zwischenhändlern wie Banken oder großen Energieunternehmen angeboten werden. Die marktgängigsten Produkte sind *Swaps, Caps, Collars* und *Floors.*

Participating Swap
Swap, bei denen der Käufer (je nach Position) an Preissteigerungen oder Preissenkungen über den vereinbarten Preislevel hinaus teilweise partizipiert. Übergangsform zwischen *Cap* bzw. *Floor* einerseits und Swap andererseits.

Pay-Later-Option (Cash-on-Delivery-Option)
Option, bei der die Prämienzahlung erst bei Ausüben der Option am *Verfallsdatum* erfolgt.

Perfect Hedge
Hedgingtransaktion, bei der Risiken komplett ausgeschaltet werden. Sehr selten.

Personelles Risiko (Personal Risk)
Risiko, daß ungeeignete Personen im *Derivaten*handel eingesetzt werden.

Pfadabhängige Optionen (Path-Dependent Options)
Optionen, deren Auszahlungsbetrag von der historischen Preisentwicklung des *Underlyings* abhängt.

Plain-Vanilla-Swap
Klassischer *Fixed-for-Floating Swap*.

Portfolio
Zusammenfassung mehrerer Einzelpositionen.

Portfoliotheorie
Von Harry M. Markowitz aufgestellte Theorie, die Ertrag und Risiko von *Portfolios* beschreibt.

Position Limits
Maximale Anzahl von Kontrakten, die ein Spekulant auf einer Marktseite halten darf. Als Marktseiten gelten hierbei *Short Calls* und *Long Puts* einerseits sowie *Long Calls* und *Short Puts* andererseits.

Preisrisiko (Price Risk)
Auswirkung einer Änderung der *Spot*preise oder *Forwardkurven* auf den Wert einer Position.

Prepaid Swap
Swap, bei dem die fixen Zahlungen abgezinst vorab getätigt werden. Der Prepaid Swap wird häufig als Projektfinanzierungsinstrument genutzt.

Processing Spread
Preisdifferenz zwischen Feedstock und Produkten (z.B. Erdgas vs. NGL).

Produktrisiko (Product Risk)
Risiko, das daraus resultiert, daß ein Unternehmen Produkte verwendet, deren Wirkungsweise es nicht vollständig verstanden hat.

Put-Call-Parität (Put-Call-Parity)
Mit Hilfe der Put-Call-Parität kann der Wert einer *Europäischen Call-Option* durch den Wert einer *Europäischen Put-Option* mit gleicher *Restlaufzeit* und gleichem *Exercise Preis* ermittelt werden.

Put (Verkaufoption)
siehe *Optionen*.

Quality Spreads
Preisdifferenz zwischen verschiedenen Qualitäten eines Energieträgers (z.B. verschiedene Heizölsorten (Schwefelgehalt)).

Raffineriemargenswap (Refining Margin Swaps): Gleichzeitiges *Hedging* der Preise für den Output einer Raffinerie sowie für den Input einer Raffinerie. Hierdurch kann die Raffineriemarge vorab festgelegt werden. Das *Crack-Spread*-Risiko kann hierdurch ausgeschaltet werden.

REC
Regional Electricity Company, britischer Regionalversorger für Strom.

Rechtliches Risiko (Legal Risk)
Risiko, daß Ansprüche aus einem Vertrag mit positivem Marktwert nicht durchgesetzt werden können.

Regulated Third Party Access
siehe *Geregelter Netzzugang*.

Regulierter Netzzugang (Regulated Third Party Access)
siehe *Geregelter Netzzugang*.

Restlaufzeit einer Option
Zeitraum vom Betrachtungszeitpunkt bis zum *Expiration Date* der *Option*.

Rheinschiene
Mittelwert der Marktorte Düsseldorf, Frankfurt und Mannheim/Ludwigshafen.

Rho
Parameter, der die Veränderung der *Optionsprämie* bei sich änderndem risikofreien Zinssatz beschreibt.

Risk Metrics
Von J.P.Morgan veröffentlichte, bekannteste *analytische Methode* zur Berechnung von *VAR*.

Rolling the hedge forward: Überschreitet die Fristigkeit der offenen physischen Position die Fristigkeit des am weitesten in die Zukunft existierenden und liquiden, zum Hedging benötigten *Futuresvertrages*, besteht die Möglichkeit des "Rolling the hedge forward". Hierbei wird zunächst ein kurzlaufender Futuresvertrag abgeschlossen, der kurz vor Fälligkeit *glattgestellt* und durch einen weiteren Futuresvertrag ersetzt wird. Diesen Prozeß wiederholt man solange, bis die Fristigkeit der physischen Position erreicht ist. Das Risiko dieser Strategie besteht darin, daß die *Korrelation* der Futurespreise und der Spotpreise zu niedrig ist.

RTPA
siehe *Geregelter Netzzugang*.

Schließen einer Position (Closing Out a Position)
Eine offene Position wird dadurch geschlossen (*glattgestellt*), daß man ein Gegengeschäft eingeht. Beispielsweise ist es möglich, eine *Long*-Position im *IPE*-Gasoil-Vertrag für Dezember, die man im Mai eingegangen ist, dadurch zu schließen, daß man den IPE-Gasoil-Vertrag für Dezember im August verkauft. Ein alternatives Verfahren sind *EFPs*.

Sculpted Contract
siehe *Shaped Contract*.

Settlement Preis
Offizieller Preis, der am Ende eines Handelstages von der Börse ermittelt wird; er dient als Grundlage für *Marking-to-Market*.

Shaped Contract
In der englischen Stromwirtschaft gebräuchliche Verträge, in denen ein strukturiertes Mengenabnahmeprofil vereinbart ist.

Short Hedge
Absicherung durch den Verkauf eines *Futures* (*Forwards*).

Short Selling
Verkauf von Papieren oder Gütern, die man zum Zeitpunkt des Verkaufs noch nicht besitzt.

SIMEX
Singapore International Monetary Exchange Ltd., 1 Raffles Place, #07-00 OUB Centre, Singapore 048616, Tel. +65 5357382, http://www.simex.com.sg.

Singapore International Monetary Exchange
siehe *SIMEX*.

Slippage
Differenz zwischen dem Preis eines Gutes zum Zeitpunkt der Entscheidung zum Kauf (Verkauf) des Gutes und zum Zeitpunkt der Ausführung des Auftrages.

Spark Spread
Preisdifferenz zwischen Strom einerseits und dem Inputgut eines Kraftwerks (z.B. Erdgas) andererseits.

Speed
Parameter, der die Veränderung *Gammas* bei sich änderndem Preis des *Underlyings* beschreibt.

Spotmarkt (Kassamarkt)
Markt, an dem *Commodities* mit sofortiger Lieferung gehandelt werden.

Spread Optionen
Optionen, die auf der Preisdifferenz zweier oder mehrerer Güter basieren.

Spread Trading Strategie
Kombinationen von zwei oder mehr *Optionen* des selben Typs (z.B. zwei oder mehr *Calls*) mit unterschiedlichen *Exercise Preisen* A < B < C. Beispiele:
Bull Spread: Kauf Call A und Verkauf Call C oder Kauf Put A und Verkauf Put C.
Bear Spread: Kauf Call C und Verkauf Call A oder Kauf Put C und Verkauf Put A.
Butterfly Spread: Kauf Call A, Kauf Call C und Verkauf 2 Calls B oder Kauf Put A, Kauf Put C und Verkauf 2 Puts B.

Standardabweichung (Standard Deviation)
Quadratwurzel der *Varianz*.

Stacking Contract
Bestimmte Art von *CfDs* im englischen Strommarkt.

Steuerrisiko (Tax Risk)
Risiko, das aus der mangelhaften Berücksichtigung von Steuern bei der Bewertung von *Derivaten* entsteht.

Stillhalter (Writer)
Der Stillhalter einer *Call- (Put-) Option* verpflichtet sich gegen Erhalt der *Optionsprämie*, das *Underlying* zum *Exercise Preis* zu verkaufen (kaufen).

Stochastische Simulation
Methode zur Berechnung von *VAR*, die auf Monte Carlo Simulationen beruht.

Stop Order (Stop-loss Order)
Order, die zum Zeitpunkt des Unterschreitens eines betimmten Preises ausgeführt wird, um Verluste zu begrenzen.

Stop-loss Order
siehe *Stop Order*.

Straddle
Kombination einer *Put-* und einer *Call-Option* mit gleicher Laufzeit und gleichem *Exercise Preis*. Der Käufer eines Straddles erhofft sich Gewinne durch steigende *Volatilität*.

Strangle
Kombination einer *Put-* und einer *Call-Option* mit gleicher Laufzeit und unterschiedlichem *Exercise Preis*. Der Käufer eines Strangles erhofft sich Gewinne durch steigende *Volatilität*.

Stress Testing
Methode zur Messung von extremem *Marktrisiko*.

Strike Date
siehe *Expiration Date*.

Strike Preis
siehe *Exercise Preis*.

Strip
Bezeichnung für zeitlich aufeinanderfolgende und ansonsten gleichartige Transaktionen.

Swap
Transaktion, bei der ein Preis für einen bestimmten Zeitraum in einen anderen Preis umgewandelt wird. Es handelt sich hierbei um eine reine Finanztransaktion, bei der keine physische Lieferung erfolgt. Im Vertrag müssen Laufzeit, zugrundeliegende Menge und Preise exakt spezifiziert sein. Preisdifferenzen werden - in bar - für vorher vereinbarte Perioden monatlich, quartärlich oder halbjährlich ausgeglichen.
Beim klassischen *Fixed-for-Floating Swap* (auch *Plain Vanilla* genannt) wird ein variabler Preis in einen Fixpreis umgewandelt. Daneben existieren *Floating-for-Floating Swaps*, bei denen ein variabler Preis durch einen anderen variablen Preis ersetzt wird.

Swaption
Option, einen *Swap* zu einem bestimmten Termin zu kaufen (*Call*-Swaption) oder zu verkaufen (*Put*-Swaption).

SWEP
Swiss Electricity Price Index.

Systemrisiko (System Risk)
Risiko, das aufgrund unzureichender Ausstattung der Hard- und Software entsteht.

Szenariomethoden
Methode zur Messung von extremem *Marktrisiko*.

Tax Risk
siehe *Steuerrisiko*.

Technikrisiko
siehe *Systemrisiko*.

Theta
Parameter, der die Veränderung der *Optionsprämie* bei kürzer werdender *Restlaufzeit* beschreibt.

Third Party Access
beschreibt die Netzzugangsrechte von „dritten Parteien". Der Begriff wird meist als Synonym von *Open Access* verwendet.

Time-of-day Order
Order, bei der eine bestimmte Tageszeit, zu der die Order ausgeführt werden soll, spezifiziert wird.

Time Spreads
siehe *Calendar Spreads*.

Time Value
siehe *Zeitwert*.

TPA
siehe *Third Party Access*.

Trading Book
siehe *Book*.

Transco
siehe *British Gas Transco*.

Unbundling
Separierung der (Gas oder Strom) Handels- und Vermarktungsaktivitäten von den Transport- und Speicheraktivitäten. Die Europäische Kommission verwendet den Begriff zur Beschreibung der kostenrechnerischen Disaggregation von unterschiedlichen Funktionen innerhalb von weiterhin integrierten Unternehmen.

Underlying (Basisinstrument, Basisgut, Basiswert)
zugrundeliegendes Gut, auf das sich ein *Options-*, *Forward-* oder *Futures*vertrag bezieht.

Valuation Risk
siehe *Bewertungsrisiko*.

Value-at-Risk (VAR)
Verfahren zur Messung des *Marktrisikos* für einen festgelegten Zeitraum und mit einem bestimmten Grad an Gewißheit. Die drei wichtigsten Verfahren sind: *Analytische Methode, Historische Simulation* sowie *Stochastische Simulation*.

VAR
siehe *Value-at-Risk*.

Varianz
Durchschnittliche quadratische Abweichung einzelner Meßwerte von ihrem Mittelwert.

Vega
(*Kappa*, *Lambda*) Parameter, der die Veränderung der *Optionsprämie* bei sich ändernder *Volatilität* beschreibt.

Verfallsdatum
siehe *Expiration Date*.

Verhandelter Netzzugang ***(NTPA, Negotiated Third Party Access)***
Form des Netzzugangs auf Basis bilateraler Verhandlungen. Eingeschränkte Form von *Third Party Access*, ohne Gewährleistung von Transparenz oder Gleichbehandlung.

Verkaufoption (Put)
siehe *Optionen*.

Volatilität (Volatility)
Maß für die Schwankungsbreite des Preises des *Underlyings*. Die *implizite Volatilität* ist diejenige Volatilität, welche durch Einsetzen in ein *Options*bewertungsmodell (z.B. *Black-Scholes-Modell*) zu einem Preis führt, der am Optionsmarkt beobachtbar ist. Die Volatilität ist die am schwierigsten zu ermittelnde Inputgröße von Optionsbewertungsmodellen, da prinzipiell nur historische Volatilitäten bekannt sind, für die Modelle jedoch zukünftige Volatilitäten relevant sind.

Volatility Smile
Häufig zu beobachtender Effekt, daß *implizite Volatilitäten* ansteigen, je weiter man sich bei gleichem *Verfallsdatum* und gleichem Preis des *Underlyings* vom *at-the-Money*-Bereich entfernt.

Warehousing
Aufnahme von offenen Positionen in die *Books*, die erst zu einem späteren Zeitpunkt abgesichert oder glattgestellt werden.

Writer
siehe *Stillhalter*.

WTI
West Texas Intermediate, Rohölsorte.

Zeitwert (Time Value)
Wertanteil einer *Option*, der sich aus der Möglichkeit ergibt, daß eine Option aufgrund günstiger Preisentwicklungen des *Underlyings* an Wert zunimmt. Mit abnehmender *Restlaufzeit* nimmt der Zeitwert ab.

Zero Cost Collar
Collar, bei dem keine Anfangsinvestitionen für die Preisabsicherung anfallen.

Literaturverzeichnis

Amin, Kaushik; Ng, Victor; Pirrong, S. Craig (1995),
Valuing Energy Derivatives. in: Managing Energy Price Risk. Risk Publications, London 1995, S. 57 - 70.
Amtsblatt der Europäischen Gemeinschaften(1996),
Richtlinie 96/92/EC des Europäischen Parlaments und des Rates vom 19. Dezember 1996 betreffend gemeinsame Vorschriften für den Elektrizitätsbinnenmarkt. Amtsblatt der Europäischen Gemeinschaften, Nr. L27.
Amtsblatt der Europäischen Gemeinschaften (1998),
Richtlinie 98/30/EC des Europäischen Parlaments und des Rates vom 22. Juni 1998 betreffend gemeinsame Vorschriften für den Erdgasbinnenmarkt. Amtsblatt der Europäischen Gemeinschaften, Nr. L204/1.
Barnaud, Frédéric; Dabouineau, Jean (1995),
The Oil Market. in: Managing Energy Price Risk. Risk Publications, London 1995, S. 169 - 188.
Barzantny, Katja; Menges, Roland; Pilhar, Rita (1997),
Liberalisierung der Strommärkte in Skandinavien und ihre Auswirkungen. Hrsg.: Energiestiftung Schleswig-Holstein, Kiel 1997.
Beder, Tanya Styblo (1997),
VAR: Seducive but Dangerous. in: VAR - Understanding and Applying Value-at-Risk. Risk Publications, London 1997, S. 113 - 122.
Beder, Tanya Styblo (1997),
Report Card on VAR: High Potential but Slow Starter. in: VAR - Understanding and Applying Value-at-Risk. Risk Publications, London 1997, S. 123 - 132.
Beier, Greg (1996),
Understanding the Difference Between Hedging and Speculating. in: Robert A. Klein, Jess Lederman: Derivatives Risk and Responsibility, Chicago, London, Singapur, 1996, S. 25 - 41.
Bell, Joseph C.; Lilyestrom, John R. (1997),
The March of the Regulator - Regulatory Dynamics at the State and Federal Level. in: The US Power Market - Restructuring and Risk Management. Risk Publications, London 1997, S. 17 - 31.
Bera, Anil K.; Higgins, Matthew L. (1998),
A Survey of Arch Models: Properties, Estimation and Testing. in: Volatility - New Estimation Techniques for Pricing Derivatives. Risk Publications, London 1998, S. 23 - 58.
Black, Fisher (1976),
The Pricing of Commodity Contracts. in: Journal of Financial Economics, 3 (März 1976), S. 167 - 179.

Black, Fisher; Scholes, Myron (1973),
The pricing of options and corporate liabilities. in: Journal of Political Economy (81), Mai - Juni 1973, S. 637 - 659.
Bollerslev, Tim (1986),
Generalized Autoregressive Conditional Heteroskedasticity. in: Journal of Econometrics (31) 1986, S. 307 - 327.
Bollerslev, Tim; Chou, Ray Y.; Kroner, Kenneth F. (1998),
ARCH Modelling in Finance - A review of the theory and empirical evidence. in: Volatility - New Estimation Techniques for Pricing Derivatives. Risk Publications, London 1998, S. 59-93.
Bowie, Jonathan; Carr, Peter (1995),
Static Simplicity. in: Over the Rainbow. Risk Publications, London 1995, S. 183 - 189.
British Spot Gas Markets (1999),
Vom: 4. November 1998, 19. November 1998, 6. Januar 1999.
Burchett, Shannon; Turner, Christopher (1995),
Cross-market Derivatives. in: Managing Energy Price Risk. Risk Publications, London 1995, S. 149 - 165.
Bürger (1996),
Risikocontrolling - Optimaler Einsatz von Handelslimiten im derivativen OTC-Geschäft. 1996.
Burger, Klaus-Michael (1998),
Neue Instrumente des Risikomanagements für die Energiewirtschaft. in: Energiehandel und Energiemärkte (Tagungsberichte des Energiewirtschaftlichen Instituts; Band 30), München 1998, S. 169 - 189.
Chance, Don M. (1995),
An Introduction to Derivatives. 3. Aufl., Dryden Press, Fort Worth u.a. 1995.
Conze, A.; Viswanathan (1991),
Path Dependent Options: The Case of Lookback Options. in: Journal of Finance, 46 (Dezember 1991), S. 1893 - 1907.
Culp, Christopher L.; Miller, Merton H. (1994),
Hedging a Flow of Commodity Deliveries with Futures: The Lessons from Metallgesellschaft. in: Derivatives Quarterly 1, 1994, S. 7 - 15.
Curran, Michael (1995),
Beyond Average Intelligence. in: Over the Rainbow. Risk Publications, London 1995, S. 167 - 168.
Day, Theodore E.; Lewis, Craig M. (1998),
Forecasting Futures Market Volatility. in: Volatility - New Estimation Techniques for Pricing Derivatives. Risk Publications, London 1998, S. 197 - 209.
Deppe, Erich (1998),
Wettbewerb ist keine Kulturrevolution. in: ZfK Zeitung für kommunale Wirtschaft, September 1998, S. 26.
Deutsche Verbundgesellschaft (1998),
Der Grid Code – Netz- und Systemregeln der deutschen Übertragungsnetzbetreiber. Heidelberg 1998.
Dewynne, Jeff; Wilmott, Paul (1995),
Partial to the Exotic. in: Over the Rainbow. Risk Publications, London 1995, S. 125 - 132.

Dischel, Bob (1998),
Black-Scholes won't do. in: Energy & Power Risk Management - Weather Risk Special Report, Oktober 1998, S. 8 f.
Dolben, Gwyn (1998),
Entwicklung des Elektrizitätsmarktes in Großbritannien - Ein Lagebericht. in: Elektrizitätswirtschaft, Heft 3, 1998, S. 14 - 20.
Donath, Ralph (1996),
Gaspreisbildung in Europa - Teil I: Großhandelsmärkte. in: Zeitschrift für Energiewirtschaft 2/96, Köln 1996, S. 129 - 157.
Dudenhausen, Roman A.; Ellwanger, Niels (1997),
Neue Vertrags- und Preisentwicklungen im US-Gashandel. in: Energiewirtschaftliche Tagesfragen, 8/1997, S. 442 - 446.
Dudenhausen, Roman A.; Ellwanger, Niels; Döhrer, Andreas (1998),
Deutsche Versorgungsunternehmen als Energiehändler. in: Energiewirtschaftliche Tagesfragen, Heft 1-2, 1998, S. 63 - 66.
Duffie, Darrell; Gray, Stephen (1995),
Volatility in Energy Prices. in: Managing Energy Price Risk. Risk Publications, London 1995, S. 39 - 55.
Energy Information Administration (1998),
Challenges of Electricity Power Industry Restructuring for Fuel Supplies. September 1998 http://www.eia.doe.gpv/cneaf/electricity/chg_str_fuel/chg_str_fuel.pdf.
Engle, Robert F. (1982),
Autoregressive Conditional Heteroskedasticity with Estimates of the Variance of U.K. Inflation. in: Econometrica 50, 1982, S. 987 - 1008.
Engle, Robert F.; Mezrich, Joseph J.; Bielinski, Brian M (1997),
The Garch Approach to Volatility and Correlation. in: Risk Management for Financial Institutions. Advances in Measurement and Control. Risk Publications, London 1997, S. 109 - 126.
Enron (1997),
Lessons learned - Risk management tools in the energy industry. in: Energy & Power Risk Management, Vol 2/No 8, Dezember 1997/Januar 1998, Sponsors Statement.
Erdöl-/Energie-Informationsdienst (1998),
Ausgabe vom 20. Oktober 1998.
European Gas Markets (1998),
Ausgaben : 27. Februar 1998, 13. März 1998, 14. Juli 1998, 14. September 1998, 2. Oktober 1998, 28. Oktober 1998, 20. November 1998, 21. Dezember 1998.
Financial Times (1998),
Ausgabe vom: 3. Dezember 1998.
Foote, William (1998),
Does VAR work for energy? in: Energy & Power Risk Management, Vol 2/No 8, Dezember 1997/Januar 1998, S. 6f.
Franke, Günter; Hax, Herbert (1988),
Finanzwirtschaft des Unternehmens und Kapitalmarkt. Springer-Verlag, Berlin, Heidelberg 1988.
Frankfurter Allgemeine Zeitung (1998),
Ausgaben vom: 28. Februar 1998, 6. November 1998.

FT International Gas Report (1998),
Vom: 14. November 1997, 7. Oktober 1998.
Funk, Cara; Millgramm, Carola; Schulz, Walter (1995),
Wettbewerbsfragen in der deutschen Gaswirtschaft. Oldenbourg Verlag, München 1995.
Gabillon, Jacques (1995),
Analysing the Forward Curve. in: Managing Energy Price Risk. Risk Publications, London 1995, S. 29 - 38.
Garman, Mark (1989),
Recollection in Tranquillity. in: Risk 2 (März 1989).
Garman, Mark (1997),
Improving on VAR. in: VAR - Understanding and Applying Value-at-Risk. Risk Publications, London 1997, S. 89 - 93.
Garman, Mark (1995),
Spread the Load. in: Over the Rainbow. Risk Publications, London 1995, S. 43 - 45.
Gas Matters (1998),
November 1997, Mai 1998, November 1998.
Gaulke, Jürgen (1994),
Kursbuch Spekulation. Fischer Verlag, Frankfurt am Main, 1994.
Geman, Hélyette; Eydeland, Alexander (1995),
Domino Effect: Inverting the Laplace Transform. in: Over the Rainbow. Risk Publications, London 1995, S. 169 - 172.
Gentle, David (1995),
Basket Weaving. in: Over the Rainbow. Risk Publications, London 1995, S. 143 - 145.
Geske, R. (1979),
The Valuation of Compound Options. in: Journal of Financial Economics, 7 (März 1979), S. 63 - 81.
Gluck, Jeremy A. (1996),
Measuring and Controlling the Credit Risk of Derivatives. in: Robert A. Klein, Jess Lederman: Derivatives Risk and Responsibility, Chicago, London, Singapur, 1996, S. 121 - 150.
Goldman, M.B.; Sosin, H.B.; Gatto, M.A. (1979),
Path Dependent Options: Buy at the Low, Sell at the High. in: Journal of Finance, 34 (Dezember 1979), S. 1111 - 1127.
Grabbe, Orlin (1995),
Copper-bottom Pricing. in: Over the Rainbow. Risk Publications, London 1995, S. 47 - 53.
Group of Thirty (1993),
Derivatives: Practices and Principles. Washington 1993.
Hamilton, Christopher; Pettersen, Björn (1997),
Introduction. in: VAR - Understanding and Applying Value-at-Risk. Risk Publications, London 1997, S. 327 - 329.
Hampton, Michael (1995),
Options. in: Managing Energy Price Risk. Risk Publications, London 1995, S. 97 - 115.
Handelsblatt (1997),
Ausgaben vom: 18. November 1997, 25. August 1998, 5. November 1998, 6./7. November 1998, 12. November 1998.
Hart, Ian; Ross, Michael (1995),
Striking Continuity. in: Over the Rainbow. Risk Publications, London 1995, S. 173 - 178.

Hensing, Ingo (1992),
Risikomanagement und kurzfristige Preisbildung im Ölbereich. in: Zeitschrift für Energiewirtschaft 4/92, S. 61-70.
Hensing, Ingo (1994),
Terminmärkte als Form internationalen Rohstoffhandels - dargestellt am Beispiel von Mineralöl und Erdgas. Münster, Hamburg 1994.
Herbert, John H.; Heinkel, Joan E. (1995),
Die Entwicklung des Erdgasmarktes in den USA. in: Zeitschrift für Energiewirtschaft 2/95, S. 98 - 120.
Heron, Dan; Irving, Richard (1997),
Banks Grasp the VAR Nettle. in: VAR - Understanding and Applying Value-at-Risk. Risk Publications, London 1997, S. 35 - 39.
Heynen, Ronald; Kat, Harry (1995 I),
Crossing Barriers. in: Over the Rainbow. Risk Publications, London 1995, S. 179 - 182.
Heynen, Ronald; Kat, Harry (1995 II),
Selective Memory. in: Over the Rainbow. Risk Publications, London 1995, S. 197 - 202.
Hiemstra, Martin (1997),
VAR with Muscles. in: VAR - Understanding and Applying Value-at-Risk. Risk Publications, London 1997, S. 359 - 361.
Hoare, James (1995),
The UK Electricity Market. in: Managing Energy Price Risk. Risk Publications, London 1995, S. 213 - 227.
House, Richard (1998),
Rocksavage - One of a Kind. in: Infrastructure Journal, Herbst 1998, S. 38 - 45.
Hopper, Gregory P. (1997),
Value-at-Risk - A New Methodology for Measuring Portfolio Risk. in: VAR - Understanding and Applying Value-at-Risk. Risk Publications, London 1997, S. 141 - 149.
Hsu, Michael (1998),
Feel the Power. in: Energy & Power Risk Management, Vol 3/No 3, Juni 1998, S. 5 - 7.
Hull, John C. (1995),
Introduction to Futures and Options Markets. 2. Aufl., Prentice Hall, Englewood Cliffs, New Jersey 1995.
Hull, John C. (1997),
Options, Futures, and other Derivatives. 3. Aufl., Prentice Hall, Englewood Cliffs, New Jersey 1997.
Huynh, Chi Ban (1995),
Back to Baskets. in: Over the Rainbow. Risk Publications, London 1995, S. 147 - 150.
International Petroleum Exchange (IPE),
Trading and Hedging Natural Gas Price Risk with IPE NBP Futures, London ohne Jahresangabe.
Jessen, Peter (1998),
Experiences from the Liberalized UK Gas Market. in: Burger, Klaus-Michael (Hrsg.): Risk Management in der Energiewirtschaft, Wiesbaden 1998, S. 41 - 50.
Johnson, Blake; Sogomonian, Aram (1997),
Electricity Futures. in: The US Power Market; Restructuring and Risk Management. Risk Publications, London 1997, S. 83 - 98.

J.P. Morgan / Reuters (1996).
RiskMetrics - Technical Document, Fourth Edition, New York, Dezember 1996.
Judisch, Stefan; Chassard, Christophe (1997),
VAR: use with care. in: Energy & Power Risk Management, Vol 2/No 8, Dezember 1997/Januar 1998, S. 12 - 13.
Kaminski, Vincent; Gibner, Stinson (1995),
Exotic Options. in: Managing Energy Price Risk. Risk Publications, London 1995, S. 118 - 148.
Keefe, David (1997),
Power futures revived. in: Energy & Power Risk Management, Vol 2/No 7, September 1997, S. 11f.
Keefe, David (1997),
A Christmas present. in: Energy & Power Risk Management, Vol 2/No 8, Dezember 1997/Januar 1998, S. 18f.
Keefe, David (1997),
Beyond VAR. in: Energy & Power Risk Management, Vol 2/No 8, Dezember 1997/Januar 1998, S. 10f.
Kirk, Ewan (1995),
Correlation in the Energy Markets. in: Managing Energy Price Risk. Risk Publications, London 1995, S. 71 - 78.
Klopfer, Thomas (1993),
Die Elektrizitätswirtschaft in England und Wales - Reformprozeß und Funktionsweise, in: Zeitschrift für Energiewirtschaft 3/93, S. 183 - 210.
Knipp, Thomas (1998),
Der Machtkampf - Der Fall Metallgesellschaft und die Deutsche Bank. Econ Verlag, Düsseldorf, München, 1998.
Kolb, Robert W. (1994),
Understanding Futures Markets. 4. Aufl., Kolb Publishing Company, Miami 1994.
Kollberg, Jonas; Elf, Jörgen (1998),
No pain, no gain. in: Energy & Power Risk Management, Vol 3/No 3, Juni 1998, S. 22f.
Lawrence, Colin; Robinson, Gary (1997),
How Safe is RiskMetrics. in: VAR - Understanding and Applying Value-at-Risk. Risk Publications, London 1997, S. 65 - 69.
Lawrence, David (1997),
The Value-at-Risk Approach to Credit Risk Management. in: Risk Management for Financial Institutions, Advances in Measurement and Control. Risk Publications, London 1997, S. 21 - 38.
Leong, Kenneth (1997),
The Right Approach. in: VAR - Understanding and Applying Value-at-Risk. Risk Publications, London 1997, S. 41 - 46.
Levy, E. (1991),
Pricing European Average Rate Currency Options. in: Journal of International Money and Finance (Oktober 1991).
Levy, E.; Turnbull, S. (1992),
Average Intelligence. in: Risk 5 (Februar 1992).

Locke, Jane (1998),
Facing up to competition. in: Energy & Power Risk Management, Juli 1998, S. 9f.
Longerstaey, Jacques; Zangari, Peter (1997),
A Transparent Tool. in: VAR - Understanding and Applying Value-at-Risk. Risk Publications, London 1997, S. 71 - 74.
Lundberg, Gunnar (1998),
Deregulierung des schwedischen Elektrizitätsmarktes. in: Elektrizitätswirtschaft, Heft 3, 1998, S. 13.
Madden, Mike (1998),
Convergence in the global gas and electricity markets. Espicom Business Intelligence, Chichester West Sussex, 1998.
Maichel, Gert; Thompson, John P. (1995),
Erdgasmarkt in den USA im Aufwind - Erfahrungen sind nutzbar. in: Energiewirtschaftliche Tagesfragen 1, 2 - 1995, S. 60 - 66.
Makarov, Victor (1997),
Value-at-Risk and Beyond: The Comprehensive Measurement of Market Risk. in: Risk Management for Financial Institutions, Advances in Measurement and Control. Risk Publications, London 1997, S. 39 - 54.
Manager Magazin (1999),
Ausgabe vom: 21. Januar 1999.
Margrabe, W. (1978),
The Value of an Option to Exchange One Asset for Another. in: Journal of Finance, 33 (1978), S. 177 - 186.
Markowitz, Harry M. (1952),
Portfolio Selection. in: Journal of Finance, 7 (1952), S. 77-91.
Markowitz, Harry M. (1959),
Portfolio Selection. Efficient Diversification of Investments. New York 1959.
Mason, Chris; Jones, Steve (1995),
Swaps. in: Managing Energy Price Risk. Risk Publications, London 1995, S. 81 - 96.
Maxant, Robert; Tanenbaum, Richard; Travers, George (1997),
Clarity in Understanding Electricity Contracts and their Associated Risks. in: The US Power Market, Restructuring and Risk Management. Risk Publications, London 1997, S. 99 - 109.
McFall Lamm, R. jr. (1996),
Strategic Commodity Risk Management - Why and When to Use Derivatives. in: Robert A. Klein, Jess Lederman: Derivatives Risk and Responsibility, Chicago, London, Singapur, 1996, S. 187 - 208.
Menges, Roland (1998),
Die Liberalisierung der Strommärkte - mit Beispielen aus Finnland und den Niederlanden. Hrsg.: Energiestiftung Schleswig-Holstein, Kiel 1998.
Menges, Roland; Barzantny, Katja (1997),
Die Liberalisierung der Strommärkte in Norwegen und Schweden. in: Zeitschrift für Energiewirtschaft 1/1997, S. 39 - 56.
Merton, R. (1973),
The Theory of Rational Option Pricing. in: Bell Journal of Economics and Management Science, 4 (Frühling 1973), S. 141 - 183.

Mohnfeld, Jochen; Heinze, Wolf (1997),
Die Entwicklung des Mineralölmarktes in der Bundesrepublik Deutschland im Jahre 1996. in: Zeitschrift für Energiewirtschaft 3/1997, S. 185-230.
Mordecai, David (1998),
A tool for all trades. in: Energy & Power Risk Management - Weather Risk Special Report, October 1998, S. 25.
Nagar, Dori; Singer, Richard (1997),
Introduction. in: VAR - Understanding and Applying Value-at-Risk. Risk Publications, London 1997, S. 61 - 64.
Nandrup, Fred (1998),
Stromhandel will gelernt sein. in: Standpunkt - Zeitschrift zu Energie- und Umweltfragen, September 1998, S. 23 - 27.
Nelken, Izzy (1995),
Square Deals. in: Over the Rainbow. Risk Publications, London 1995, S. 155 - 159.
Neue Zürcher Zeitung (1996),
Ausgabe vom 13. August 1996.
Nikkanen, Matti; Baentsch, Florian (1997),
Elektrizitätsübertragung im Hochspannungsnetz in Norwegen, Schweden und Finnland. in: VIK-Mitteilungen Nr. 4, 1997, S. 81 - 84.
Nord Pool (1997),
The Futures Market. Oslo 1997.
Ong, Michael (1997),
Explaining the Assumptions Used in the Measurement of Value-at-Risk. in: Risk Management for Financial Institutions. Risk Publications, London 1997, S. 3 - 20.
Paul-Choudhury, Sumit (1997),
Choosing the Right Box of Credit Tricks. in: Risk, Vol. 10, No. 11, November 1997, S. 28 - 35.
Pechtl, Andreas (1995),
Classified Information. in: Over the Rainbow. Risk Publications, London 1995, S. 71 - 74.
Perner, Jens; Riechmann, Christof; Schultz, Walter (1997),
Durchleitungsbedingungen für Strom und Gas. Schriften des Energiewirtschaftlichen Instituts, Oldenbourg Verlag, München 1997.
Petrostrategies (1998),
Vom: 18. Mai 1998, 26. Oktober 1998, 21. Dezember 1998.
Picoult, Evan (1997),
Calculating Value-at-Risk with Monte Carlo Simulation. in: Risk Management for Financial Institutions. Risk Publications, London 1997, S. 73 - 92.
Pilipovic, Dragana (1997),
Energy Risk, Valuing and Managing Energy Derivatives. McGraw Hill, New York u.a. 1997.
Piscitello, Antonino (1996),
Operations Risks. in: Robert A. Klein, Jess Lederman: Derivatives Risk and Responsibility, Chicago, London, Singapur, 1996, S. 489 - 533.
Preußer, Peter (1998),
Stromverkauf an Großkunden. in: Energiehandel und Energiemärkte (Tagungsberichte des Energiewirtschaftlichen Instituts; Band 30), München 1998, S. 217 - 245.

Price Waterhouse (1998),
Das Kontroll- und Transparenzgesetz, Herausforderungen und Chancen für das Risikomanagement und die Interne Revision. März 1998.
Priest, Andrew (1997),
Veba's Way with VAR. in: VAR - Understanding and Applying Value-at-Risk. Risk Publications, London 1997, S. 355 - 357.
Randall, Caitlin (1998),
Hedging soars. in: Energy & Power Risk Management, Vol 3/No 3, Juni 1998, S. 14f.
Ravindran, K (Ravi) (1993),
Low-fat Spreads. in: Risk 6 (Oktober 1993), S. 66 - 67.
Rawnsley, Judith (1996),
Going for Broke - Nick Leeson and the collapse of Barings Bank. Harper Collins Publishers, London 1996.
Reed, Nick (1997),
Variations on a Theme. in: VAR - Understanding and Applying Value-at-Risk. Risk Publications, London 1997, S. 23 - 26.
Rubinstein, Mark (1995),
Return to Oz. in: Over the Rainbow. Risk Publications, London 1995, S. 135 - 140.
Rubinstein, Mark; Reiner, E. (1991),
Breaking Down the Barriers. in: Risk 4 (September 1991), S. 28 - 35.
Saunderson, Emily (1998),
Feeling the squeeze. in: Energy & Power Risk Management, Vol 3/No 3, Juni 1998, S. 2f.
Schiffer, Hans-Wilhelm (1997),
Energiemarkt Bundesrepublik Deutschland. 6. Auflage. Verlag TÜV Rheinland, Köln 1997.
Schmidt, Rudolf (1998),
Internationaler Rohöl- und Produktenhandel. in: Energiehandel und Energiemärkte (Tagungsberichte des Energiewirtschaftlichen Instituts; Band 30), München 1998, S. 47 - 66.
Schmitt, Dieter (1998),
Elektrizität wird zur Handelsware. in: Standpunkt - Zeitschrift zu Energie- und Umweltfragen, September 1998, S. 15 - 22.
Schulz, Eckhard; Krieger, Stephan; Baumann, Ralph (1998),
Struktur des skandinavischen Elektritititätsmarktes. in: Elektrizitätswirtschaft, 1998, Heft 17 - 18, S. 8 - 14.
Schulz, Eckhard; Krieger, Stephan (1998),
The Northern electricity industries in competition. in: Elektrizitätswirtschaft, 1998, H.9, S. 9f.
Schwetzler, Bernhard (1998),
Management von Preisrisiken durch Einsatz von Finanzderivaten. in: Burger, Klaus-Michael (Hrsg.): Risk Management in der Energiewirtschaft, Wiesbaden 1998, S. 153 - 189.
Seltzer, Jeffrey L. (1996),
A View for the Top: The Role of the Board of Directors and Senior Management in the Derivatives Business. in: Robert A. Klein, Jess Lederman: Derivatives Risk and Responsibility, Chicago, London, Singapur, 1996, S. 3 - 11.
Shimko, David (1997),
What is VAR? in: VAR - Understanding and Applying Value-at-Risk. Risk Publications, London 1997, S. 331 - 332.

Shimko, David (1997),
VAR for Corporates. in: VAR - Understanding and Applying Value-at-Risk. Risk Publications, London 1997, S. 345 - 347.
Shimko, David (1997),
Investors' Return on VAR. in: VAR - Understanding and Applying Value-at-Risk. Risk Publications, London 1997, S. 349 - 350.
Simons, Katerina (1997),
Value at Risk - New Approaches to Risk Management. in: VAR - Understanding and Applying Value-at-Risk. Risk Publications, London 1997, S. 133 - 140.
Simpson, Monte (1997),
Weather hedging - A new alternative in energy risk management. in: Energy & Power Risk Management, Vol 2/No 7, November 1997, S. 4f.
Smithson, Charles; Minton, Lyle (1997),
How to Calculate VAR. in: VAR - Understanding and Applying Value-at-Risk. Risk Publications, London 1997, S. 27 - 30.
Smithson, Charles; Minton, Lyle (1997),
The Right VAR. in: VAR - Understanding and Applying Value-at-Risk. Risk Publications, London 1997, S. 31 - 34.
Southall, Colin (1996),
Systems to Manage Risk. in: Robert A. Klein, Jess Lederman: Derivatives Risk and Responsibility, Chicago, London, Singapur, 1996, S. 563 - 591.
Standpunkt (1998),
Europa: Gemeinsamer Energiemarkt ohne Grenzen - Interview mit dem für Energiefragen zuständigen EU-Kommissar Christos Papoutsis. in: Standpunkt - Zeitschrift zu Energie- und Umweltfragen, September 1998, S.13f.
Stern, Jonathan P. (1998),
Competition and Liberalization in European Gas Markets - A Diversity of Models. The Royal Institute of International Affairs, London 1998.
Storch, Peter; von Scholz, Erik (1998),
Risikomanagement bei Stromversorgern - Instrumente und Strategien des Terminhandels. in: Burger, Klaus-Michael (Hrsg.): Risk Management in der Energiewirtschaft, Wiesbaden 1998, S. 213 - 227.
Street, Andrew (1995),
Stuck up a Ladder? in: Over the Rainbow. Risk Publications, London 1995, S. 195 - 196.
Stultz, R. (1982),
Options on the Minimum or the Maximum of Two Risky Assets. in: Journal of Financial Economics, 10 (1982), S. 161 - 185.
Sturm, Fletcher J. (1997),
Trading Natural Gas. Penn Well Books, Tulsa 1997.
Stuttgarter Nachrichten (1998),
Ausgabe vom 23. November 1998.
Tam (1999),
Ausgabe vom 15. Januar 1999.
Teyssiere, Gilles P.; Gilbert, Christopher L.; Brunetti, Celso (1997),
Non-Ferrous Metals Price Volatility. A Fractionally Integrated Process? in: Managing Metals Price Risk. Risk Publications, London 1997, S. 141 - 152.

Thomas, Steve (1997),
Good deals gone bad? in: Financial Times Energy Economist, Mai 1997.
Tiberini, Antonio (1998),
Chancen und Grenzen für nationale und internationale Durchleitung. Manuskript zum Vortrag am 7. Dezember 1998 in Düsseldorf, anläßlich der 3. Euroforum-Fachtagung: Durchleitung.
Titus, Martin E.; Lewis, Donald (1997),
Introduction. in: VAR - Understanding and Applying Value-at-Risk. Risk Publications, London 1997, S. 19 - 21.
Tokyo-Mitsubishi International plc (1997),
Commodity Price Risk Management. 1997.
Tudor, James A. (1997),
Exchange-Based Metals Markets. in: Managing Metals Price Risk. Risk Publications, London 1997, S. 47 - 64.
Turner, David (1997),
Warning: high volatility. in: Energy & Power Risk Management, Vol 2/No 6, Oktober 1997, S. 20 f.
Turner, David (1998),
Isda users only, please. in: Energy & Power Risk Management, September 1998, S. 13.
Turnbull, S.M.; Wakeman, L.M. (1991),
A Quick Algorithm for Pricing European Average Options. in: Journal of Financial and Quantitative Analysis, 26 (September 1991), S. 377 - 389.
UK Gas Report (1997),
Vom: 14. März 1997.
Varikooty, Ashok P.; Liu, John; Huang, Harry (1997),
Predictive Ability of Different Volatility Forecasting Techniques. in: Risk Management for Financial Institutions. Risk Publications, London 1997, S. 127 - 142.
VDEW (1997),
Länderbericht Großbritannien, Stand Dezember 1997. http://www.strom.de.
VDEW (1998),
Länderbericht Niederlande, Stand September 1998. http://www.strom.de.
VDEW (1998),
Länderbericht Schweden, Stand März 1998. http://www.strom.de.
VDEW (1998),
Länderbericht USA, Stand Juli 1998. http://www.strom.de.
VWD Vereinigte Wirtschaftsdienste (1998),
Vom: 10. Dezember 1998, 21. Dezember 1998.
Wärmetechnik – Versorgungstechnik (1998),
Noch Handlungsbedarf bei der Gas-Durchleitung. Interview mit Herbert Detharding, 10/1998, S. 34 - 36.
Weyand, Martin; Langefeld, Volkmar (1994),
Erdgasmarkt in den USA - Vorbild für Deutschland. in: Energiewirtschaftliche Tagesfragen 11/1994, S. 695 - 700.
Wilhelm, Günter (1998),
Vom Monopol zum Wettbewerb. in: Standpunkt - Zeitschrift zu Energie- und Umweltfragen, September 1998, S. 4 - 12.

Wirtschaftswoche (1997),
Ausgabe Nr. 37 vom 4. September 1997.
Yergin, Daniel (1993),
Der Preis. Die Jagd nach Öl, Geld und Macht. Fischer Taschenbuch-Verlag, Frankfurt 1993.
Zask, Ezra (1996),
The Derivatives Risk-Management Audit. in: Robert A. Klein, Jess Lederman: Derivatives Risk and Responsibility, Chicago, London, Singapur, 1996, S. 13 - 24.
ZfK Zeitung für kommunale Wirtschaft (1998),
Vom: 7. Dezember 1998.